Kohlhammer

Der Autor

Prof. Dr. med. Dr. phil. Thomas Köhler (geboren 1949) studierte in München Medizin, Psychologie und Mathematik. Er habilitierte sich 1990 an der Universität Hamburg in Psychologie, wo er bis 2020 lehrte. Zwischendurch hatte er mehrere Lehrstuhlvertretungen, v.a. für Klinische Psychologie. Er unterrichtet weiterhin an einer Hamburger Privathochschule und ist Dozent an verschiedenen Weiterbildungsinstituten.

Thomas Köhler

Psychische Störungen

Symptomatologie, Erklärungsansätze, Therapie

4., aktualisierte Auflage

Verlag W. Kohlhammer

Dieses Werk einschließlich aller seiner Teile ist urheberrechtlich geschützt. Jede Verwendung außerhalb der engen Grenzen des Urheberrechts ist ohne Zustimmung des Verlags unzulässig und strafbar. Das gilt insbesondere für Vervielfältigungen, Übersetzungen und für die Einspeicherung und Verarbeitung in elektronischen Systemen.

Pharmakologische Daten verändern sich ständig. Verlag und Autoren tragen dafür Sorge, dass alle gemachten Angaben dem derzeitigen Wissensstand entsprechen. Eine Haftung hierfür kann jedoch nicht übernommen werden. Es empfiehlt sich, die Angaben anhand des Beipackzettels und der entsprechenden Fachinformationen zu überprüfen. Aufgrund der Auswahl häufig angewendeter Arzneimittel besteht kein Anspruch auf Vollständigkeit.

Die Wiedergabe von Warenbezeichnungen, Handelsnamen und sonstigen Kennzeichen berechtigt nicht zu der Annahme, dass diese frei benutzt werden dürfen. Vielmehr kann es sich auch dann um eingetragene Warenzeichen oder sonstige geschützte Kennzeichen handeln, wenn sie nicht eigens als solche gekennzeichnet sind.

Es konnten nicht alle Rechtsinhaber von Abbildungen ermittelt werden. Sollte dem Verlag gegenüber der Nachweis der Rechtsinhaberschaft geführt werden, wird das branchenübliche Honorar nachträglich gezahlt.

Dieses Werk enthält Hinweise/Links zu externen Websites Dritter, auf deren Inhalt der Verlag keinen Einfluss hat und die der Haftung der jeweiligen Seitenanbieter oder -betreiber unterliegen. Zum Zeitpunkt der Verlinkung wurden die externen Websites auf mögliche Rechtsverstöße überprüft und dabei keine Rechtsverletzung festgestellt. Ohne konkrete Hinweise auf eine solche Rechtsverletzung ist eine permanente inhaltliche Kontrolle der verlinkten Seiten nicht zumutbar. Sollten jedoch Rechtsverletzungen bekannt werden, werden die betroffenen externen Links soweit möglich unverzüglich entfernt.

4., überarbeitete Auflage 2024

Alle Rechte vorbehalten
© W. Kohlhammer GmbH, Stuttgart
Gesamtherstellung: W. Kohlhammer GmbH, Stuttgart

Print:
ISBN 978-3-17-044121-7

E-Book-Formate:
pdf: ISBN 978-3-17-044122-4
epub: ISBN 978-3-17-044123-1

Inhalt

Vorwort zur vierten Auflage **11**

1 Grundlagen 13
1.1 Definition, Diagnostik und Klassifikation
 psychischer Störungen 13
1.2 Die diagnostisch-klassifikatorischen Systeme
 DSM-5®, ICD-10 und ICD-11 16
1.3 Ansätze zur Erforschung psychischer Störungen 19

2 Demenzen 24
2.1 Vorbemerkungen; Allgemeines zur
 ICD-10-Kategorie F0 24
2.2 Demenzielles Syndrom und amnestisches Syndrom   25
2.3 Ätiologie, Pathogenese und Therapie verschiedener
 Demenzformen 28
  2.3.1 Demenz bei Alzheimer-Krankheit 28
  2.3.2 Vaskuläre Demenz 32
  2.3.3 Demenzen im Rahmen anderer
   Erkrankungen 33

3 Störungen im Zusammenhang mit der Einnahme psychotroper Substanzen 38
3.1 Allgemeine Bemerkungen und Überblick 38
3.2 Alkohol 40
  3.2.1 Allgemeines 40
  3.2.2 Unmittelbare Wirkungen 41

	3.2.3	Missbrauch und Abhängigkeit (Alkoholismus, Alkoholkrankheit)	44
	3.2.4	Alkoholtoleranz, Alkoholentzugssyndrom und Delirium tremens	47
	3.2.5	Mittel- und langfristige Folgen von Alkoholmissbrauch	50
3.3	Opioide		54
	3.3.1	Allgemeines	54
	3.3.2	Unmittelbare und langfristige Wirkungen	56
	3.3.3	Opioidmissbrauch und -abhängigkeit	58
	3.3.4	Toleranz und Entzugssyndrom	59
3.4	Sedativa und Hypnotika (Antiinsomnika)		61
	3.4.1	Allgemeines	61
	3.4.2	Unmittelbare und langfristige Wirkungen	62
	3.4.3	Toleranz, Entzugssymptomatik und Missbrauch	64
3.5	Kokain und Psychostimulanzien		65
3.6	Cannabinoide (Haschisch und Marihuana; synthetische Stoffe)		69
3.7	Halluzinogene		74
	3.7.1	Klassische Halluzinogene	75
	3.7.2	Anticholinergika	76
	3.7.3	Ringsubstituierte Amphetamine	77
	3.7.4	Psychedelische Narkosemittel (Dissoziativa)	78
3.8	Nikotin und Tabak		79
3.9	Inhalanzien		82
4	**Schizophrenie und verwandte Störungen**		**84**
4.1	Allgemeines; historische Vorbemerkungen		84
4.2	Schizophrenie		87
	4.2.1	Symptomatik	87
	4.2.2	Diagnostik und Klassifikation	91
	4.2.3	Erstmanifestationsalter und Verlauf	94
	4.2.4	Epidemiologie	95
	4.2.5	Familiäre Häufung und Vererbung	96

4.2.6	Biologische, neuropsychologische und experimentalpsychologische Befunde	98
4.2.7	Dopamin-, Hypofrontalitäts-, Glutamat- und Serotoninhypothese der Schizophrenie	99
4.2.8	Weitere Erklärungsansätze	106
4.2.9	Therapie	112
4.3	Schizotypie	116
4.4	Weitere mit der Schizophrenie verwandte Störungen	118

5 Affektive Störungen ... 121

5.1	Allgemeines; historische Vorbemerkungen	121
5.2	Depressives und manisches Syndrom	123
5.3	Vorkommen und Verlauf affektiver Syndrome	126
5.4	Diagnostik und Klassifikation	129
5.5	Erstmanifestationsalter und Epidemiologie	134
5.6	Familiäre Häufung und Vererbung	135
5.7	Biochemische Korrelate affektiver Störungen	136
5.8	Erklärungsansätze	142
5.9	Therapie	149
5.9.1	Pharmakologische Behandlung	149
5.9.2	Weitere biologische und somatische Verfahren	154
5.9.3	Psychotherapeutische Verfahren	155

6 Neurotische, Belastungs- und somatoforme Störungen ... 159

6.1	Allgemeines; historische Vorbemerkungen	159
6.2	Phobische Störungen	161
6.2.1	Symptomatik, Klassifikation, Epidemiologie	161
6.2.2	Erklärungsansätze	164
6.2.3	Therapie	167
6.3	Panikstörung und generalisierte Angststörung	168
6.3.1	Symptomatik, Klassifikation, Epidemiologie	168
6.3.2	Erklärungsansätze	170
6.3.3	Therapie	173

6.4	Zwangsstörungen		174
	6.4.1	Symptomatik, Klassifikation, Epidemiologie	174
	6.4.2	Erklärungsansätze	177
	6.4.3	Therapie	181
6.5	Akute Belastungsreaktion und posttraumatische Belastungsstörung		182
	6.5.1	Symptomatik, Klassifikation, Epidemiologie	182
	6.5.2	Erklärungsansätze	185
	6.5.3	Therapie	186
6.6	Dissoziative Störungen		187
	6.6.1	Symptomatik, Klassifikation, Epidemiologie	187
	6.6.2	Erklärungsansätze	190
	6.6.3	Therapie	192
6.7	Somatoforme Störungen		193
	6.7.1	Symptomatik, Klassifikation, Epidemiologie	193
	6.7.2	Erklärungsansätze	195
	6.7.3	Therapie	196

7 Ess- und Schlafstörungen; sexuelle Funktionsstörungen ... **198**

7.1	Vorbemerkungen		198
7.2	Essstörungen: Anorexia und Bulimia nervosa		200
	7.2.1	Symptomatik, Klassifikation, Epidemiologie	200
	7.2.2	Erklärungsansätze	204
	7.2.3	Therapie	206
7.3	Schlafstörungen		207
	7.3.1	Symptomatik, Klassifikation, Epidemiologie	207
	7.3.2	Erklärungsansätze und Therapie	208
7.4	Nichtorganische sexuelle Funktionsstörungen		211
	7.4.1	Symptomatik, Klassifikation, Epidemiologie	211
	7.4.2	Erklärungsansätze	214
	7.4.3	Therapie	216

8 Persönlichkeitsstörungen, Störungen der Geschlechtsidentität und der Sexualpräferenz ... **219**

8.1	Allgemeines	219

8.2	Persönlichkeitsstörungen	220
	8.2.1 Symptomatik und Klassifikation	220
	8.2.2 Erklärungsansätze	222
	8.2.3 Therapie	224
	8.2.4 Spezifische Persönlichkeitsstörungen	226
8.3	Störungen der Geschlechtsidentität	237
8.4	Störungen der Sexualpräferenz (Paraphilien)	242

9 Intelligenzminderung, Entwicklungsstörungen und psychische Störungen mit Beginn in Kindheit und Jugend ... 247

9.1	Vorbemerkungen	247
9.2	Intelligenzminderung	249
9.3	Frühkindlicher Autismus	253
9.4	Hyperkinetische Störungen und Störungen des Sozialverhaltens	257

Literatur ... **261**

Stichwortverzeichnis ... **275**

Vorwort zur vierten Auflage

Obwohl zwischen der vierten und der dritten Auflage dieses Buches gewisse Jahre liegen, ist diesmal die Bearbeitung und Aktualisierung weniger eingreifend. Zwar liegt mittlerweile das Diagnostic and Statistical Manual of Mental Disorders (DSM) in einer neuen Version vor (DSM-5); ICD-10 jedoch, dem diese Darstellung vornehmlich folgt, hat sich leider in seinen Auflagen nicht grundlegend geändert, obwohl es – beispielsweise, was die Demenzen angeht – dringend revisionsbedürftig ist; die Erscheinung einer deutschen Version von ICD-11 im Buchhandel ist zwar seit Jahren angekündigt, dürfte aber frühestens Mitte 2024 erfolgen, wahrscheinlich sogar deutlich später. Das Bundesamt für Arzneimittel und Medizinprodukte schreibt hierzu auf seiner Webseite: »Die ICD-11 ist seit ihrem Inkrafttreten am 01.01.2022 grundsätzlich einsetzbar, jedoch ist die Entwurfsfassung der ICD-11 in Deutsch aus lizenzrechtlichen Gründen noch nicht nutzbar.« (BfArM, 2024). Der Verweis darauf muss in diesem Buch daher leider in Form von Anmerkungen, oft in Gestalt von Fußnoten, erfolgen. Auch hat man nicht den Eindruck, dass die psychologische Theoriebildung und die psychologisch-therapeutischen Ansätze einschneidende Neuerungen erfuhren. Bezüglich biologischer Grundlagen und insbesondere pharmakologischer Behandlung sind jedoch einige bemerkenswerte Fortschritte zu berichten; dies betrifft speziell die affektiven Störungen, wobei die mittlerweile zunehmend verbreitete Ketamininfusion bzw. Inhalation von Ketamin wohl die größte therapeutische Errungenschaft ist.

Im Sinne besserer Lesbarkeit wurde die Zahl der Quellenangaben im Text gegenüber der 3. Auflage noch weiter verringert und gerade hinsichtlich der biologischen Grundlagen nicht jeder Einzelbefund belegt; wer solche Belege sucht, kann im Wesentlichen auf mein Buch *Biologische Grundlagen psychischer Störungen* (3. Auflage aus dem Jahre 2019) verwiesen werden. Da mittlerweile ein weiteres revidiertes Buch von mir auf dem Markt ist (über psychotrope Substanzen), sind zu diesem wichtigen Themenkomplex hier nicht viele Detailbelege erforderlich. Was die pharmakologische Therapie angeht, so sei auf die 7. Auflage meines Buches *Pharmakotherapie in der Psychotherapie* verwiesen; aktueller, wenn auch weniger ausführlich ist meine kleine Monografie *Psychopharmakotherapie* (2. Auflage im Jahre 2022).

Herrn Dr. Poensgen vom Kohlhammer Verlag bin ich für eine mittlerweile Jahrzehnte umfassende angenehmste Zusammenarbeit verbunden, Frau Kastl und insbesondere Frau Grupp danke ich für die wertvollen gestalterischen Veränderungen und das sehr gründliche Lektorat. Wie immer, hat meine liebe Frau Carmen gezwungenermaßen an der Arbeit Anteil gehabt.

Augsburg, im Juni 2024   Thomas Köhler

1 Grundlagen

1.1 Definition, Diagnostik und Klassifikation psychischer Störungen

Definitionen von »psychischer Störung« hier zu diskutieren, wäre wenig sinnvoll. Daher sei an dieser Stelle nur die Definition in ICD-10 (S. 26) angeführt: »klinisch erkennbarer Komplex von Symptomen oder Verhaltensauffälligkeiten«, die »immer auf der individuellen und oft auch auf der Gruppen- oder sozialen Ebene mit Belastung und mit Beeinträchtigung von Funktionen verbunden sind«. Hinzugefügt wird, dass »soziale Abweichungen oder soziale Konflikte allein, ohne persönliche Beeinträchtigungen« nicht als »psychische Störung im hier definierten Sinne« angesehen werden sollen. Zweifellos müssten einige Begriffe genauer reflektiert werden (insbesondere: »Belastung« und »Beeinträchtigung von Funktionen«); der erforderliche Aufwand dürfte das zu erwartende Ergebnis nicht rechtfertigen. Dass solche Abgrenzungen historischen Korrekturen unterworfen sind, lässt sich am deutlichsten an der Homosexualität zeigen, die in früheren diagnostisch-klassifikatorischen Systemen noch als Störung (beziehungsweise Krankheit) auftaucht, nicht aber in den aktuellen Ausgaben – wie sie bekanntlich auch aus dem Gesetzbuch als Straftat verschwunden ist. Diese Vorläufigkeit rechtfertigt jedoch nicht, den Versuch einer Beschreibung und Systematisierung psychischer Störungen ganz zu unterlassen. Im Gegensatz zu den (heute kaum mehr populären) Auffassungen der Anti-Psychiatrie wird im Weiteren davon ausgegangen, dass es bei allen erwähnten Schwierigkeiten prinzipiell möglich ist, Empfinden oder Verhalten von Personen einigermaßen verbindlich als gestört zu bezeichnen und dass mit dieser Zuschreibung ein *Erkenntnisgewinn* verbunden ist, der letztlich den Betroffenen zugute kommt; die Ansicht der sogenannten Labeling-Theorie, dass durch eine solche »Etikettierung« automatisch Schaden entstehe, ist schwer zu teilen; diese Möglichkeit zu überdenken, mag gleichwohl zuweilen sinnvoll sein.

Diagnosestellung einer psychischen Störung erfolgt in der Praxis zumeist durch die Befunderhebung im Gespräch sowie in der Beobachtung des Verhaltens. Mittlerweile werden zwar zunehmend strukturierte Interviews entwickelt, die sich allerdings eher für die Dokumentation des Verlaufes eignen, weniger für die Erstdiagnostik. Hinzu kommt die Anamnese (griech.: Rückerinnerung), die Erforschung der Vorgeschichte der jetzigen und der früher durchgemachten psychischen Störungen; hier ist man oft auf die Hilfe anderer Personen angewiesen, insbesondere Angehöriger (Fremdanamnese). Weitere Informationen können hilfreich sein, so die Familienanamnese (Erfassung psychischer Störungen in der Verwandtschaft der Betroffenen) und Information über den körperlichen Status, insbesondere die mittels neuroradiologischer Untersuchungen (Computertomogramm [CT], [funktionelle] Kernspintomographie [MRT], Positronenemissionstomographie [PET]) erhaltenen Befunde zu strukturellen oder funktionellen Besonderheiten von Hirnregionen. Zunehmend mehr eingesetzt werden auch psychodiagnostische Verfahren zur Erhebung der klinischen Symptomatik. Letztere lassen sich in Fremd- und Selbstbeurteilungsverfahren einteilen. Bei den ersteren, beispielsweise der Hamilton Depressionsskala, befragt und beurteilt ein geschulter Beobachter den Patienten hinsichtlich verschiedener Symptome der betreffenden Störung (hier u. a. bezüglich Stimmung, Suizidneigung, Schlafstörungen) und protokolliert auf einer mehrstufigen Skala deren Ausprägung; die gefundenen Ausprägungen werden mit Zahlen versehen (gescort), die üblicherweise über alle Fragen (Items) zu einem Gesamtmaß der Depressivität summiert werden. Bei den Selbstbeurteilungsverfahren, zu denen etwa das Beck-Depressions-Inventar gehört, kreuzen die Patienten das Ausmaß ihrer Beschwerden an. Auch Persönlichkeitsfragebogen kommen zum Einsatz, meist jedoch nicht zur Diagnosestellung, sondern zu anderen Zwecken, z. B. zur Beurteilung der (prämorbiden) Persönlichkeit. Zu nennen sind schließlich auch Leistungstests, etwa Intelligenztests und speziellere neuropsychologische Untersuchungsverfahren.

1.1 Definition, Diagnostik und Klassifikation psychischer Störungen

Gleichwohl erfolgt – wie erwähnt – die Diagnose einer Störung (und damit üblicherweise die Einleitung einer Behandlung) im Allg. allein aufgrund der klinischen Befunderhebung ohne Zuhilfenahme der genannten Verfahren; eine Ausnahme bildet lediglich die Intelligenzminderung (▶ Kap. 9.2), deren Schweregrad anhand von Testergebnissen festgelegt wird. Jedoch wird für Forschungszwecke zunehmend der Einsatz standardisierter psychodiagnostischer Verfahren gebräuchlich, da angesichts der damit möglichen Quantifizierung der Symptomatik der Verlauf und die Wirksamkeit von Interventionen genauer betrachtet werden können.

Die Stellung einer Diagnose ist bekanntlich bei psychischen Störungen mit erheblich größeren Schwierigkeiten verbunden als bei organischen Erkrankungen. Die Übereinstimmung der Diagnosen, welche an denselben Personen von zwei unabhängigen Untersuchern gestellt werden (Objektivität oder Interrater-Reliabilität), wurde in älteren Studien vielfach niedrig gefunden; allerdings waren damals die Kriterien nur unzureichend festgelegt oder wurden nicht genügend berücksichtigt. Die neueren Ausgaben der klassifikatorisch-diagnostischen Systeme ICD (International Classification of Diseases) und DSM (Diagnostic and Statistical Manual of Mental Disorders) versuchen, diesen Schwierigkeiten durch die Angabe genauer Kriterien und Ausschlusskriterien (operationalisierte Diagnostik) Rechnung zu tragen; wie sich gezeigt hat, konnte dadurch die Interrater-Reliabilität deutlich verbessert werden. Mit zunehmendem Einsatz der Systeme dürften die diagnostischen Kriterien weitere Präzisierung erfahren.

Auch die *Klassifikation psychischer Störungen* stellt größere Probleme als die organischer Erkrankungen und zeigt sich u. a. darin, dass die erwähnten diagnostisch-klassifikatorischen Systeme sehr gründlichen Veränderungen unterworfen wurden. Früher erfolgte die Gliederung weitgehend unter nosologischen Aspekten, wurden Störungen also weniger aufgrund von Ähnlichkeiten der Symptomatik als vielmehr angenommener Gemeinsamkeiten hinsichtlich Ursache (Ätiologie) und zugrunde liegender Prozesse (Pathogenese) zusammengefasst; hingegen zeichnen sich die neuesten Versionen durch einen deskriptiven, weitgehend nicht-theoretischen Ansatz aus: Zusammenfassung der Störungsbilder erfolgt nun vornehmlich nach Ähnlichkeit der Einzelsymptome oder Symptomenkomplexe (Syndrome), auch wenn sie möglicherweise gänzlich verschiedene Entstehungsbedingungen aufweisen. So wird heute ein (nicht organisch oder durch Substanzkonsum bedingtes) depressives Syndrom, unabhängig welche Vorstellung der Untersucher über die Entstehung hat, einheitlich in die Rubrik »affektive Störungen« von ICD-10 eingeordnet, während es noch in der vorletzten Ausgabe dieses Klassifikationssystems entweder in die Gruppe der »affektiven Psychosen« einzureihen war oder – unter der Annahme einer gänzlich anderen Entstehung – in die der »Neurosen«. Im ersten Fall wurde es damit in die Nähe zu anderen »Psychosen«, beispielsweise den schizophrenen, gerückt, im zweiten sah man eine Verwandtschaft zu neurotischen Störungen wie Zwangsneurose oder Phobien. Nicht zuletzt die mehr und mehr deutlich werdenden unterschiedlichen Genesevorstellungen psychischer Störungen in den einzelnen wissenschaftlichen Schulen legen eine zunächst syndromatologisch-deskriptive Zusammenfassung nahe.

1.2 Die diagnostisch-klassifikatorischen Systeme DSM-5®, ICD-10 und ICD-11

Die gängigen diagnostisch-klassifikatorischen Systeme für psychische Störungen, DSM-5 und ICD-10, haben eine interessante Geschichte, die das Verständnis ihres Aufbaus erleichtert. Die International Classification of Diseases der World Health Organisation (WHO) ist der Versuch, einheitliche Bezeichnungen und Diagnosekriterien für Krankheiten zu schaffen, Bemühungen, die in die Zeit vor dem 2. Weltkrieg reichen. Nachdem das Kapitel über psychische Störungen jedoch auf Widerstand einflussreicher amerikanischer Psychiater gestoßen war, veröffentlichte die American Psychiatric Association 1952 ein eigenes Manual, DSM-I (Diagnostic and Statistical Manual of Mental Disorders); diesem folgten weitere Ausgaben (DSM-II, DSM-III, DSM-III-R, DSM-IV), schließlich DSM-5® (hier zitiert als DSM-5). Ähnliche Überarbeitungen erfuhr die International Classification of Diseases, die einschließlich des Kapitels V über psychische Stö-

1.2 Die diagnostisch-klassifikatorischen Systeme DSM-5®, ICD-10 und ICD-11

rungen nun in der 10. Revision vorliegt; 1991 ist auch die deutsche Version der letzten Fassung dieses Kapitels erschienen, die in wiederholt (geringfügig) korrigierter Neuauflage vorgelegt wurde, mittlerweile der (nur nachgedruckten) zehnten (Dilling, Mombour & Schmidt, 2018); etwas ungenau wird sie im Weiteren mit »ICD-10« bezeichnet. Eine grundlegende Revision (ICD-11) wurde 2018 von der WHO verabschiedet. Mittlerweile ist zwar eine englischsprachige Ausgabe zu erwerben, während aus lizenzrechtlichen Gründen eine deutschsprachige frühestens Mitte 2024 erscheinen dürfte. Die beiden konkurrierenden Klassifikationssysteme dürften noch für Jahrzehnte nebeneinander bestehen bleiben. In grober Näherung kann man konstatieren, dass sich in der europäischen Psychiatrie weitgehend ICD-10 durchgesetzt hat, in der amerikanischen DSM-5 bevorzugt wird. In Psychologenkreisen dürfte weltweit eher DSM-5 favorisiert werden; man findet jedoch zunehmend die Tendenz, Störungen nach beiden Systemen gegenüberstellend zu klassifizieren. Dies ist in der Regel ohne große Schwierigkeiten und Zusatzerläuterungen möglich, da beide Systeme im Laufe ihrer Entwicklung den erwähnten Übergang von einer nosologischen (auf die Entstehungsbedingungen der Krankheit ausgerichteten) Betrachtungsweise zu einer stärker syndromatologischen vollzogen haben (also Bezeichnung und Gruppierung der Störungen weitgehend anhand der Symptome vornehmen). Auch die einzelnen Störungsbilder entsprechen sich, oft bei unterschiedlicher Namensgebung, weitgehend (etwa hinsichtlich Ein- und Ausschlusskriterien); die einzelnen Kategorien sind jedoch deutlich verschieden, so in DSM-5 zahlreicher.

Die Darstellung der psychischen Störungen in den folgenden Kapiteln orientiert sich an der handlicheren ICD-10 (mit kurzen Hinweisen auf ICD-11); zuweilen schien es sinnvoll, zusätzlich kurz die Diagnostik und Klassifikation nach DSM-5 zu erwähnen.

Das Diagnostic and Statistical Manual of Mental Disorders war in der dritten und vierten Auflage durch eine multiaxiale Klassifikationsweise charakterisiert; das gestörte Verhalten einer Person sollte also (möglichst) mehrdimensional, nämlich auf bis zu fünf Achsen, beschrieben werden. Achsen I und II stellten Oberkategorien psychischer Störungen dar, wobei auf Achse I jene zu nennen waren, die in der Regel bei der Diagnostik zuerst auffallen, also im Allg. die Klinikeinweisung oder den therapeutischen Kontakt begründen, z. B. eine affektive Störung; Störungen von Achse II sind solche längerer Dauer, die allein oft nicht zu Diagnose und Therapie führen würden, wie geistige Behinderung oder Persönlichkeitsstörungen. Drei weitere Achsen bezogen sich auf körperliche Besonderheiten oder Krankheiten, auf eventuelle psychosoziale Probleme und den Grad der sozialen und beruflichen Anpassung. Da dieses komplizierte System kaum genutzt wurde, gibt es in DSM-5, wie schon immer in ICD-10, mittlerweile nur noch (klassifikatorisch gleichwertige) Störungsgruppen, die mit Zahlen (aus ICD) kodiert werden.

ICD-10 listet im Kapitel V (F) zehn Kategorien psychischer Störungen auf, die mit Ausnahme der beiden ersten (»Organische, einschließlich symptomatischer psychischer Störungen« und »Psychische und Verhaltensstörungen durch psychotrope Substanzen«) nicht nosologisch, sondern eher syndromatologisch ausgerichtet sind, sich also aufgrund des Erscheinungsbildes der in ihnen genannten Störungen definieren; eine Ausnahme bildet die letzte Kategorie »Verhaltens- und emotionale Störungen mit Beginn in der Kindheit und Jugend«, in der Störungen aufgrund ihres frühen Erstmanifestationsalters zusammengefasst sind. Die Verschlüsselung geschieht durch Angabe des Buchstabens F (entsprechend dem Kapitel F für psychische Störungen), die Nummer der Kategorie, beispielsweise 3 für »Affektive Störungen« und an weiteren Stellen die für die entsprechende Subkategorie, fakultativ weiterer für Schweregrad oder Begleitsymptomatik; so würde mit F32.01 eine leichte depressive Episode mit »somatischem Syndrom« kodiert. Doppeldiagnosen durch Angabe zweier Codenummern, etwa zusätzlich für eine Persönlichkeitsstörung, sind möglich.

ICD-11 hat mehr Kapitel als ICD-10, wobei die klinisch-diagnostischen Kriterien für psychische Störungen nun in Kapitel 06 zu finden sind. Dieses ist überschrieben mit »Psychische Störungen, Verhaltensstörungen oder neuronale Entwicklungsstörungen«. Auch sind einige Subkapitel (nämlich F51, F52 und F53) in andere Kapitel verlegt worden, so die nichtorganischen Schlafstörungen (Insomnien, Hypersomnien und Parasomnien) in Kapitel 07 (»Schlaf-Wach-Störungen«), die sexuellen Funktionsstörungen in Kapitel 17 (»Zustände mit Bezug zur sexuellen Gesundheit«), die »psychischen und Verhaltensstörungen im Wochenbett« in Kapitel 19 (»Bestimmte Zustände, die ihren Ursprung in der Perinatalperiode haben«). Gleichwohl hat erwähntermaßen Kapitel 6 in der ICD-11 deutlich mehr Subkapitel als in der ICD-10 (nämlich 21 statt 9). Dies liegt vornehmlich daran, dass die diversen Störungen im Subkapitel F4 nun eigene Subkapitel bilden, so gibt es nun die Subkapitel »Angst oder furchtbezogene Störungen«, »Zwangsstörung oder verwandte Störungen«, »Störungen, die spezifisch Stress-assoziiert sind«, zum anderen daran, dass das Subkapitel F6 in ICD-10, das Persönlichkeitsstörungen, Paraphilien und Impulskontrollstörungen umfasste, nun in vier eigene Subkapitel zerlegt wurde. Außerdem wurden neue Subkapitel eingeführt, z. B. »Katatonie« oder »Ausscheidungsstörungen«, die in ICD-10 gar nicht auftauchten.

Die Beschreibung und Kodierung erfolgt im vorliegenden Buch nach wie vor nach der augenblicklich allein als Buchform in Deutsch vorliegenden ICD-10. Dies macht umso mehr Sinn, als DSM-5, nach dem gerne diagnostiziert wird, keine eigenen Codenummern besitzt, sondern nach wie vor die von ICD-10 vorschlägt.

1.3 Ansätze zur Erforschung psychischer Störungen

Frühe Theorien psychischer Störungen, so die Säftelehre des Hippokrates, Platons psychogenetische Theorie der Hysterie oder die dämonologischen Auffassungen des Mittelalters sind lediglich von historischem Interesse. Ansätze, die heute noch Einfluss auf die Theoriebildung haben, gehen auf die zweite Hälfte des 19. Jahrhunderts zurück. Dazu gehören im Wesentlichen die nosographischen Bemühungen Kraepelins und Charcots, weiter die Rückführung psychischer Symptomatik im Rahmen der progressiven Paralyse (einem Spätstadium der Syphilis) auf den organischen Faktor einer Infektion mit dem Erreger Treponema pallidum durch Krafft-Ebing, schließlich die erbbiologischen Degenerationstheorien der französischen Psychiatrie um J. M. Charcot. Bei Letzterem und seinem Schüler Janet zeigen sich erste Ansätze psychologischer Herangehensweisen, so die Rückführung der Hysterie auf seelische Traumen, die Erforschung der Anlässe der Symptombildung in Hypnose sowie die Beseitigung der Symptome mittels hypnotischer Suggestion. Gleichwohl sind beide – anders als oft dargestellt – noch weit von eigentlichen psychogenetischen Theorien entfernt. Als Anlässe werden psychische Traumen in einer Reihe mit Infektionen, konsumierenden Erkrankungen und körperlichen Überforderungen genannt, welche eine Schwächung des Nervensystems mit dem Resultat psychischer Symptomatik bewirken.

Das erste systematische psychogenetische Modell psychischer Störungen wurde gegen Ende des 19. Jahrhunderts von Sigmund Freud formuliert (dazu ▶ Kap. 6). Er fasste zunächst die Symptome als Ersatzbildungen auf, die aus der Verdrängung eines sexuellen Missbrauchs in der frühen Kindheit resultierten, sah sich jedoch bald genötigt, diese »Verführungstheorie« aufzugeben und die Symptomatik über das Wirken weitgehend unbewusster sexueller Wünsche zu erklären (etwa im Rahmen eines nicht aufgelösten Ödipuskomplexes). Die *Psychoanalyse*, eine auf diesen Annahmen basierende Therapie, besteht demzufolge in der Aufhebung der Verdrängung, der Bewusstmachung des Unbewussten durch Überwindung von Widerständen und stellt somit die Umkehr der Pathogenese dar. Freud ist eine hinsichtlich des Differenzierungsgrads nie mehr erreichte Krankheitslehre zu verdanken: Verschiedenen psychischen Störungen legte er unterschiedliche Genesemodelle zugrunde, vertrat dabei jedoch die Annahme, dass die Störungsursprünge im Allg. auf die frühe Kindheit zurückgingen und mit der Entwicklung der Sexualfunktionen zu tun hätten. In späteren psychoanalytischen Krankheitsmodellen, etwa den objekttheoretischen oder ich-psychologischen, rückt man zunehmend von dieser triebtheoretischen Betrachtungsweise ab und sieht die Ursachen vornehmlich in der defizitären Ausbildung von Beziehungen, insbesondere zu den Eltern. Anders als bei Freud ist das Interesse dort weniger auf die klassischen neurotischen Störungen wie Zwangsneurose oder Phobien gerichtet, sondern vielmehr auf die von Freud für psychoanalytisch untherapierbar erachteten narzisstischen Neurosen (etwa Schizophrenie) und die von der frühen Psychoanalyse wenig beachteten Persönlichkeitsstörungen. Auch die Therapie wandelt sich insofern, als die Aufhebung von Verdrängung relativ zur Durcharbeitung oft bewusster Konflikte und Verhaltensweisen in den Hintergrund tritt; die Behandlung ist häufig auch deutlich direktiver als in der klassischen Psychoanalyse, schließt beispielsweise Hilfe bei der Lebensgestaltung ein.

1.3 Ansätze zur Erforschung psychischer Störungen

Nicht zuletzt der spekulative Charakter der psychoanalytischen Theoriebildung begünstigte die Entwicklung des *Behaviorismus*, der mit einer geringen Zahl von Annahmen, die auch tierexperimentell überprüft werden konnten, Verhaltensabweichungen zu erklären versuchte; berühmt ist der Versuch John Watsons, eine Phobie durch gleichzeitige Präsentation eines neutralen Objekts mit einem unangenehmen Reiz *klassisch zu konditionieren* (▶ Kap. 6.2). Später kam als behavioristisches Erklärungsprinzip das der Verstärkung hinzu, demzufolge sich gestörtes Verhalten als Konsequenz von Belohnung oder Bestrafung ausformen und aufrechterhalten sollte (*operante Konditionierung*). Aus diesen Annahmen abgeleitete Therapieverfahren strebten konsequent ein Rückgängigmachen der Lernprozesse an, etwa die Neuverknüpfung eines phobischen Stimulus mit einem nicht-aversiven Eindruck (Gegenkonditionierung) oder die Aufhebung von Konsequenzen, die das gestörte Verhalten aufrechterhalten sollten.

Spätere *verhaltenstheoretische* oder *verhaltenstherapeutische* Modelle psychischer Störungen sind von den rein lerntheoretischen im Sinne des Behaviorismus weit entfernt und dürfen keineswegs mit ihnen gleichgesetzt werden. Insbesondere wird die Bedeutung von inneren Variablen wie Einstellungen, Erwartungen, Denkmustern für Genese und Aufrechterhaltung gestörten Verhaltens nachdrücklich anerkannt, während der Behaviorismus Watsons gerade den Versuch darstellte, Verhalten ohne solche mentalen Konstrukte zu erklären. Auch die Rolle biologischer, z.B. genetischer Faktoren, die im frühen, extrem milieutheoretisch ausgerichteten Behaviorismus minimalisiert worden war, wird nun gewürdigt. Gleichzeitig hat sich der Charakter der Therapie von simplen mechanistischen Interventionen zu komplexeren Programmen wie Selbstbehauptungstrainings oder Üben sozialer Fertigkeiten gewandelt; zudem werden nun nicht mehr Veränderungen ausschließlich von offenem Verhalten versucht, sondern ebenso von Einstellungen und Denkschemata (*kognitive Verhaltenstherapie*). Damit ist es aber auch schwieriger geworden, Verhaltenstherapie zu definieren und eindeutig von anderen Verfahren abzugrenzen.

Die *biologische Richtung* der Psychiatrie, die auf die weitgehend organischen Genesevorstellungen Kraepelins zurückgeht, erhielt eine beeindruckende Stützung, als es gelang, die progressive Paralyse mit weitgehend psychischer Symptomatik (Größenwahn, Demenz) als Spätstadium der Syphilis nachzuweisen und auf eine Infektion mit dem Erreger Treponema pallidum zurückzuführen. Eine hirnorganische Genesetheorie psychischer Störungen liegt auch den psychochirurgischen Interventionen zugrunde, die – wenn auch unter Inkaufnahme ernster Nebenwirkungen – häufig das pathologische Verhalten (Halluzinationen, Zwangsverhalten, deviante Sexualpraktiken) im gewünschten Sinne beeinflussten. Die 1938 eingeführte Elektrokrampftherapie, die Induktion eines epileptischen Anfalls mittels kurzer Stromstöße, ist bei psychischen Störungen, speziell Depressionen, therapeutisch zweifellos erfolgreich; sie trug aber (noch) wenig zur Klärung der Grundlagen bei, da ihre Wirkweise noch ungeklärt ist.

Größter therapeutischer Fortschritt der biologischen Psychiatrie war zweifellos die Entwicklung wirksamer *Pharmaka*, wie der Antipsychotika (in früherer Terminologie: Neuroleptika), der Antidepressiva, der phasenprophylaktischen Lithiumpräparate und der Tranquilizer, speziell jener vom Benzodiazepintyp. Nicht selten waren erste Entdeckungen einem Zufall zu verdanken. So wurde die antipsychotische Wirkung von Chlorpromazin 1952 bei der Suche nach Antihistaminika entdeckt und der stimmungsaufhellende Effekt der MAO-Hemmer bei der Behandlung mit Tuberkulosemitteln beobachtet. Auch die psychotrope Wirkung von Lithiumsalzen war eine Zufallsentdeckung. Trotzdem hat man heute genauere Vorstellungen vom Wirkmechanismus dieser Pharmaka, die gleichzeitig Modelle der den psychischen Störungen zugrunde liegenden biochemischen Prozesse nahelegen, nämlich als Veränderungen der *Neurotransmission:* Verkürzt ausgedrückt, wird die elektrische Erregung einer Nervenzelle (eines Neurons) auf die nächste auf chemisch-physikalischem Weg übertragen; die erste Nervenzelle schüttet an ihren Enden *Transmitter* aus, die durch den synaptischen Spalt zum anschließenden Neuron diffundieren und sich dort an *Rezeptoren* anlagern. Diese Anlagerung verändert die elektrischen Eigenschaften der zweiten (postsynaptischen) Zellmembran, in Richtung Erregung (Depolarisation) oder Hemmung (Hyperpolarisation). Summieren sich die dort ausgelösten Veränderungen – sei es durch verstärktes Feuern oder durch gleichzeitige Impulse vieler anderer, angrenzender Neuronen –, kann eine intensive Erregung der postsynaptischen Nervenzelle entstehen (Aktionspotential), welche sich nun entlang der Zelle (genauer: ihres Axons) fortpflanzt. Neben den erregenden Transmittern gibt es hemmende (wichtigster Vertreter: GABA), deren Ausschüttung eine Hyperpolarisation der postsynaptischen Ner-

1.3 Ansätze zur Erforschung psychischer Störungen

venzelle bewirkt; diese neutralisiert die Wirkung erregender Transmitter zu gewissem Grade, wirkt so der Ausbildung eines Aktionspotentials entgegen und erschwert damit die Informationsübertragung. Nachdem jedes Neuron mit Tausenden anderer in Verbindung steht, ergeben sich komplizierte Formen gegenseitiger Beeinflussung. Die Grundlage der Symptomatik einiger Störungen wird nun darin gesehen, dass die Transmitterausschüttung oder Wirkung verändert ist, beispielsweise bei der Schizophrenie eine Dopaminüberaktivität angenommen wird, wahrscheinlich aufgrund erhöhter Rezeptordichte an der postsynaptischen Membran (▶ Kap. 4.2.7). Auch wenn diese Transmittertheorien im Laufe der Zeit Korrekturen erfahren haben (und weiter erfahren werden), ist in jedem Fall mit ihnen eine höchst fruchtbare Betrachtungsweise – ein »Paradigma«, um den etwas überstrapazierten Begriff zu verwenden – geschaffen worden.

Während man früher erwartete, bei psychisch gestörten Personen spezifische strukturelle Hirnveränderungen nachweisen zu können (etwa vergrößerte oder verkleinerte Areale), mutmaßt man mittlerweile vornehmlich *funktionelle Abnormitäten* als biologische Äquivalente, etwa veränderte Erregbarkeit einzelner Hirnregionen oder ihrer Verbindungen. So wird bei der in Kapitel 6.4 besprochenen Basalganglienhypothese der Zwangsstörungen angenommen, dass der Symptomatik die Überaktivität eines Funktionskreises zugrunde liegt, der u. a. die Basalganglien, den orbitofrontalen Kortex und den Gyrus cinguli umfasst (▶ Kap. 6.4). Wie die auf solchen Modellvorstellungen basierenden psychochirurgischen Eingriffe quantitativ eine sehr geringe Rolle als Interventionsmöglichkeit spielen, so treten diese funktionell-anatomischen Annahmen als Erklärungsansätze gegenüber den angenommenen Veränderungen der synaptischen Übertragung auch deutlich in den Hintergrund.

2 Demenzen

2.1 Vorbemerkungen; Allgemeines zur ICD-10-Kategorie F0

Die erste diagnostische Kategorie F0 in ICD-10 umfasst »psychische Krankheiten mit nachweisbarer Ätiologie in einer zerebralen Krankheit, einer Hirnverletzung oder einer anderen Schädigung, die zu einer Hirnfunktionsstörung führt« (ICD 10, S. 72). Zunächst wird dort die *Demenz* aufgeführt. Ein dem demenziellen Syndrom ähnliches, das *amnestische Syndrom*, wie es besonders als Folge chronischen Alkoholismus vorkommt, wird der Abgrenzung halber schon an dieser Stelle besprochen, in Kapitel 3 (Störungen im Zusammenhang mit der Einnahme psychotroper Substanzen) jedoch noch einmal kurz skizziert (▶ Kap. 3). *Delir*, obwohl ebenfalls unter F0 rubriziert, soll am Beispiel des Alkoholdelirs in 3.2.4 behandelt werden (▶ Kap. 3.2.4). Andere Störungen, die unter der ätiologisch-diagnostischen Kategorie F0 angeführt sind, nämlich diverse psychotische, affektive und ängstlich-zwanghafte Symptombilder mit ebenfalls nachweisbarer organischer Ursache, kommen in späteren Kapiteln zur Sprache. Für einen verkürzten Überblick über die unter F0 subsumierten Störungen ▶ Tab. 2.1.

2.2 Demenzielles Syndrom und amnestisches Syndrom

Bei der *Demenz* handelt es sich um ein Syndrom, welches bei verschiedenen Krankheiten beobachtet wird. Insofern ist Demenz keine Diagnose; ein Arzt, der einen Patienten mit dieser entlässt, hat seine Aufgaben nicht erfüllt. Auch die Feststellung einer »Altersdemenz« ist keine bemerkenswerte diagnostische Leistung; hier muss zumindest zwischen den dabei wahrscheinlichsten Grundkrankheiten, der Alzheimer-Krankheit und der vaskulären Demenz, unterschieden werden. Beobachtet wird dieses Syndrom bei verschiedenen Krankheiten, die eines gemeinsam haben: Sie führen zu einer mehr oder weniger ausgeprägten Hirnatrophie mit Degeneration von Kortexzellen. Häufig finden sich neben dem demenziellen Syndrom andere, zumeist neurologische Symptome oder Störungen der Affekte, welche die Diagnosestellung üblicherweise erleichtern; die Demenzsymptomatik ist hingegen bei den verschiedenen Grundkrankheiten oft – nicht immer – recht einheitlich.

Tab. 2.1: Amnestisches, demenzielles und delirantes Syndrom

Syndrom	Hauptcharakteristika	Vorkommen
amnestisches Syndrom (entspricht etwa F04)	• Beeinträchtigung der Speicherung von Neuem • teilweise auch Störung der Reproduktion alter Inhalte • Konfabulationen	• als Folge von chronischem Alkoholabusus (Korsakow-Syndrom) • ebenso von Barbituraten und anderen Sedativa • wahrscheinlich auch von Cannabinoiden
demenzielles Syndrom (entspricht F00–F03) in DSM-5: Neurokognitive Störung	• Gedächtnisstörungen wie bei amnestischem Syndrom • weitere kognitive Störungen (z. B. von Konzentration, Urteilsfähigkeit) • affektive Störungen (Affektinkontinenz, Misstrauen bis hin zu hochgradiger Pa-	• Alzheimer-Krankheit • vaskuläre Demenz • bei Huntington-Krankheit • bei Parkinson-Krankheit • bei Lewy-Körper-Demenz • bei Pick-Krankheit (allgemein: frontotemporalen Demenzen)

Tab. 2.1: Amnestisches, demenzielles und delirantes Syndrom – Fortsetzung

Syndrom	Hauptcharakteristika	Vorkommen
	ranoia, Enthemmung, Aggressivität)	• bei HIV-Infektion • bei Creutzfeldt-Jakob-Krankheit
delirantes Syndrom (F05)	• Bewusstseinsstörungen • Verkennungen der Realität • Halluzinationen, Wahn • Unruhe und Angst • vegetative Symptome	• Entzug von Alkohol, Benzodiazepinen und Barbituraten • Fieber • Einnahme bestimmter Medikamente und Drogen (z. B. Anticholinergika) • postoperativ

Beim *demenziellen Syndrom* findet sich eine mehr oder weniger große Anzahl von Beeinträchtigungen kognitiver Funktionen, die sich – anders als bei der Intelligenzminderung (▶ Kap. 9.2) – zuvor auf normalem Niveau befunden haben. An erster Stelle stehen Störungen des Gedächtnisses; typischerweise zeigen sich zunächst Beeinträchtigungen der Merkfähigkeit, also Defizite in der längerfristigen Speicherung neuen Materials. Eindrücke durchaus intensiver Natur werden wenig später vergessen; bei der Untersuchung kann der Ablauf des Tages, besonders wenn er vom Gewohnten abweicht, nur unzulänglich wiedergegeben werden. Weniger beeinträchtigt ist hingegen das Erlernen neuer motorischer Abläufe. Das Immediatgedächtnis, die Fähigkeit zur unmittelbaren (nach Sekunden erfolgenden) Wiedergabe soeben erfolgter Eindrücke, etwa das kurzfristige Behalten von Telefonnummern, ist ebenfalls intakt. Gleichfalls, wenigstens zu Beginn der Erkrankung, nicht gestört ist die Wiedergabe von Eindrücken, die vor der Erkrankung gespeichert wurden, etwa Jugenderlebnissen; allerdings finden sich im Krankheitsverlauf zunehmende Einschränkungen der Reproduktion; die häufig anfangs beobachteten Wortfindungsschwierigkeit lassen sich als beginnende Abrufstörungen interpretieren. Daneben sind weitere kognitive Fähigkeiten wie Denk- und Urteilsvermögen, Konzentration und Aufmerksamkeit beeinträchtigt sowie die Verarbeitung neuer Informationen erschwert, besonders wenn diese

2.2 Demenzielles Syndrom und amnestisches Syndrom

gleichzeitig von verschiedenen Seiten vermittelt werden. Zudem finden sich Störungen im affektiven und motivationalen Bereich (u.a. Verlust emotionaler Kontrolle, oft Aggressivität, extremes Misstrauen bis hin zu paranoid-psychotischer Symptomatik). Jedoch sind, anders als beim Delir, die betroffenen Personen bewusstseinsklar; Störungen der Wahrnehmung im Sinne von Halluzinationen und Realitätsverkennungen werden bei Demenz – falls nicht gleichzeitig ein delirantes Syndrom besteht – nicht beobachtet.

Vom demenziellen ist das *amnestische* Syndrom abzugrenzen, welches besonders als Folge von Alkoholabusus zu beobachten ist (dann üblicherweise Korsakow-Syndrom genannt wird) und vornehmlich eine Störung des Gedächtnisses, weniger der anderen kognitiven Funktionen und der Emotionalität, darstellt. Die sehr beliebte Diagnose »Alkoholdemenz« ist, obwohl es eine solche tatsächlich gibt, meistens inkorrekt; typischerweise handelt es sich um ein amnestisches Syndrom, das andere pathologisch-anatomische Grundlagen hat (Veränderungen vornehmlich im Zwischenhirn, nicht im Hippocampus). Bei intaktem Immediatgedächtnis ist wie bei der Demenz die Fähigkeit, neues Material zu speichern, erheblich reduziert; auch die Wiedergabe bereits länger gespeicherter Inhalte kann in zeitlich wechselnder Intensität beeinträchtigt sein. Anders als beim demenziellen Syndrom findet sich hier eine Neigung, die Gedächtnislücken durch erfundene Sachverhalte zu kaschieren (Konfabulationen).

Die geschilderten demenziellen Syndrome bei verschiedenen Krankheiten sowie das amnestische Syndrom wurden und wurden früher als organisches oder hirnorganisches Psychosyndrom zusammengefasst, eine Bezeichnung, die angesichts ihrer Unbestimmtheit aufgegeben werden sollte. ICD-10 ordnet die Demenzen in die große Rubrik F0: »Organische, einschließlich symptomatischer psychischer Störungen« ein. Alzheimer-Demenz wird mit der Codenummer F00 verschlüsselt, vaskuläre Demenz mit F01, demenzielle Syndrome im Rahmen anderer Erkrankungen mit F02 und einer weiteren Zahl für die jeweilige Grundkrankheit, so F02.0 für die Demenz bei Pick-Krankheit. Bei der Alzheimer- und der vaskulären Demenz gibt es Unterformen, etwa hinsichtlich des Verlaufs, die mit einer weiteren Zahl zu kodieren sind. Demenzielle Syndrome als Folge von Substanzmissbrauch wären hingegen in die Kategorie F1 (Psychische und Verhaltensstörungen durch psychotrope Substanzen) einzureihen.

Die Diagnosestellung geschieht vornehmlich anhand der Beeinträchtigung intellektueller Funktionen, speziell der Gedächtnisleistungen. Zuordnung zu den Unterformen erfolgt teils nach der Begleitsymptomatik, teils anhand der Anamnese und anderer Befunde (z. B. HIV-Nachweis). Die Diagnose Alzheimer-Krankheit ist oft erst posthum durch Autopsie mit Nachweis der charakteristischen neuropathologischen Veränderungen eindeutig zu sichern; nicht immer leicht gelingt klinisch die Abgrenzung gegenüber der vaskulären Demenz und den frontotemporalen Demenzen.

Merke

Demenz ist keine eigene Krankheit, sondern ein Syndrom mit unterschiedlichsten Ursachen. Demenz ist auch nicht identisch mit »Alzheimer«; letzteres ist eine von verschiedenen Demenzformen. DSM-5 spricht im Übrigen nicht von Demenzen, sondern von neurokognitiven Störungen.

2.3 Ätiologie, Pathogenese und Therapie verschiedener Demenzformen

2.3.1 Demenz bei Alzheimer-Krankheit

Bei dieser Erkrankung steht das Symptombild eines demenziellen Syndroms im Vordergrund. Der Beginn fällt meist ins höhere Lebensalter, zuweilen auch schon ins mittlere und sogar noch davor (Alzheimer-Krankheit mit präsenilem Beginn oder präsenile Demenz vom Alzheimer-Typ). Die Entwicklung ist, wenigstens bei den senilen Formen, im Allg. schleichend, ohne wesentliche Sprünge im Verlauf, und führt üblicherweise erst im Laufe mehrerer Jahre zum klinischen Vollbild; neurologische Einschränkungen finden sich anfangs in aller Regel nicht, treten aber nicht selten später hinzu und können Todesursache sein.

2.3 Ätiologie, Pathogenese und Therapie verschiedener Demenzformen

Beweisend für diese Demenzform ist das Vorliegen neuropathologischer Veränderungen in Form intrazellulär lokalisierter Alzheimer-Fibrillen und gehäufter seniler Plaques (Amyloid-Plaques); diese Veränderungen sind erst bei Autopsien sicher erkennbar. Trotz häufig zu lesender gegenteiliger Berichte ist es bis heute nicht gelungen, Alzheimer-Demenz zweifelsfrei allein anhand neuroradiologischer oder biochemischer Befunde (z. B. aus dem Liquor cerebrospinalis) zu diagnostizieren; in Verbindung mit dem klinischen Bild erhöhen sie jedoch erheblich die Treffsicherheit der Diagnose (s. Dubois et al., 2021). Die auch bei anderen Demenzformen zu beobachtende Neuronendegeneration ist eher diffus lokalisiert, betrifft jedoch stärker den temporo-parietalen Kortex sowie speziell die Hippocampusregion. Zudem wird eine beeinträchtigte Übertragung an cholinergen Synapsen beobachtet, Folge insbesondere einer Abnahme des zur Acetylcholinsynthese notwendigen Enzyms Cholinacetyltransferase, eine Erkenntnis, die man therapeutisch zu nutzen versucht (s. u.). Dieses Genesemodell stimmt gut mit Befunden überein, nach denen das Behalten neuer Information durch die Blockade bestimmter Acetylcholinrezeptoren beeinträchtigt, durch deren Stimulation erleichtert wird.

Zum Verständnis der Ätiopathogenese ist von zentraler Bedeutung, dass die Amyloid-Plaques *nicht* – wie lange gedacht – lediglich ein *Abfallprodukt des Neuronenuntergangs*, sondern umgekehrt eher deren *Ursache* darstellen. Warum es zur Bildung dieser »toxischen« Plaques kommt, steht noch in Diskussion. Eine Hypothese ist, dass in den Neuronenmembranen schon immer ein pathologisches Eiweiß vorhanden war (das Amyloid-Präkursor-Protein = APP), welches zwangsläufig zu nicht weiter zu verstoffwechselndem Amyloid mit der Folge von Plaque-Bildung abgebaut wird. Anderen Annahmen zufolge sind bestimmte eiweißabbauende Enzyme verändert, sodass Amyloid als Abbauprodukt entsteht.

> Andererseits finden sich bei Autopsien immer wieder Gehirne, welche Amyloid-Plaques in großer Zahl enthalten, wobei die Betreffenden keine demenzielle Symptomatik gezeigt hatten. Jedoch findet man bei Personen mit Symptomatik einer Alzheimer-Demenz stets gehäuft Plaques. Der Sachverhalt ist also alles andere als geklärt. Möglicherweise umfasst das, was als Demenz bei Alzheimer-Krankheit zusammengefasst wird, eine ganze Reihe unterschiedlicher, wenn auch hinsichtlich Symptomatik ähnlicher Störungsbilder.

Entgegen früheren Ansichten spielen bei der Entwicklung der Alzheimer-Demenz (v. a. bei den präsenilen Formen) genetische Faktoren sicher keine unbeträchtliche Rolle; sie determinieren den Aufbau des APP oder sind für die veränderten abbauenden Enzyme verantwortlich. Auffällig ist nämlich u. a., dass Personen mit Trisomie 21 (Down-Syndrom) schon in sehr frühem Alter eine hohe Dichte von Amyloid-Plaques im Gehirn aufweisen. Sie haben bekanntlich das Chromosom 21 in dreifacher Zahl, auf dem das APP-Gen (genauer: der pathologische APP-Polymorphismus) lokalisiert ist. Diese Genvariante ist für die Synthese eines bestimmten Eiweißes verantwortlich, das beim Abbau zur Amyloidbildung führt. Allerdings spricht einiges für eine wichtige Mitbeteiligung noch weitgehend unbekannter Umweltfaktoren; die schon früher vertretene Hypothese einer vermehrten Aufnahme von Aluminium (etwa in Form der säurebindenden »Magenmittel«, in Essensverpackungen oder Deosprays) hat mittlerweile sehr an Plausibilität gewonnen (Wang et al., 2016).

Nach dem Gesagten sollte eine kausale Therapie in Verhinderung der Bildung bzw. in vollständiger Beseitigung vorhandener Amyloidplaques bestehen. Nachdem entzündliche Prozesse dabei eine Rolle zu spielen scheinen, wäre ein Alzheimer-prophylaktischer Effekt bei längerer Einnahme entzündungshemmender Medikamente zu erwarten, speziell der nichtsteroidalen Antirheumatika wie Ibuprofen oder Diclofenac, wofür es tatsächlich Hinweise gibt. Weiter sollten antioxidative Agentien hier positiv wirken, etwa die reichlich in Rotwein und roten Traubensäften enthaltenen Flavonoide; mäßiger Rotweingenuss würde demnach in gewissem Maße die Ausbildung erschweren.

Entgegen früheren Auffassungen dürfte Rauchen nicht der Entstehung einer Alzheimer-Demenz vorbeugen, fördert jedoch die Ausbildung einer vaskulären Demenz beträchtlich. Andererseits ist es kaum hilfreich, Alzheimer-Patienten zum Aufhören des Rauchens anzuhalten, da dann die stimulierende Wirkung auf die nikotinergen Acetylcholinrezeptoren wegfällt.

Weiter gibt es Überlegungen, durch eine Art von Impfung den Organismus zu veranlassen, gebildete Plaques sofort als Fremdkörper (Antigene) zu erkennen und sie abzubauen (Kwan et al., 2020).

Bei der Behandlung der Alzheimer-Krankheit sind unspezifisch die Hirnaktivität fördernde Medikamente mit den Inhaltsstoffen Piracetam

2.3 Ätiologie, Pathogenese und Therapie verschiedener Demenzformen

(etwa Nootrop®) oder Extrakte aus Ginkgo biloba (etwa Tebonin®) sicher nicht von Schaden, allerdings ohne nachgewiesenen Nutzen. Ihr Wirkmechanismus dürfte teils auf Verbesserung der Durchblutung beruhen, teils auf verbesserter Verwertung des dem Hirn angebotenen Zuckers (Glukoseutilisation), zudem auf weiteren Prinzipien; dass sie in Vorstadien des geistigen Abbaus gewissen Nutzen bieten, ist nicht auszuschließen.

Medikamente mit nachgewiesener Wirksamkeit bei bestehender demenzieller Symptomatik werden mittlerweile deutlicher als Antidementiva aus der großen Gruppe der Nootropika (generell auf den Verstand wirkender Substanzen) herausgehoben. Zu den Antidementiva gehören zum einen die Acetylcholinesterasehemmer (Cholinesterasehemmer), deren Gruppe durch Donepezil (etwa Aricept®), Rivastigmin (beispielsweise Exelon®) und Galantamin (Reminyl®) vertreten ist. Diese Substanzen erhöhen die synaptische Konzentration des verminderten Neurotransmitters Acetylcholin durch Hemmung des abbauenden Enzyms und sind zugelassen für die Behandlung leichter und mittelschwerer Demenzen vom Alzheimer-Typus. Auch wenn damit weder eine echte Besserung, geschweige denn eine Heilung erzielt wird, kann die Progredienz des geistigen Abbaus verlangsamt werden und zwar umso effizienter, je früher mit der Behandlung begonnen wird. Insofern sind rechtzeitige Diagnosestellung und baldiger Behandlungsbeginn von entscheidender Bedeutung.

Zu den Antidementiva gehören auch NMDA-Antagonisten wie Memantin (Axura®, Ebixa®, diverse Generika). Dies ist insofern zunächst überraschend, als die Blockade des NMDA-Rezeptors für Glutamat (beispielsweise durch Alkohol) die Einspeicherung erschwert (▶ Kap. 3.2.2 zum »Filmriss«). Allerdings ist zwischen einer phasischen (intermittierenden, auf Reize hin erfolgenden) Stimulation des NMDA-Rezeptors und einer permanenten (»tonischen«) Aktivierung dieser Bindungsstelle zu unterscheiden, wie sie der Theorie nach durch im Rahmen der Alzheimer-Krankheit vermehrtes Glutamat zustande kommt und kognitiven Prozessen abträglich ist. Diese NMDA-Antagonisten sind nicht nur für die Behandlung leichter und mittelschwerer, sondern auch schwerer Formen der Alzheimer-Demenz zugelassen und können mit Acetylcholinesterasehemmern kombiniert werden (Lange-Aschenfeldt & Benkert, 2023, S. 653).

Die Möglichkeit, mit psychologischen Methoden, etwa Gedächtnistrainings, die kognitiven Defizite bei Alzheimer-Demenz – generell bei demenzieller Symptomatik – positiv zu beeinflussen, dürfte eher begrenzt oder wenn überhaupt, nur im Frühstadium von gewissem Erfolg sein. Sinnvoll ist es jedoch, die Umgebung entsprechend zu instruieren, sodass die Einschränkungen der Patienten möglichst wenig zum Tragen kommen.

Die affektive Symptomatik erfordert oft den Einsatz von Psychopharmaka, wobei speziell die Unruhezustände erhebliche Probleme darstellen. Häufig reagieren die Patienten auf sedierende Medikamente wie Benzodiazepine »paradox«, werden also erst recht erregt; deswegen ist es in Heimen nicht selten Praxis, Sedierung mit Antipsychotika (Neuroleptika) vorzunehmen. Letztere kommen speziell dann zum Einsatz, wenn zusätzlich psychotische Symptomatik vorliegt.

2.3.2 Vaskuläre Demenz

Diese Form ist nach der Alzheimer-Demenz die häufigste und geht in der Regel schon früh mit neurologischen Symptomen einher, die sich auf *Durchblutungsstörungen* bei arteriosklerotischen Veränderungen der Hirngefäße zurückführen lassen. Oft setzt die Symptomatik ein im Anschluss an eine ischämische Attacke (akute Minderdurchblutung) mit Bewusstseinstrübungen, Sehstörungen, Lähmungen oder Beeinträchtigungen höherer Sprachfunktionen (Aphasien); der eher fluktuierende Verlauf der Erkrankung mit abrupt einsetzenden Verschlechterungen und neurologischen Herdsymptomen erleichtert die Abgrenzung von der Alzheimer-Demenz. Neuroradiologisch zeigen sich meist Gewebsschädigungen als Folge der Durchblutungsstörung. Bei vielen Betroffenen lassen sich in der Vorgeschichte Rauchen, Hypertonie oder Diabetes finden. Alzheimer- und vaskuläre Demenz kommen häufig vergesellschaftet vor.

Die Therapie besteht in der Ausschaltung von Risikofaktoren, Einstellung von Blutdruck und Blutzuckerspiegel, weiter eventuell in der Gabe durchblutungsfördernder Medikamente, unter Umständen in Behandlung mit Substanzen, welche die Gerinnungsfähigkeit des Blutes herabsetzen (z. B. ASS = Acetylsalicylsäure, wie etwa im altbekannten Aspirin®). Acetylcholinesterasehemmer dürften – entgegen früheren Ansichten – bei dieser Demenzform zumindest in einer Reihe von Fällen wirksam sein, sind aber nach wie vor für die Indikation »vaskuläre Demenz« nicht zugelassen.

2.3.3 Demenzen im Rahmen anderer Erkrankungen

Hier ist zunächst die *Pick-Krankheit* zu nennen, bei der sich oft schon vor den typischen Einschränkungen intellektueller Funktionen eine ausgesprochene Frontalhirnsymptomatik mit Veränderungen speziell im sozialen Verhalten (Taktlosigkeit, Enthemmung) und emotionaler Symptomatik findet; die Erkrankung beginnt im Allg. im 6. Lebensjahrzehnt und führt binnen einiger Jahre zum Tod. Mittlerweile wird in der Literatur – noch nicht in ICD-10 – die größere Gruppe der frontotemporalen Demenzen (mit Beginn zwischen dem 45. und dem 65. Lebensjahr) angeführt. Bei diesen liegt eine Beeinträchtigung des Stirnhirns vor, was deutliche Störungen von Affektivität und Motivation bedingt (Enthemmung, aber oft auch Apathie), während die klassische demenzielle Symptomatik zunächst in den Hintergrund tritt; zudem werden neurologische Symptome beobachtet. Die Ätiologie ist unklar; es dürfte sich um eine neurogenerative Erbkrankheit handeln. Therapeutisch ist wenig gegen das meist rasche Fortschreiten dieser Demenzform zu tun; zur Behandlung der affektiven und motivationalen Symptome wird der Einsatz diverser Psychopharmaka in Erwägung gezogen; explizit zugelassen dafür ist keines (s. dazu Neylan & Miller, 2023).

Einen noch rascheren Verlauf nimmt die *Creutzfeldt-Jakob-Krankheit* (engl. abgekürzt CJD), die mit etwas veränderter Symptomatik (vCJD; v für »variant«), wenn auch seltener als befürchtet, durch den auf den Menschen übertragenen Erreger der Rinderkrankheit BSE (bovine spongiöse Enzephalopathie) ausgelöst werden kann. CJD ist neben einem progredienten demenziellen Syndrom durch eine Vielzahl neurologischer Symptome gekennzeichnet. Typisch sind schwammartig-löcherige Gehirnveränderungen. Die Ätiologie wird im Wirken eines übertragbaren Agens mit langer Inkubationszeit gesehen, welches aber nach augenblicklichen Erkenntnissen weder einer (typischen) Virus- noch Bakterienart zuzuordnen ist, sondern zu den Prionen gehört, äußerst hitzeresistenten Eiweißkörperchen, die in die Zellteilung eingreifen. Die Übertragung geschieht üblicherweise im Rahmen von Hirnoperationen mit nichtsterilen Instrumenten oder durch Transplantation von Gewebe (z. B. Hornhaut des Auges, Hirnhäuten); möglicherweise können sich die pathogenen Prionen auch spontan bilden. Therapeutische Möglichkeiten existieren nicht, sodass die Betroffenen meist binnen weniger Monate versterben.

Weiter findet man Demenzen im Rahmen der *Huntington-Krankheit* (Chorea Huntington), wo neben dem vorherrschenden Symptombild der extrapyramidalen hyperkinetischen Störungen psychische Veränderungen auftreten, darunter ein demenzielles Syndrom, welches ähnlich wie bei den frontotemporalen Demenzformen sich zunächst häufig in verändertem emotionalem Verhalten manifestiert und erst später mit kognitiven Defiziten einhergeht. Hier ist die Ätiologie bekannt: Es handelt sich um eine autosomal-dominante Erkrankung mit sehr hoher Penetranz. Somit haben Kinder eines Elternteils mit dieser Krankheit eine Erkrankungswahrscheinlichkeit von 50%. Da die Symptome typischerweise erst im höheren Alter – nach der Hauptphase der Zeugungsfähigkeit – auftreten, ist die Genomanalyse von Personen mit Chorea Huntington in der Familienanamnese diagnostisch von zentraler Bedeutung. Bedingte therapeutische Möglichkeiten bestehen für die motorische Symptomatik, während die Behandlung des demenziellen Syndroms kaum gelingt; Acetylcholinesterasehemmer sind für diese Indikation nicht zugelassen, dürften auch kaum wirksam sein.

Bei der *Parkinson-Krankheit* (Morbus Parkinson, auch als idiopathisches Parkinson-Syndrom bezeichnet) handelt es sich um eine degenerative Erkrankung der Substantia nigra des Mittelhirns mit Untergang der davon ausgehenden, das Striatum anregenden dopaminergen Neurone. Eine (wohl eher seltene) Unterform der Parkinson-Krankheit ist streng genetisch determiniert; für die meisten Fälle werden jedoch – recht unbestimmt – äußere ätiologische Faktoren angenommen (u. a. Schädel-Hirn-Traumen). Bei Parkinson-Patienten tritt überdurchschnittlich häufig ein demenzielles Syndrom auf; nicht selten sind hier regelrechte psychotische Symptome (welche durch das gegen die motorischen Störungen gerichtete L-Dopa bzw. Anticholinergika noch verstärkt werden). Kontrovers wird diskutiert, ob es sich dabei tatsächlich um eine eigenständige Demenzform

2.3 Ätiologie, Pathogenese und Therapie verschiedener Demenzformen

oder um eine gleichzeitig mit der Parkinson-Symptomatik auftretende Alzheimer- oder vaskuläre Demenz handelt. Reichlich unklar ist die Beziehung zu der erst in den letzten Jahren zunehmend als eigene Unterform erkannte (und in ICD-10 noch nicht explizit aufgeführte) Lewy-Körper-Demenz. Bei dieser zeigen sich im Kortex so genannte Lewy-Körperchen (Lewy bodies), welche typischerweise auch in Gehirnen von Parkinson-Kranken gefunden werden, dort aber vorwiegend subkortikal (speziell in den Basalganglien) lokalisiert sind. Es handelt sich um kugelförmige Proteineinschlüsse im Zellinneren – im Gegensatz zu den bei Alzheimer-Krankheit typischen, zwischen den Neuronen gelegenen Amyloid-Plaques. Lewy-Körperchen finden sich auch in etwa 20–30% der Fälle von Patienten mit Alzheimer-Krankheit, sodass hier eine spezielle Unterform vermutet wird. Andere Autoren sehen die Krankheit als eine Variante des Morbus Parkinson an, mit wenig auffälliger motorischer Symptomatik, jedoch deutlichen neuropsychologischen und psychiatrischen Symptomen, speziell demenzieller Symptomatik und oft ausgeprägt psychotischen Symptomen.

Die Behandlung ist insofern schwierig, als kognitive, psychotische und Parkinson-Symptome nebeneinander bestehen und Anti-Parkinson-Mittel wie L-Dopa psychotische Symptome auslösen können, wohingegen andere, wie die Anticholinergika, die demenzielle Symptomatik verschlechtern und die Acetylcholinesterasehemmer wiederum das bei der Parkinson-Krankheit ohnehin überaktive cholinerge System aktivieren. Jedoch ist der Acetylcholinesterasehemmer Rivastigmin (z. B. Exelon®) explizit zur Behandlung der Demenz bei Parkinson-Krankheit zugelassen.

Auch die *AIDS-Demenz* (oder allgemeiner: HIV-Demenz) ist (zumindest in einigen gesellschaftlichen Subgruppen) von Bedeutung. Möglicherweise liegen bereits in einem frühen Stadium der Infektion – wo die Patienten zwar seropositiv sind, jedoch keine der üblichen AIDS-Symptome zeigen – psychische Auffälligkeiten vor (etwa depressive Verstimmungen, psychomotorische Verlangsamung, Störungen des verbalen Gedächtnisses). Unstrittig ist, dass bei Personen im AIDS-Stadium – neben diversen anderen psychiatrischen Symptomen – eine deutliche demenzielle Symptomatik auftreten kann (HIV-1-Associated Dementia Complex, etwa synonym: AIDS-Demenz). Diese (welche nicht selten der Entwicklung der anderen AIDS-Symptome vorausgeht) macht sich nach ICD-10 (S. 86f.)

zunächst u. a. durch Vergesslichkeit, Verlangsamung, Konzentrationsstörungen und Schwierigkeiten beim Problemlösen bemerkbar und entwickelt sich im Allg. relativ rasch zum Vollbild einer »schweren, umfassenden Demenz«.

Bei der *HIV-Infektion* handelt es sich bekanntlich um eine Viruserkrankung, wobei die Übertragung mittels Körperflüssigkeiten (v. a. Blut und Sperma), besonders bei ungeschütztem Geschlechtsverkehr, gemeinsamer Benutzung von Spritzen sowie Behandlung mit infizierten Blut- und Plasmaprodukten geschieht. Von der Infektion bzw. ihren Sekundärmanifestationen betroffen ist nicht nur das Immunsystem, sondern u. a. auch die graue und weiße Hirnsubstanz (vornehmlich im Frontallappen). Mittlerweile gelingt es mit virostatischen Medikamenten, die Progredienz (und damit das Fortschreiten der demenziellen Symptomatik) aufzuhalten[1].

Tab. 2.2: Ursachen demenzieller Syndrome

Ursache (Grundkrankheit)	Symptomatik	Besonderheiten
Demenz bei Alzheimer-Krankheit	• eher schleichend einsetzendes, chronisch-progredientes demenzielles Syndrom • zu Beginn selten neurologische Störungen	• sichere Diagnose post mortem durch Nachweis von Alzheimer-Fibrillen und gehäuften senilen Plaques
vaskuläre Demenz	• oft plötzlich beginnendes demenzielles Syndrom • wechselhafter Verlauf • neurologische Symptome schon früh	• häufig Diabetes und Hypertonie in der Anamnese

---

1 Heute selten geworden, frühes aber ein häufiges und eindrucksvolles Krankheitsbild, ist die progressive Paralyse als Spätform der Syphilis, die mit unterschiedlichen psychischen Symptomen einsetzt, schließlich aber in zunehmender »geistiger Umnachtung« endet. Berühmte Personen mit dieser Störung waren u. a. Robert Schumann und Friedrich Nietzsche (s. dazu ausführlich Köhler, 2017).

2.3 Ätiologie, Pathogenese und Therapie verschiedener Demenzformen

Tab. 2.2: Ursachen demenzieller Syndrome – Fortsetzung

Ursache (Grundkrankheit)	Symptomatik	Besonderheiten
Pick-Krankheit	• demenzielles S. mit ausgeprägt affektiver Symptomatik	• zumindest zu Beginn v. a. affektive Symptome • Begriff wird in DSM-5 nicht verwendet
frontotemporale Demenz	• demenzielles S. mit ausgeprägt affektiver Symptomatik (wie bei Pick-Krankheit)	• in ICD-10 nicht als besondere Form aufgeführt
Creutzfeldt-Jakob-Krankheit	• demenzielles S. bei ausgeprägt neurologischer Symptomatik	• rasch progredient • typische spongioforme Veränderungen
Huntington-Krankheit	• demenzielles S. bei deutlicher extrapyramidaler Symptomatik (hyperkinetisch)	• Nachweis des veränderten Gens möglich
Parkinson-Krankheit	• demenzielles S. bei ausgeprägt extrapyramidaler Symptomatik (hypokinetisch)	• fraglich, ob eigenständiges Krankheitsbild • Beziehung zur Alzheimer- u. Lewy-Körperchen-D. unklar
Lewy-Körperchen-Demenz	• Symptome ähnlich wie bei der Alzheimer-Demenz • zusätzlich Nachweis von Lewy-Körperchen im Kortex • Parkinson entwickelt sich häufig im Verlauf	• in ICD-10 nicht als besondere Form aufgeführt
Demenz bei HIV-Erkrankung	• demenzielles S. bei AIDS oder Vorstufen	• Nachweis der HIV-Infektion

3 Störungen im Zusammenhang mit der Einnahme psychotroper Substanzen

3.1 Allgemeine Bemerkungen und Überblick

Psychotrop, also auf Empfinden und Verhalten wirkend, sind eine Vielzahl von Substanzen, zu denen laufend neue, im Labor synthetisierte, hinzukommen. In ICD-10 werden neun Hauptgruppen aufgezählt, welche die wesentliche Eigenschaft teilen, dass die unter ihnen subsumierten Stoffe üblicherweise eine angenehme Wirkung entfalten und so, unter Inkaufnahme körperlicher und psychischer Beeinträchtigungen, von vielen Personen mit gewisser Häufigkeit eingenommen werden; im Extremfall resultiert eine *Abhängigkeit*. Diese Hauptgruppen sind: Alkohol, Opioide (Opiate), Cannabinoide (Inhaltsstoffe von Haschisch und Marihuana; synthetische Cannabinoide), Sedativa oder Hypnotika, Kokain, sonstige Stimulantien einschließlich Koffein, Halluzinogene, Tabak, Inhalanzien (beispielsweise »Schnüffelstoffe«).

Einige Substanzen passen nicht ins Schema, etwa das in der Betelnuss enthaltene Arecolin; bezüglich seiner Wirkung dürfte es am ehesten Nikotin vergleichbar sein, ebenso hinsichtlich des Mechanismus, nämlich Anregung von Acetylcholinrezeptoren. Auch Gamma-Hydroxy-Buttersäure (GHB, als »Liquid Ecstasy« bekannt), eine mittlerweile beliebte Partydroge (und meist wesentlicher Bestandteil von k.o.-Tropfen), kann nicht bruchlos in dieses Kategoriensystem eingeordnet werden. Von der Wirkung entspricht sie teilweise dem Ecstasy (MDMA), nicht aber hinsichtlich des Wirkmechanismus (für weitere Stoffe bzw. pflanzliche Aufbereitungen, die nicht in das obige Schema passen, etwa Kratom, Salvia divinorum, Hortensienblüten und die berüchtigten »Badesalze« s. Köhler, 2014a). Im Übrigen geschieht die Einteilung der psychotropen Substanzen in DSM-5 etwas anders. So werden Kokain und die Psychostimulanzien zu einer Gruppe zusammengefasst, während Koffein eine eigene Kategorie bildet.

3.1 Allgemeine Bemerkungen und Überblick

Die meisten dieser Stoffe werden in der Medizin gar nicht oder wenn, dann wenigstens nicht wegen ihres psychotropen Effekts eingesetzt. Nicht in diese Liste aufgenommen wurden andere deutlich psychotrope Stoffgruppen wie Antipsychotika (Neuroleptika), Nootropika oder Antidepressiva, da diese im Allg. nicht zur wiederholten freiwilligen Einnahme und damit eventuell zur Abhängigkeit führen.

Der schlecht definierte Begriff »Droge« taucht in ICD-10 nicht auf. Droge, in der Pharmakologie üblicherweise als Synonym für ein (getrocknetes) Pflanzenprodukt verwendet, wird in Laienkreisen meist im Sinne von rauscherzeugender Substanz gebraucht, jedoch nicht auf die legalen Substanzen Alkohol und Nikotin angewendet. Droge ist daher meist eine Bezeichnung für illegale psychotrope Substanzen wie Heroin oder Kokain.

> **Merke**
>
> Der Begriff »psychotrope Substanz« umfasst nicht nur die Bezeichnung »Drogen« oder »illegale Drogen«, sondern schließt auch Alkohol, Nikotin und sedierende Medikamente ein.

Von den psychischen Störungen, die im Zusammenhang mit der Einnahme dieser Stoffe auftreten können, ist zunächst die *akute Intoxikation* (»Rausch«) zu nennen, die üblicherweise reversiblen Veränderungen unmittelbar nach Einnahme. Kodiert wird dieses Symptombild in ICD-10 mit F1x.0 (beispielsweise die Alkoholintoxikation mit F10.0, die nach Opiateinnahme mit F11.0). *Schädlicher Gebrauch* (F1x.1) wird dann diagnostiziert, wenn eine seelische oder körperliche Gesundheitsschädigung resultiert; schädlicher Gebrauch ist eines von mehreren Symptomen des *Abhängigkeitssyndroms* (F1x.2), zu dessen Diagnose weitere Kriterien erfüllt sein müssen: u. a. starker Konsumzwang, Toleranzentwicklung und physiologische Entzugserscheinungen. Ein weiteres Störungsbild sind die psychischen und körperlichen Veränderungen bei fehlender Zufuhr der Substanz, zusammengefasst als *Entzugssyndrom* (F1x.3); das oft schwere Alkoholentzugssyndrom nach langjährigem Abusus ist hier am bekanntesten. Schließlich sind psychische Störungen, etwa Veränderungen der kognitiven Funktionen und der Affekte, zu nennen, die als direkte Folge längerer Einnahme auftreten können und weder auf eine akute Intoxikation noch auf Entzug zurückzuführen sind; Beispiele wären *psychotische Störungen* (F1x.5) oder das *amnestische Syndrom* im Rahmen des chronischen Alkoholismus (F10.6).

Im Folgenden werden die wichtigsten psychotropen Substanzen kurz beschrieben und die dabei zu beobachtenden psychischen Syndrome dargestellt. Um die Zahl der Belege gering zu halten und die Lesbarkeit zu verbessern, sei generell diesbezüglich auf die entsprechenden Kapitel in Köhler (2014a) verwiesen; nur wenige andere Studien werden hier explizit angeführt.

Die Kodierung nach ICD-10 wird exemplarisch am Beispiel der alkoholbedingten Störungen illustriert. Bei psychischen Störungen durch andere Substanzen geschieht sie analog; statt der Codenummer für Alkohol an dritter Stelle ist die der entsprechenden psychotropen Substanz zu setzen, also etwa Entzugssyndrom ohne Delir bei Alkohol F10.3, bei Opioiden F11.3, bei Sedativa F13.3.

3.2 Alkohol

3.2.1 Allgemeines

Der Begriff »Alkohol« bezeichnet streng genommen eine Klasse chemischer Substanzen, die mindestens eine OH-(Hydroxyl-)Gruppe aufweisen. In diesem Zusammenhang einzig relevanter Repräsentant ist der Äthylalkohol (Äthanol oder gebräuchlicher: Ethanol mit der Summenformel: C_2H_5OH), sodass im Weiteren mit Alkohol nur dieser gemeint ist. Ethanol liegt bei Raumtemperatur in flüssiger Form vor und ist in alkoholischen Getränken in unterschiedlicher Konzentration enthalten (ungefähr 4 % Volumenprozent in Bier, 11–14 % in Wein, bis zu 60 % und mehr in Schnaps oder Rum). Da Alkohol eine spezifische Dichte von nur 0,79 hat, liegen die Gewichtsprozente entsprechend um circa 20% niedriger; ein Liter Wein enthält also etwa 90–110 g Ethylalkohol.

Alkohol wird rasch resorbiert, teils schon im Magen, zum größeren Anteil im Dünndarm (im Fall hochprozentiger Spirituosen in nennenswertem Maße bereits in der Mundhöhle); die Resorptionsgeschwindigkeit ist bekanntermaßen vom Füllungszustand dieser Organe abhängig; insbesondere fettreiche Speisen verzögern die Aufnahme[1]. Der Abbau geschieht fast ausschließlich in der Leber, nämlich mittels des Enzyms Alkoholdehydrogenase (ADH) zu Acetaldehyd und weiter mittels ALDH (Aldeyddehydrogenase) zur Essigsäure, die in die energieliefernden Zyklen (etwa den Citratzyklus) eingeschleust wird; ein Gramm Alkohol liefert 7,1 kcal.

Der für die kurzfristige Wirkung entscheidende Blutalkoholspiegel hängt von der konsumierten Menge und der nach Konsumende abgelaufenen Zeitspanne, dem Körpergewicht und dem Verteilungsverhältnis ab; dieser Quotient ist bei Frauen und fettleibigen Personen niedriger, somit bei gleichem Konsum der Blutalkoholspiegel höher.

Sehr wahrscheinlich setzt der Alkoholabbau bereits im Magen mittels ADH ein, was u. a. die unvollständige Resorption der Substanz erklären würde (so genannte präsystemische Elimination), ein Effekt, der speziell bei gut gefülltem Magen und entsprechend längerer Verweildauer zutage tritt. Möglicherweise besitzen Frauen weniger von dieser Magen-ADH, sodass bei gleicher aufgenommener Alkoholmenge mehr in den Blutkreislauf gerät als bei Männern.

3.2.2 Unmittelbare Wirkungen

Diese sind *vielfältig* und hängen nicht nur von der konsumierten Menge, sondern auch von der Ausgangssituation der Konsumenten (etwa Stimmung oder gesundheitlicher Verfassung) sowie körperlichen und psychischen Charakteristika ab. Nicht richtig ist es, Alkohol eine ausschließlich sedierende Eigenschaft zuzuschreiben; seine anregende Wirkung, wenigstens in kleinen bis mittleren Dosen, ist evident. Wahrscheinlich wirkt

---

1 Verbreiteter als angenommen ist die Applikation von Alkohol durch die Darm- und Vaginalschleimhaut mit Hilfe von Tampons. Im Fall einer schweren Intoxikation sollte man auch diese Art der Zufuhr in Betracht ziehen.

Ethanol *zentralnervös hemmend* und zwar einerseits durch Eingriff an Synapsen mit dem Transmitter Glutamat (Veränderung der NMDA-Rezeptoren), andererseits durch Verstärkung der GABAergen Hemmung, hinsichtlich des letztgenannten Wirkmechanismus (bedingt) ähnlich den Benzodiazepinen (▶ Kap. 3.4). Die erschwerte synaptische Übertragung an inhibitorischen Bahnen führt andererseits dort zur Aktivierung, womit sich die enthemmende Funktion von Alkoholaufnahme erklären ließe (so genannte *Disinhibition*).

Die sedierende Wirkung von Ethanol führt zur *Reduktion von Unruhe und Angst* (Anxiolyse); bei höheren Blutspiegeln kommt es zur Schläfrigkeit, zuweilen zur Bewusstlosigkeit und in Extremfällen zum Tod; der dazu oft notwendige Spiegel von etwa 3 Promille wird allerdings üblicherweise nicht erreicht, da schon vorher Schlaf oder Bewusstseinsverlust einsetzen. Reaktionsvermögen und Feinmotorik sind bereits bei nur mäßig erhöhtem Spiegel (etwa ab 0,5 Promille) gestört, sodass speziell die Fahrtüchtigkeit deutlich eingeschränkt ist. Bei Blutalkoholkonzentrationen von etwa 1 Promille zeigen sich Störungen des Gleichgewichtssinns und des räumlichen Sehens sowie erste Einschränkungen der Feinmotorik. Im leichten bis mittelschweren Rausch (1–2 Promille) findet sich oft Enthemmung, weitere Beeinträchtigung von Aufmerksamkeit und Reaktionsvermögen sowie neurologische Symptome wie Gangunsicherheit und lallende Sprache. Im schweren Rausch kann die Euphorie in depressive Stimmung umschlagen. Tiefer Schlaf bis hin zur Bewusstlosigkeit ist alles andere als ungewöhnlich (»Komasaufen«).

Eine weitere Wirkung ist die euphorisierende, die über verstärkte Ausschüttung an Synapsen bestimmter dopaminerger Bahnen zustande kommt; als bedeutendste dieser Bahnen sieht man jene an, die vom ventralen Tegmentum (einer Struktur des Mittelhirns) zum Nucleus accumbens (einer Region im Endhirn) verlaufen (s. dazu Köhler, 2014a, S. 20). Dieser Effekt trägt neben dem sedierenden wesentlich zur Suchtbildung bei. Mit der Euphorisierung geht meist eine gewisse Selbstüberschätzung einher, etwa bezüglich der Fähigkeiten am Steuer.

> Daneben hat Alkohol eine Reihe körperlicher Wirkungen, die keineswegs nur nachteilig sind. Die relevanteste ist sicher die Erhöhung der Serummenge von HDL (High-density-Lipoproteinen) und des an sie gebundenen HDL-Cholesterins. Hohe Konzentrationen dieses Cholesterinanteils haben einen koronar-

3.2 Alkohol

protektiven Effekt (im Gegensatz zum schädlichen LDL-Cholesterin). Offensichtlich ist Ethanol selbst und nicht andere Inhaltsstoffe der Getränke (etwa Antioxidantien) für diesen Effekt verantwortlich, da er in ähnlichem Maße bei Wein- und Biertrinkern sowie Konsumenten anderer Spirituosen beschrieben wird. Ein weiterer unmittelbar nach Genuss auftretender Effekt, der gleichfalls gewissen Schutz gegen Herzinfarkt bietet, ist Hemmung der Thrombozytenaggregation (des Zusammenballens von Blutplättchen).

Ethylalkohol hat verschiedene Effekte auf das kardiovaskuläre System: An peripheren Gefäßen wirkt er erweiternd (mit erhöhtem Wärmeverlust); in anderen Körperregionen ist die diesbezügliche Wirkung unklar. Weiter führen bereits kleine Mengen zu Abnahme der Herzleistung; speziell bei vorgeschädigtem Herzen können sie zudem (zuweilen tödliche) Herzrhythmusstörungen auslösen. Wie sich Ethanol auf die Durchblutung der Koronarien auswirkt, ist nicht eindeutig geklärt. Immerhin gibt es Hinweise, dass mäßiger Alkoholkonsum lebensverlängernd wirkt, zumindest die Mortalität an Herz-Kreislauferkrankungen senkt. Aufnahme kleinerer Mengen regt die Atmung an; bei höheren Blutalkoholspiegeln beobachtet man hingegen Atemdepression bis hin zur tödlichen Atemlähmung.

Im gastrointestinalen System werden Sekretion und Peristaltik eher angeregt; dabei kommt es zu vermehrter Säurebildung. Konsum höherprozentiger Spirituosen führt zu Entzündungen an der Schleimhaut von Speiseröhre, Magen und Bauchspeicheldrüse (Ösophagitis, Gastritis und Pankreatitis). Erwähnenswert ist auch der keimtötende Effekt von Alkohol, was förderlich gegen Magen-Darm-Infektionen wirkt.

An der Niere hat Ethanol einen diuretischen Effekt; dieser Wasserverlust ist u. a. für das nach stärkerem Konsum zu beobachtende Durstgefühl verantwortlich (»Brand«). Weiter kommt es zu vermehrter Ausscheidung von Elektrolyten wie Natrium, Magnesium oder Calcium.

Akute Intoxikation mit Alkohol (F10.0) wird nach ICD-10 (S. 111) als ein vorübergehendes Zustandsbild »mit Störungen des Bewusstseins, kognitiver Funktionen, der Wahrnehmung, des Affektes, des Verhaltens und anderer psychophysiologischer Funktionen und Reaktionen« definiert. Wird sie durch zusätzliche Symptome kompliziert wie Verletzungen, Bluterbrechen oder Krampfanfälle, ist dies mit einer weiteren Nummer zu vermerken, etwa F10.01 (Alkoholrausch mit Verletzung). Eine spezielle Komplikation ist der *pathologische Rausch* (F10.07), der oft schon bei geringer Menge eintritt und mit massiver, nicht durch die physiologische Alkoholwirkung zu erklärender Symptomatik einhergeht, beispielsweise ungewöhnlicher Aggressivität; er endet mit Schlaf, beim Aufwachen besteht Amnesie bezüglich des ungewöhnlichen Verhaltens.

Eine spezifische Therapie der akuten Alkoholintoxikation besteht nicht; insbesondere liegt, anders als bei den Opiaten (▶ Kap. 3.3), kein Antidot vor, mit dem sich die Wirkungen aufheben ließen. Bei schweren Rauschzuständen ist die Überwachung von Kreislauf und Atmung erforderlich, bei Verdacht auf zusätzliche Tabletteneinnahme u. a. eine Magenspülung.

3.2.3 Missbrauch und Abhängigkeit (Alkoholismus, Alkoholkrankheit)

Die Begriffe »Alkoholismus« und »Alkoholkrankheit« sind nicht eindeutig definiert und tauchen in ICD-10 nicht auf; manche Autoren verwenden diese im weiteren Sinne als Synonym für schädlichen Gebrauch (chronischer Abusus), andere im Sinne von Alkoholabhängigkeit, also enger; völlig unbestimmt bleiben die Begriffe des »Alkoholproblems« sowie der »Alkoholgefährdung« und sollten deshalb aus dem wissenschaftlichen Sprachschatz verschwinden.

»Schädlicher Gebrauch« von Alkohol (kodiert mit F10.1) beschreibt nach ICD-10 (S. 113 f.) ein »Konsummuster psychotroper Substanzen« (hier beispielhaft Alkohol), das »zu einer Gesundheitsschädigung führt«. Das Abhängigkeitssyndrom (allgemein mit F1x.2 verschlüsselt, als Alkohol-Abhängigkeitssyndrom folglich mit der Codenummer F10.2 zu versehen) definiert sich als »eine Gruppe körperlicher, Verhaltens- und kognitiver Phänomene, bei denen der Konsum einer Substanz oder einer Substanzklasse für die betroffene Person Vorrang hat gegenüber anderen Verhaltensweisen, die von ihr früher höher bewertet wurden«. Ein »entscheidendes Charakteristikum der Abhängigkeit« sei »der oft starke, gelegentlich übermächtige Wunsch, psychotrope Substanzen oder Medikamente […], Alkohol oder Tabak zu konsumieren«.

Zur genaueren Charakterisierung werden sechs Kriterien angegeben, von denen innerhalb des Zeitraums von einem Jahr gleichzeitig wenigstens drei erfüllt sein müssen, um die Diagnose eines Abhängigkeitssyndroms zu stellen. Diese sind in verkürzter Darstellung: 1. ein »starker Wunsch oder eine Art Zwang, psychotrope Substanzen zu konsumieren«, 2. »verminderte Kontrollfähigkeit« beim Konsum, 3. ein körperliches Entzugssyndrom bei Beendigung oder Reduktion des Konsums, 4. Nachweis einer

Toleranz, also der Notwendigkeit, höhere Dosen zu konsumieren, um den gleichen Effekt zu erzielen, 5. »fortschreitende Vernachlässigung anderer Vergnügen oder Interessen zugunsten des Substanzkonsums« und schließlich 6. »anhaltender Substanzkonsum trotz Nachweis eindeutiger schädlicher Folgen«. Die Diagnose »Abhängigkeitssyndrom« impliziert die des schädlichen Gebrauchs; letztere Diagnose ist bei Vorliegen eines Abhängigkeitssyndroms nicht mehr gesondert zu stellen.

Die lange Zeit übliche Unterscheidung zwischen *physischer (körperlicher)* Abhängigkeit, definiert über Toleranzentwicklung und Entzugssymptomatik, und *psychischer* Abhängigkeit bei nur zwanghaftem, unkontrolliertem Gebrauch ist hier also aufgegeben. Auch der *Suchtbegriff*, vielfach früher im Sinne körperlicher Abhängigkeit gebraucht, taucht in ICD-10 nicht mehr auf.

Epidemiologische Angaben sind nur von beschränktem Wert und schwer vergleichbar, weil oft nicht zwischen Missbrauch und regelrechter Abhängigkeit unterschieden wurde; zudem existiert eine beträchtliche Dunkelziffer (für Frauen besonders hoch). Es ist sicher nicht unrealistisch anzunehmen, dass hierzulande etwa 10% der Erwachsenen Alkoholmissbrauch treiben oder sogar regelrechte Abhängigkeit zeigen; die Lebenszeitprävalenz, also der Anteil an Personen, die im Laufe ihres Lebens mehr oder weniger lange das geschilderte Verhaltensmuster zeigen, dürfte bei 20–25% liegen; Männer sind weitaus häufiger betroffen.

Erklärungsansätze des Alkoholmissbrauchs und der Abhängigkeit sind erheblich erschwert, da über deren physiologische und psychologische Grundlagen wenig bekannt ist.

Biologische Erklärungsansätze basieren im Wesentlichen auf der *erblichen* (Mit-)Bedingtheit des Alkoholismus. Obwohl Umweltfaktoren (etwa Sozialisationsbedingungen, Umfeld mit mehr oder weniger ausgeprägtem Konsum) unzweifelhaft eine bedeutende Rolle spielen, ist der genetische Einfluss wohl noch bedeutsamer: Er dürfte Alkoholismus zu 50–60% erklären.

Am aussagekräftigsten sind diesbezüglich Studien, in denen durch systematische Kreuzung Tierstämme gezüchtet wurden, die – entgegen speziesüblichen Verhaltensweisen – Alkohol anderen Getränken vorzogen (für einen Überblick s. Morozova, Mackay & Anholt, 2014).

Mittlerweile konnten auch für Alkoholismus verantwortliche veränderte Gene identifiziert werden. Hauptsächlich werden Besonderheiten der Ethanol abbauenden Enzyme diskutiert. Dabei bestimmen veränderte Genvarianten für die Enzymausbildung speziell die Verträglichkeit von Alkohol und begünstigen damit schädlichen Gebrauch bzw. beugen umgekehrt einem solchen vor. Sehr aufschlussreich sind Beobachtungen an der Bevölkerung Südostasiens (etwa Chinas und Japans): Dort findet sich sehr häufig eine bestimmte Enzymkonstellation mit verzögertem Abbau des Ethanolmetaboliten Acetaldehyd, aufgrund dessen der Konsum stark aversive Effekte hat. Personen mit dieser Konstellation entwickeln fast nie Alkoholmissbrauch (Brewer, Streel & Skinner, 2017). Als eine wesentliche Grundlage für Alkoholabhängigkeit (bzw. generell für Substanzabhängigkeit) gilt die unzureichende Ausbildung von Dopaminrezeptoren und damit die fehlende Spontanerregung des dopaminergen Belohnungssystems (Foll, Gallo, Strat, Lu & Gorword, 2009).

Versuche, eine prämorbide *Alkoholpersönlichkeit* (allgemeiner: *Suchtpersönlichkeit*) nachzuweisen und diese Persönlichkeitsmerkmale mit der Entwicklung von Alkoholmissbrauch oder Abhängigkeit zu verknüpfen, sind zwar sehr populär, jedoch nur bedingt erfolgreich: Am ehesten scheinen sich antisoziale Persönlichkeitszüge in der Jugend als Prädiktor späteren Abusus zu erweisen oder damit verknüpft eine frühe Impulsivität und kindliche Hyperaktivität. Psychoanalytische Forscher weisen auf eine Gefährdung bei oraler bzw. abhängiger Persönlichkeit hin; die empirischen Belege sind allerdings selten methodisch überzeugend.

Lerntheoretische Erklärungsansätze des schädlichen Gebrauchs gehen von den unmittelbar angenehmen, verstärkenden Effekten des Konsums aus; zur Erklärung der Aufrechterhaltung bei Abhängigkeit wird zusätzlich der aversive Reiz des Alkoholmangelzustandes herangezogen. Dass Ethanol spannungsreduzierende und euphorisierende Wirkung hat, ist unbestritten; ungelöst bleibt die Frage, bei welchen Personen die unmittelbaren angenehmen gegenüber den aversiven Effekten (etwa Eintreten peinlicher sozialer Situationen) sowie den zu erwartenden langfristigen schädlichen Auswirkungen einen solch hohen Stellenwert einnehmen, dass der Konsum nicht unterbleibt. Genetische Faktoren und Persönlichkeitsvariablen dürften für die Ausbildung dieses operant konditionierten Verhaltens eine maßgebliche Rolle spielen. Auch Umweltbedingungen, welche die Notwendigkeit einer Spannungsreduktion begründen (Konfliktsituationen, Frustrationen), kommt eine wesentliche Bedeutung zu.

Therapien können sich schwerlich allein auf die Alkoholprobleme beschränken, sondern müssen auch die Bedingungen angehen, die zum Missbrauch beigetragen haben (Angstzustände, Depressionen). Von den speziell auf den Alkoholkonsum zentrierten Verfahren kommen meist im weitesten Sinne *verhaltenstherapeutisch* bzw. *kognitiv-verhaltenstherapeutisch* orientierte zur Anwendung und sind auch mit Abstand am besten evaluiert. Entgegen einer weit verbreiteten Meinung ist die verhaltenstherapeutische Behandlung von Substanzmissbrauch keineswegs mehr allein mit Aversionstherapie gleichzusetzen, sondern verwendet auch andere Techniken (z. B. Stimuluskontrolle, Selbstbehauptungstraining, Verfahren zur Spannungsreduktion ohne Alkohol, kognitive Umstrukturierung).

Eine *medikamentöse Rückfallprophylaxe* kann mit regelmäßiger Gabe von Disulfiram (z. B. Antabus®) versucht werden, welches bei abstinenten Personen wenig Wirkung hat, im Fall der Alkoholeinnahme aber zu unangenehmen körperlichen Reaktionen führt (Übelkeit und weitere vegetative Veränderungen, etwa im Herz-Kreislauf-System); es wird angenommen, dass Disulfiram u. a. den Abbau von Acetaldehyd hemmt und so zur Anhäufung dieses aversiven Metaboliten bei Alkoholeinnahme führt (Brewer et al. 2017); dies ist nicht ungefährlich, sodass teils Skepsis herrscht – Antabus® wurde in Deutschland mittlerweile aus dem Handel genommen. Zudem setzt diese Therapie gewissenhafte Mitarbeit der Patienten in Form freiwilliger regelmäßiger Einnahme des Medikaments voraus. Mit den Opiatantagonisten Naltrexon (Adepend®) und Namelfen (Selincro®) sowie mit Acamprosat (Campral®) stehen mittlerweile Substanzen zur Verfügung, welche den Kontrollverlust beim Trinken bzw. die Gier nach Alkohol (Craving) zu gewissem Grade dämpfen.

3.2.4 Alkoholtoleranz, Alkoholentzugssyndrom und Delirium tremens

Toleranz, d. h. die nachlassende Wirkung bei längerer Einnahme, kann mindestens zwei Ursachen haben. Bei der *metabolischen Toleranz* wird die betreffende Substanz schneller verstoffwechselt; Beispiel dafür ist die rasch einsetzende Gewöhnung an Barbiturate durch Enzyminduktion in der Leber. Bei der (zuweilen auch zellulär genannten) *funktionellen Toleranz* entfaltet die gleiche Substanzmenge am Zielort eine geringere Wirkung; die Verminderung der Zahl oder Empfindlichkeit von Opioidrezeptoren bei längerer Opiatgabe könnte als Beispiel dienen. Bei Alkohol tritt ebenfalls Gewöhnung ein, wenn auch nicht in solch ausgeprägtem Maße wie etwa bei Opiaten; die Toleranz wird dann wieder geringer, wenn schwere Leberschäden eingetreten sind (Toleranzbruch). Dies zeigt, dass die Alkoholtoleranz wenigstens teilweise metabolischer Natur ist; auch eine funktionelle Toleranz besteht, nachdem viele Personen bei hohen Blutalkoholkonzentrationen oft bemerkenswert geringe Leistungseinschränkungen zeigen.

Häufig, aber nicht zwingend, mit Toleranz verbunden ist die Entwicklung eines *Entzugssyndroms* bei fehlender Substanzzufuhr; es entspricht in der Regel Reaktionen, die physiologisch durch die Substanz unterbunden werden; da Alkohol Spannung und Unruhe vermindert, treten diese Beschwerden im Fall des Entzugs in Erscheinung. Das Entzugssyndrom beschränkt sich in vielen Fällen auf die geschilderte Symptomatik, hinzukommen vegetative Reaktionen wie Zittern und Schweißausbrüche. Da Alkohol Verstärkung der GABAergen Hemmung bewirkt – ähnlich wie Benzodiazepine und Barbiturate – zudem die erregenden Glutamatrezeptoren blockiert (mit weiterem antikonvulsiven Effekt), wird die Entzugssymptomatik zuweilen durch epileptische Anfälle kompliziert. Der Code für Alkoholentzugssyndrom ohne Delir ist F10.3 bzw. F10.31, wenn es durch Krampfanfälle kompliziert wird.

Die klinisch auffälligste Form des Alkoholentzugssyndroms ist das *Delirium tremens* (von lateinisch »de lira« = aus der Spur). Unter *Delir* versteht man allgemein eine Bewusstseinstrübung. Andere Bewusstseinsstörungen in Form von illusionären Verkennungen oder insbesondere optischen Halluzinationen können vorkommen und sind besonders auffällig. Weiter für das Delir typische Symptome sind Affektstörungen wie Angst und depressive Verstimmung, psychomotorische Auffälligkeiten, etwa in Form zwanghaften Hin- und Herlaufens, Störungen im Schlaf-Wach-Rhythmus, insbesondere aber räumliche und zeitliche Desorientiertheit. Delir wird häufig bei organischen Erkrankungen beobachtet – am bekanntesten ist das Fieberdelir – und wäre in diesem Fall mit F05 zu kodieren. Als Alkoholentzugsdelir muss es mit F10.4 (Entzugssyndrom mit Delir) verschlüsselt werden.

Das Delirium tremens tritt häufig nach Dosisverminderung oder Absetzen von Alkohol auf (etwa bei einem Krankenhausaufenthalt nach einem Unfall), kann sich aber auch bei fortwährendem Konsum einstellen (Kontinuitätsdelir), dann oft ausgelöst durch körperliche Erkrankungen, etwa eine Infektion. Es dürfte bei mindestens 15% der Alkoholiker auftreten, häufig nach jahrzehntelangem Abusus. Dem Delir geht zumeist ein schweres Entzugssyndrom mit Unruhe und vegetativen Reaktionen voraus; neben auffälligem Zittern (Tremor) bilden sich nach und nach die oben geschilderten Zeichen aus, wobei die optischen Halluzinationen (kleine bewegliche Objekte oder Tierchen) besonders eindrucksvoll und Laien als Charakteristikum am besten bekannt sind. Häufig wird in diesem Zustand eine erhöhte Suggestibilität gefunden, indem die Patienten etwa von einem vorgehaltenen leeren Blatt ablesen. Neben den psychiatrischen Symptomen finden sich starke Kreislaufreaktionen und können Infektionen auftreten; unbehandelt führt das Alkoholdelir in 15–30% zum Tod, eine Rate, die bei sachgemäßer Therapie und Überwachung der Herz-Kreislauf-Funktionen deutlich niedriger ist. Bezüglich der Pathogenese geht man von einer vermehrten Aktivität der nun nicht mehr durch Ethanol blockierten NMDA-Rezeptoren und dem Wegfall GABAerger Hemmmechanismen aus; für die Kreislaufreaktionen wird eine verstärkte Feuerung noradrenerger Neurone verantwortlich gemacht, welche im Locus caeruleus des Hirnstamms ihren Ausgang nehmen.

Die *Therapie* des Delirs geschieht in der Regel mit Clomethiazol (Distraneurin®), einer sedierenden Substanz, die durch Verstärkung der GABAergen Hemmung eine ähnliche Wirkung wie Alkohol hat und ihn deshalb substituieren kann; da sie antikonvulsiv wirkt, sind epileptische Anfälle als gefürchtete Komplikationen gut zu beherrschen. Manche Autoren empfehlen (mit gewissen Einschränkungen) daneben Benzodiazepine. Ebenso werden bestimmte Antipsychotika (Neuroleptika) zur Behandlung der Alkoholentzugssymptomatik verwendet. Sie wirken jedoch nicht antikonvulsiv; einige erniedrigen sogar die Krampfschwelle und sind damit kontraindiziert. Auch das ursprünglich als Antikonvulsivum entwickelte und zunehmend bei anderen Indikationen (etwa zur Prophylaxe bei affektiven Störungen) eingesetzte Carbamazepin (z.B. Tegretal®, Timonil®) wird zuweilen zur Entzugsbehandlung verwendet. Die früher auch ärztlicherseits praktizierte Therapie, ein Delir durch Zufuhr hoher Alkoholdosen zu bekämpfen, ist obsolet, als Verfahren der Selbstbehandlung jedoch nach wie vor in Gebrauch.

3.2.5 Mittel- und langfristige Folgen von Alkoholmissbrauch

Ethanol dringt wegen seiner Lipidlöslichkeit leicht durch Zellmembranen und wirkt als *Zellgift*; sein Einsatz zur Desinfektion ist bekannt. Von den körperlichen Veränderungen am bekanntesten, zudem zahlenmäßig am bedeutsamsten, ist die *Leberschädigung*. Üblicherweise kommt es bei längerem Abusus zunächst zur Einlagerung von Fett in die Zellen (alkoholische Fettleber), die sich dann leicht entzünden können (Fettleberhepatitis). Diese Alkoholhepatitis ähnelt in ihrer Symptomatik meist mild verlaufenden Virushepatitiden, wird aber bei rechtzeitiger Abstinenz nie chronisch und hat entsprechend an sich eine gute Prognose.

Bei Fortsetzung des Abusus entwickelt sich jedoch mit gewisser Wahrscheinlichkeit eine *Leberzirrhose*; mit Sicherheit gefährdet sind Personen, die über mehrere Jahrzehnte täglich 80 g oder mehr Alkohol zu sich nehmen. Neuere Forschungen gehen bereits von einer schädlichen Dosis von etwa 60 g aus – andere sogar von einer noch geringeren; zudem gelten diese kritischen Werte nur für Männer; bei Frauen sind die angegebenen Zahlen deutlich niedriger, wofür befriedigende Erklärungen ausstehen.

Bei der Zirrhose handelt es sich um einen Umbau der Leber mit Ersatz zerstörter Zellen durch Bindegewebe. Die Symptome erklären sich teils durch Ausfall wichtiger Funktionen wie Synthese und Abbau aufgrund des Untergangs normaler Leberzellen (Leberzellinsuffizienz), teils durch Veränderung der Durchblutung als Folge der bindegewebigen Verhärtung. So wird der Zufluss zur Leber aus dem Magen-Darm-Bereich über die Pfortader verringert und es kommt zur Ausbildung von Umgehungskreisläufen, speziell in Form venöser Neubildungen in der Wand der Speiseröhre (Ösophagusvarizen). Diese sind sehr gefährdet für Rupturen; nicht wenige Personen mit Leberzirrhose sterben an einer Blutung aus diesen Varizen. Aufgrund der verringerten Produktion von Gerinnungsfaktoren in der

3.2 Alkohol

erkrankten Leber resultiert erhöhte Blutungsneigung; wegen der gestörten Eiweißsynthese kommt es zu Albuminmangel und damit vermindertem kolloidosmotischem Druck in den Gefäßen mit der Folge von Flüssigkeitsübertritt ins Gewebe (Aszites = Bauchwassersucht bei fortgeschrittener Leberzirrhose). Der reduzierte Abbau gegengeschlechtlicher Sexualhormone durch die zirrhotische Leber führt zu Vermehrung von Östrogenen beim Mann und damit zur Feminisierung (etwa Brustbildung); der bei Alkoholikern häufig zu beobachtende Verlust von Libido und Potenz ist teilweise hormonell bedingt.

Aufgrund der zunehmend eingeschränkten Entgiftungsleistung der Leber kommt es im Spätstadium zu Funktionsstörungen im Zentralnervensystem, die unter dem Begriff der *hepatischen Enzephalopathie* zusammengefasst werden und von rascher Ermüdbarkeit und Konzentrationsstörungen bis hin zur tiefen Bewusstlosigkeit (Koma) reichen. Die Pathogenese ist nur bedingt geklärt; diskutiert wird die Wirkung unzureichend abgebauter Neurotoxine wie beispielsweise Ammoniak, daneben Veränderungen im Transmitterhaushalt, speziell Erhöhung der GABA-Konzentration. Auf der Grundlage einer Leberzirrhose, einschließlich der alkoholbedingten, entstehen zudem bevorzugt primäre Leberzellkarzinome. An sich ist der zirrhotische Umbau irreversibel, schreitet jedoch bei Alkoholkarenz langsamer fort und kann über ein bis zwei Jahrzehnte kompensiert werden.

Weitere Organe, die bei chronischem Alkoholmissbrauch geschädigt werden, sind die Schleimhaut von *Speiseröhre* und *Magen* (alkoholische Ösophagitis und Gastritis) sowie die *Bauchspeicheldrüse* (akute und chronische Pankreatitis). Bei chronischem Abusus, besonders bei Genuss hochprozentiger Spirituosen, ist das Risiko für die Entwicklung von Karzinomen der Speiseröhre deutlich erhöht; vermehrt werden bei Alkoholikern, die stark rauchen, auch Karzinome der Mundhöhle beobachtet. Ob Ethanol ein Risiko für die Entwicklung von Tumoren des Magens und der Bauchspeicheldrüse darstellt, ist nicht geklärt. Weniger bekannt, jedoch sehr ernst zu nehmen, ist die Schädigung der *Herzmuskelzellen* bei langjährigem Abusus (alkoholische Kardiomyopathie mit Entwicklung zunehmender Herzinsuffizienz).

Auch *Nervenzellen* werden durch Alkohol angegriffen, und entsprechend finden sich sowohl typische Schädigungen im peripheren Nervensystem wie zentralnervöse Veränderungen. Die alkoholische Polyneuropathie beruht auf Zerstörungen sowohl der Myelinscheiden wie der Axone selbst. Die Symptome bestehen anfangs in *Gefühlsstörungen* (Taubheit, Missempfindungen und Schmerzen vorwiegend in den unteren Extremitäten), später können *motorische Beeinträchtigungen* hinzukommen, etwa eine Schwäche der Fußheber. Eine alkoholbedingte Erkrankung des Zentralnervensystems mit vorwiegend neurologischen Symptomen ist die *Wernicke'sche Enzephalopathie*, bei der sich Gewebsveränderungen speziell im Bereich des Mittel- und Zwischenhirns finden; neurologisch werden vornehmlich Augenmuskellähmungen und Störungen der Bewegungskoordination (Ataxien) beobachtet, zudem Zeichen eines deliranten Syndroms mit Desorientiertheit, Verwirrtheit und mehr oder weniger ausgeprägter Somnolenz (Schläfrigkeit). Nicht wenige versterben in diesem Zustand, beim Rest ist der Übergang in ein amnestisches Syndrom (s. u.) häufig.

Von den psychischen Störungen am häufigsten und bekanntesten ist das *amnestische Syndrom* (etwa synonym: *Korsakow-Syndrom*[2]) mit Störungen der Merkfähigkeit bei zunächst weitgehend unbehinderter Reproduktion von Inhalten, welche vor der Schädigung erworben wurden. Insofern ähnelt dieses amnestische Syndrom dem demenziellen Syndrom, unterscheidet sich jedoch dadurch von letzterem, dass andere kognitive Funktionen wie etwa Wahrnehmung und Urteilsfähigkeit intakt sind; insofern ist die nicht selten zu findende Bezeichnung »Alkoholdemenz«[3] oder alkoholisch bedingtes »organisches Psychosyndrom« zumindest missverständlich; typisch für das amnestische Syndrom bei Alkoholabusus ist die Neigung zur Konfabulation, zum Ausfüllen von Erinnerungslücken durch mehr oder weniger passend Erdachtes.

Eine verbreitete psychische Störung speziell bei männlichen Patienten ist der *alkoholische Eifersuchtswahn* (F10.51), wobei die häufige Impotenz

---

2 Die Bezeichnung Korsakow-Syndrom wird unterschiedlich benutzt, zum einen als Synonym für »organisches Psychosyndrom«, also in der Bedeutung von Demenz, zum anderen als Synonym für ein amnestisches Syndrom im Allgemeinen, zum dritten zur Bezeichnung des amnestischen Syndroms im Rahmen von Alkoholmissbrauch.

3 Alkoholabusus kann auch eine Demenz bedingen, die in ICD-10 vom amnestischen Syndrom unterschieden wird und mit F10.73 zu kodieren ist.

zur Ausbildung des Wahnsystems beiträgt. Seltener ist die *Alkoholhalluzinose* (F10.52), die nicht mit den halluzinatorischen Symptomen im Delir gleichzusetzen ist, sondern mehr oder weniger akut bei fortgesetztem Konsum entsteht und auch nicht von Bewusstseinsstörungen wie Somnolenz oder Desorientierung begleitet ist. Im Gegensatz zu den optischen oder taktilen Wahrnehmungstäuschungen beim Delirium tremens sind die der Alkoholhalluzinose überwiegend akustischer Natur (etwa Stimmen, die sich über den Patienten unterhalten); die Symptome sind nicht immer sicher von den Halluzinationen im Rahmen schizophrener Psychosen zu unterscheiden.

Schließlich können sich durch langjährigen Abusus affektive Störungen ausbilden, so z. B. depressive Symptome (zu kodieren mit F10.72). Schwer zu unterscheiden ist, ob diese Veränderungen Alkoholfolgen sind oder Reaktionen auf die Lage darstellen, in welche die Personen durch den Abusus geraten sind oder die umgekehrt den Missbrauch gefördert hat. Auch die hohe Suizidrate bei Alkoholabhängigen ist sicher öfter auf die Lebensumstände zurückzuführen als auf direkte Substanzwirkung. Zudem besteht eine hohe Komorbidität mit schweren affektiven Störungen.

Eine wichtige alkoholbedingte Erkrankung sei noch erwähnt, weil sie – obwohl häufiger als Trisomie 21 (Down-Syndrom) – vergleichsweise wenig bekannt ist: Die *Alkoholembryopathie* oder das *fetale Alkoholsyndrom* tritt bei Kindern von Frauen auf, die während der Schwangerschaft vermehrt Alkohol zu sich genommen haben. Es ist davon auszugehen, dass schon niedrige Mengen schädlich sind, da Ethanol die Plazentarschranke überwindet und seine zelltoxischen Eigenschaften auf einen sich entwickelnden Organismus wirken. Speziell regelmäßiger Konsum hochprozentiger Getränke oder intermittierende Trinkexzesse ziehen mit hoher Wahrscheinlichkeit solche Schäden nach sich. Die Symptome sind geistige Retardierung, Wachstumsverzögerung sowie anatomische Anomalien, speziell Veränderungen im Schädelbereich (breiter Nasenrücken, verkürzte Lidspalte, verstrichene Konturen zwischen Oberlippe und Nase). Heute spricht man allgemein von fetalen Alkohol-Spektrumsstörungen (fetal alcohol spectrum disorders, FASD; s. Mattson, Bernes & Doyle, 2019), die von weniger starken Veränderungen bis zum oben geschilderten Vollbild reichen.

Die *Therapie* der genannten Störungen besteht zuvorderst in völliger Alkoholabstinenz, wobei sich alkoholische Hepatitis, Ösophagitis und Gastritis rasch vollständig zurückbilden, die Entwicklung der Leberzirrhose mit den Dekompensationszeichen ebenso wie die der alkoholischen Kardiomyopathie und Polyneuropathie gestoppt oder verlangsamt werden können. Auch das amnestische Syndrom zeigt bei konsequenter Alkoholkarenz durchaus die Tendenz zur Rückbildung. Zudem hat hochdosierte Gabe von neurotropen Vitaminen (B_1 = Thiamin, B_6 = Pyridoxin sowie B_{12}) oft günstige Wirkung bei alkoholischen Polyneuropathien, Korsakow-Syndrom und Wernicke'scher Enzephalopathie.

3.3 Opioide

3.3.1 Allgemeines

Opioide (Opiumartige) sind Substanzen mit ähnlicher Wirkung wie Morphin, Hauptalkaloid im Opium; sie werden deshalb auch Opiate genannt, eine streng genommen unrichtige Bezeichnung, die sich aber eingebürgert hat und klanglich besser ist. Rohopium wird aus der unreifen Samenkapsel des Schlafmohns (Papaver somniferum) gewonnen und nimmt nach wenigen Stunden die Gestalt bräunlicher Trockenmasse an. Durch Einlegen von Rohopium in Alkohol erhält man Tinctura opii, die nur noch die alkohollöslichen Produkte der Pflanze, die Alkaloide, enthält. Letztere sind ringförmige basische Moleküle mit einem Stickstoffanteil, die hauptsächlich in Pflanzen gefunden werden und auf das Nervensystem von Tieren wirken; sie dienen dem Schutz davor, gefressen zu werden. Viele psychotrope Substanzen sind Alkaloide, neben den natürlichen Opiaten u. a. Nikotin und Kokain. Die wichtigsten Alkaloide des Opiums sind Morphin (Morphium[4]), Codein und Thebain (natürliche Opiate),

---

4 Die Bezeichnung Morphin wurde nach Morpheus, dem griechischen Gott des

3.3 Opioide

daneben einige ohne analgetische Wirkung, etwa das krampflösende Papaverin. Durch chemische Weiterbehandlung des Morphins erhält man die Morphinderivate. So kann es aufgrund seiner zwei OH-Gruppen mit Essigsäure in einem wenig aufwendigen Prozess zu dem wesentlich stärkeren Diacetylmorphin = Diamorphin (Heroin) verestert werden; ein weiteres Derivat ist Hydromorphon, während das analgetisch sehr wirksame Oxycodon (Oxygesic®, zahlreiche Generika) und das im Rahmen der Substitutionsbehandlung zunehmende Bedeutug erlangende Buprenorphin (Subutex®) von anderen natürlichen Opiaten abgeleitet sind[5]. Vollsynthetische Opioide sind Substanzen mit ähnlicher Wirkung, die ohne Verwendung von Opium im Labor hergestellt werden; Beispiele sind Methadon (Methaddict®, Eptadone®), (l-) Methadon = Levomethadon (L-Polamidon®), Pethidin (Dolantin®) oder Fentanyl, deren strukturelle Ähnlichkeit mit Morphin gering ist, welche mit ihm jedoch alle wesentlichen Wirkeigenschaften teilen. Sie sind im Allg., etwa hinsichtlich des analgetischen Effekts, deutlich stärker. Zu den Opioiden gehören schließlich noch die endogenen (nicht ganz korrekt: Endorphine), die vom Körper selbst produziert werden und an die gleichen Rezeptoren wie von außen zugeführte Opioide binden (s. u.). Klinisch äußerst bedeutsam sind die Opiatantagonisten, welche Bindungsstellen besetzen, ohne eine Wirkung auszuüben; durch Verdrängung der Opioide von diesen Rezeptoren können sie deren Effekte aufheben (kompetitive Hemmung) und deshalb als Gegenmittel (Antidot) bei Vergiftungen dienen. Opiatantagonisten sind Naloxon und Naltrexon.

Bei oraler Aufnahme verlieren Opioide üblicherweise mehr oder weniger stark an Wirkung, da sie beim Passieren der Leber nach Resorption aus dem Verdauungstrakt eine »präsystemische Elimination« erfahren. Diese kann vermieden werden, indem das Alkaloid entweder injiziert,

---

Schlafes, gewählt; der eher umgangssprachliche Begriff Morphium ist nach wie vor in Gebrauch.

5 Traurige Berühmtheit hat der Heroinersatz »Krok« erlangt, dessen Wirkstoff Desomorphin leicht aus codeinhaltigen Hustensäften durch Vermischung mit diversen Substanzen (u. a. Phosphor, Benzin, Salzsäure) gewonnen werden kann. Die Flüssigkeit erzeugt an der Einstichstelle eine grünlich-schuppige Verfärbung der Haut, später zunehmend tiefere Gewebszerstörungen.

geschnupft oder, wie üblicherweise Opium, geraucht wird. Da bei (l-) Methadon (Levomethadon) diese präsystemische Elimination nicht geschieht, kann es ohne Wirkungsverlust oral eingenommen werden, ein erheblicher Vorteil im Rahmen der Substitutionstherapie (s. u.).

3.3.2 Unmittelbare und langfristige Wirkungen

Der für die Medizin wichtigste Effekt ist der *analgetische* (schmerzstillende), wobei u. a. durch Anlagerung an Rezeptoren für endogene Opioide im Rückenmark die Übertragung der Erregung vom ersten Neuron der Schmerzbahn auf das zweite erschwert wird (zu den auf- und absteigenden »Schmerzbahnen« s. Köhler, 2010, S. 62 ff.). Diskutiert wird außerdem die Beeinflussung zerebraler Strukturen im Sinne einer Herabsetzung der Schmerzwahrnehmung und -verarbeitung. Die Wirkungen der einzelnen Opioide unterscheiden sich im Großen und Ganzen nur quantitativ, wobei die endogenen Opiate am schwächsten sind, synthetische Opioide wie Fentanyl und davon abgeleitete Substanzen am stärksten.

Eine zum Verständnis des Abhängigkeitssyndroms wesentliche Opiatwirkung ist die *Euphorisierung;* man erklärt sie, wie bei Alkohol, über indirekte Aktivierung dopaminerger Neurone, welche vom Mittelhirn zu Strukturen des Endhirns, speziell zum Nucleus accumbens laufen (▶ Kap. 3.2.2). Einen speziellen Effekt hat die intravenöse Applikation von Heroin in Form eines schwallartig einsetzenden Wärme- und Glücksgefühls (flash oder rush), das bei oral eingenommenen Opiaten, etwa der Ersatzdroge Methadon, nicht auftritt und deshalb eine spezifische Abhängigkeit begünstigt.

Weiter haben Opioide eine *sedierende* Wirkung und beeinflussen diverse vegetative Funktionen, wobei der hemmende Effekt auf das Atemzentrum der klinisch bedeutsamste ist. Starke Opioide in niedrigen Dosierungen sowie schwache wie Codein in Normaldosis wirken hustenstillend, höhere Dosen können durch eine Lähmung des Atemzentrums zum Tod führen; ein Großteil der akuten Todesfälle bei Abhängigen ist hierauf zurückzuführen (»goldener Schuss«). Diese Atemdepression ist durch Gabe von Opiatantagonisten wie Naloxon rasch aufzuheben. Andere *vegetative* Effekte sind Verengung der Pupillen (Miosis) sowie verstärkte Kontraktion

3.3 Opioide

der glatten Muskulatur im Magen-Darm-Bereich; durch übermäßige Verkrampfung kann es zur Wandstarre und damit zur spastischen Obstipation kommen. Opiate werden daher zur Behandlung schwerer Durchfälle eingesetzt; umgekehrt ist bei mit Opioiden therapierten Patienten stets an die Gefahr des Darmverschlusses (Ileus) zu denken.

Die Substanzen lagern sich an Rezeptoren in verschiedenen Regionen an (an den Endknöpfchen der Neurone in den Schmerzbahnen, im Atemzentrum), was sich aus der kompetitiven Wirkung der Opiatantagonisten folgern lässt. Dies legt die Existenz *endogener*, vom Körper selbst produzierter Opioide nahe, also physiologischer Liganden, die man in Form der *Enkephaline* und *Endorphine* identifiziert hat; es handelt sich dabei um Oligopeptide, also Verbindungen weniger Aminosäuren. Biologische Funktion dieses Transmitter- bzw. Hormonsystems ist u. a. die Dämpfung von unvermeidbaren Schmerzen (Kampf, Gebärvorgang).

Im Vergleich zu den körperlichen Folgen bei chronischem Alkoholabusus sind die bei langjähriger Opioideinnahme eher gering, was bei einer rationalen Diskussion über Drogenmissbrauch zu berücksichtigen ist. Die wesentlichen Folgen entstehen durch unsachgemäße Applikation, speziell mittels verschmutzter Nadeln und Spritzen (Hepatitis B und C, HIV-Infektion, Spritzenabszesse); direkte Effekte chronischen Konsums sind Appetitlosigkeit, Gewichtsabnahme, erhöhte Anfälligkeit gegenüber Infektionen. Auf psychischem Gebiet werden kognitive Defizite, Leistungsabfall und Stimmungsveränderungen beschrieben; hinzukommen Vernachlässigung anderer Interessen sowie abnormes Verhalten im Rahmen der Substanzbeschaffung. Psychotische Störungen treten bei Opiatkonsumenten in der Regel nicht auf, eher wohl selten ein ausgeprägtes amnestisches oder demenzielles Syndrom.

Dauerschäden analog der Alkoholembryopathie scheinen sich bei Kindern heroinsüchtiger Schwangerer nicht auszubilden; jedoch sind die Neugeborenen ebenfalls opiatabhängig und müssen deshalb zunächst einer Substitutionstherapie mit langsamem Ausschleichen unterzogen werden.

3.3.3 Opioidmissbrauch und -abhängigkeit

Prävalenzraten zum Opioidmissbrauch sind bestenfalls grob zu schätzen oder hochzurechnen, was die Widersprüchlichkeit der Angaben erklärt. Ältere Daten, welche oft von bemerkenswerten Häufigkeiten ausgehen (etwa von 3 % bei jüngeren erwachsenen Männern, 1 % bei Frauen dieser Altersgruppe), geben den Stand hierzulande sicher nicht mehr korrekt wieder; allerdings geht man in den USA von einer regelrechten Opioidepidemie aus. Der klassische reine Heroinabhängige (der »Junkie«) ist heute selten geworden. Mittlerweile hat ein Übergang auf andere »harte Drogen« wie Amphetamine oder oral eingenommene Opioide stattgefunden bzw. findet sich mehr und mehr der gleichzeitige Konsum weiterer psychotroper Substanzen. Heroinkonsumenten nehmen auch zunehmend weniger die Substanz intravenös zu sich, sondern bevorzugen weniger riskante Applikationsformen wie Rauchen, Schnupfen oder Inhalieren der Dämpfe (mit der Gefahr von Schädigungen u. a. im bronchopulmonalen Bereich; s. Yalamanoglu & Schuurmans, 2018).

Theorien zur Genese des Missbrauchs von Opioiden unterscheiden sich nicht wesentlich von Modellen zur Entstehung der Alkoholabhängigkeit, wobei hier die Betonung genetischer Faktoren geringer ist. Ansonsten finden sich in der einschlägigen Literatur eher allgemeine Suchtmodelle als substanzspezifische. Lerntheoretisch werden wieder die positiven Konsequenzen der Einnahme und die negativen des Entzugs zur Erklärung der Aufrechterhaltung herangezogen – ein unvollständiges Modell insofern, als das Craving, die Substanzgier, über Jahre nach Konsumende anhält.

Die Therapie der Abhängigkeit in ihren verschiedensten Varianten kann hier nicht beschrieben werden, umso mehr, als auch unter Fachleuten nur geringe Einigkeit über realistische Wege und Ziele herrscht. Erwähnt sei nur die Substitutionstherapie mittels des synthetischen Opioids Methadon, welches als pharmazeutisches Produkt – im Gegensatz zu den auf der Straße verkauften Produkten wie Heroin – eine genau definierte Zusammensetzung hat und damit weniger die Gefahr der Überdosierung birgt. Zudem wirkt Methadon auch oral, sodass die Probleme parenteraler Applikation mit Infektionsgefahr hier entfallen.

3.3 Opioide

Auf Probleme der »Methadonsubstitution« wird leider zu wenig hingewiesen, nämlich, dass die Konsumenten kostenlos ein Opioid zur Verfügung gestellt bekommen, welches auf dem Schwarzmarkt erhebliche Summen einbringt, weiter, dass die Gefahr nicht gering ist, damit andere Personen (z. B. Kinder) zu Tode zu bringen. Mittlerweile ist mit Buprenorphin (Subutex®) bzw. Suboxone® (Buprenorphin in Kombination mit dem Opiatangonisten Naloxon) eine Substanz zur Substitution in Gebrauch gekommen, welche nur sublingual, also nach längerem Verweilen in der Mundhöhle, Wirkung entfaltet und deswegen bei akzidenteller Einnahme selten zum Tod führt. Da bei oraler oder sublingualer Einnahme das bei intravenöser Injektion äußerst geschätzte Erlebnis des Anflutens entfällt, werden die Substitutionsmittel oft nicht akzeptiert, oder wenn, dann nicht ohne zusätzlichen Heroinkonsum.

Eine pharmakologische Beeinflussung der Abhängigkeit nach erfolgreichem Entzug wird mit *Opiatantagonisten* versucht, etwa Naltrexon (Nemexin®), welches die euphorisierende Wirkung von Heroin oder anderen Opioiden verhindert und so das Verlangen reduzieren soll.

3.3.4 Toleranz und Entzugssyndrom

Bei Opioiden tritt sehr schnell Gewöhnung ein, eine Erfahrung, die man bei Patienten macht, deren Schmerzen nur durch längerfristige Opiatgabe zu behandeln sind. Zur Erklärung dieser Toleranz wurde lange eine zahlenmäßige Reduktion der Rezeptoren für endogene Opioide angenommen; als wahrscheinlicher gilt mittlerweile, dass sich nachgeschaltete Prozesse der Signaltransduktion (Second-Messenger-Prozesse) verändern. Bei Abstinenz bildet sich die Toleranz rasch zurück mit der Konsequenz, dass Opiatabhängige, die nach Entzug wieder ihre zuletzt übliche Dosis spritzen, in die Gefahr einer tödlichen Überdosierung geraten.

Das *Opiatentzugssyndrom* wird teilweise als sehr eindrucksvoll beschrieben. Es entspricht im Wesentlichen einer Sympathikusaktivierung mit Pulsbeschleunigung, Blutdrucksteigerung, erweiterten Pupillen, Schweißausbrüchen. Komplettiert wird das Bild durch Erbrechen und Durchfall, Muskelschmerzen, Muskelkrämpfen, starkem Tränenfluss sowie grippeähnlichen Symptomen in Form von Niesen, Kopfschmerz, Schüttelfrost, eventuell Fieber. Psychische Symptome sind Unruhe und dysphorische Stimmung. Die raue Hautoberfläche bei Aufrichtung der

Haarwurzeln und die Kälteempfindung haben dem Entzugssyndrom die Bezeichnung Cold Turkey (kalter Truthahn) eingebracht. Häufig wird über gesteigerte Schmerzempfindlichkeit und starken Juckreiz berichtet. Anders als beim Alkoholentzug finden sich hier typischerweise weder epileptische Anfälle noch delirante Symptome. Kompliziert wird die Symptomatik häufig dadurch, dass die Betroffenen von weiteren psychotropen Substanzen abhängig sind und so parallel zum Opiatentzugssyndrom noch andere Entzüge (etwa von Alkohol) laufen.

Das geschilderte Entzugssyndrom, welches bei Abhängigen auch durch Gabe von Opiatantagonisten ausgelöst werden kann, tritt wenige Stunden nach letzter Einnahme auf – bei einigen Substanzen auch deutlich später – und erreicht seinen Höhepunkt im Durchschnitt nach 24 bis 48 Stunden; danach lässt die Stärke der Beschwerden nach, um nach etwa einer Woche zu verschwinden (bei Methadon erheblich später; s. Scherbaum, 2017, S. 98). Vielfach wird die Entzugssymptomatik rasch und gründlich durch erneute Substanzzufuhr beseitigt.

Die *Pathogenese* ist nur unzureichend geklärt. Eine plausible Annahme wäre die eines Fehlens endogener Opioide, nachdem deren Konzentration infolge einer längerfristigen Verdrängung durch exogene Opioide im Sinne eines Rückkoppelungsmechanismus vermindert sein dürfte; gleichzeitig hat sich möglicherweise die Anzahl oder Empfindlichkeit der Rezeptoren verringert. Dagegen spricht, dass die Gabe von Opiatantagonisten bei Nichtabhängigen ohne wesentliche Folge bleibt. Favorisiert wird daher die Hypothese einer Gegenreaktion ohne gleichzeitige Kompensation durch Opiatwirkung. Dieser zufolge tritt als Reaktion auf die externe Opioidzufuhr (UCS) eine physiologisch sinnvolle Gegenreaktion des Körpers auf (UCR), die über die eigentliche Opiatwirkung hinaus anhält und zudem wenigstens partiell klassisch konditioniert worden ist: Stimuli, in deren Gegenwart die Droge üblicherweise konsumiert wurde (CS), lösten demnach bereits antizipatorisch die Gegenreaktion (CR) aus; im gewohnten Rahmen der Einnahme, etwa beim Fixen in bestimmten Räumlichkeiten, träten so körperliche Veränderungen auf, die nur durch Substanzkonsum kompensiert werden könnten. Dies würde erklären, warum die Einnahme von Opiaten in anderer Umgebung mit Ausbleiben des konditionierten Anteils der Gegenreaktion eine ungleich stärkere Wirkung entfalten kann. Allem Anschein nach treten Todesfälle gehäuft dann ein, wenn die gewohnte Substanz im ungewohnten Rahmen konsumiert wird. Das Opiatentzugssyndrom ist zweifellos für die Betroffenen unangenehm – wobei der Zustand häufig in der Literatur weit übertrieben dargestellt wird; es stellt im unkomplizierten Fall selten eine ähnliche Bedrohung der Gesundheit dar wie das alkoholbedingte Delirium tremens und wird deshalb zuweilen nicht medikamentös behandelt. Die übliche und rasch wirksame Selbsttherapie, die erneute Einnahme von Opiaten, wurde bereits erwähnt.

3.4 Sedativa und Hypnotika (Antiinsomnika)

3.4.1 Allgemeines

Sedativa sind Substanzen mit der wesentlichen Wirkung einer psychischen Sedierung (Beruhigung) und Angstverminderung, daher auch der Name Anxiolytika (etwa synonym: Tranquilizer). Da Sedativa, wenigstens in höheren Dosen, schlafinduzierende Wirkung haben und auch Hypnotika (Antiinsomnika, Schlafmittel) sedierend wirken, ist die Grenze zwischen beiden Funktionsgruppen fließend. Die weitaus meisten der heute eingesetzten Sedativa und Hypnotika gehören der Substanzklasse der Benzodiazepine an, deren Einzelstoffe sich im Wesentlichen nur hinsichtlich Halbwertszeit und Metabolismus (Verstoffwechselung) unterscheiden. Viele andere Substanzen wie Antipsychotika (Neuroleptika), einige Antidepressiva, Alkohol und Opiate haben ebenfalls einen sedierenden Effekt, der aber nicht die einzige oder die Hauptwirkung darstellt, und werden deshalb nicht zu dieser Kategorie gezählt. Zu den Sedativa oder Hypnotika gehören Stoffe aus der genannten Gruppe der Benzodiazepine, die zunehmend als Schlafmittel bedeutsamen Non-Benzodiazepinhypnotika, kaum mehr Chloralhydrat, Clomethiazol und Barbiturate. Nicht rezeptpflichtige Schlafmittel sind u.a. einige Antihistaminika, z.B. Doxylamin (etwa HOGGAR Night®; für weitere Sedativa, Anxiolytika und Hypnotika s. Köhler, 2022, S. 56 ff.).

Chloralhydrat und Barbiturate wurden lange als Schlafmittel verschrieben; da sich bei ihrer Einnahme rasch Toleranz entwickelt, Entzugssyndrome auftreten und sie zudem in höheren Dosen zu Vergiftungserscheinungen mit möglicher Todesfolge führen (Suizidmittel), ist ihr Einsatz deutlich seltener geworden. In Deutschland sind Barbiturate überhaupt nicht mehr als Schlafmittel im Handel, haben bestenfalls noch Bedeutung als Antiepileptika oder zur Einleitung von Narkosen. Missbrauch scheint, insbesondere im Rahmen eines gleichzeitigen Konsums mehrerer Substanzen (Polytoxikomanie), weiterhin jedoch eine nicht unerhebliche Rolle zu spielen. Das bei der Behandlung des Alkoholentzugssyndroms erwähnte Clomethiazol (Distraneurin®) wird zuweilen – vornehmlich in Kliniken – ebenfalls als Beruhigungs- oder Schlafmittel eingesetzt, wobei das erhebliche Suchtpotential der Substanz zu berücksichtigen ist.

Zur Gruppe der Benzodiazepine gehören u. a. Diazepam (z. B. Valium®), Oxazepam (z. B. Adumbran®), Lorazepam (z. B. Tavor®), Lormetazepam (z. B. Ergocalm®), Alprazolamam (z. B. Tafil®), Flurazepam (z. B. Dalmadorm®), Triazolam (Halcion®), Nitrazepam (z. B. Mogadan®) , Bromazepam (z. B. Lexostad®) oder (das unter die Betäubungsmittel-Verschreibungsordnung fallende) Flunitrazepam (Rohypnol®), um nur einige zu nennen, zu den Non-Benzodiazepinhypnotika Zolpidem, Zopiclon und Eszoplicon.

3.4.2 Unmittelbare und langfristige Wirkungen

Die Wirkung der *Benzodiazepine* ist als sedierend (beruhigend, über die zentralnervöse Dämpfung auch mehr oder weniger müdigkeitserzeugend), anxiolytisch (angstmindernd), zu gewissem Grade aggressionshemmend, antikonvulsiv, d. h. gegen epileptische Anfälle gerichtet, und schließlich als muskelrelaxierend zu charakterisieren. Die Wirkung der einzelnen Stoffe ist qualitativ ähnlich. Unterschiede sind eher quantitativ und betreffen zudem Wirkungseintritt und Dauer; einige, etwa Oxazepam, wirken nicht direkt, sondern erst nach Verstoffwechselung in der Leber, und daher langsamer; zudem unterscheiden sich die Stoffe in ihrer Halbwertszeit, also in der Geschwindigkeit ihres Abbaus zu unwirksamen Metaboliten oder ihrer Elimination. Die dämpfende, Müdigkeit erzeugende Wirkung der

3.4 Sedativa und Hypnotika (Antiinsomnika)

Benzodiazepine ist bei Schlafmitteln gewünscht; im Rahmen der Behandlung von Angsterkrankungen, bei denen lediglich eine affektive Distanzierung angestrebt wird, ist sie störend, da Konzentration und Reaktionsgeschwindigkeit negativ beeinflusst werden. Bei der Behandlung von Einschlafstörungen, wo eine verlängerte Wirkung des Medikaments (Hang-over) höchst unwillkommen ist, werden bevorzugt Stoffe mit kurzer oder bestenfalls mittellanger Halbwertszeit eingesetzt.

GABA (gamma-aminobutyric acid = Gamma-Aminobuttersäure) ist der wichtigste hemmende Transmitter im Zentralnervensystem. Zum Verständnis der Benzodiazepinwirkung geht man von der Modellvorstellung aus, dass den Rezeptoren für GABA wiederum Bindungsstellen für Benzodiazepine benachbart liegen, deren Besetzung die GABA-Rezeptoren empfindlicher macht. Die sedierend-anxiolytische Wirkung ließe sich demnach durch Verstärkung GABAerger Hemmmechanismen im limbischen System erklären, beispielsweise in der Amygdala. Für die Benzodiazepinrezeptoren sind auch endogene, vom Körper selbst hergestellte Liganden anzunehmen, die aber im Gegensatz zu den endogenen Opioiden noch nicht identifiziert werden konnten. Wie bei den ebenfalls über Rezeptorbindung ihre Wirkung entfaltenden Opiaten gibt es bei den Benzodiazepinen Antagonisten, mit denen sich die Effekte aufheben lassen, etwa Flumazenil (Anexate®; Generika).

Benzodiazepine haben im Gegensatz zu Barbituraten und Chloralhydrat eine große therapeutische Breite, weswegen die Gefahr einer Überdosierung mit schweren, irreversiblen Folgen, etwa Atemdepression, gering ist. Auch in hohen Dosen mit suizidaler Absicht genommen wirken sie bestenfalls sehr selten tödlich; allerdings können sie die akut-toxische Wirkung von Alkohol und anderen Substanzen verstärken. Da Benzodiazepinrezeptoren bisher nur im Zentralnervensystem gefunden wurden, beobachtet man – anders als etwa bei Antidepressiva und Antipsychotika – kaum vegetative Nebenwirkungen, ein hoch zu schätzender Vorteil.

Die akute Wirkung von *Barbituraten*, *Chloralhydrat* und *Clomethiazol* ähnelt der der Benzodiazepine, wobei die Mechanismen weniger gut geklärt sind – wahrscheinlich ist die Anlagerung an ein anderes Protein des GABA-A-Rezeptorkomplexes mit der Folge einer direkten, nicht über GABA vermittelten verringerten zellulären Erregbarkeit. Die therapeutische Breite ist, insbesondere bei den Barbituraten, erheblich geringer, sodass sie früher ein verbreitetes Suizidmittel darstellten.

Die *Non-Benzodiazepinhypnotika* Zolpidem und Zopiclon greifen wohl ebenfalls am GABA-Rezeptor an, wenn auch in anderer Weise. Abgesehen vom (mutmaßlich) geringeren Abhängigkeitspotential bieten sie den Vorteil, den Ablauf des Schlafes weniger qualitativ zu verändern.

Körperliche Schäden nach langjähriger Benzodiazepineinnahme treten nach augenblicklichen Kenntnissen kaum auf; amnestische Störungen als psychische Folge werden jedoch diskutiert. Psychotische Symptome als Folge des Konsums (nicht des Entzugs) werden bei Benzodiazepinen nicht beschrieben – zuweilen jedoch bei Zolpidem. Häufiger sind hingegen affektive und motivationale Veränderungen wie Gleichgültigkeit und zunehmende Interesselosigkeit aufgrund der Dauersedierung. Ein negativer Effekt ist, dass die Betreffenden oft aufgrund der distanzierenden Wirkung der Anxiolytika Angst und Spannung weniger empfinden und deshalb schwächer motiviert sind, deren Ursachen zielgerichteter zu beseitigen.

Irreversible Schäden des Fötus bei Benzodiazepineinnahme scheinen selten; gleichwohl sollten diese Substanzen in den ersten Schwangerschaftsmonaten nicht verabreicht werden. Nimmt die Schwangere kurz vor und während der Geburt Benzodiazepine, kann Entzugssymptomatik bei den Neugeborenen auftreten, zudem Störungen der Atmung, der Temperaturregulation und des Muskeltonus (Floppy-Infant-Syndrom).

3.4.3 Toleranz, Entzugssymptomatik und Missbrauch

Bei allen Sedativa entwickelt sich rasch Toleranz, am deutlichsten bei Chloralhydrat und Barbituraten. Als Grundlagen der Benzodiazepintoleranz werden Veränderungen an den entsprechenden Rezeptoren angenommen (funktionelle oder zelluläre Toleranz); bei Barbituraten kommt metabolische Toleranz in Form einer Vermehrung abbauender Enzyme hinzu.

Beim Absetzen nach mehrmonatiger Benzodiazepineinnahme ist mit Symptomen zu rechnen, die teilweise als Rebound-Effekt aufzufassen sind, teils Zeichen der Wiederkehr der durch die Medikamente bis dahin unterdrückten Angstsymptomatik sind. Daneben tritt häufig ein regelrechtes Entzugssyndrom (F13.3) auf, bei dem neben Unruhe, Angst, Schlaflosigkeit und vegetativen Beschwerden epileptische Anfälle sowie delirante

Zustände (dann F13.4) beobachtet werden. Abruptes Absetzen von Benzodiazepinen ist deshalb zu vermeiden; das Ausschleichen sollte sich über viele Wochen hinziehen (zu Details s. Anghelescu & Benkert, 2023, S. 506 ff.).

Da Benzodiazepine ärztlich verabreicht werden, ist es schwer zu definieren, wann von Missbrauch zu sprechen ist und in welcher Häufigkeit dieser vorliegt. Auch die Zahl der regelrecht Abhängigen lässt sich schwer schätzen, da diese Substanzen auf legalem Wege einfach zu erhalten sind und deshalb wenige Versuche des Absetzens gemacht werden. Etwa 1 Million Abhängige in Deutschland anzunehmen, ist sicher nicht völlig unrealistisch.

Theorien der *Benzodiazepinabhängigkeit* folgen den in den vorigen Kapiteln präsentierten allgemeinen Abhängigkeitsmodellen. Nicht unplausibel ist die Annahme, dass es eine gewisse biologische Bereitschaft in Form verminderter Benzodiazepinrezeptoren oder endogener Liganden gibt. Da Benzodiazepine im Gegensatz zu Alkohol und Opioiden i. Allg. keine direkte euphorisierende Wirkung haben, dient ihre Einnahme wesentlich dem Spannungsabbau und der Angstreduktion.

Entsprechend zielt die *Therapie* nach erreichter Abstinenz vornehmlich darauf ab, die zum Konsum führenden Bedingungen wie Ängste oder spannungsreiche Konflikte zu beseitigen; für entsprechende Verfahren wird auf die Kapitel über Angststörungen (▶ Kap. 6.2 und ▶ Kap. 6.3) verwiesen.

3.5 Kokain und Psychostimulanzien

Obwohl in ICD-10 als verschiedene Substanzgruppen aufgefasst, sollen Kokain und die Psychostimulanzien hier gemeinsam abgehandelt werden, weil in den klinischen Effekten wie auch bezüglich der angenommenen Wirkmechanismen bedeutsame Übereinstimmungen bestehen.

Kokain (oft Cocain geschrieben) ist ein Alkaloid der in höheren Lagen Südamerikas angebauten Cocapflanze, deren Blätter dort seit vielen Jahrhunderten als Rauschmittel gekaut werden. Durch Behandlung der Blätter erhält man Kokain-Hydrochlorid, ein weißes Pulver, welches geschnupft, oral aufgenommen oder intravenös gespritzt wird. Durch einfache Prozesse lässt sich das reine Alkaloid Kokain zurückgewinnen, das stärker als die Hydrochloridverbindung ist und vornehmlich in Form von Crack geraucht wird; freebasing, Herstellen der reinen Kokainbase, kann aber auch auf andere Weise geschehen.

Die kurzfristige *Wirkung* von Kokain, gleichgültig in welcher Form appliziert, ist euphorisierend, enthemmend und antriebssteigernd.[6] In höheren Dosen tritt nicht selten eine psychotische Symptomatik in Form von optischen, akustischen und taktilen Halluzinationen sowie Verfolgungswahn ein; auch kommt Entwicklung extremer Aggressionen und Ängste vor. Aufgrund der Sympathikusaktivierung werden u. a. Blutdrucksteigerung, Pulsbeschleunigung, Erhöhung der Atemfrequenz und weit gestellte Pupillen beobachtet. Die nicht seltenen Todesfälle bei Kokainüberdosis gehen zu einem Großteil auf kardiale Komplikationen, besonders Herzrhythmusstörungen und Herzinfarkte, teils auf zentralnervöse Schädigungen zurück. Die *langfristigen Folgen chronischen Missbrauchs* bestehen in zunehmendem Interessenverlust an Alltagsaktivitäten, Neigung zu Gewalttätigkeiten bei der Drogenbeschaffung oder während des Konsums; an körperlichen Veränderungen sind Gewichtsverlust und kardiovaskuläre Komplikationen sowie Schädigung der Nasenschleimhaut und des Nasenseptums beim Schnupfen der Substanz zu nennen. Die *Kokainembryopathie* gilt als noch schwerwiegender als die Alkoholembryopathie und äußert sich nicht nur in Lerndefiziten, sondern auch in diversen körperlichen Beeinträchtigungen.

Die *Wirkungsweise* von Kokain ist gut geklärt: Es verhindert die Wiederaufnahme von Noradrenalin und Dopamin in die präsynaptischen

---

6 Die frühe Publikation S. Freuds »Über Coca« aus dem Jahre 1884 bietet eine sehr lesenswerte Beschreibung der Kokainwirkung. Freud konsumierte selbst die Substanz und hielt auch andere zum Gebrauch an. Aufgeschreckt durch Missbrauch und körperliche Schäden eines Kollegen, dem er Kokain therapeutisch empfohlen hatte, stellte er den Konsum bald ein. Mehrere Autoren haben daraus abzuleiten versucht, das Lehrgebäude der Psychoanalyse sei einem toxisch geschädigten Gehirn entsprungen. Ich bin auf diese »Kokainepisode« in meiner Freud-Biografie (Köhler, 2014b, S. 17 f.) eingegangen.

3.5 Kokain und Psychostimulanzien

Endknöpfchen der Neurone (Reuptake-Hemmung) und führt damit zur Überaktivität im synaptischen Spalt; die euphorisierende Wirkung wird auf verstärkte Anregung von Dopaminrezeptoren im Nucleus accumbens zurückgeführt.

Toleranz entwickelt sich bei häufigem Kokaingebrauch ziemlich rasch, wobei die Mechanismen noch nicht bekannt sind (down-regulation von Rezeptoren?); andererseits wird auch der gegenteilige Effekt beschrieben, eine zunehmende Empfindlichkeit (Sensitivierung). Nicht eindeutig geklärt ist, ob die nach Absetzen zu beobachtenden Symptome in Form von Müdigkeit, Antriebsmangel und dysphorischer Stimmung einem regelrechten Entzugssyndrom entsprechen und nicht einfache Rebound-Effekte darstellen; bei Crack-Rauchern jedoch dürfte eine regelrechte Entzugssymptomatik nicht ganz selten sein.

War der Konsum von Kokain in der ersten Hälfte dieses Jahrhunderts vornehmlich auf kleine, oft vermögende Kreise beschränkt, nicht zuletzt wegen der hohen Substanzkosten, so hat sich der Gebrauch seit den siebziger Jahren des vergangenen Jahrhunderts beträchtlich ausgeweitet; die leichtere Verfügbarkeit, insbesondere in der preiswerteren und gleichzeitig potenteren Form von Crack, hat bis Ende der 1980er Jahre zu einem erheblichen Anstieg geführt; Schätzungen, dass bis 1 % der Erwachsenen in Deutschland diese Substanz mit gewisser Regelmäßigkeit konsumieren, dürften realistisch sein.

Wie für die *Entstehung der Kokainabhängigkeit* keine spezifischen Modelle entwickelt wurden, so unterscheidet sich deren *Behandlung* nicht prinzipiell von der anderer Substanzabhängigkeiten; Substitutionsprogramme mit Amphetaminen analog der Methadonbehandlung Opiatabhängiger werden angeboten, wobei nur eine Abhängigkeit gegen eine andere ausgetauscht wird. Erwähnenswert ist, dass Kokain- und Opiatabhängigkeit nicht selten gemeinsam vorkommen, etwa in Form des Konsums von Speedball, eines Gemischs von Heroin und Kokainpulver, bei dem sich die euphorisierenden Effekte addieren, andere wie die Sympathikuseffekte des Kokains und die parasympathomimetischen des Heroins sich teilweise aufheben; der Entzug ist dadurch erheblich kompliziert.

Zu den Psychostimulanzien werden im Allg. *Amphetamin* und das stärkere *Methamphetamin* gerechnet; erstere Substanz liegt als pharmazeutisches Präparat vor und wird therapeutisch im Wesentlichen – neben dem hinsichtlich Wirkung ähnlichen Methylphenidat (z. B. Ritalin®) – bei hyperaktiven Kindern eingesetzt (▶ Kap. 9.4); Methamphetamin (u. a. in Form des nasal aufzunehmenden, intravenös applizierbaren sowie rauchbaren »Crystal Meth«) gilt als äußerst gefährliche Droge.

Amphetamin und Methamphetamin weisen ähnliche Effekte wie Kokain auf, wirken also antriebssteigernd, euphorisierend, aktivierend auf den Kreislauf, kurzfristig leistungsfördernd und werden deshalb zum Doping benutzt sowie als Durchhaltemittel konsumiert, beispielsweise von Soldaten im Feld.[7] In höheren Dosen kommt es zu oft extremer Aggressivität oder ängstlicher Erregung sowie zu Halluzinationen und Wahnvorstellungen (Amphetaminpsychosen, besonders gefürchtet bei Crystal Meth-Konsumenten in den an Tschechien angrenzenden Bundesländern), außerdem zu bedrohlichen Herz-Kreislauf-Reaktionen. Langfristige körperliche Veränderungen fallen insbesondere bei Crystal Meth-Usern auf, beispielsweise kariöse Schäden der Zähne (»meth mouth«, vornehmlich bedingt durch mangelnde Speichelproduktion) und rasch fortschreitende Hautveränderungen.

Ihre *Wirkung* besteht in Förderung der dopaminergen und noradrenergen Übertragung, hauptsächlich durch eine verstärkte Entleerung der Vesikel in den synaptischen Spalt; auch Hemmung von Reuptake und des abbauenden Enzyms Monoaminoxydase (MAO) wird diskutiert.

Toleranzentwicklung bei Amphetaminen ist sehr ausgeprägt; manche der Süchtigen werfen zuweilen eine Handvoll dieser Pillen ein. Ob echte Entzugssyndrome zu beobachten sind, wird noch diskutiert.

Exakte Zahlen zur Häufigkeit des Amphetaminabusus sind schwer zu erhalten; neben regelrechten Dauerkonsumenten gibt es offenbar viele, die solche Substanzen nur zu gewissen Gelegenheiten (als Freizeitdroge) konsumieren.

Noch einige Worte zu *Koffein*, dessen Konsum weltweit sehr hoch liegt und von dem eine große Zahl von Personen regelrecht abhängig sein

---

7 Das ähnliche Effekte aufweisende Methylphenidat, welches zur Therapie hyperaktiver Kinder eingesetzt wird, ist mittlerweile zu einem beliebten Psychostimulans bei Erwachsenen geworden und dient vielen Studierenden zum effizienteren Lernen; insofern wird mehr Ritalin® (oder Medikamente gleichen Inhalts) verschrieben als von den kindlichen Patienten tatsächlich eingenommen.

dürfte. Es findet sich nicht nur im Kaffee, sondern auch in schwarzem und grünem Tee, daneben in der Kakaofrucht; ebenso enthalten zahlreiche Getränke, insbesondere Cola, durchaus nicht geringe Mengen. Koffein hat stimulierende Effekte ähnlich wie Kokain und Amphetamine, wenn auch in wesentlich schwächerer Form; schwere Intoxikationen lassen sich mit den üblichen Kaffeemengen im Allg. nicht erzielen (eher durch Energy-Drinks und Koffeintabletten). Bezüglich des Wirkmechanismus wird als eine von mehreren die Hypothese vertreten, dass es die Phosphodiesterase blockiert. Dieses Enzym beendet Second-Messenger-Prozesse, also die indirekte Wirkung einer Rezeptorbesetzung; Blockade der Phosphodiesterase führt damit zu einer verlängerten Wirkdauer der betreffenden Transmitter, speziell von Dopamin und Noradrenalin. (Mäßige) Toleranzentwicklung wird beschrieben; auch kann es zu einer mehr oder weniger ausgeprägten Entzugssymptomatik kommen, wobei die Entwicklung von Kopfschmerzen besonderer Erwähnung bedarf. Umgekehrt wird Koffein häufig benutzt, um diese zu beseitigen oder ihnen vorzubeugen.

3.6 Cannabinoide (Haschisch und Marihuana; synthetische Stoffe)

Der *indische Hanf* (Cannabis sativa var. indica bzw. Cannabis indica) enthält zahlreiche psychotrope Substanzen, die Cannabinoide, deren wichtigste Delta-9-Tetrahydrocannabinol (THC) ist. Getrocknete Blätter kommen unter dem Namen *Marihuana* auf den Markt, das etwa fünfmal THC-reichere und damit stärkere *Haschisch* wird aus dem Harz gewonnen. Marihuana und Haschisch werden gewöhnlich geraucht; sie können jedoch auch oral (etwa in Keksen verbacken) aufgenommen werden. Erwähnenswert ist, dass durch Züchtungen der THC-Gehalt der Cannabisprodukte mittlerweile deutlich angestiegen ist, nach manchen Angaben um das zwanzigfache bis dreißigfache. Auch gibt es etwa 200 *synthetische*

Cannabinoide (oft als »spice« bezeichnet, eine Kräutermischung, deren psychotrope Effekte auf beigefügte synthetische Cannabinoide zurückzuführen sind). Manche davon binden mehr als tausendmal stärker an CB-Rezeptoren als THC; sie sind für einige ernste Zwischenfälle beim Konsum der sonst akut als eher harmlos geltenden Cannabispräparate verantwortlich (Alves, Gonçalves, Aguiar, Texeira & Càmara, 2020).

Die unmittelbaren *Reaktionen* hängen von der Menge und Stärke der aufgenommenen Substanz sowie den Erfahrungen, Erwartungen und der Ausgangslage der Konsumenten ab; die *Wirkung* ist häufig nicht voraussehbar und kann höchst unerwünschte Gestalt annehmen. Beschrieben wird in niedrigen Dosen ein entspannender, euphorisierender Effekt; dabei können schon Veränderungen der Wahrnehmung (»bewussteres« Erkennen von Sachverhalten, neuartiges Zeit- und Raumgefühl, also psychedelische Effekte) auftreten, Wirkungen, die bei größerer Substanzzufuhr selten ausbleiben. Bei noch höheren Dosen finden sich häufig Depersonalisationserlebnisse, Halluzinationen bzw. Pseudohalluzinationen[8]; die Stimmung kann in Angst und Unruhe, gelegentlich in heftige Aggressivität, umschlagen. Der Übergang von akuter Intoxikation in eine regelrechte schizophrene Psychose wird nicht selten beobachtet, besonders ausgeprägt bei Konsumenten synthetischer Cannabinioide (Hobbs, Patel, Morrison, Kalk & Stone, 2020). Auch wenn Patienten mit Neigung zu Schizophrenien eventuell öfter Cannabis konsumieren und dies möglicherweise gehäuft vor einem neuen spontanen Schub tun, drängt sich doch die Vermutung auf, dass die Cannabinoide durch Verstärkung dopaminerger Übertragungen zumindest einen auslösenden Effekt haben, vielleicht sogar kausal zur Symptomatik beitragen (▶ Kap. 4.2.8). Die körperlichen Veränderungen bestehen in Pulsbeschleunigung, Mundtrockenheit, Rötung der Bindehaut (konjunktivaler Injektion), dazu ausgeprägtem Appetit.

---

8 Halluzinationen sind Wahrnehmungen, die nicht durch ein äußeres Objekt ausgelöst werden, bei denen aber dieses für den Betroffenen in seiner Existenz unzweifelbar ist. Bei Pseudohalluzinationen wird das nicht vorhandene Objekt zwar wahrgenommen; der Wahrnehmende weiß jedoch um dessen Unwirklichkeit. Bei Derealisationserlebnissen scheint alles unwirklich, wie nur vorgestellt, bei einer Depersonalisation wird der eigene Körper als fremd, nicht zur eigenen Person gehörig erlebt.

3.6 Cannabinoide (Haschisch und Marihuana; synthetische Stoffe)

Als Angriffspunkte wurden spezifische Rezeptoren entdeckt, an denen Cannabinoide binden. Man unterscheidet einen vornehmlich zentralnervös (offenbar aber nicht in den vegetativen Zentren des Hirnstamms) lokalisierten CB1-Rezeptor und eine CB2-Bindungsstelle, die an immunologisch bedeutsamen Organen (etwa Milz und Lymphknoten) sitzt und deren Stimulation zu Unterdrückung von Immunreaktionen führt. Dies legt die Existenz »endogener Cannabinoide« nahe, von denen bereits einige identifiziert werden konnten (z. B. Arachidonylethanolamid, im wissenschaftlichen Sprachgebrauch auch Anandamid genannt, nach dem Sanskritwort für »Glück«). Ebenso ist ein Cannaboidantagonist bekannt (Rimonabant, das kurzzeitig als Appetitzügler im Handel war). Das Endocannabinoidsystem hat vielfältige, nur teilweise bekannte Aufgaben, so u. a. die Modulation der neuronalen Reifung sowie Kontrolle von Immunreaktionen; daneben spielt es für die Schmerzregulation und für das Wohlbefinden eine Rolle (s. Biringer, 2021; Lu & Mackie, 2021).

Unter Cannabiseinwirkung verschlechtern sich Aufmerksamkeit und Reaktionsvermögen, sodass beim Autofahren erhöhtes Unfallrisiko besteht. Da THC im Vergleich zu Alkohol sehr langsam abgebaut wird (auch weil es gut in Fett gespeichert und von dort verzögert frei gegeben wird), kann noch viele Stunden nach Konsumende die Fahrtauglichkeit reduziert sein.

Als langfristige psychische Folgen werden zunehmende Apathie und Interessenlosigkeit beschrieben (amotivationales Syndrom); die Gefahr der Auslösung oder sogar Ausbildung schizophrener Schübe wurde bereits genannt. Mittlerweile geht man davon aus, dass regelmäßiger Cannabinoidkonsum, speziell wenn in frühen Lebensjahren damit begonnen wird, einen eigenständigen Risikofaktor für Schizophrenie darstellt (Scherbaum, 2017, S. 50; s. auch Köhler, 2014a, S.131 für weitere Studien). Das Ganze wird mittlerweile differenzierter betrachtet: Während THC vermutlich Psychosen induzierend wirkt, hat ein anderes Cannabinoid, nämlich Cannabidiol (CBD), das an CB1-Rezeptoren partiell antagonistisch wirkt, geradezu gegenteilige Effekte; es wird sogar diskutiert, die Substanz zur Therapie psychotischer Zustände einzusetzen (Chesney, Oliver & McGuire, 2022). Das Fehlen von Cannabidiol in synthetischen Cannabinoiden wird auch für die starke Induktion psychotischer Zustände verantwortlich gemacht (Leweke, Mueller, Lange & Rohleder et al., 2016). Auftreten von

Gedächtnisstörungen entsprechend dem amnestischen Syndrom bei chronischem Alkoholismus wird diskutiert; dazu passt, dass häufige Cannabiseinnahme strukturelle Veränderungen u. a. temporaler (dort speziell hippocampaler) Hirnregionen bewirkt (Daniju, Bossong, Brandt & Allen, 2020). Weiter ist auf Schädigungen des Mund-Rachen-Raumes und des Bronchialsystems beim Cannabisrauchen hinzuweisen. Diskutiert wird zudem ein schädigender Einfluss auf die Spermienbildung; bei Frauen wurden vermehrt Störungen der Ovulation beobachtet. Hinweise gibt es auch, dass Kinder Cannabis konsumierender Schwangerer gehäuft diverse morphologische Veränderungen und Intelligenzminderung aufweisen. Tabelle 3.1 stellt die wichtigsten schädlichen Effekte zusammen (▶ Tab. 3.1).

Andererseits zeitigen Cannabisprodukte auch positive medizinische Effekte. So ist die Unterdrückung von Nebenwirkungen der Chemotherapie belegt (etwa Übelkeit, Appetitlosigkeit). Auch bei neuropathischen Schmerzen ist die Wirksamkeit unbestritten. Weiter verbessert sich, wenigstens bei einigen Patienten, die Symptomatik der Multiplen Sklerose (MS), speziell Schmerzen und Spastik. Im Übrigen sind im Labor hergestellte Cannabinoide (z. B. THC) als Medikamente in Apotheken erhältlich (z. B. Sativex® zur Behandlung von Symptomen der MS). Einzelnen Personen wurde aus gesundheitlichen Gründen bereits erlaubt, Cannabis zum Eigenbedarf anzubauen; mittlerweile kann man sogar legal – bei Vorlage eines Betäubungsmittelrezeptes – Cannabis in Apotheken erwerben (»Medizinalhanf«). Es gibt Hinweise, dass Cannabinoide eventuell die Entwicklung bösartiger Neubildungen unterdrücken bzw. die Progression existierender Tumoren verlangsamen; auch wenn die diesbezügliche empirische Evidenz bisher eher schwach ist (Sawtelle & Holle, 2021; Guggisberg, Schumacher, Gilmore & Zylla, 2022), wird man die weitere Forschung mit Interesse verfolgen.

Regelrechte *Toleranz* scheint sich beim Konsum von Cannabinoiden nicht zu entwickeln, wenigstens nicht in dem Maße wie bei Alkohol, Opioiden und Psychostimulanzien. Hingegen werden nach abrupter Beendigung längeren Konsums Entzugssyndrome beschrieben, zumeist in eher harmloser Form von Schwitzen, Übelkeit, Unruhe und Schlafstörungen; delirante Symptomatik tritt typischerweise nicht auf. Angesichts des schädlichen Gebrauchs, des Cravings und der Vernachlässigung anderer Interessen erfüllen nicht wenige (hauptsächlich männliche) Personen die Kriterien der Cannabinoidabhängigkeit.

3.6 Cannabinoide (Haschisch und Marihuana; synthetische Stoffe)

Tab. 3.1: Folgen chronischen Cannabiskonsums (nach Köhler, 2014a, S. 132)

Störung	Beschreibung	Bewertung
obstruktive Bronchialerkrankung	• Verlegung der Atemwege	gut gesichert
Tumoren im Bereich von Mund, Rachen u. Atemwegen	• Mundhöhlen-, Rachen-, Kehlkopf- u. Bronchialkarzinome	gut gesichert
Störungen des Immunsystems	• u. a. erhöhte Anfälligkeit gegenüber Infektionen	wahrscheinlich
Fertilitätsstörungen	• verminderte Spermiogenese • reduzierte Fertilität	wahrscheinlich
Schädigungen des Fetus	• gehäufte Abgänge; verringertes Geburtsgewicht • später Verhaltensstörungen • gehäuftes späteres Auftreten von Leukämie	nicht unwahrscheinlich
Induktion schizophrener Psychosen	• Entwicklung v. a. paranoid-halluzinatorischer Symptomatik	Zusammenhang sehr wahrscheinlich; kontroverse Auffassungen über Kausalrelation
kognitive Einschränkungen	• Störungen v. a. von Gedächtnisleistungen	mittlerweile gut belegt
amotivationales Syndrom	• zunehmender Motivations- und Interessenverlust	Zusammenhang gut belegt; Kausalrelation kontrovers diskutiert

Die *Häufigkeit* des Cannabiskonsums ist rückläufig, nach wie vor aber hoch, wobei insbesondere die Zahl der Gewohnheitskonsumenten ziemlich gleichgeblieben sein dürfte; den Anteil der regelrecht Abhängigen schätzt Scherbaum (2017, S. 40) auf 240.000 (was etwa 0,3 % der deutschen Gesamtbevölkerung entspricht); in bestimmten Subgruppen liegt diese

Zahl zweifellos deutlich höher. *Therapien* zur Beendigung oder Reduktion des Cannabiskonsums unterscheiden sich nicht prinzipiell von denen zur Entwöhnung von anderen psychotropen Substanzen. Nicht diskutiert werden kann hier die Frage, wieweit es sich bei Cannabis um eine »Einstiegsdroge« handelt, eine Kontroverse, die mit ideologischer Verbissenheit von beiden Seiten geführt wird und deren Entscheidung nicht abzusehen ist.

3.7 Halluzinogene

Halluzinogene sind Substanzen, deren wesentliche Wirkung in *Bewusstseins-* und *Wahrnehmungsveränderungen* liegt, insbesondere in einer (subjektiv) geschärften Wahrnehmung, im Eindruck, neue Einsichten zu gewinnen, zudem in der Erzeugung von Derealisations- und Depersonalisationserlebnissen. Zweifellos besser wäre die Bezeichnung *Psychedelika* (die Seele öffnende Substanzen), die sich aber nicht durchgesetzt hat.

Auch die Einteilung ist nicht einheitlich. Generell wird in ICD-10 nicht erklärt, welche Substanz in welche Gruppe einzuordnen ist; so besteht offensichtlich Dissens, ob MDMA aufgrund strukturchemischer Ähnlichkeiten zu den Psychostimulanzien oder wegen der veränderten Wahrnehmung eher den Halluzinogenen zugerechnet werden soll. Es wäre sicher sinnvoll, Ecstasy aus der Gruppe der Halluzinogene auszugliedern und einer eigenen Gruppe zuzuordnen, den »Entaktogenen«. Der Einfachheit halber wird die ICD-10-Einteilung hier beibehalten, jedoch eine Aufgliederung in vier Subgruppen (klassische Halluzinogene, Anticholinergika, ringsubstituierte Amphetamine und psychedelische Narkosemittel [Dissoziativa]) vorgenommen, welche sich sowohl hinsichtlich Wirkungen als auch Wirkmechanismen unterscheiden. Ebenso am besten zu den Halluzinogenen zu rechnen wären die synthetischen Cathinone, z. B. Mephredron. Diese oft unter der Bezeichnung »Badesalze« gehandelten Substanzen bzw. Substanzgemische sind in ihrer Wirkung schlecht vorhersehbar.

3.7 Halluzinogene

Einige, wie das erwähnte Mephedron, sind unter das BtM-Gesetz gestellt und zwar als nicht verkehrsfähige Substanzen (sind also »verboten«), andere sind noch nicht richtig erfasst und haben deshalb den harmlos scheinenden Status eines legal high (zu den legal highs, speziell den Badesalzen, s. Köhler, 2014a, S. 178 und die dort angeführte Literatur).

3.7.1 Klassische Halluzinogene

Das bekannteste Halluzinogen ist *Lysergsäurediäthylamid* (*LSD*), von dem Chemiker Hofmann 1943 durch Behandlung von Mutterkornalkaloiden gewonnen und in Selbstversuchen auf seine Wirkung getestet; es liegt in Tabletten- oder Tropfenform vor. *Meskalin* ist das wichtigste psychotrope Alkaloid des Peyote-Kaktus, der seit Jahrhunderten bei den Indianern Mexikos als Rauschmittel bekannt ist und im Rahmen religiöser Zeremonien verspeist wird. *Psilocybin* findet sich zusammen mit dem chemisch verwandten Psilocin in Pilzen der Familie Psilocybe (»magic mushrooms«) und wird zumeist durch Verzehren des Pilzes aufgenommen; isoliert liegt es in Form eines kristallinen Pulvers vor. Zeitweise waren LSD und Psilocybin als Medikamente auf dem Markt und sollten unterstützend bei Psychotherapien wirken. Weiter gehören dazu diverse andere Tryptamine, z. B. DMT (Dimethyltryptamin, Hauptwirkstoff von Ayahuasca, einem vor allem im Amazonasgebiet konsumierten Gemisch) sowie Bufotenin (5-Hydroxy-Dimethyltryptamin), welches im Hautsekret diverser Krötenarten zu finden ist und oft direkt durch Ablecken der Tiere konsumiert wird; weniger unappetitlich und wohl weniger toxisch ist Rauchen des getrockneten Sekrets.

Die hervorstechende *Wirkung* dieser Substanzen besteht weniger in der Erzeugung regelrechter Wahrnehmungstäuschungen – insofern ist die Bezeichnung »Halluzinogene« irreführend –, sondern eher im Hervorrufen der Empfindung einer geschärften Wahrnehmung, etwa für Farben und Töne; auch Synästhesien, Vertauschung von Wahrnehmungsmodalitäten wie Sehen von Tönen, Riechen von Farben werden beschrieben. Häufig bemächtigt sich der Konsumenten das Gefühl, ungeahnte Einsichten zu besitzen, was sich allerdings so gut wie immer mit Nachlassen der Drogenwirkung als Irrtum herausstellt. Halluzinationen können auftreten, jedoch zumeist in höheren oder gar gefährlich überhöhten Dosen. Vegetative Wirkungen entsprechen im Allg. denen einer Sympathikusaktivierung, also u. a. Pupillenerweiterung, Pulsbeschleunigung, Blutdruckerhöhung. Die Stimmung ist meist euphorisch gehoben, es besteht starker Bewegungs- und Rededrang; auch ängstliche Agitiertheit und zuweilen schwere Panikzustände (»Horrortrips«) werden beschrieben. Selbstschädigungen im Rahmen der Realitätsverkennung (etwa beim Versuch, aus dem Fenster zu fliegen) sind keineswegs selten. Beobachtet werden auch passagere neurologische Symptome wie Ataxien oder Nystagmus; in höheren Dosen, insbesondere bei Einnahme pflanzlicher Produkte mit stark schwankendem und schwer zu kontrollierendem Substanzgehalt kann es zu irreversiblen ZNS-Schäden mit amnestischen und vielfältigen anderen psychiatrisch-neurologischen Störungen kommen. Ein sehr interessanter, im Entstehungsmechanismus nicht geklärter Befund ist das Auftreten von Flashbacks: Wiedererleben des Drogeneffekts lange nach Elimination des Halluzinogens.

Die Wirkung wird im Wesentlichen über einen *Serotoninagonismus* (v. a. durch Bindung an 5-HT$_{2A}$-Rezeptoren) erklärt, insofern plausibel, als fast alle genannten Substanzen strukturchemisch diesem Transmitter gleichen. Das Abhängigkeitspotential der klassischen Halluzinogene wird als eher gering angesehen – Tiere applizieren sich diese im Gegensatz zu anderen psychotropen Substanzen nicht selbst. Spätfolgen nach regelmäßiger Einnahme dürften nicht allzu gravierend sein, während akute schwere Intoxikationen (s. o. zur Realitätsverkennung) sicher häufiger sind als von einigen angenommen.

3.7.2 Anticholinergika

Die wichtigsten in der Natur vorkommenden Substanzen dieser Gruppe sind Atropin und das besser in das Zentralnervensystem eindringende Scopolamin; sie finden sich u. a. in der Tollkirsche, Engelstrompete, Stechapfel, Bilsenkraut oder der Alraune (Mandragora). Der Wirkmechanismus ist die Blockade von muskarinergen Acetylcholinrezeptoren und damit indirekt eine Verstärkung der antagonistischen dopaminergen, noradrenergen und serotonergen Systeme. Daraus erklären sich die

Symptome: Zeichen der Sympathikusaktivierung (erweiterte Pupillen, schneller Puls), delirante Symptomatik, dabei deutliche Euphorisierung. So wird das zur Behandlung der extrapyramidalen Symptomatik bei Neuroleptikatherapie eingesetzte Biperiden (z. B. Akineton®) zuweilen missbräuchlich konsumiert, nicht zuletzt von medizinischem Personal.

Die sehr leicht zugänglichen pflanzlichen Lieferanten von Scopolamin (Engelstrompete als Zimmer- und Terrassenpflanze, Stechapfel wild wachsend) sind alles andere als ungefährlich; Vergiftungen auch mit neurologischen Spätfolgen werden häufig berichtet. Auf die Erregungsphase folgt oft ein Zustand der Schläfrigkeit, der im Falle höherer Dosen zum tödlichen Koma führen kann.

3.7.3 Ringsubstituierte Amphetamine

Amphetamin und Methamphetamin wurden in Kapitel 3.5 als potente Psychostimulanzien beschrieben, welche chemisch Adrenalin und Noradrenalin nahe stehen und durch einen Katecholring (6er-Ring mit zwei OH-Gruppen) gekennzeichnet sind (▶ Kap. 3.5). Durch Substitution von Wasserstoffatomen am Ring durch Methoxy-Gruppen entstehen Stoffe mit nach wie vor psychostimulatorischer Wirkung wie DOM, die zudem ausgeprägte psychedelische Effekte aufweisen. Wird eine Methylen-Dioxy-Gruppe dem Ring angefügt, so entstehen Methylen-Dioxy-Amphetamin (MDA) und Methylen-Dioxy-Methamphetamin (MDMA; Ecstasy[9]), welche weniger psychedelisch wirken als vielmehr »entaktogen«, also einen wohlwollenden Kontakt mit dem eigenen Inneren und auch mit den Mitmenschen schaffen, die unter diesem Einfluss ungewöhnlich positiv gesehen werden; dies erklärt die Beliebtheit von *Ecstasy* (XTC) als Partydroge. Der Konsum ist *keineswegs harmlos*; durch Wasser- und Salzverlust und unzureichender Substitution kann es zu Hirnödemen kommen, weiter u. a. zu gefährlichen Gerinnungsstörungen, Hyperthermie (Über-

---

9 Die Terminologie ist uneinheitlich: Zuweilen wird als Ecstasy nur das 3,4-Methylen-Dioxy-Methamphetamin (MDMA) bezeichnet, zuweilen dieses sowie auch 3,4-Methylen-Dioxy-Amphetamin (MDA). Im Übrigen werden Ecstasytabletten oft andere psychotrope Substanzen beigemischt oder bestehen sogar nur als diesen (s. Scherbaum, 2017, S. 65).

hitzung) und Nierenversagen sowie zu kardiovaskulären Komplikationen, die bei diesbezüglich Vorbelasteten auch in »normaler« Dosierung wiederholt zu Todesfällen geführt haben. Nachdem in Tierversuchen nach längerer Ecstasyeinnahme Zerstörung serotonerger Neurone nachgewiesen wurde, sind bei Dauerkonsumenten bleibende Schäden nicht unwahrscheinlich. Ob das bei Ecstasykonsumenten gehäuft auftretende amotivationale Syndrom und psychotische Symptomatik Folgen der Einnahme darstellen oder ob die Kausalverhältnisse umgekehrt sind, wird diskutiert.

Wie viele andere, im Betäubungsmittelgesetz als nicht verschreibungs- oder sogar als nicht verkehrsfähig deklarierte (also »gesetzlich verbotene«) psychotrope Substanzen, hat MMDA prinzipiell einen Nutzen in der Medizin, dürfte nämlich bei der Behandlung der Posttraumatischen Belastungsstörung (PTBS) gewisse Wirksamkeit zeigen (Latimer et al., 2021; Mitchell et al., 2023).

3.7.4 Psychedelische Narkosemittel (Dissoziativa)

Zu dieser Gruppe gehören insbesondere Phencyclidin (PCP) und Ketamin. PCP war – nicht zuletzt wegen seines stark analgetischen Effekts – zeitweise in den USA ein Narkosemittel, wurde aber vom Markt genommen, als wiederholt über eigenartige psychiatrische Symptomatik bei Patienten in der Aufwachphase berichtet wurde. Als preiswerte und wirkungsvolle psychotrope Substanz erfreute sie sich jedoch speziell unter Jugendlichen und jungen Erwachsenen amerikanischer Großstadtviertel unter dem Namen »angel dust« (Engelsstaub) großer Beliebtheit. Wesentlicher Effekt ist eine *Dissoziation* der Persönlichkeit: Die Konsumenten ziehen sich autistisch in sich zurück, reagieren wenig oder unsystematisch auf äußere Reize und denken oder reden ähnlich zerfahren wie schizophrene Patienten, können zudem Halluzinationen und Realitätsverkennungen zeigen. Bei Einnahme geringerer Mengen liegt euphorische Erregtheit vor, bei höheren Dosen kann es zu einer Art von Starre bei erhaltenem Bewusstsein kommen (katatoner Stupor; ▶ Kap. 4.2.1), in noch höheren zu einem komatösen Zustand. Ähnlich wirkt das als Narkose-und Schmerzmittel gebräuchliche Ketamin bzw. Esketamin (z. B. Ketanest®), welches zunehmende Verbreitung findet und nicht geringes Abhängigkeitspotenzial birgt. Es kann geschnieft oder nach Eintrocknung der Flüssigkeit geraucht werden. Besonders gefährlich ist die intravenöse Applikation.

Wirkmechanismen für beide Substanzen ist die Blockade des NMDA-Rezeptors für Glutamat, was einerseits die eher negativen Symptome des autistischen Rückzugs erklärt, andererseits durch indirekte Anregung des dopaminergen Systems die Euphorie und psychotische Symptomatik (▶ Kap. 4.2.7 zur Glutamathypothese der Schizophrenie). Akute und chronische körperliche Schäden (etwa gefährliche Erhöhung der Körpertemperatur, Zersetzung von Muskeleiweiß, Epilepsien und diverse kardiovaskuläre Komplikationen, schwere Blasenentzündungen) sind häufig; hinzu kommt die nicht unerhebliche Gefahr durch die absichtlich herbeigeführten oder im Rahmen des aggressiven Verhaltens (bei verminderter Schmerzempfindlichkeit) erlittenen Verletzungen.

PCP hat in Deutschland nie eine größere Rolle gespielt, verliert auch in den USA zunehmend an Bedeutung, wird aber wohl nicht selten anderen Substanzen beigemischt (beispielsweise Ecstasy-Pillen). Ketamin (»K«, Kitie, Vitamin K) wird hingegen in gewissen, oft ohnehin etwas skurrilen Personenkreisen seiner Realität verzerrenden Effekte wegen geschätzt, dient im Übrigen zuweilen als k.o.-Tropfen.

3.8 Nikotin und Tabak

Nikotin ist ein Alkaloid der Tabakpflanze, welches üblicherweise durch Inhalieren des Rauches aufgenommen wird, der beim Verbrennen der trockenen Blätter entsteht. Dieser enthält bekanntlich eine Reihe toxischer Stoffe wie die stark karzinogenen Benzpyrene. Nikotin lässt sich isolieren und kann oral (in Form von Pillen, Kaugummi) aufgenommen werden; auch Resorption über die Haut ist möglich (Nikotinpflaster).

Zu den vielfältigen *Wirkungen* des Nikotins gehört die Stimulierung peripherer Anteile sowohl des Sympathikus wie des Parasympathikus. Ein zentralnervöser Effekt ist vornehmlich die Anregung bestimmter Acetylcholinrezeptoren.

Bei den Acetylcholinrezeptoren unterscheidet man bekanntlich nikotinerge und muskarinerge. Erstere werden nicht nur durch Acetylcholin, sondern auch durch Nikotin erregt und sitzen im postganglionären Neuron sowohl der sympathischen wie parasympathischen Bahnen. Nikotin führt daher zu erhöhter Feuerungsrate und verstärkter Aktivität des Effektororgans. In höheren Dosen blockiert es jedoch die Weiterleitung. Da die Acetylcholinrezeptoren der motorischen Endplatte nikotinerg sind, finden sich dosisabhängige motorische Effekte, etwa Muskelrelaxation (und umgekehrt eventuell Krämpfe bei Nikotinentzug).

Die Wirkung von Nikotin ist stark dosisabhängig: In niedrigen Mengen wirkt es stimulierend, vigilanzsteigernd (verkürzte Reaktionszeit objektiv nachgewiesen); in höheren Dosen findet sich eher Sedierung; zudem lassen sich aggressionsdämpfende Effekte nachweisen (im Entzug entsprechend erhöhte Aggressivität). Berichtet wird über aktivierende Wirkung bei ruhiger Stimmungslage, sedierende bei erhöhtem Aktivitätsniveau. Nikotin führt, wie in Tierexperimenten gezeigt, zu erhöhter Dopaminfreisetzung im Bereich des Nucleus accumbens, was die »angenehme«, suchterzeugende Wirkung erklärt. Parasympathische Aktivierung hat Steigerung der Magen-Darmtätigkeit zur Folge; im Herz-Kreislaufsystem überwiegen die sympathischen Einflüsse, u.a. mit Pulsbeschleunigung und Blutdrucksteigerung; zudem wird Energie bereitgestellt und das Hungergefühl unterdrückt (entsprechend häufig Gewichtszunahme bei Personen, welche das Rauchen aufgegeben haben).

Die *langfristigen Folgen* von Tabakkonsum sind bekannt: insbesondere koronare Herzkrankheit sowie zerebrale und periphere Durchblutungsstörungen, weiter deutlich erhöhtes Risiko für Karzinome im Mund-Rachen-Bereich und Bronchialsystem, zudem für Karzinome der Niere und Harnblase, der Bauchspeicheldrüse oder anderer Organe (etwa Brust). Die Gefäßerkrankungen sind im Wesentlichen Effekte des Nikotins, welches zu verstärkter Freisetzung von Fettsäuren führt und zudem die Blutgerinnung verstärkt; die Entwicklung von Karzinomen ist vornehmlich auf die Teerstoffe zurückzuführen. Psychische Störungen im Sinne psychotischer Symptome oder eines amnestischen Syndroms treten bestenfalls sehr selten auf.

Obwohl geringer als bei Opioiden und Amphetaminen, ist bei längerem Konsum eine gewisse *Toleranzentwicklung* gegeben, mutmaßlich als Folge von Anpassungsvorgängen in den Acetylcholinrezeptoren. *Entzugssymptome* in Form von Unruhe, Schlafstörungen, Konzentrationsschwächen und depressiven Verstimmungen sind häufig; letzteres wird dadurch erklärt, dass Nikotin MAO (Monoaminoxydase) hemmt (zu MAO und MAO-Hemmern ▶ Kap. 5.9). Die Suchtentwicklung beruht sicher in nicht geringem Maße auf der negativ verstärkenden Eigenschaft des Nikotins, rasch diese Entzugssymptome zu beseitigen. Welche Personen es sind, bei denen die kurzfristigen negativ wie positiv verstärkenden Eigenschaften zu einer Fortführung des Konsums trotz der zu erwartenden aversiven Folgen führen, konnte bis jetzt nur bedingt erklärt werden. Zweifellos besteht eine Disposition für Nikotinabhängigkeit; genetisch bedingte unterschiedliche Geschwindigkeit in der Verstoffwechselung sowie Grad der Ausprägung von Nikotinrezeptoren scheinen eine beträchtliche Rolle zu spielen (Sharp & Chen, 2019).

Trotz deutlicher Abnahme in den letzten Jahren ist die Zahl der Raucher noch immer hoch (ca. ein Viertel der Erwachsenen in Deutschland). Bemerkenswert ist, dass ein Großteil das Rauchen aufgeben möchte und oft schon erfolglose Versuche hinter sich hat. Die *unterstützenden therapeutischen* Maßnahmen (Raucherentwöhnungstrainings) können hier nicht dargestellt werden (s. etwa Mühling & Kröger, 2020).

Erwähnt sei nur, dass *psychologische Interventionen* u. a. auf der Erzeugung aversiver Effekte basieren, etwa in Form raschen Rauchens mit Hervorrufen von Übelkeit. *Somatische Therapien* beruhen auf einer Verminderung der Entzugssymptomatik durch andere Arten der Nikotinzufuhr, z. B. mittels Kaugummis oder Nikotinpflaster. Zwar wird weiter die Substanz konsumiert – insofern finden sich Parallelen zur Methadonsubstitution bei Heroinabhängigkeit –, jedoch fällt die Inhalation der schädlichen Teerstoffe weg. Da die kurzzeitigen, als euphorisierend empfundenen Nikotinspitzen hier fehlen, werden diese Applikationsformen nicht immer genügend akzeptiert; rauchen die Probanden weiter, kann es zu gefährlich hohen Nikotinkonzentrationen kommen.

Raucherentwöhnungstrainings haben kurzfristig an sich guten Erfolg, jedoch sind die Rückfallraten sehr hoch. Zur Rezidivprophylaxe müssen deshalb weitere Techniken geübt werden, beispielsweise Selbstmanagement-Trainings; die Rückfallwahrscheinlichkeit ist dann besonders groß, wenn die Ex-Raucher mit Stimulussituationen konfrontiert werden, die früher mit Rauchen verbunden waren bzw. weiter rauchende Modellpersonen vor sich sehen. Zu erwarten ist, dass mit zunehmender sozialer Ächtung des Rauchens und angesichts des Rückgangs der Raucherzahlen sich die Bedingungen für die Aufrechterhaltung von Abstinenz bessern. Gegen das Craving, die unbezwingbare Gier nach Nikotin, ist mit dem auch als Antidepressivum eingesetzten Bupropion (als Entwöhnungsmittel: Zyban®) ein (leider nicht ganz nebenwirkungsarmes) Medikament auf dem Markt, welches die Rückfallraten nach Abstinenz reduziert. Es hat den Vorteil, zugleich die akute Entzugssymptomatik abzumildern. Ebenfalls ein Entwöhnungsmittel ist Vareniclin (Champix®), das nikotinerge Acetylcholinrezeptoren stimuliert. Weiter existieren zahlreiche Substitutionspräparate (Nikotinpflaster, Nikotinkaugummi). Die das Nikotin in Aerosolen (Gase mit Schwebeteilchen) zuführenden E-Zigaretten sind sicher weniger gesundheitsschädlich als Tabakprodukte, jedoch nicht völlig ungefährlich. Viele Konsumenten rauchen trotzdem gleichzeitig, und es ergibt sich die Frage, ob sie tatsächlich ihren Tabakkonsum so reduzieren, dass Schäden nennenswert weniger werden (s. dazu Schaller & Mons, 2017).

3.9 Inhalanzien

Zur Gruppe der Inhalanzien, der in Gas- oder Dampfform (nicht durch Einatmen von Partikeln im Rauch) aufgenommenen psychotropen Substanzen, zählen – etwas vereinfacht – die »Schnüffelstoffe« (flüchtige Lösungsmittel) sowie diverse Treibgase, schließlich gasförmige Narkosemittel wie Lachgas. Bei den ersten beiden Gruppen handelt es sich um leicht verfügbare und billige Substanzen (etwa in Klebern, Lösungsmitteln, Benzin, Feuerzeuggasen, Deosprays), die vorwiegend in den ärmeren Kreisen der Dritten Welt missbraucht werden; auch in Europa und Nordamerika ist ihr Konsum unter Kindern und Jugendlichen recht verbreitet. Gemäß der Vielzahl der verwendeten Stoffe ist die Wirkung vielfältig, von Dämpfung bis zu extremer Antriebssteigerung, auch Zunahme der Aggressivität. Nicht selten kommt es zur Überdosierung mit der Folge von Bewusstseinstrübung, Koma und Tod (oft durch Herzrhythmusstörungen); zudem werden neurologische Symptome als direkte Intoxikationserscheinung beobachtet. Die häufig zum Schnüffeln verwendeten Kohlenwasserstoffe (etwa Benzin) führen zu Leberschäden; auch Lungenerkrankungen und Polyneuropathien mit massiven neurologischen Ausfällen treten gehäuft als Folge des Konsums auf.

Das mittlerweile beliebte Lachgas (Distickstoffmonoxid), leicht aus Patronen zur Herstellung von Schlagsahne zu entnehmen, ist ebenfalls keineswegs ungefährlich, da es u. a. zu kritischem Sauerstoffmangel im Gehirn kommen kann. Als Wirkmechanismen werden Veränderungen von Membraneigenschaften an Neuronen sowie ein Antagonismus an NMDA-Rezeptoren diskutiert (Scherbaum, 2017, S. 120); letzteres würde die häufig beobachteten dissoziativen Effekte erklären. Neben schweren neurologischen Schäden werden ausgeprägte psychiatrische Symptome bei missbräuchlichem Konsum beschrieben (Papachristou & Bartolomei, 2022).

4 Schizophrenie und verwandte Störungen

4.1 Allgemeines; historische Vorbemerkungen

Unter der Bezeichnung Schizophrenie fasst man eine Anzahl von Symptombildern zusammen, deren Gemeinsamkeit insbesondere für Laien nicht unmittelbar ersichtlich ist. Es handelt sich dabei vorwiegend um Störungen des Denkens (Zerfahrenheit, Wahnvorstellungen), der Wahrnehmung (Halluzinationen), der Psychomotorik (beispielsweise katatoner Stupor), des Antriebs und der Affekte (Antriebs- und Entschlusslosigkeit, Affektverflachung, Inadäquatheit von Affekten). Dieses Störungsbild war mit Sicherheit seit den Anfängen der Menschheit in allen bewohnten Teilen der Welt zu finden. Im Mittelalter wenigstens teilweise als Besessene angesehen, später in Asylen untergebracht, wurden hierzulande erst im 19. Jahrhundert Personen mit schizophrenen Symptomen als Kranke in systematischer Form medizinischer Untersuchung und Behandlung zugeführt. Lange gab es auch dann noch mangelnde Übereinstimmung bezüglich der Zuordnung zu anderen Krankheitsbildern, bis der Münchener Psychiater Emil Kraepelin 1896 eine terminologische Festlegung vornahm: Er fasste jene Symptombilder, die auch nach heutigem Verständnis unter den Oberbegriff Schizophrenie fallen, zusammen und gab der Krankheit den Namen *Dementia praecox* (»vorzeitige Verblödung«)[1]. Indem er eine häufige, aber keineswegs typische Verlaufsform,

---

1 Demenz wird hier in anderem Sinne verwendet als bei der Bezeichnung »demenzielles Syndrom«, etwa bei Alzheimer-Krankheit. Massive Gedächtnisstörungen finden sich typischerweise nicht, auch nicht im schizophrenen Residu-

nämlich jene mit Übergang in einen affektiv, motivational und sozial defizitären Zustand, das so genannte Residualsyndrom, als Repräsentant für die Krankheitsgruppe aussuchte, legte er die Vorstellung einer unausweichlichen Entwicklung nahe, die schon damals nicht den tatsächlichen klinischen Gegebenheiten entsprach. Auch ätiologisch traf Kraepelin insofern eine Festlegung, als er die Dementia praecox zusammen mit dem »manisch-depressiven Irresein« zu den *endogenen Psychosen* rechnete, bei ihr damit keine zugrunde liegenden hirnorganischen Veränderungen annahm. Es entstand die Idee einer sich sozusagen von innen, ohne wesentliche äußere Einflüsse und ohne nachweisbare Organveränderungen entwickelnden Erkrankung mit Symptomen v. a. im Bereich des Denkens und Wahrnehmens, während das manisch-depressive Irresein eher durch affektive Symptome gekennzeichnet sein sollte.

Ein Jahrzehnt später schlug der Züricher Psychiater Eugen Bleuler eine neue Terminologie vor, die sich rasch durchsetzte: Statt Dementia praecox wählte er die Bezeichnung Schizophrenie (»Spaltungsirresein«), um die *Desintegration psychischer Funktionen* als wesentliches Charakteristikum zu betonen; weiter wies er nachdrücklich auf die Heterogenität des Störungsbildes hin und sprach von der Gruppe der Schizophrenien bzw. definierter Unterformen.

> Leider ist die Bezeichnung Schizophrenie höchst missverständlich. Auch gebildete Laien sind nicht selten der Auffassung, das Charakteristische dieser Störung sei eine Persönlichkeitsspaltung im Sinne des Vorliegens mehrerer abwechselnd agierender, unterschiedlicher Persönlichkeiten (nach Art von Dr. Jekyll und Mr. Hyde). Tatsächlich ist dieses seltene Störungsbild der Gruppe der dissoziativen Störungen zuzuordnen (▶ Kap. 6.6).

Mit der zunehmend kritischeren Reflexion des Psychosebegriffs, dem Nachweis organischer Veränderungen bei Schizophreniepatienten (etwa Atrophie in den Frontalhirnbereichen) und der Entdeckung möglicher pathogener externer Faktoren (z. B. prä- und perinataler Schäden, frühkindlicher Infektionen) wurde auch die Einordnung in die Kategorie »endogene Psychose« für mehr und mehr fragwürdig erachtet. In den

---

alzustand. Auffällig ist dabei eher ein Rückzug aus allen sozialen Aktivitäten, zunehmende Interessen-und Antriebslosigkeit sowie affektive Gleichgültigkeit.

letzten Fassungen der *International Classification of Diseases*, die im Vergleich zu früheren Klassifikationssystemen zunehmend weniger ätiologisch, als vielmehr deskriptiv-symptomatologisch orientierten ICD-10 und ICD-11, werden die Schizophrenien zusammen mit Wahnerkrankungen als eigene Störungsgruppe mit letztlich nicht spezifizierter Ätiologie eingeführt.

Schizophrenie wird nach ICD-10 mit F20 verschlüsselt, wobei eine Spezifikation der Hauptsymptomatik in Form einer Kodierung des einschlägigen Subtypus angestrebt wird. Je nach vorherrschender Ausprägung dieser Symptome unterscheidet man verschiedene Unterformen der Schizophrenie (F20.0 bis F20.6), die aber bei ein und derselben Person abwechseln können und deshalb die Subsumierung unter ein Störungsbild rechtfertigen.

Bei vielen Patienten finden sich die Symptome der Schizophrenie nicht in genügender Ausprägung, um eine solche schwerwiegende und implikationsreiche Diagnose zu stellen; im Kontext zunehmender diagnostischer Standardisierung hat man sich deshalb entschlossen, ein weiteres, mit F21 zu kodierendes Störungsbild zu definieren, die *schizotype Störung* oder *Schizotypie* (früher oft als Borderline- oder Grenz-Schizophrenie bezeichnet), deren Symptome in ihrer Intensität jedoch über die klinischen Auffälligkeiten bei einer Persönlichkeitsstörung hinausgehen. *Wahnerleben*, wie es sich als eindrucksvolles Leitbild einer Unterform, der paranoiden Schizophrenie, präsentiert, kann auch bei Personen vorkommen, die sonst keine der oben skizzierten Symptome zeigen, und man geht deshalb von eigenen, nicht zur Schizophrenie zu rechnenden (anhaltenden) Wahnstörungen (F22) aus. »Psychotische« Symptome wie Wahn und Halluzinationen treten bei vielen Personen auf, jedoch nur so kurzzeitig, dass den Kommissionen zur Erstellung des ICD-10-Diagnosenschlüssels die Diagnose einer Schizophrenie nicht gerechtfertigt erschien; dafür wurde die Kategorie »akute vorübergehende psychotische Störungen« (F23) geschaffen. Der problematische Psychosebegriff taucht in ICD-10 und ICD-11 nicht mehr auf. Der Terminus »psychotisch« wird jedoch, wenn auch in eingeschränkter Bedeutung, weiterhin verwendet und bezeichnet wahnhafte und halluzinatorische Symptomatik. Die früher »folie à deux« genannte Störung, bei der eine Person im Zusammenleben mit einer an schizophrenen Symptomen leidenden Person ebenfalls Wahn entwickelt, definiert eine eigene Kategorie F24 (»induzierte wahnhafte Störung«). Ebenfalls wurden, keineswegs unumstritten, in die große Kategorie F2 die *schizoaffektiven Störungen* (F25) eingeordnet, die ein Mischbild von Symptomen der Schizophrenie und affektiver Störungen zeigen. Die folgende Darstellung bezieht sich hauptsächlich auf die verbreitete und theoretisch sehr interessante Schizophrenie, während Schizotypie, Wahnstörungen und schizoaffektive Störungen nur knapp behandelt werden, akute vorübergehende psychotische Störungen und induzierte wahnhafte Störungen gerade der Vollständigkeit wegen zur Sprache kommen.

4.2 Schizophrenie

4.2.1 Symptomatik

Die Symptome der Schizophrenie sind vielfältig und nicht einfach zu beschreiben, können wahrscheinlich überhaupt nur im Gespräch mit Patienten hinreichend verdeutlicht werden (▶ Tab. 4.1). Zunächst sind hier die (formalen) *Denkstörungen* zu nennen, die am besten mit dem Ausdrücken Zerfahrenheit oder Inkohärenz des Denkens gekennzeichnet sind: Das Reden der Betroffenen gestaltet sich anhand lockerer Assoziationen, ein noch so nebensächliches Wort eines Satzes bildet Ausgangspunkt für eine neue Aussage; der eigentliche semantische Gehalt des Gesprochenen wird verschwindend gering, sodass Außenstehenden das Gesagte im Extremfall völlig sinnlos erscheint. Häufig ist das – prinzipiell bekannte – Phänomen des Gedankenabreißens, die Unfähigkeit, eine gerade begonnene Aussage zu Ende zu bringen; bei Schizophrenen ist typisch, dass dies wahnhaft als Gedankenentzug durch eine äußere Macht empfunden wird. In der Sprache finden sich zahlreiche Bizarrheiten, zudem regelrechte Wortneuschöpfungen (Neologismen), beispielsweise durch Zusammenziehen mehrerer Worte; bekannt ist das von Bleuler zitierte Beispiel »trauram« als Verdichtung von »traurig« und »grausam«.

4 Schizophrenie und verwandte Störungen

Die sprachlichen Produkte Schizophrener erinnern auffällig an die Resultate der von Freud beschriebenen Traumarbeit: Auch dort werden Verdichtungen vorgenommen in Form des Zusammenziehens von Worten oder des Verschmelzens von Vorstellungen; Verschiebungen, Ersetzungen von Vorstellungen durch assoziativ oft nur locker damit verbundene andere, verleihen dem (manifesten) Trauminhalt den Charakter des Wirren, Unzusammenhängenden. Freud (1915e, S. 297 f.) arbeitet diesen Sachverhalt deutlich heraus: »Bei der Schizophrenie werden die Worte demselben Prozess unterworfen, der aus den latenten Traumgedanken die Traumbilder macht, den wir den psychischen Primärvorgang geheißen haben. Sie werden verdichtet und übertragen einander ihre Besetzungen restlos durch Verschiebung.« Der Prozess könne so weit gehen, »dass ein einziges, durch mehrfache Beziehungen dazu geeignetes Wort die Vertretung einer ganzen Gedankenkette« übernehme. Aus dieser Betrachtung werden interessante Folgerungen über die Eigenschaften des Systems Unbewusst abgeleitet (s. dazu Köhler, 2014b, S. 630 ff.).

Die inhaltlichen Denkstörungen zeigen sich am deutlichsten im *Wahn* (Paranoia[2]), der zumeist die Gestalt von Verfolgungs-, Beeinflussungs- und Beziehungswahn annimmt (zufälligste Ereignisse beziehen die Betroffenen auf sich selbst), eher selten sich als Größenwahn präsentiert. Eng mit dem Wahnerleben verknüpft sind die häufigen *Halluzinationen*, die (schwer korrigierbaren) Wahrnehmungen von nicht Existentem; diese Wahrnehmungstäuschungen Schizophrener sind meistens akustischer Natur, etwa in Form von Stimmen, die sich über die Betroffenen unterhalten; taktile und optische Halluzinationen kommen vor, sind jedoch eher charakteristisch für delirante Zustände, besonders das alkoholbedingte Delirium tremens (▶ Kap. 3.2.4).

Bedeutsam sind die *Ich-Störungen*. Der Begriff beschreibt die Sachverhalte der empfundenen Unwirklichkeit (auch der eigenen Person) sowie der mangelnden Abgrenzung der Schizophrenen von der Außenwelt, das Gefühl, ihr gegenüber nicht die eigenen Gedanken geheim halten zu können (»Gedankenlautwerden«), von ihr gelenkt zu sein. Das unterscheidet diese Personen von Patienten mit Zwangsstörungen, welche die Inadäquatheit ihres Handelns einsehen, aber dabei das Gefühl haben, es gehe letztlich von ihnen selbst aus.

---

2 Paranoia (von griechisch: para = neben und nous = Denken) bedeutet Wahn im Allgemeinen, wird aber heute häufig nur in der Bedeutung »Verfolgungswahn« gebraucht.

4.2 Schizophrenie

Affektstörungen treten auf in Form inadäquater, dem Gesagten oder Gehörten nicht angemessener emotionaler Reaktionen (etwa Lachen bei Erhalt einer traurigen Nachricht); bei jugendlichen Schizophrenen fällt häufig auch ein »läppisches«, witzelsüchtiges Verhalten auf; *Affektverflachung* im Sinne einer Nivellierung emotionalen Empfindens kommt nicht selten vor und ist häufig Resultat eines längeren oder häufig rezidivierenden Krankheitsprozesses. An *motivationalen* Störungen ist die Willenlosigkeit (Abulie) zu nennen, oft hervorgerufen durch die Unfähigkeit, sich nicht zwischen zwei Handlungen entscheiden zu können. Häufig findet sich, auf jeden Fall mit gewisser Regelmäßigkeit im schizophrenen Residualzustand, eine Abkehr von der Außenwelt und mehr oder weniger ausgeprägte Beschäftigung mit eigenen Interessen (Autismus); die Alogie, die Sprachverarmung, lässt sich als Ausdruck dieser Zurückgezogenheit auffassen.

Weiter zeigen sich *psychomotorische Symptome*, die bei gewisser Intensität als katatone bezeichnet werden. Eindrucksvoll ist der *katatone Stupor*, die Bewegungs- und Reaktionslosigkeit bei Klarheit des Bewusstseins. Als Katalepsie[3] bezeichnet man in diesem Zusammenhang das Verharren der Glieder in höchst unphysiologischen Stellungen, in welche man die Patienten leicht bringen kann. Andererseits kann *übermäßige motorische Aktivität* vorhanden sein, etwa rastloses Herumlaufen oder rhythmische Körperbewegungen; auffällig ist die Stereotypie, die mangelnde Variation bei diesen Bewegungen; generell sind *Stereotypien* verschiedenster Form, nicht nur der Bewegung, sondern auch der Sprache, sehr häufig zu beobachten. Sehr eindrucksvoll sind die Symptome der Echolalie (Wiederholen des vom Untersucher Gesagten und die Echopraxie (Nachmachen seiner Bewegungen). Weitere Auffälligkeiten sind eine gewisse Bizarrheit, *Manieriertheit* des Sprachausdrucks, der Haltung, Mimik und Gestik, die beim geübten Betrachter schon eingangs die Verdachtsdiagnose nahelegen.

---

3 Die Begriffe Katatonie, Katalepsie und flexibilitas cerea sind in der psychiatrischen Literatur nicht eindeutig definiert. In Anlehnung an häufigen Sprachgebrauch bezeichne Katatonie hier allgemein das Auftreten deutlicher psychomotorischer Symptome, gleichgültig ob bewegungsarm oder in Form verstärkter Motorik, Katalepsie das Verharren in bestimmten Stellungen, flexibilitas cerea (wächserne Biegsamkeit) die leichte Formbarkeit der »eingefrorenen« Stellungen.

4 Schizophrenie und verwandte Störungen

Nicht gestört sind bei Schizophrenie üblicherweise (im Gegensatz zum demenziellen Syndrom) die Reproduktion von länger abgespeicherten Gedächtnisinhalten sowie, anders als beim Delir, Bewusstsein und Orientierung. Die lange vertretene Auffassung, die Intelligenz sei bei Schizophrenen nicht beeinträchtigt, ist nicht mehr haltbar. Tatsächlich weisen die Betroffenen oft kognitive Defizite auf, beispielsweise hinsichtlich des Arbeitsgedächtnisses, der Aufmerksamkeit, des abstrakten Denkens und beim Problemlösen (s. Mihaljević-Peleš, Janović, Šagud, Živković, Janović & Jevtović, 2019). Hinzu kommen gewisse neuropsychologische Störungen, die erst durch genauere Untersuchungen festgestellt werden können, z. B. schlecht habituierende Reflexe, Fehlen der prepulse inhibition (keine Abschwächung der Reaktion, wenn der Reiz vorher angekündigt wurde), Schwierigkeit, ein bewegtes Objekt mit den Augen zu verfolgen (eye tracking dysfunction), Abnormitäten der evozierten Potenziale im EEG (s. dazu Köhler, 2019, S. 134 und die dort angeführte Literatur). Zwar handelt es sich nicht um eigentliche Biomarker, weil diese Abnormitäten auch bei anderen psychischen Störungen beobachtet werden; da sie sich oft bei gesunden Angehörigen Schizophrener finden, tragen diese Befunde jedoch zur Abschätzung des Erkrankungsrisikos bei.

> Verständlicherweise hat man sich schon früh bemüht, diese verschiedenen Symptome zu kategorisieren und ihre Wertigkeit für die Diagnose zu bestimmen: Bleuler unterschied die mehr oder weniger regelmäßig zu beobachtenden *Grundsymptome* von den eventuell zusätzlich auftretenden *akzessorischen Symptomen*; zu den ersteren rechnete er vornehmlich Zerfahrenheit des Denkens sowie die Störungen von Affekt und Antrieb, zur zweiten Gruppe u.a. Wahn, Halluzinationen und katatone Symptome. K. Schneider gliederte in Symptome *ersten Ranges* wie etwa Stimmenhören und Gedankenentzug und solche *zweiten Ranges* (beispielsweise nichtakustische Halluzinationen), wobei das Vorhandensein der Symptome ersten Ranges als relativ schizophrenietypisch angesehen wird.

Eine neuere Unterteilung ist die in *Positivsymptomatik* (auch *Plus-* oder *produktive Symptomatik* genannt) und *Negativ-* oder *Minussymptomati*k. Bei ersteren handelt es sich gewissermaßen um psychische Neubildungen, die über das normale Denk- und Verhaltensrepertoire hinausgehen, bei den Symptomen der zweiten Gruppe eher um Defizite. Allerdings ist die Zuteilung zu diesen Kategorien teilweise nur bedingt nachvollziehbar und

4.2 Schizophrenie

erfolgt nicht einheitlich: Wahn, Halluzinationen, formale Denkstörungen werden, ebenso wie zumeist inadäquate Affekte, üblicherweise zur Positivsymptomatik gerechnet, Affektverflachung und Antriebslosigkeit zu den Negativsymptomen, während von den meisten Autoren die auffälligen psychomotorischen Symptome (z. B. stereotype Bewegungen, Katatonie) weder in die eine noch die andere Kategorie eingeordnet werden. Am zweckmäßigsten scheint es, neben den Gruppen der Positiv- und der Negativsymptomatik eine eigene für die psychomotorischen Symptome einzuführen. Sinnvoll wäre es vielleicht auch, die kognitiven Defizite und die neuropsychologischen Auffälligkeiten einer eigenen Kategorie zuzuordnen (was hier nicht geschieht).

Tab. 4.1: Hauptsymptome der Schizophrenie

Positivsymptome (Plus- oder produktive Symptomatik)	Negativsymptome (Minussymptomatik)	Psychomotorische Symptome
• Wahnideen, Halluzinationen (vornehmlich akustische) • Zerfahrenheit[a] • Ichstörungen • inadäquate Affekte	• Affektverflachung • Alogie (Sprachverarmung) • Abulie (Entschlusslosigkeit) • sozialer Rückzug (Autismus) • Antriebsarmut	• katatone Erregung • katatoner Stupor • Echolalie • Echopraxie • stereotype Bewegungen

[a]: Zuordnung nicht einheitlich

4.2.2 Diagnostik und Klassifikation

Schizophrenie wird anhand klinischer Kriterien diagnostiziert; Bemühungen, die Diagnose aufgrund von Testbefunden, neuroradiologischen und biochemischen Parametern zu stellen oder wenigstens abzusichern, sind bis jetzt wenig erfolgreich gewesen. In ICD-10 sind acht Symptome bzw. Symptomgruppen als Kriterien aufgeführt. Trifft eine der ersten vier Symptombeschreibungen klar zu, kann bereits die Diagnose Schizophrenie (F20) gestellt werden; ist dies weniger eindeutig, sollte ein weiteres Kriterium zutreffen. Sind alternativ zwei der Kriterien 5 bis 8 erfüllt, ist die Diagnose ebenfalls gerechtfertigt. Voraussetzung ist, dass diese Symptome fast ständig für einen Monat oder länger bestanden haben; andernfalls müsste (gegebenenfalls vorläufig) die Diagnose »akute schizophreniforme psychotische Störung« (F23.2) gestellt werden. Schizophrenieähnliche (schizophrenieforme) Symptombilder, die im Rahmen organischer Erkrankungen oder als Folge von Substanzkonsum auftreten, wären unter F0 und F1 einzuordnen.

Die vier Kriterien, bei denen das Zutreffen eines einzigen schon die Diagnose Schizophrenie rechtfertigt, sind verkürzt dargestellt: 1. das Gefühl, in den eigenen Gedanken beeinflusst oder kontrolliert zu sein (beispielsweise Gedankeneingebung, Gedankenausbreitung) 2. Wahnvorstellungen und Wahnwahrnehmungen, die Kontrolle und Beeinflussung zum Inhalt haben 3. Hören von Stimmen, die sich über den Patienten unterhalten 4. wahnhafter Glaube an übermenschliche eigene Fähigkeiten oder Wahn, eine religiöse oder politische Persönlichkeit zu sein.

Ebenso genügt es zur Diagnose, wenn zwei der vier folgenden, hier ebenfalls stark vereinfachten Kriterien erfüllt sind: 5. anhaltende Halluzinationen (gleichgültig welcher Sinnesmodalität), die gewisse Beziehung zu Wahngedanken oder überwertigen Ideen haben, 6. formale Denkstörungen (Zerfahrenheit, Gedankenabreißen) 7. katatone Symptomatik, z. B. Stupor oder katatone Erregung und 8. Negativsymptome im Bereich des Affekts und des Antriebs mit sozialem Rückzug und verminderter sozialer Leistungsfähigkeit (für die ausführliche Formulierung sowie zu diversen Ausschlussbedingungen s. ICD-10, S. 129 f.). Es sind also insbesondere Wahnvorstellungen, die sich um die Kontrolle und Beeinflussung durch die Außenwelt drehen, speziell die Idee der externen Verfügbarkeit über die eigenen Gedanken, welche die Diagnose Schizophrenie begründen; aufgrund formaler Denkstörungen, affektiver und motivationaler Veränderungen sowie katatoner Symptomatik allein lässt sich in der Regel die Störung nicht diagnostizieren.

In Anlehnung an schon bei Bleuler entwickelte Vorstellungen listet ICD-10 diverse Unterformen auf, die mit einer weiteren Zahl zu verschlüsseln sind. Die *paranoide* Schizophrenie (F20.0) ist die häufigste Form und durch Wahnerleben sowie zumeist akustische Halluzinationen (Stimmen) gekennzeichnet, während formale Denkstörungen, Katatonie und Negativ-

4.2 Schizophrenie

symptome (Affektverflachung, Antriebsstörungen) gegenüber der paranoiden Symptomatik deutlich zurücktreten.

Hingegen stehen bei der *hebephrenen* Schizophrenie (F20.1) oder *Hebephrenie* die affektiven Veränderungen im Vordergrund, etwa in Form flacher und inadäquater Stimmung, »oft begleitet von Kichern oder selbstzufriedenem, selbstversunkenem Lächeln«; Verlust von Antrieb und Zielstrebigkeit sowie Zerfahrenheit des Denkens kommen hinzu, Halluzinationen und Wahnvorstellungen sind flüchtig und bruchstückhaft. Nach ICD-10 (S. 133) beginnt diese Form meist zwischen dem 15. und 25. Lebensjahr; die »Diagnose einer Hebephrenie sollte in der Regel erstmalig nur bei Jugendlichen oder jungen Erwachsenen« gestellt werden.

Wenigstens für Außenstehende ist nicht leicht nachzuvollziehen, aufgrund welcher Kriterien (Symptomatologie oder Erstmanifestationsalter) die diagnostische Zuordnung erfolgt; in der Praxis ist das Problem insofern entschärft, als bei frühzeitig eintretenden Schizophrenien diese affektive Symptomatik häufig das Bild bestimmt. Für die Bezeichnung findet man zwei Herleitungen: Hebephrenie als in der Jugend (griechisch: hebe) auftretende Schizophrenie oder als schizophrene Störung mit vorwiegend läppisch-witzelnder Symptomatik (nach dem albern-schalkhaften Verhalten von Hebe, der Göttin der Jugend).

Katatone Schizophrenie (F20.2) ist zu diagnostizieren, wenn ausgeprägte psychomotorische Symptome, etwa Stupor, Haltungsstereotypien oder katatone Erregung zu beobachten sind; da katatone Symptomatik auch bei Hirnerkrankungen oder Substanzmissbrauch vorkommt, müssen weitere Schizophreniesymptome nachgewiesen werden. Zu erwähnen ist, dass die Symptomatik die Form einer »perniziösen Katatonie« mit hohem Fieber und der Gefahr von Stoffwechselentgleisungen und Kreislaufkomplikationen annehmen kann. Diese schwere, früher häufig tödliche Verlaufsform stellt große Herausforderungen an die Notfallmedizin und gilt vielen als zwingende Indikation zur Elektrokrampfbehandlung.

Undifferenzierte Schizophrenie (F20.3) soll dann diagnostiziert werden, wenn die Kriterien für Schizophrenie erfüllt sind, die eindeutige Zuordnung zu einer der genannten Unterformen jedoch nicht gelingt. Das *schizophrene Residuum* (F20.5) ist ein chronischer Zustand, der sich nach langjährigem Verlauf einstellen kann, aber keineswegs muss (▶ Kap. 4.2.3) und im Wesentlichen durch Negativsymptomatik wie Affektverflachung, Interesselosigkeit, mangelnde Kommunikation, Vernachlässigung des

Äußeren gekennzeichnet ist. Zur Diagnosestellung ist erforderlich, dass wenigstens einmal auch die Symptome einer der beschriebenen Unterformen vorlagen, etwa Wahn und Halluzinationen.

Das Bild der *Schizophrenia simplex* (F20.6) ähnelt diesem Residualzustand, unterscheidet sich aber im Verlauf dadurch, dass andere psychotische Symptome noch nie aufgetreten sind. Zur Diagnosestellung ist die Erfüllung eines neunten Schizophreniekriteriums erforderlich, nämlich eine »eindeutige und durchgängige Veränderung bestimmter umfassender Aspekte des Verhaltens der betreffenden Person, die sich in Ziellosigkeit, Trägheit, einer in sich selbst verlorenen Haltung und sozialem Rückzug manifestiert«; diese Symptome müssen mehr als ein Jahr bestanden haben, und – wie erwähnt – darf keine andere floride Symptomatik vorausgegangen sein. Die Stellung dieser früher sehr häufigen Diagnose wird heute als problematisch angesehen und in ICD-10 nicht empfohlen.

4.2.3 Erstmanifestationsalter und Verlauf

Die ersten Symptome beginnen typischerweise vor dem 30. Lebensjahr, etwa bei der Hälfte der Betroffenen vor dem 25. Bei der hebephrenen Form ist das Erstmanifestationsalter deutlich niedriger (zwischen 15 und 25 Jahren) als bei der paranoiden Schizophrenie. Regelrechte Schizophreniesymptome sind in jüngeren Jahren selten, jedoch zeigen sich dort nicht selten bereits auffällige Persönlichkeitszüge, etwa sozialer Rückzug, bizarre Sprache und Gestik, die auf eine solche Entwicklung hindeuten können. Der frühkindliche Autismus wird heute nicht mehr als kindliche Form der Schizophrenie aufgefasst (▶ Kap. 9.3).

Die Symptomatik beginnt bei der paranoiden und katatonen Form eher abrupt, bei der hebephrenen und insbesondere der Schizophrenia simplex vornehmlich schleichend. Den akut einsetzenden Symptombildern geht häufig eine Prodromalphase mit unspezifischen Beeinträchtigungen wie Nervosität und Schlafstörungen voraus, die bei richtiger Einschätzung durch die Patienten rasche Behandlung vor Auftreten der auffälligen Symptomatik ermöglichen. Der häufig den Schüben vorausgehende Drogenkonsum, insbesondere von Cannabis (▶ Kap. 3.6), ließe sich als Versuch der Selbstheilung ansehen; wahrscheinlicher ist jedoch, dass erst die Sub-

4.2 Schizophrenie

stanzwirkungen die floride Symptomatik mit Wahn und Halluzinationen erzeugt haben.

Der Verlauf hat typischerweise die Form mehrwöchiger bis mehrmonatiger Episoden, nach deren Ende sich oft eine vollständige Ausheilung herausstellt (Vollremission), häufig aber nicht mehr das prämorbide Niveau erreicht wird, sondern Negativsymptome wie Affektverflachung, Interessenseinengung und Leistungsabfall zurückbleiben (Residuen); auch kontinuierliche Verläufe ohne abgrenzbare Episoden kommen vor. Generell gilt, dass die durch vornehmlich Positivsymptomatik gekennzeichneten Schizophrenieformen, speziell die paranoide, eher eine gute Prognose haben, hebephrene Form und Schizophrenia simplex hingegen eine schlechtere. Die nicht eindeutig in dieses Schema einzuordnende, in den Industrieländern heute seltene katatone Schizophrenie gilt ebenfalls als diesbezüglich günstig. Einer prognostischen Daumenregel folgend geht man davon aus, dass ein Drittel der Patienten vergleichsweise ungestört lebt, ein weiteres Drittel zwar deutliche Symptome zeigt, jedoch sozial integriert bleibt, das letzte Drittel schwere Beeinträchtigungen zeigt und häufig wiederholt in Kliniken eingewiesen wird. Auffällig ist die bei Schizophrenen mit 15 % extrem hohe Suizidrate, Folge sicher teilweise der wahnhaften Vorstellungen, nicht selten aber aus der desolaten Lebenssituation entspringend.

> **Merke**
>
> Schizophrenie ist durch eine Vielzahl Symptome gekennzeichnet, welche bei derselben Person nebeneinander oder hintereinander auftreten können. Entsprechend ist es möglicherweise sinnvoller, von der Gruppe der Schizophrenien zu sprechen, wie es E. Bleuler tat, auf den die Bezeichnung zurückgeht.

4.2.4 Epidemiologie

Die Lebenszeitprävalenz für Schizophrenie wird mit etwa 1 % angegeben (Janoutavá et al., 2016); damit entwickelt durchschnittlich jede hundertste

Person im Laufe des Lebens wenigstens einmal für längere oder kürzere Zeit solche Symptome. Die jährliche Rate an Neuerkrankungen beträgt, legt man relativ scharfe diagnostische Kriterien zugrunde, ungefähr 0,1 %, eine Zahl, die für verschiedene Länder und Kulturen weitgehend gleich sein dürfte und sich auch in den letzten Jahrzehnten nicht wesentlich verändert hat. Männer und Frauen erkranken ähnlicher Häufigkeit, Frauen im Durchschnitt etwa 5 Jahre früher.[4] Zudem zeigen sie häufiger produktive Symptome; entsprechend ist bei ihnen die Prognose im Sinne von zumindest teilweiser Remission und Ausbleiben der Residualsymptomatik besser.

Schizophrenie wird deutlich häufiger in den unteren Einkommensschichten gefunden, was man mit der *Drift-down-Hypothese*, dem sozialen Abstieg als Krankheitsfolge, zu erklären versucht; daneben wäre zu diskutieren, ob nicht prämorbide Persönlichkeitszüge den sozialen Aufstieg erschwert haben. Auszuschließen ist natürlich nicht, dass in dieser Lebenssituation eigene pathogene Faktoren begründet sind. Weiter ist, insbesondere bei Männern, die Schizophrenierate unter Unverheirateten und Geschiedenen größer, wobei auch hier Krankheitsfolgen, Charakteristika der prämorbiden Struktur (Zurückgezogenheit, bizarres Wesen) und Krankheitsursachen nicht eindeutig zu trennen sind.

4.2.5 Familiäre Häufung und Vererbung

Familiäre Häufung von Schizophreniefällen ist gut belegt. Während das Risiko der Erkrankung sonst bei 1 % liegt, ist es für Kinder eines schizophrenen Elternteils mit 13 % bereits erheblich höher und steigt auf über 20 %, wenn beide Eltern an Schizophrenie erkrankt sind. Kinder schizophrener Eltern sind somit ausgesprochene Risikopersonen für die Entwicklung der Störung und werden deshalb mit Vorliebe prämorbid untersucht (s. u.). Dem naheliegenden Einwand, dass familiäre Verhaltensmuster und weniger genetische Faktoren für das gehäufte Zu-

---

4 Bei Sichtung der entsprechenden Studien hat man den Eindruck, dass sich das Geschlechtsverhältnis im Laufe der Jahrzehnte zu Ungunsten der Männer verschoben hat. 1,2 : 1 dürfte realistischer sein als das hartnäckig kolportierte 1 : 1-Verhältnis.

sammentreffen verantwortlich sein könnten, ist durch die Ergebnisse groß angelegter Adoptionsstudien zu begegnen: Kinder eines schizophrenen Elternteils, die bei nicht erkrankten Adoptiveltern aufwachsen, haben eine ähnlich große Erkrankungswahrscheinlichkeit wie Kinder, die weiter bei ihrem an Schizophrenie erkrankten Elternteil bleiben; andererseits ist das Erkrankungsrisiko von Kindern leiblicher nichtschizophrener Eltern auch dann nicht erhöht, wenn sie bei nichtbiologischen schizophren gestörten Eltern aufwachsen; Erbfaktoren tragen mit etwa 80 % entscheidend zum Schizophrenierisiko bei (Janoutová et al., 2016; Merikangas, Shelly, Knighton, Kotler, Tanenbaum & Almasy, 2022). Wie bei den meisten anderen Merkmalen nimmt man auch hier einen *polygenetischen* Erbgang an, eine von mehreren unabhängig vererbten Genen erzeugte Disposition für die Entwicklung der Störung. Allerdings ist der Kenntnisstand zu den »Kandidatengenen« so verwirrend, dass eine Wiedergabe in dem hier gesetzten Rahmen nicht möglich ist. Mehrere hundert Studien wurden in den letzten Jahrzehnten durchgeführt, um anders strukturierte Gene im Erbgut von Schizophrenen zu finden, wobei die Ergebnisse nur selten übereinstimmten. Am häufigsten wurde eine Veränderung des Gens GBP2 gefunden, welches Immunreaktionen determiniert (Merikangas et al., 2022). Auch der Major Histocompatibility Complex, eine Reihe von Genen, die ebenfalls für immunologische Prozesse verantwortlich sind, wird öfters in diesem Zusammenhang erwähnt (s. Köhler, 2019, S. 127 und die dort angeführte Literatur). Daneben wird eine genetisch bedingte Dysfunktion des NMDA-Rezeptors für Glutamat diskutiert (Balu, 2016). Dass die Konkordanzrate bei den genetisch identischen monozygoten Zwillingen deutlich weniger als 100 % beträgt, spricht für nicht allzu hohe Penetranz und lässt Raum für die Suche nach äußeren pathogenen Bedingungen (▶ Kap. 4.2.8).

Bemerkenswerterweise sind in den Familien schizophrener Patienten nicht nur gehäuft weitere Schizophreniefälle zu finden, sondern auch Störungsbilder, die man dem Schizophreniespektrum zurechnet, also schizoide Persönlichkeitsstörungen (▶ Kap. 8.2.2) und Schizotypie (schizotype Störung, früher mit Borderline-Schizophrenie bezeichnet).

4.2.6 Biologische, neuropsychologische und experimentalpsychologische Befunde

Untersuchungen mit Computer- und Kernspintomographie zeigen vergleichsweise übereinstimmend ein verringertes Hirnvolumen bei Patienten mit Schizophrenie, speziell, aber nicht ausschließlich, frontal, also in den vorne gelegenen Arealen (für einen Überblick s. Mubarik & Tohid, 2016); diese Hirnatrophie ist ein fortschreitender Prozess, welcher Einfluss auf den Verlauf der Störung hat, in dem Sinne, dass sich bei rascher Progression schneller Negativsymptomatik sowie neurokognitive Defizite ausbilden (Ahmed et al., 2015). Studien an Risikopatienten (d. h. üblicherweise Kindern schizophren Erkrankter) zeigen, dass solche Veränderungen bereits vor Manifestation der Symptomatik vorliegen; je ausgeprägter der Volumenverlust ist, desto wahrscheinlicher ist die spätere Entwicklung psychotischer Symptomatik (Fusar-Poli et al., 2013). Allerdings kommt eine finnische Arbeitsgruppe (Saarinen, Huhtinska, Pudas, Björnholm, Jukuri, Tohka et al., 2020) in einer Metanalyse zu einem ganz anderen Ergebnis, nämlich dass Verwandte ersten Grades sich bezüglich struktureller und funktioneller Hirnveränderungen nicht wesentlich von Normalpersonen unterscheiden. Man kann somit die Veränderungen im Frontalbereich als Krankheitsfolge oder als Folge der Medikation nicht ausschließen.

Weniger gut repliziert sind mit Positronenemissionstomographie (PET[5]) gewonnene Befunde, die eine verminderte Hirnaktivität vornehmlich im Bereich des Frontalhirns ergaben. Auch Rezeptorbindungs-

---

5 Mittels Computertomographie (CT) lassen sich, ebenso wie mit Kernspintomographie (Magnet-Resonanz-Tomographie), nur strukturelle Veränderungen darstellen, etwa Ventrikelerweiterungen. Bei der Positronenemissionstomographie (PET) werden dem Körper radioaktiv markierte Stoffe zugeführt, deren Weg aufgrund der von ihnen emittierten Strahlung verfolgt werden kann. Mittels markierter 2-Desoxyglukose, die ähnlich wie Glukose von den aktiven Zellen aufgenommen wird, lassen sich besonders aktivierte Areale darstellen. PET wird in der Schizophrenieforschung v. a. für Rezeptorbindungsstudien eingesetzt, indem mittels radioaktiv markierten Dopamins oder Neuroleptika die Bindungsorte für diese Stoffe und die Dichte der Bindungsstellen bestimmt werden (s. dazu genauer Köhler, 2020b, S. 321 ff.).

studien zum Nachweis veränderter Dichte der Dopaminrezeptoren haben nicht eindeutig interpretierbare Ergebnisse geliefert. Immerhin gibt es Hinweise, dass bei Schizophrenen – insbesondere jenen mit überwiegender Positivsymptomatik – diese Bindungsstellen in Teilen des limbischen Systems vermehrt sind; wieder ist schwer auszuschließen, dass es sich hierbei um eine Folge der Krankheit und speziell der oft jahrzehntelangen Behandlung mit den dopaminantagonistischen Antipsychotika handelt.

Im Kontext der Dopaminhypothese der Schizophrenie (▶ Kap. 4.2.7) hat sich das Interesse nicht so sehr auf die wenig aussagekräftigen Konzentrationen des Dopamins als vielmehr die seines Metaboliten, der Homovanillinsäure, gerichtet. Die Befunde sind nicht klar zu interpretieren: Im Plasma Schizophrener ist die Homovanillinsäure-Konzentration wohl erhöht, während sie im Liquor cerebrospinalis – was direkter die Verhältnisse an den Synapsen widerspiegeln sollte – eher erniedrigt sein dürfte; solche Untersuchungen werden auch kaum mehr durchgeführt (s. Köhler, 2019, S. 130 f. für einschlägige Studien).

Neuropsychologische Untersuchungen bestätigen im Wesentlichen den klinischen Befund, dass Aufmerksamkeit und Informationsverarbeitung gestört sind; insbesondere können unter einer Vielzahl von Informationen relevante nicht von irrelevanten unterschieden werden. In eine ähnliche Richtung deuten *psychophysiologische* Studien, bei denen als Zeichen von Aufmerksamkeitsdefiziten eine Verflachung der P 300-Welle gefunden wurde. Interessanterweise sind Personen mit Schizophrenie auch schlechter in der Lage, einem bewegten Lichtpunkt mit den Augen zu folgen (»eye tracking dysfunction«; s. Wolf, Ueda & Hirano, 2021), was sich zur Frühdiagnostik eignen könnte.

4.2.7 Dopamin-, Hypofrontalitäts-, Glutamat- und Serotoninhypothese der Schizophrenie

Klärend ist hier vorauszuschicken, dass diese Hypothesen keine eigentliche Aussage über die Entstehung der Schizophrenie beinhalten, also ihre Gültigkeit den Streit zwischen einer psychogenetischen und einer somatogenetischen Auffassung nicht entscheiden könnte; die Annahme der Dopaminüberaktivität bezieht sich auf biochemische Prozesse, welche der Symptomatik zugrunde liegen oder vorsichtiger ausgedrückt: mit ihr korreliert sind, nicht aber als letztes kausales Glied sie verursachen. Die noch längst nicht gefundene Ursache der Dopaminüberaktivität wäre erst die gesuchte Ätiologie der Schizophrenie.

Diese Sachverhalte werden verständlicher, wenn man zwischen Ätiologie und Pathogenese unterscheidet. Als Ätiologie, d. h. Ursache (eigentlich: Lehre von den Ursachen) einer Krankheit fasst man die Bedingungen zusammen, unter denen sie sich mit erhöhter Wahrscheinlichkeit entwickelt; so wäre die Ätiologie der Leberzirrhose beispielsweise langjähriger Alkoholkonsum oder eine chronisch verlaufende Infektion mit dem Hepatitis B-Virus. Hätte der Alkoholkonsum nicht stattgefunden oder wäre die Infektion nicht eingetreten, wäre wohl auch keine Leberzirrhose entstanden. Die Pathogenese der Zirrhose besteht u. a. in der entzündlichen Zerstörung des Lebergewebes und Ersetzung durch Bindegewebsfasern. Es wäre also nicht korrekt zu sagen, die entzündliche Zerstörung der normalen Leberzellen sei die Ursache der Zirrhose. In diesem Sinne ist die Dopaminhypothese eine Vermutung über die Pathogenese, nicht die Ätiologie.

Wie weiter oben (▶ Kap. 1.3) ausgeführt, geschieht die Übertragung der Erregung von einer Nervenzelle zur anderen chemisch über Freisetzung von Transmittern aus den Endknöpfchen des präsynaptischen (zuerst erregten) Neurons; diese Transmitter lagern sich nach Überbrückung des synaptischen Spaltes an Rezeptoren der zweiten, der postsynaptischen Nervenzelle an und führen dort zur Veränderung der Membraneigenschaften. Synapsen, an denen die Übertragung mittels Dopamin erfolgt, heißen dopaminerg. Dopamin, ein Transmitter aus der Gruppe der Monoamine, wird in den präsynaptischen Zellen aus der Aminosäure L-Tyrosin über die Zwischenstufe L-Dopa gebildet. Die Inaktivierung des ausgeschütteten Dopamins geschieht (teils wohl bereits im Spalt) durch das Enzym Catechol-O-Methyltransferase (COMT), hauptsächlich aber durch Wiederaufnahme in die präsynaptische Zelle (Reuptake); die rückgeschleußten Transmittermoleküle können wieder in Vesikel verpackt werden und für weitere Ausschüttungen dienen, teils in Homovanillinsäure abgebaut werden; das letzteren Prozess katalysierende Enzym ist (neben COMT) Monoaminoxydase (MAO).

Die Dopaminhypothese der Schizophrenie wird hier sehr vereinfacht wiedergegeben (für eine sehr viel ausführlichere, aber schwer verständliche Darstellung s. McCutcheon, Krystal & Howes, 2020). Sie nimmt *Überaktivität* bestimmter dopaminerger Synapsen an; deren Lokalisation vermutet man dort, wo vom Mittelhirn ausgehende Neurone mit Strukturen der

4.2 Schizophrenie

Hirnrinde (insbesondere im orbitobasalen Frontallappen) und anderen Regionen des limbischen Systems (etwa des Hippocampus) zusammentreffen (Synapsen dopaminerger mesolimbischer Bahnen); an anderen dopaminergen Bahnen, wie denen des extrapyramidal-motorischen Systems, wird normale Aktivität vermutet. Die Überaktivität der dopaminergen mesolimbischen Bahnen ließe sich in Form vermehrter Dopaminausschüttung aus dem präsynaptischen Neuron, in erhöhter Empfindlichkeit der Dopaminrezeptoren oder in ihrer zahlenmäßigen Vermehrung an der postsynaptischen Membran vorstellen.

Mehrere Befunde legen dieses Modell der Dopaminüberaktivität nahe, wovon der wichtigste und historisch am Anfang stehende eine interessante Nebenwirkung der zur Therapie der Schizophrenie eingesetzten *Neuroleptika* ist. Bei einem beträchtlichen Teil der so Behandelten tritt relativ bald ein *Parkinsonsyndrom* oder *Parkinsonoid* in Form der Symptomtrias Rigor (Muskelstarre), Tremor (Zittern, hier ein typischer Ruhetremor) und Akinesie (Bewegungsarmut, beispielsweise in Gestalt reduzierter Mitbewegungen und Mimik) auf. Dieses Parkinsonsyndrom wird auch bei der Parkinson'schen Erkrankung beobachtet, deren Pathogenese geklärt ist: Untergang von Dopamin synthetisierenden Neuronen in der Substantia nigra des Mittelhirns und daraus resultierende eingeschränkte Übertragung an dopaminergen Synapsen des extrapyramidalen Systems, speziell an den nigrostriatalen Bahnen, welche von der Substantia nigra zum Striatum im Endhirn ziehen. Die daraus gezogene, heuristisch immens fruchtbare Annahme war die, dass die zur Therapie der Schizophrenie eingesetzten Stoffe ihre Wirkung durch eine *Dämpfung* der Dopaminübertragung entfalten, wobei Hemmung an dopaminergen extrapyramidalen Bahnen mit der Folge des Parkinsonoids als unerwünschte, aber prinzipiell zu tolerierende Nebenwirkung aufgefasst wurde. Weiter wurde gefolgert, dass die nach Gabe von Neuroleptika (Antipsychotika) typischerweise verschwindende psychotische Symptomatik in Zusammenhang mit einer Dopaminüberaktivität steht.

Zusätzliche Belege für diese Annahme leiten sich aus den *Modellpsychosen* ab: So führt Einnahme von Amphetaminen und Kokain, besonders in höheren Dosen, zu psychotischer Symptomatik in Form von Wahnerleben und Halluzinationen, die denen bei der paranoiden Schizophrenie auffällig gleichen. Die genannten Substanzen sind Dopamin-

und Noradrenalin-Agonisten, verstärken also die Wirkung dieser Transmitter (▶ Kap. 3.5); entsprechend liegt die Vermutung nahe, dass die Amphetamin- und Kokainpsychosen – und ebenso die klinisch ähnlichen Schizophrenieformen, deren Ausprägung sich im Übrigen durch Amphetamingabe verstärken lässt – aus einer Überaktivität dieser Transmitter resultieren. Noradrenalin ist dabei nicht wesentlich beteiligt, was sich aus verschiedenen, hier nicht dargestellten Befunden schließen lässt. Dass die Symptomatik der Amphetaminpsychosen durch Antipsychotika gut zu behandeln ist, bestätigt wiederum die Vermutung, dass diese Medikamente ihren therapeutischen Effekt über Verminderung der Dopaminwirkung, beispielsweise über Rezeptorblockade, entfalten.

Ein eindrucksvoller Beleg für die Dopaminhypothese ist schließlich, dass an Parkinson erkrankte Patienten, denen zur Behebung der motorischen Störungen L-Dopa, eine Vorstufe des fehlenden Dopamins, verabreicht wird, nicht selten unter dieser Therapie psychotische Symptome entwickeln; auch kann L-Dopa bei schizophrenen Patienten die produktive Symptomatik verstärken.

Rezeptorbindungsstudien mittels radioaktiv markierter Substanzen zeigen direkt, dass sich die Antipsychotika (zumindest die »klassischen«) tatsächlich vornehmlich an Dopaminrezeptoren anlagern, und zwar vorwiegend an die D_2-Rezeptoren; weiter gibt es mit Zurückhaltung zu betrachtende Hinweise darauf, dass bei Personen mit Schizophrenie die Dopaminrezeptoren (besonders die des Typs D_2) zahlenmäßig vermehrt sind. Die Schwierigkeit bei der Interpretation liegt darin, dass diese Studien zumeist an lange erkrankten und entsprechend oft über Jahrzehnte mit Neuroleptika behandelten Personen erfolgen; Veränderung von Dopaminrezeptoren lässt sich mit mindestens derselben Berechtigung als Effekt der Therapie auffassen, zumal Vermehrung von Rezeptoren ein plausibles pathogenetisches Modell für die Spätdyskinesien nach langer Antipsychotikatherapie darstellt (▶ Kap. 4.2.9). Die eher inkonsistenten erwähnten Befunde zur Homovanillinkonzentration im Serum oder Liquor cerebrospinalis sind wohl in dem Sinne zu interpretieren, dass die Dopaminausschüttung nicht wesentlich verändert ist. Tabelle 4.2, modifiziert nach Köhler (2019, S. 137), stellt die diesbezüglich wichtigsten Befunde zusammen (▶ Tab. 4.2).

4.2 Schizophrenie

Tab. 4.2: Befunde zur Stützung der Dopaminhypothese

Befund	Beschreibung; Folgerung	Kommentar
neuroleptisches Parkinson-Syndrom	• nach Gabe klassischer Antipsychotika oft Symptomatik wie bei Parkinson-Krankheit • da bei letzterer Dopaminmangel vorliegt, wirken diese Medikamente offenbar hemmend auf dopaminerge Übertragungen • Folgerung: Positivsymptomatik geht mit DA-Überaktivität einher	• Folgerung gut begründet • unklar, wie DA-Überaktivität zustande kommt
L-Dopa-Psychosen	• Parkinsonpatienten können nach Gabe von L-Dopa Wahn und Halluzinationen entwickeln • Folgerung: Aktivierung des dopaminergen Systems begünstigt Ausbildung von Positivsymptomatik • bei Schizophrenen Verstärkung der Plussymptomatik durch L-Dopa	• zeigt Rolle des dopaminergen Systems bei psychotischen Symptomen
Amphetamin- und Kokainpsychosen	• nach Konsum der dopaminagonistischen Amphetamine und von Kokain zuweilen Wahnideen und Halluzinationen • Gabe an Schizophrene verstärkt Positivsymptomatik	• also: Erhöhung der Aktivität im dopaminergen System begünstigt Ausbildung von Positivsymptomatik
unklare Befunde zu Homovanillinsäure (HVA) im Liquor	• in einigen Studien vermehrte Liquorkonzentration des DA-Metaboliten HVA • Folgerung: vermehrte Transmitterausschüttung an dopaminergen Synapsen	• wenig beweiskräftig, denn: • Ergebnisse nicht eindeutig • generell unklare Beziehung zwischen HVA-Konzentration im Liquor und DA-Aktivität an Synapsen im Gehirn

Tab. 4.2: Befunde zur Stützung der Dopaminhypothese – Fortsetzung

Befund	Beschreibung; Folgerung	Kommentar
Nachweis vermehrter D_2-Rezeptoren	• im Gehirn verstorbener Schizophrener (speziell im Striatum) Dopaminrezeptoren des Typs D_2 vermehrt gefunden • Folgerung: biologische Grundlage der Positivsymptomatik weniger verstärkte Feuerung (präsynaptischer) dopaminerger Neurone, sondern erhöhtes Ansprechen postsynaptischer Neurone	• einiges unklar, u. a.: • schwer auszuschließen, dass Rezeptorvermehrung ein Effekt der Antipsychotikatherapie ist • Striatum enthält zwar zahlreiche DA-Bindungsstellen, jedoch ist Bedeutung für Pathogenese der Produktivsymptomatik unklar • uneinheitliche Befunde zu Vermehrung anderer Rezeptortypen

Diese Dopaminhypothese steht im Einklang mit einer Reihe von Befunden, kann jedoch andere nicht erklären und erfordert deshalb mehr oder weniger tiefgreifende Modifikationen. Zum einen sprechen im Wesentlichen nur die produktiven Symptome der Schizophrenie auf Behandlung mit Antipsychotika an, sodass die Dopaminüberaktivität nicht der Negativsymptomatik zugrunde liegt. Also dürfte die Dopaminüberaktivität (wenigstens die der D_2-Rezeptoren) nur die Grundlage der Positivsymptomatik sein; hingegen werden, wie oben ausgeführt, die Negativsymptome eher mit morphologisch-anatomischen Veränderungen (wie Hirnatrophie) bzw. anderen Transmittersystemen in Verbindung gebracht (▶ Kap. 4.2.6).

Die keineswegs allgemein akzeptierte *Hypofrontalitätshypothese* geht davon aus, dass der Schizophrenie primär eine Minderaktivität im präfrontalen Kortex zugrunde liegt. Der präfrontale Kortex nimmt ein großes Areal des Frontallappens (Stirnlappens) ein und liegt frontal (stirnwärts) der motorischen Areale; gerade der präfrontale Kortex ist im Laufe der Evolution zum Homo sapiens stark gewachsen, und mit guten Gründen wird in ihm der »Sitz« der höheren kognitiven Fähigkeiten, etwa des Vorausplanens, gesehen. Am basalen Teil des Frontallappens, über der

Augenhöhle (Orbita), liegt der orbitofrontale Kortex, dessen Überaktivität mit psychotischer Symptomatik in Verbindung gebracht wird – die mittlerweile obsoleten psychochirurgischen Eingriffe bei schizophrenen Patienten (insbesondere die transorbitale Lobotomie) zerstörten gerade diese Areale. Es gibt Hinweise, dass der orbitofrontale Kortex, als archaische Hirnstruktur, vom präfrontalen Kortex normalerweise gehemmt wird. Die Unteraktivität des präfrontalen Kortex würde sowohl die Negativsymptomatik und die kognitiven Defizite erklären als auch die durch den Fortfall von Hemmungen anderer (limbischer) Regionen eine dort lokalisierte dopaminerge Überaktivität mit der Folge psychotischer Symptome.

Ein übergreifendes pathogenetisches Modell, das Dopamin- und Hypofrontalitätshypothese integriert, ist die *Glutamathypothese der Schizophrenie*. Angeregt durch die Tatsache, dass die den NMDA-Rezeptor für Glutamat hemmenden psychedelischen Narkosemittel Phencyclidin und Ketamin (▶ Kap. 3.7) Psychosen hervorruft, geht man davon aus, dass der Schizophrenie ein Defekt von NMDA-Rezeptoren, v. a. im präfrontalen Kortex, zugrunde liegt, was indirekt zur Überaktivität dopaminerger Synapsen in limbischen Regionen (speziell der Orbitofrontalregion) führt (für Genaueres und Quellenangaben s. Köhler, 2019, S. 139f. sowie Balu, 2016). Diese These erfährt eine nicht unwichtige Stütze durch die Tatsache, dass Modulatoren am NMDA-Rezeptor, etwa Glyzin, D-Serin und Sarkosin, als Beigabe zu Antipsychotika deren Wirksamkeit merklich erhöht (Goh, Wu, Chen & Lu, 2021).

Mittlerweile werden Veränderungen in weiteren Transmittersystemen angenommen (s. Shah & González-Maeso, 2019), speziell eine Überaktivität des serotonergen Systems. Diese »Serotoninhypothese der Schizophrenie« erhält Plausibilität durch die Beobachtung, dass die an 5-HT_{2A}-Rezeptoren agonistischen wirkenden klassischen Halluzinogene LSD und Psilocybin psychotische Symptome hervorrufen können, andererseits, dass atypische Antipsychotika Serotoninbindungsstellen des Typs 5-HT_{2A} blockieren.

4.2.8 Weitere Erklärungsansätze

Modelle zur Entstehung der Schizophrenie liegen in großer Anzahl vor, werden von unterschiedlichsten theoretischen Schulen entwickelt und haben daher nur geringe Gemeinsamkeiten. Andererseits schließen sie allein schon deshalb nicht notwendig einander aus, weil die Schizophrenie als nosologische Einheit wohl nicht existiert, sondern unter dem Begriff eine Reihe unterschiedlicher Störungsbilder zusammengefasst sind. Zudem besteht Übereinstimmung darin, dass auch für die einzelnen diagnostischen Subtypen eine multifaktorielle Genese am wahrscheinlichsten ist, also sowohl biologische wie psychologische Determinanten auf die Entwicklung Einfluss nehmen können. Wie erwähnt, ist die Anerkennung biochemischer Prozesse als Grundlage der schizophrenen Symptomatik durchaus mit einem primär psychogenetischen Erklärungsansatz vereinbar.

Die biologischen Entstehungsmodelle der Schizophrenie basieren naturgemäß auf der deutlichen *hereditären Komponente*. Wie oben ausgeführt, haben Kinder schizophrener Eltern, auch wenn sie unmittelbar nach Geburt in eine neue familiäre Umgebung kommen, ein gegenüber der Normalbevölkerung beträchtlich erhöhtes Erkrankungsrisiko (▶ Kap. 4.2.5). Da andererseits die Penetranz dieser genetischen Disposition deutlich unter 100% liegt, lässt sich folgern, dass lediglich die Bereitschaft zur Entwicklung der Störung, nicht die Störung selbst aber vererbt wird. Zwar besteht (noch) kein wirklicher Konsens über die Kandidatengene (▶ Kap. 4.2.5); es ist jedoch nicht unwahrscheinlich, dass einige von ihnen generell die Synapsenbildung, speziell die Funktionsfähigkeit des NMDA-Rezeptors für Glutamat determinieren, andere mit dem Dopaminstoffwechsel zu tun haben, schließlich einige mit immunologischen Reaktionen.

Als weitere biologische Faktoren, die entweder bei genetischer Disposition Ausbildung der Symptomatik begünstigen oder auch allein die Genese mehr oder weniger erklären könnten, werden *frühkindliche Infektionen* oder *pränatale Schädigungen* bei Infektionskrankheiten der schwangeren Mütter diskutiert. Hierfür spricht, dass Personen mit Schizophrenie häufiger in den Spätherbst- und Wintermonaten geboren sind, also in Zeiten, wo die Infektionswahrscheinlichkeit für das Neugeborene sowie für die Mutter erhöht ist; beweiskräftiger ist, dass Personen, die zu Zeiten von schweren Grippeepidemien zur Welt kamen, die Störung später überdurchschnittlich häufig entwickelten (s. die in Köhler, 2019, S. 133 angeführte Literatur). Auch Schäden im Rahmen des *Geburtsvorgangs*, insbesondere akuter Sauerstoffmangel, werden als ursächliches Moment diskutiert. Im Sinne der früher angeführten Hypofrontalitätshypothese (▶ Kap. 4.2.7) lässt sich die Plussymptomatik indirekt mit strukturellen Hirnveränderungen in Verbindung bringen: Demnach könnten die erwähnten Noxen inhibitorische Neurone betroffen haben, deren Aktivierung wiederum normalerweise die dopaminerge Übertragung an mesolimbischen Bahnen dämpft. Neuronenschädigung könnte damit sowohl direkte Defizite in Form der Negativsymptomatik als auch Verhaltensüberschüsse (Plussymptome) als Folge mangelnder Hemmung hervorrufen. Ein weiterer wichtiger (wahrscheinlich nicht nur auslösender oder begünstigender, sondern in vielen Fällen tatsächlich kausaler) Faktor stellt Cannabiskonsum dar, v. a. dann, wenn er früh begonnen wird und mit gewisser Regelmäßigkeit stattfindet (Sachs, McGlade & Yurgelun-Todd, 2015). Einerseits erhöht THC die dopaminerge Aktivität und begünstigt damit akut das Auftreten psychotischer Symptomatik, zum anderen greift es durch Beeinflussung des Endocannabinoidsystems hemmend in die Hirnreifung ein, was natürlich dann besonders gravierend ist, wenn es in sensiblen (also frühen) Stadien der Entwicklung geschieht.

> Mittlerweile vertreten nicht wenige Autoren die These, dass zumindest bei einem Teil der Patienten entzündliche Prozesse – möglicherweise auf Autoimmunbasis – eine wesentliche Rolle in der Ätiopathogenese spielen. Dafür sprechen u. a. die nicht selten erhöhten Entzündungsparameter (Leukozyten, Zytokine) und die Tatsache, dass Autoimmunkrankheiten (z. B. Neurodermitis diffusa) bei Schizophrenen gehäuft auftreten. Diese Annahme steht keineswegs zu den Transmittertheorien im Widerspruch. So findet man nicht selten Antikörper gegen NMDA-Rezeptoren (s. Köhler, 2019, S. 135 sowie Mongan, Ramesar, Föcking, Cannon & Cotter, 2020; Mayorova, Butoma, Churilov, Gilburd, Petrova & Shoenfeld, 2021; Khlidj & Haireche, 2023).

Die erste ausgearbeitete *psychologische Theorie* der Schizophrenie wurde von Freud in Zusammenarbeit mit Karl Abraham etwa um 1910 entwickelt. Sie ist vergleichsweise unscharf formuliert, bezieht sich eher auf den Entstehungsmechanismus als die Entstehungsbedingungen (die Ätiologie) und leidet nicht zuletzt daran, dass in jener Zeit eine klare Trennung zwischen Schizophrenie mit vorwiegender Negativsymptomatik, paranoider Schizophrenie und Paranoia noch ausstand. Ausgangspunkt der Theoriebildung war, dass Freud bei Patienten mit schizophrenen Störungen das therapeutisch bedeutsame Moment der Übertragung vermisste; dieses Wiederaufleben frühkindlicher Gefühle in der psychoanalytischen Situation, welche der analytischen Theorie zufolge ursprünglich den Eltern gegolten haben, aber nun typischerweise auf den Analytiker transferiert werden, blieb nach seinen Erfahrungen bei ihrer Behandlung aus. Er grenzte deshalb die narzisstischen Neurosen (Schizophrenie, Paranoia, Melancholie) von den Übertragungsneurosen (etwa Hysterie, Zwangsneurose) konzeptuell ab und hielt nur die letzteren mit psychoanalytischen Mitteln für therapierbar: »Sie zeigen«, schreibt er in den *Vorlesungen zur Einführung in die Psychoanalyse* über Patienten mit narzisstischen Neurosen, »keine Übertragung und darum sind sie auch für unsere Bemühung unzugänglich, durch uns nicht heilbar« (Freud, 1916–17a, S. 465).

Der Mangel an Interesse für die Außenwelt bei Schizophrenen, der sich insbesondere in fehlender Übertragung äußert, gibt für Freud zugleich den Schlüssel zum Verständnis der Störung: Alle libidinösen Strebungen seien von den äußeren Objekten abgezogen und auf das eigene Ich zurückgewendet worden, eine Situation, die dem ursprünglichen Zustand des Narzissmus, der Ichliebe vor der Herstellung von Objektbesetzungen, entspricht. Das pathogenetisch entscheidende Moment der Paranoia sieht Freud in einer Regression in ein spätes, beim Übergang zur Objektliebe liegendes Stadium des Narzissmus mit Ichvergrößerung in Form des Größenwahns. Für die Dementia praecox (also die Schizophrenie in damaliger Terminologie) nimmt er eine noch weitergehende Regression an, nämlich in ein sehr frühes Stadium des Narzissmus: »Die Regression geht nicht nur zum Narzissmus, der sich in Größenwahn äußert, sondern bis zur vollen Auflassung der Objektliebe und Rückkehr zum infantilen Autoerotismus« (Freud, 1911c, S. 314). Die floride Symptomatik, etwa in Form der Halluzinationen, wird von ihm bereits als Versuch der Wiederherstellung aufgefasst. Disponierende Bedingung ist eine *Fixierung* auf ein mehr oder weniger frühes Stadium des Narzissmus, ohne dass diese Fixierung wiederum ätiologisch abgeleitet wird. Bei der Paranoia dient die narzisstische Regression der Abwehr homosexueller Impulse; in den Ausführungen zur Dementia praecox bleibt die Psychodynamik weitgehend unbestimmt. Genaueres Eingehen auf diese Genesemodelle kann hier nicht geschehen, hätte zunächst zudem eine Einführung in die komplizierte Freud'sche Narzissmustheorie erfordert (s. dazu Köhler, 2014b, S. 429 ff. sowie Köhler, 2020a, S. 90 ff.). Anders als zuweilen dargestellt, geht Freuds Schizophreniekonzeption nicht über die hier skizzierten groben Auffassungen hinaus. Weder spezifiziert er den die Regression hervorrufenden Triebkonflikt noch gibt er ätiologische Faktoren an. Letztere Lücke wurde von verschiedenen, der Psychoanalyse mehr oder weniger nahestehenden Klinikern zu füllen gesucht. Bekannt wurde besonders die von Fromm-Reichmann (1948) entwickelte Theorie der *schizophrenogenen Mutter*, die durch ihre kalte, abweisende Haltung dem Kind gegenüber, gepaart mit scheinbarer Überfürsorglichkeit, die spätere Ausbildung der Störung entscheidend begünstigen sollte. Diese Theorie hat in ihrer monokausalen Schlichtheit große Popularität erlangt und zu unzähligen unbegründeten Schuldzuweisungen geführt. Empirisch ist sie so gut wie nicht abgesichert und gerät (erfreulicherweise) zusehends in Vergessenheit. Immerhin betont sie einen Sachverhalt, der in spätere Konzeptionen Eingang gefunden und die Entwicklung familientheoretischer Schizophreniemodelle stimuliert hat, nämlich die offenbar widersprüchliche Kommunikation innerhalb der Familie schizophren Erkrankter; in gewisser Weise wird die differenziertere »Expressed-emotion«-Theorie (s. u.) hier vorgedacht. Die auf ähnlicher Beobachtung basierende, weniger eindeutig Schuldzuweisung leistende *Doublebind-Hypothese* von Bateson geht davon aus, dass verbale und nonverbale Aussagen der Angehörigen widersprüchliche Botschaften ausdrücken, etwa eine lobende Bemerkung von einem tadelnden Blick begleitet wird. Die spätere schizophrene Symptomatik wird als Versuch aufgefasst, mit diesen kommunikativen Schwierigkeiten fertig zu werden; so könnte Ignorieren der verbalen Aussagen und verstärkte Beachtung der eventuell aussagekräftigeren nonverbalen Botschaften die Ausbildung paranoider Symptome zur Folge haben. Auch wenn die Herleitung der Symptomatik in diesem Modell oft allzu schlicht und schematisch erscheint, so wird immerhin konsequent versucht, ein psychologisches, auf überprüfbaren Annahmen basierendes Genesemodell schizophrener Störungen zu entwickeln. Die Befunde zur Stützung dieser Hypothese sind jedoch spärlich;

insbesondere ist nicht nachgewiesen, dass diese paradoxe Kommunikation spezifisch oder auch nur gehäuft in Familien Schizophrener zu beobachten ist. Zu bedenken ist auch, dass in der Verwandtschaft der Patienten gehäuft Personen mit Schizophrenie oder verwandten Störungen zu finden sind, die einen auffälligen Kommunikationsstil zeigen. So wird möglicherweise als pathogene Bedingung interpretiert, was in Wirklichkeit nur Korrelat der Störung ist. Trotzdem bleibt festzuhalten, dass die Betrachtung der Familie schizophrener Personen eine Anzahl interessanter Befunde und zumindest heuristisch fruchtbarer Hypothesen geliefert hat, die sich, wie das unten besprochene Vulnerabilitäts-Stress-Modell zeigt, gut mit anderen Erkenntnissen zu Entstehung und Verlauf der Störung verbinden lassen.

Frühe *lerntheoretische Erklärungsmodelle*, wie von Ullman und Krasner (1975) entwickelt, fassen die schizophrenen Symptome als ein von der Umwelt verstärktes abnormes Verhalten auf; als allgemeines Erklärungsmodell ist es so fern ab von den klinischen Tatsachen, dass ihm nur historische Bedeutung zukommt.

Neuere, im weiteren Sinne im verhaltenstherapeutischen Rahmen konzipierte Entstehungstheorien, die nicht zuletzt unter dem Gesichtspunkt der Ableitung von Interventionsstrategien erstellt werden, basieren bestenfalls noch sehr bedingt auf lerntheoretischen Annahmen, sondern beziehen andere empirisch begründbare Konzepte mit ein. Am bekanntesten ist hier das *Vulnerabilitäts-Stress-Modell*, welches in besonderer Weise kognitive, mit verhaltenstherapeutischen Verfahren modifizierbare Momente als Entstehungsbedingungen betont. Als Komponenten der Vulnerabilität (Verletzlichkeit), der Anfälligkeit für Schizophrenie, werden Störungen der Aufmerksamkeit, der Informationsverarbeitung sowie der psychophysiologischen Aktivierung (so genannte Basisstörungen[6]) ange-

---

6 Das Konzept der Basisstörungen oder Basissymptome – nicht zu verwechseln mit den Bleuler'schen Grundsymptomen der Schizophrenie – hatte zeitweise (mittlerweile weniger) gewisse Beachtung gefunden. Es handelt sich dabei um klinisch zunächst nicht unbedingt auffällige kognitive Defizite, insbesondere Störungen der Informationsaufnahme und -verarbeitung, bei deren Vorliegen jedoch – prinzipiell tolerierbare – Umweltreize zur Entwicklung auffälliger Symptome wie Wahn oder Halluzinationen führen können. Auf diesem Hintergrund sind Verfahren zur Verbesserung kognitiver Fähigkeiten bei der Therapie Schizophrener rational begründet (▶ Kap. 4.2.9).

4.2 Schizophrenie

sehen, über deren Ursachen keine weitergehenden Aussagen gemacht werden; dass diese wenigstens teilweise genetisch übertragen werden oder aus anderen biologischen Gegebenheiten zu erklären sind (prä- und perinatalen Schädigungen, frühkindlichen Infektionen), wird keineswegs geleugnet. Als externe pathogene Bedingungen (Stressfaktoren) kommen nach diesem Modell belastende Lebensereignisse, »überstimulierende soziale Umgebung«, unzureichendes »psychosoziales Netzwerk« und, in Anlehnung an familientheoretische Modelle, »emotional belastendes Familienklima« beziehungsweise »ungünstige Kommunikationsmuster innerhalb der Familie« hinzu. Letztere Begriffe beziehen sich auf Ergebnisse der »Expressed-emotion«-Forschung, der zufolge sich der Faktor »high expressed emotion« in der Familie (in Form von sich feindselig, kritisch, ebenso aber auch überfürsorglich, kurz: sich emotional überengagiert verhaltenden Angehörigen) für den Verlauf und die Rückfallprognose der Schizophrenie als ungünstig erwiesen hat; dementsprechend setzen therapeutische Verfahren auf dem Hintergrund des skizzierten Modells nicht zuletzt an einem Abbau dieser allzu großen Involviertheit von Angehörigen an (▶ Kap. 4.2.9).

Kurz seien noch zwei Auffassungen von Schizophrenie angeführt, die sich früher in psychiatriekritischen Kreisen großer Beliebtheit erfreuten. Die besonders von Thomas Szasz (1974) vertretene, jedoch bereits auf ältere soziokulturelle Theorien zurückgehende Ansicht, dass der Schizophrene erst durch die Diagnose und die daraus resultierenden veränderten Reaktionen der Umwelt in stärker abnormes Verhalten hineingetrieben würde (Labeling-Theorie), weist zu Recht auf den Sachverhalt einer mit der psychiatrischen Diagnose verbundenen Stigmatisierung hin; andererseits verharmlost sie schwere, zumeist vor jeglicher Behandlung auftretende Symptome wie Wahn und Halluzinationen als tolerable Verhaltensabweichungen, gewiss nicht zum Nutzen der Betroffenen. Ernster zu nehmen ist die »existentialistische« Sichtweise von Laing (1974), da dieser Schizophrenie als tatsächliche Gegebenheit analysiert und nicht als iatrogenes Kunstprodukt wegzudiskutieren versucht. Er sieht in den schizophrenen Symptomen den Versuch, mit einer gestörten Umwelt fertig zu werden, eine im ersten Augenblick faszinierende und intellektuell reizvolle Betrachtungsweise, die jedoch wieder eine externe Schuldzuschreibung – auch hier nicht zuletzt gegenüber der Familie – beinhaltet. Gefährlich ist diese Auffassung aber insbesondere deshalb, weil Laing die Symptomatik als einen Versuch der Selbstheilung betrachtet, damit implizit medikamentös-therapeutisches Eingreifen in Frage stellt und so die nicht seltene Ablehnung einer wirksamen Therapie ideologisch zu untermauern hilft.

4.2.9 Therapie

Die Behandlung der Schizophrenie, wenigstens in den akuten Stadien, geschieht üblicherweise *medikamentös* mit *Neuroleptika* (in neuerer Terminologie: *Antipsychotika*). Als deren erstes wurde zu Beginn der 1950er Jahre Chlorpromazin synthetisiert, welches lange unter dem Namen Megaphen® im Handel war. Die neuroleptische Potenz eines Wirkstoffes, also seine Fähigkeit, psychotische Symptome wie Wahn und Halluzinationen zu beseitigen, wird noch heute mit der von Chlorpromazin verglichen, dessen neuroleptische Potenz gleich 1 gesetzt wird. Die meisten Antipsychotika haben eine wesentlich höhere, etwa Haloperidol von circa 50.

Die Antipsychotika werden in die beiden Gruppen der klassischen und der atypischen eingeteilt (KAP und AAP; auch Antipsychotika der ersten und der zweiten Generation genannt). Die der ersten Gruppe gehören verschiedenen Stoffgruppen an, wovon die *Phenothiazine* und die *Butyrophenone* die wichtigsten sind. Erstere bestehen aus einem Gerüst von drei Ringen (trizyklische Neuroleptika); zu ihnen gehören neben Chlorpromazin u. a. Levomepromazin (z. B. Neurocil®), Perphenazin (z. B. Decentan®), Prothipendyl (Dominal®) oder Thioridazin (z. B. Melleril®). Zu den strukturmäßig verschiedenen Butyrophenonen wären Haloperidol (etwa Haldol-Janssen®), Benperidol (z. B. Glianimon®) oder Pipamperon (z. B. Dipiperon®) zu rechnen, zu den mit den Butyrophenonen verwandten Diphenylbutylperidinen Pimozid (Orap®) oder Fluspirilen (z. B. Imap®). *Atypische Antipsychotika* sind u. a. Clozapin (z. B. Leponex®), Quetiapin (z. B. Seroquel®), Risperidon (z. B. Risperdal®), Olanzapin (z. B. Zyprexa®), Amisulprid (z. B. Solian®), Ziprasidon (z. B. Zeldox®), Aripiprazol (z. B. Abilify®) und Paliperidon (z. B. Invega®).

Hauptsächlich von den Antipsychotika beeinflusst werden Positivsymptomatik und psychomotorische Phänomene, während Negativsymptome wie Affektverflachung oder Antriebslosigkeit auf Phenothiazine und Butyrophenone wenig ansprechen; einige atypische Antipsychotika, etwa Clozapin und Amisulprid, haben daneben einen (wohl eher bescheidenen) Effekt auf die Minussymptomatik (Müller & Benkert, 2023a, S. 308 ff).

Neben diversen vegetativen *Nebenwirkungen*, die in der Regel nicht zur Umstellung oder Beendigung der Therapie Anlass geben, finden sich relativ häufig, speziell nach Gabe hochpotenter klassischer Antipsychotika, extrapyramidal-motorische Störungen: So genannte Frühdyskinesien treten schon sehr bald, nach Stunden bis Tagen, auf und haben die Gestalt hyperkinetischer Störungen speziell im Gesichts- und Halsbereich, etwa Grimassieren oder Zungen-Schlundkrämpfe; sie lassen sich durch Gabe eines Anticholinergikums wie Biperiden (z. B. Akineton®) gut behandeln. Das Parkinsonoid oder neuroleptisch induzierte Parkinsonsyndrom ist üblicherweise erst nach mehreren Tagen bis Wochen zu beobachten, wobei vornehmlich Rigor (Muskelstarre) und Akinese (Bewegungsreduktion wie Fehlen von Mimik und Mitbewegungen, kleinschrittiger Gang) auffallen; auch das Parkinsonoid ist mit Biperiden wirksam zu therapieren. Ebenfalls früh kann eine Akathisie auftreten, innere Unruhe und Bewegungsdrang, die auf Anticholinergika weniger gut ansprechen, sodass Dosisreduktion, Wechsel auf ein niedrigpotentes oder Umstellung auf ein atypisches Antipsychotikum empfohlen werden. Während alle diese früh auftretenden extrapyramidal-motorischen Störungen entweder spontan oder mit Absetzen des Medikaments verschwinden, zudem oft durch Verabreichen von Anticholinergika beseitigt werden können, sind Spätdyskinesien in besonderem Maße ernst zu nehmen. Sie finden sich nach mehrmonatiger bis mehrjähriger Gabe von Antipsychotika, und zwar nicht selten bei Absetzen oder Dosisreduktion; zumeist haben sie die Gestalt von unwillkürlichen Bewegungen der Extremitäten und des Gesichtes (etwa schmatzende Bewegungen). Sie treten bei wohl mindestens 10–20 % der langfristig mit klassischen Antipsychotika behandelten Patienten auf, sind schwer medikamentös zu beherrschen und in etwa der Hälfte der Fälle irreversibel. Die (wesentlich teureren) atypischen Antipsychotika führen (etwas) seltener zu extrapyramidal-motorischen Störungen, haben aber andere, ernst zu nehmende Nebenwirkungen wie extreme Gewichtszunahme, Störung des Zucker- und Fettstoffwechsels (so genanntes »metabolisches Syndrom«, speziell bei Clozapin und Olanzapin) sowie Erhöhungen des Prolactinspiegels mit der Folge von Brustwachstum und Milchfluss (auch bei Männern), daneben von Verminderung von Libido und Potenz. Letztgenannte Nebenwirkungen treten bei Risperidon, Paliperidon und Amisulprid häufiger auf als bei den KAP.

Die antipsychotische Wirkungsweise der klassischen Antipsychotika beruht im Wesentlichen auf einer *Blockade der Dopaminrezeptoren* vom Typ D_2, wobei die neuroleptische Potenz der Substanzen mit ihrer Affinität zu diesen Rezeptoren hoch korreliert. Die Nebenwirkung des Parkinsonsyndroms wird durch gleichzeitige Dämpfung der dopaminergen Übertragung an Bahnen von der Substantia nigra des Mittelhirns zum Striatum (einer Substruktur der Basalganglien) erklärt. Die Spätdyskinesien führt man auf Vermehrung oder Sensibilisierung von Dopaminrezeptoren im nigrostriatalen System als Gegenreaktion auf die permanente neuroleptische Blockade zurück; dem steht allerdings entgegen, dass ältere, lange vor Einführung der Antipsychotika niedergeschriebene Fallgeschichten ebenso eine Spontanentwicklung von Spätdyskinesien bei Schizophrenen beschreiben. Die Wirkmechanismen der AAP sind teilweise ähnlich, basieren also wesentlich auf der Blockade von D_2-Rezeptoren; möglicherweise setzen sie vergleichsweise selektiv an Strukturen des limbischen Systems an und weniger an den Synapsen dopaminerger extrapyramidal-motorischer Bahnen. Plausibler ist die Hypothese, dass – da sie auch den 5-HT_{2A}-Rezeptor für Serotonin blockieren – die Schwächung des dopaminergen Systems insgesamt geringer ist. Die (eher bescheidene) Wirkung auf die Negativsymptomatik ist noch weitgehend unverstanden. Während die akuten psychotischen Symptome – konsequente Therapie vorausgesetzt – sowohl auf KAP wie AAP typischerweise zurückgehen, stellt die Behandlung der Negativsymptomatik nach wie vor ein großes Problem dar: Fernandez-Egea, Mucci, Lee und Kirkpatrick (2023) vertreten die Auffassung, dass hinsichtlich der pharmakologischen Therapie der Negativsymptome in der letzten Zeit wenig Verbesserungen zu verzeichnen sind.

Die früher nicht selten praktizierte *Elektrokrampftherapie* bei der Schizophrenie ist weitgehend in den Hintergrund getreten; lediglich schwere Formen von Katatonie, die nicht rasch auf medikamentöse Therapie ansprechen, werden heute noch als Indikation für diese Behandlungsmethode angesehen. Initial wird v. a. Therapie mit starken Benzodiazepinen versucht, speziell Lorazepam (Müller & Benkert, 2023, S. 313a). Die *me-*

dikamentöse Rezidivprophylaxe schizophrener Störungen geschieht ebenfalls mit Antipsychotika (üblicherweise niedriger dosiert als im akuten Schub); die Dauer der Prophylaxe richtet sich nach der Zahl der vorausgegangenen Schübe und der Länge beschwerdefreier Intervalle. Schon die Akuttherapie wird häufig von den Patienten selbst vorzeitig beendet, sodass es zu den gefährlichen »Absetzpsychosen« kommen kann; erst recht nicht ist anzunehmen, dass viele die Rezidivprophylaxe konsequent weiterführen. Hier bieten sich Antipsychotika in Depotform an.

Bei der Psychotherapie der Schizophrenie muss man zwischen der Beseitigung der akuten produktiven Symptomatik, der Behandlung von Minussymptomen, etwa im Rahmen chronischer Verläufe und Residualzustände, und schließlich der Rezidivprophylaxe unterscheiden. Für die erste Indikation sind psychologische Interventionen nicht oder nur eingeschränkt geeignet, und wenn, so nicht ohne gleichzeitige pharmakologische Behandlung. In Einzelfällen kamen zwar diverse, zumeist verhaltenstherapeutische Maßnahmen zur Beseitigung der Akutsymptomatik zur Anwendung, etwa Gedankenstopp oder operante Techniken zur Verstärkung realitätsgerechten Verhaltens; ihre Effizienz ist jedoch schlecht evaluiert.

Die Behandlung der Negativsymptome (etwa des sozialen Rückzugs) wurde lange vornehmlich mit den in den 1960er Jahren beliebten Token-Economy-Programmen vorgenommen, bei denen erwünschtes Verhalten mit materieller Verstärkung belohnt wurde; der Wert dieser Interventionen wird retrospektiv weniger in der erfolgreichen operanten Konditionierung des Verhaltens gesehen als vielmehr in der eingehenderen Beschäftigung mit den Betroffenen und damit der eventuellen Vermeidung von Hospitalismusschäden. Heute kommen mehr und mehr kognitive Verfahren wie etwa Einübung sozialer Fertigkeiten (social skills training) zur Anwendung. Teils der Beseitigung der Akutsymptomatik, teils der Rezidivprophylaxe dienen Trainingsprogramme zur Behandlung der erwähnten Basisstörungen, etwa zur Verbesserung kognitiver Fähigkeiten. Auch kognitive Verhaltenstherapie zur Veränderung bzw. besserer Bewältigung von Positiv- wie Negativsymptomatik beginnt sich allmählich durchzusetzen (s. Lincoln, 2019). Wie erwähnt, weigern sich Patienten mit Schizophrenie und verwandten Störungen oft, Antipsychotika einzunehmen. Ausschließlich kognitive Therapien zeitigen hier – im Vergleich zu gänzlich Unbehandelten – signifikante Symptomreduktion (Morrison et al., 2014). Gewisse Bedeutung unter den psychologischen Interventionsmethoden hat die *Familientherapie* (allgemeiner: Beeinflussung des sozialen Umfeldes), deren wesentliches Ziel in der Rückfallprophylaxe und der Erreichung eines besseren Umgangs mit der Krankheit, also im sekundär- und tertiärprophylaktischen Bereich, gesehen wird. Verändert werden sollen speziell die Interaktionsmuster innerhalb der Familie. Insbesondere wird versucht, »expressed emotion«, Überfürsorglichkeit und Kritik, zu reduzieren, um eine insgesamt gelassenere Haltung einzunehmen. Indem gleichzeitig Patienten wie Angehörigen Information über die Krankheit, zu beachtende »Frühwarnsymptome« vor Ausbruch der eigentlichen Symptomatik und therapeutische Möglichkeiten vermittelt wird, besitzen diese Programme auch deutlich *psychoedukativen* Charakter.

Die *psychoanalytische* Behandlung der Schizophrenie hat sich seit Freuds skeptischem Urteil über die entsprechenden Möglichkeiten (▶ Kap. 4.2.8) nie wirklich etablieren können. Die wenigen Evaluationsstudien sind methodisch meist unzulänglich.

4.3 Schizotypie

Schizotypie (schizotype Störung) wurde erst in jüngerer Zeit als eigenes Störungsbild eingeführt. Patienten mit dieser Diagnose wäre früher entweder das diagnostische Etikett Schizophrenie oder schizoide Persönlichkeitsstörung zugekommen, möglicherweise auch das der *Borderline Schizophrenie (Grenzschizophrenie)*, womit lange ein zwischen neurotischer und psychotischer Symptomatik angesiedeltes Störungsbild bezeichnet wurde.

Der Begriff Borderline-Persönlichkeit (salopp: »Borderliner«) wird heute in anderem Sinne verwendet: Es handelt sich um durch emotionale Instabilität gekennzeichnete Personen mit Neigung zu intensiven, jedoch wenig stabilen Beziehungen; die definitorischen Unterschiede zur Schizotypie mit sozialem Rückzug sind augenfällig (▶ Kap. 8.2.2).

4.3 Schizotypie

Die Schwierigkeit, bei einzelnen Personen zu entscheiden, ob das gezeigte Verhalten im Rahmen einer Persönlichkeitsstörung interpretiert werden kann oder den Symptomen einer floriden Psychose entspricht, hat die Einführung dieser Zwischenform in ICD-10 (übrigens auch in ICD-11) – nicht in DSM-5, wo eine Schizotype Persönlichkeitsstörung aufgeführt wird – zur Folge gehabt; sie entspricht aber letztlich einer »Verlegenheitsdiagnose«. ICD-10 (S. 139f.) definiert die schizotype Störung als eine »Störung mit exzentrischem Verhalten und Anomalien des Denkens und der Stimmung, die schizophren wirken, obwohl nie eindeutige und charakteristische schizophrene Symptome aufgetreten sind«. In einer Liste von Symptomen, von denen kein einziges als »beherrschendes oder typisches Merkmal« aufgefasst wird, sind einige aufgeführt, die eher der schizoiden oder paranoiden Persönlichkeitsstörung (▶ Kap. 8.2.2) entsprechen, etwa Kälte und Unnahbarkeit, Tendenz zu sozialem Rückzug, zwanghaftes Grübeln, Misstrauen und paranoide Ideen; andere, wie »ungewöhnliche Wahrnehmungserlebnisse mit Körpergefühlsstörungen oder anderen Illusionen, Depersonalisations- oder Derealisationserleben« sowie »gelegentliche vorübergehende quasipsychotische Episoden mit intensiven Illusionen, akustischen oder anderen Halluzinationen und wahnähnlichen Ideen« haben Beziehung zur Schizophrenie; eine dritte Gruppe, zu der »seltsames, exzentrisches oder eigentümliches Verhalten und Erscheinung«, »seltsame Glaubensinhalte und magisches Denken« sowie schließlich Eigenheiten von Denken und Sprache gehören (Vagheit, Umständlichkeit, Gekünsteltheit, dabei aber Fehlen von Zerfahrenheit), nehmen eine Zwischenstellung ein. Entwicklung und Verlauf der schizotypen Störung ähneln einer Persönlichkeitsstörung; »gelegentlich« entwickle sich eine »eindeutige Schizophrenie«.

Die Kodierung der schizotypen Störung erfolgt mit F21. Zur Diagnosestellung müssen »drei oder vier« dieser Merkmale über einen gewissen Zeitraum vorliegen, ohne dass jedoch die Kriterien einer Schizophrenie erfüllt sind. Angesichts der schwer präzisierbaren Bestimmungsstücke und der Probleme eindeutiger Abgrenzung von anderen psychischen Störungen – die Autoren nennen hier die schizoide und die paranoide Persönlichkeitsstörung sowie die Schizophrenia simplex – ist es verständlich, dass diese diagnostische Kategorie »nicht zum allgemeinen Gebrauch empfohlen« wird.

Genesetheorien sehen die schizotype Störung als eine nicht vollständig entwickelte Schizophrenie bei prinzipiell gleichen biologischen Grundgegebenheiten (Überaktivität mesolimbischer dopaminerger Bahnen, Minderaktivität des präfrontalen Kortex). Gut nachgewiesen ist die enge Beziehung zur Schizophrenie, sei es im Sinne des erwähnten Übergangs in diese Störung (z. B. bei Drogen-, speziell Cannabiskonsum; s. Hjorthøj, Albert & Nordentoft, 2018), sei es hinsichtlich des gemeinsamen Vorkommens im Verwandtschaftskreis.[7] Entsprechend gibt das Vorliegen einer Schizophrenie bei einem Verwandten ersten Grades der Diagnose Schizotypie »zusätzliches Gewicht«.

4.4 Weitere mit der Schizophrenie verwandte Störungen

Diese, in ICD-10 mit aller Zurückhaltung im Kapitel F2 (Schizophrenie, schizotype und wahnhafte Störungen) aufgeführten Symptombilder seien nur der Vollständigkeit halber skizziert.

Schon lange steht in der Diskussion, ob *Wahn* auch als eigene psychiatrische Erkrankung, also nicht ausschließlich im Rahmen der paranoiden Schizophrenie vorkommt.[8] Störungsbilder, bei denen die Patienten außer einem zumeist gut ausgearbeiteten Wahnsystem keine weiteren psychiatrischen Symptome zeigen (etwa die berühmte, autobiographisch beschriebene Wahnerkrankung des Gerichtspräsidenten Schreber, die von Freud [1911c] unter psychoanalytischen Gesichtspunkten interpretiert wurde), legen eine solche Annahme nahe. In ICD-10 (S. 141 ff.) gibt es eine

---

7 Mittlerweile wählt man – explizit in DSM-5 (2015, S. 117 ff.) – den Begriff des Schizophrenie-Spektrums: Neben der Schizophrenie und anderen psychotischen Störungen ist hier auch die Schizotype Persönlichkeitsstörung angeführt (die der Schizotypen Störung in ICD-10 entspricht).
8 Schon Kraepelin hatte in seinem diagnostischen System die Paranoia explizit von der Dementia praecox abgetrennt.

4.4 Weitere mit der Schizophrenie verwandte Störungen

eigene diagnostische Kategorie »anhaltende wahnhafte Störungen« (F22); dort sind Symptombilder einzuordnen, »bei denen ein langandauernder Wahn das einzige oder das auffälligste klinische Charakteristikum ist, und die nicht als organisch, schizophren oder affektiv klassifiziert werden können«. Die schwierige Abgrenzung von der Schizophrenie wird aufgrund des Nichtvorhandenseins von Negativsymptomatik wie Affektverflachung, des Fehlens von akustischen Halluzinationen und aufgrund der spezifischen Wahninhalte vorgenommen: Verfolgungs-, Größen-, Querulanten- und Eifersuchtswahn wären mit der Diagnose vereinbar. Der Bezug der anhaltenden wahnhaften Störungen zur Schizophrenie ist nicht gesichert. Die einzige elaborierte Genesetheorie ist die Freuds zur Paranoia, die er über eine narzisstische Regression zur Abwehr homosexueller Impulse zu erklären versuchte (s. dazu Köhler, 2014b, S. 527 ff.). Therapeutisch werden Antipsychotika eingesetzt, wobei die Erfolge eher gering sein dürften. Psychotherapeutische Behandlungen der wahnhaften Störungen sind zu wenig dokumentiert, um klar beurteilt zu werden.

Die »akuten vorübergehenden psychotischen Störungen« (F23), über deren nosologische Einheitlichkeit und Zuordnung zu anderen Störungsbildern Unklarheit herrscht, sind durch akuten Beginn (oft auch rasche Rückbildung), das häufige Vorliegen vorausgegangener Belastungen und schließlich durch zeitlich sehr variable, typisch schizophrene (produktive) Symptome wie Wahn und Halluzinationen gekennzeichnet. Bei der seltenen »induzierten wahnhaften Störung« (F24), übernimmt ein an sich zunächst unauffälliger Partner im Zusammenleben mit einer anderen, schizophrenen Person deren Wahnvorstellungen (daher auch die Bezeichnungen »symbiontischer Wahn« oder »folie à deux«). Häufig besteht ein Verhältnis der Abhängigkeit gegenüber der erkrankten Person; das sich den Wahn teilende Paar soll häufig in einer ungewöhnlich engen Beziehung leben und von anderen Menschen durch »Sprache, Kultur oder die geographische Situation« isoliert sein. Bei Trennung verschwindet die induzierte Wahnsymptomatik zumeist (nach ICD-10, S. 150 f.).

Bei den *schizoaffektiven Störungen* (F25), deren nosologische Zuordnung weitgehend umstritten ist, handelt es sich um »Mischpsychosen«: Gleichzeitig oder nur durch wenige Tage getrennt liegen dabei Symptome affektiver Störungen (manische Hochgestimmtheit oder depressive Verstimmung) und der Schizophrenie vor, etwa Wahnvorstellungen, insbesondere Kontrollwahn oder Gedankenausbreitung. Entsprechend unterscheidet ICD-10 eine »schizoaffektive Störung, gegenwärtig manisch« (F25.0) von einer »schizoaffektiven Störung, gegenwärtig depressiv« (F25.1). Bei den manischen Formen ist der Beginn meistens akut, der Verlauf im Allg. kurz mit vollständiger Rückbildung. Antrieb und Stimmung sind gesteigert; es kann gereizt-aggressives Verhalten mit Verfolgungswahn auftreten. Die depressiven Formen der schizoaffektiven Psychosen zeichnen sich durch herabgesetzte Stimmung und Antrieb aus, verbunden mit diversen körperlichen Symptomen wie Schlaflosigkeit, Appetit- und Gewichtsverlust; Kontroll- und Verfolgungswahn mit der Vorstellung sich ausbreitender Gedanken und akustische Halluzinationen entsprechen gleichzeitig den Symptomen der Schizophrenie.[9] Auch hier ist die Prognose insgesamt (etwas) günstiger als bei den schizophrenen Erkrankungen; im Vergleich zu den manischen Formen ist die depressive schizoaffektive Störung weniger auffällig, nimmt einen längeren Verlauf, Übergänge in einen schizophrenen Residualzustand kommen vor, sind aber wohl eher selten.

Die *Genese* ist unklar. Unter Verwandten von Personen mit schizoaffektiven Störungen sollen sowohl Schizophrenie, affektive Störungen sowie weitere schizoaffektive Psychosen gehäuft vorkommen.

Die *Therapie* der schizoaffektiven Störungen geschieht in der Regel mit atypischen Antipsychotika, bei schizomanischen Formen oft in Kombination mit Lithium, bei schizodepressiven kombiniert mit Antidepressiva (speziell SSRI); die prophylaktische Wirksamkeit von Stimmungsstabilisierern ist umstritten (s. dazu Müller & Benkert, 2023a, S. 321 f.). Auch Elektrokrampftherapie zeitigt Erfolge (Miller & Black, 2019); psychotherapeutische Verfahren spielen offenbar keine wesentliche Rolle.

---

9 Diese schizoaffektiven Störungen sind wohl häufiger als angenommen: In meiner Monographie *Ruhm und Wahnsinn: Psychische Störungen bekannter Persönlichkeiten* (Köhler, 2017) schien es aufgrund der beschriebenen Symptomatik sinnvoll, Vincent van Gogh und Virginia Woolf, die früher als schizophren bzw. bipolar gestört diagnostiziert wurden, besser in die Kategorie »schizoaffektive Störungen« einzuordnen.

5 Affektive Störungen

5.1 Allgemeines; historische Vorbemerkungen

Affektive Störungen sind durch Veränderungen insbesondere der Stimmung gekennzeichnet, wobei sowohl eine ungewöhnlich gedrückte (depressive) als auch eine unangemessen gehobene (manische) unter diese Bezeichnung fällt. Andere Veränderungen der Affekte, beispielsweise gesteigerte Angst ohne begleitende depressive Symptomatik, werden nicht zu dieser Störungsgruppe gerechnet.

Auf kaum einem Gebiet der Psychiatrie gehen die theoretischen Vorstellungen so weit auseinander wie hier. Die ältere Unterscheidung zwischen endogener, neurotischer und reaktiver Depression wird in ihrer Zweckmäßigkeit angezweifelt, und sowohl in ICD-10 als auch in DSM-5 nicht mehr durchgeführt. Andererseits weisen Kliniker, die mit jenen schweren Fällen zu tun haben, welche üblicherweise in der ambulanten Praxis nicht oder nur kurz gesehen werden, auf die Notwendigkeit hin, bezüglich Art, Schweregrad und Verlauf der Symptomatik depressiver Störungen grundlegende Differenzierungen vorzunehmen. In einigen psychiatrischen Lehrbüchern wird entgegen den Klassifikationsvorschlägen der diagnostischen Systeme die alte Bezeichnung »endogene Depression« beibehalten, sicher aus begründeten Erwägungen. Mit Zusammenfassung möglicherweise qualitativ unterschiedlicher Störungen erhebt sich die Frage, wieweit die bisher gefundenen Zusammenhänge generalisiert werden können, etwa ob biochemische Korrelate, die bei den in der älteren Terminologie »endogen« genannten Depressionen gefunden wurden, als generelles Charakteristikum depressiver Zustände anzusehen sind; umgekehrt ist in Diskussion, ob jene psychogenetischen Theorien, die nicht zuletzt von Psychologen an eher leichteren Fällen entwickelt wurden (etwa die Beck'sche Kognitionstheorie), auch für die schwereren und qualitativ sicher unterschiedlichen, »endogen« genannten, Gültigkeit haben. Wie oben ausgeführt (▶ Kap. 4.1), hatte Kraepelin in seinem Klassifikationssystem innerhalb der »endogenen Psychosen« zwei große Grundformen unterschieden, die *Dementia praecox* und das *manisch-depressive Irresein*. Als Charakteristik der zweiten Krankheitsgruppe sah er vornehmlich Störungen der Affekte an, entweder im Sinne einer Herabgestimmtheit (Depression) oder einer gehobenen Stimmung (Manie). Da bei vielen Patienten abwechselnd die eine oder andere Stimmungslage zu beobachten war, wählte er die Bezeichnung manisch-depressives Irresein und subsumierte darunter auch Fälle, die nur durch depressive Phasen oder (sehr viel seltener) ausschließlich durch manische Episoden charakterisiert waren. Für die depressive Phase im Rahmen dieser endogenen Psychose wurde die Bezeichnung endogene Depression oder Melancholie gewählt. Spätere Namen für das manisch-depressive Irresein waren manisch-depressive Psychose, affektive Psychose sowie Zyklothymie (nicht zu verwechseln mit der Zyklothymia in ICD-10, s. u.). Von dieser »endogenen Depression« mit letztlich unbekannter Ätiopathogenese wurde schon bald eine *neurotische* unterschieden, für die man ein spezifisches Entstehungsmodell in Gestalt psychosexueller Konflikte annahm. Diese Depressionsform wurde als weniger phasenhaft charakterisiert, insgesamt leichter verlaufend, mit oft besserem Befinden in den Morgenstunden, schließlich durch das weitgehende Fehlen sogenannter Leib- oder Vitalsymptome. Als charakteristisch für die endogene Depression oder Melancholie sollten hingegen neben der stärkeren Beeinträchtigung der eher phasisch begrenzte Verlauf mit nicht selten manischen Nachschwankungen oder zuweilen bald anschließenden manischen Phasen, ein typisches Morgentief sowie Vitalsymptome sein, so deutliche Schlafstörungen, Libido- und Potenzverlust, Appetitlosigkeit und Gewichtsabnahme, Kopfschmerzen und diffuse Bauchbeschwerden. Schließlich wurde noch eine *reaktive Depression* als übergroße Reaktion auf ein nachzuweisendes äußeres Ereignis als Kategorie angefügt. Hinzu kamen *organisch begründbare depressive Zustände*, etwa bei Infektionen, endokrinen Erkrankungen oder hirnorganischen Veränderungen.

Aus verschiedenen Gründen wurde in ICD-10 (ebenso ICD-11) die Unterscheidung zwischen endogener, neurotischer und reaktiver Depression aufgegeben. Wichtiges Argument ist, dass sich diese Trennung in der klinischen Praxis nicht mit hinreichender Zuverlässigkeit durchführen lässt und zudem damit allzu vorzeitig ätiologische Festlegungen getroffen werden. Beibehalten wurde lediglich die Unterscheidung zwischen Depressionen, bei denen sich organische Ursachen nachweisen lassen (mit F06.3, »organische affektive Störungen«, zu verschlüsseln) und den anderen, unter F3 einzuordnenden Symptombildern. Immerhin wird die Möglichkeit angeboten, das von vielen für endogene Depressionen als charakteristisch erachtete »somatische Syndrom« (▶ Kap. 5.2) zusätzlich zu kodieren.

Die folgende Darstellung hält sich an das Schema von ICD-10 und trennt nicht zwischen endogenen und anderen Depressionen, wird aber auf diese Unterscheidung und ihre mögliche Zweckmäßigkeit wiederholt hinweisen.

5.2 Depressives und manisches Syndrom

Das *depressive Syndrom* ist im Wesentlichen durch Herabsetzung von Stimmung, Antrieb und Selbstwertgefühl gekennzeichnet, weiter nicht selten durch Veränderung im Denken wie Wahnvorstellungen, schließlich in vielen Fällen durch eine Reihe körperlicher Symptome. Die Psychomotorik kann sowohl reduziert (gehemmte Depression) als auch gesteigert sein (agitierte Depression).

Die Stimmung ist nur sehr ungenügend mit dem Begriff Traurigkeit umschrieben; charakteristisch ist eher eine innere Verödung oder die Empfindung des Ausgebranntseins (»Gefühl der Gefühllosigkeit«). Der Antrieb für größere, einen gewissen intentionalen Bogen erfordernde Pläne ist reduziert. Dem widerspricht nicht, dass viele der Betroffenen psychomotorisch überaktiv sind, etwa ängstliche Anspannung zeigen, rastlos umherlaufen und dabei laut jammern.² Diese »unproduktive« motorische Unruhe ist jedoch seltener als eine Bewegungsarmut, die im Extremfall die Form eines *depressiven Stupors*, vollkommener Regungslosigkeit, annehmen kann. Die Antriebsstörung zeigt sich in Interesselosigkeit, oft für die bedeutsamsten Angelegenheiten familiärer oder beruflicher Natur. Auffällig sind Konzentrationsschwierigkeiten sowie rasche Ermüdung nach kleinsten körperlichen oder geistigen Tätigkeiten. Das erniedrigte Selbstwertgefühl manifestiert sich häufig in Selbstvorwürfen, oft bezüglich geringfügiger und lange zurückliegender Sachverhalte. In diesem Zusammenhang kann es zu regelrechten Wahnideen kommen, die u. a. persönliche Schuld und Verarmung zum Inhalt haben; auch Halluzinationen können auftreten (psychotische Depression). Suizidgedanken sind häufig, zudem sehr ernst gemeinte und nicht selten erfolgreiche diesbezügliche Versuche. An körperlichen Symptomen sind besonders Schlafstörungen und verminderter Appetit zu nennen.

Bei einer Anzahl der Betroffenen wird das sogenannte somatische Syndrom beobachtet – melancholisches oder endogenomorphes Syndrom wäre eine ähnlich treffende Bezeichnung. Es akzentuiert noch einmal generelle Charakteristika depressiver Zustände, so den Verlust von Interesse und Freude an »normalerweise angenehmen« Tätigkeiten, die Unfähigkeit, auf positive Reize emotional adäquat zu reagieren sowie die psychomotorische Agitiertheit oder Hemmung. Hinzu kommt das von vielen Autoren für die »endogene Depression« charakteristisch angesehene Morgentief und deutliche Verminderung von Libido, Appetit und Gewicht. Das Vorliegen eines somatischen Syndroms kann (aber muss nicht) durch Anfügen einer weiteren Codenummer vermerkt werden (s. u.).

Das manische Syndrom zeichnet sich durch gehobene Stimmung, gesteigerten Antrieb und erhöhtes Selbstwertgefühl aus, stellt somit in vieler Hinsicht das Gegenstück des depressiven Syndroms dar. Die Stimmung ist dabei nicht immer euphorisch; ebenso kann eine »Überdrehtheit« oder

---

2 Nicht uninteressant ist die Hypothese, dass es sich bei der »agitierten Depression« in Wirklichkeit um eine »gemischte affektive Episode« mit manischer Symptomatik einerseits (Antriebssteigerung und Ideenflucht), depressiver anderseits (mit gedrückter Stimmung und erniedrigtem Selbstwertgefühl) handelt (s. dazu Köhler, 2016, S. 11 und die dort angeführte Literatur).

5.2 Depressives und manisches Syndrom

aggressive Reizbarkeit auftreten; retrospektiv wird der manische Stimmungszustand keineswegs regelmäßig als angenehm beschrieben. Die Antriebssteigerung macht sich in einer Vielzahl gleichzeitiger Aktivitäten bemerkbar, welche jedoch angesichts wieder neuer Ideen selten zu Ende geführt werden, sodass letztlich ausgesprochene Unproduktivität resultiert. Dem entspricht das ideenflüchtige Sprachverhalten, bei dem die Themen äußerst rasch gewechselt werden. Die Abgrenzung von der zerfahrenen, assoziativ restlos gelockerten Sprache Schizophrener kann in schweren Fällen von Manie nicht einfach sein. Das gesteigerte Selbstwertgefühl zeigt sich insbesondere in grenzenloser Überschätzung der eigenen intellektuellen und oft auch finanziellen Möglichkeiten (bis hin zum regelrechten Größenwahn), die bisweilen zu ruinösen Unternehmungen und sinnlosen Anschaffungen verleitet. Die unrealistische Einschätzung der eigenen sexuellen Attraktivität zusammen mit gesteigertem Antrieb und vermehrter Libido kann zu Distanzlosigkeit mit der Folge ausgesprochenen Fehlverhaltens führen. Körperlich fühlen sich manische Patienten zumeist ausgesprochen wohl; die Schlafdauer ist reduziert, ohne dass dies als unangenehm empfunden wird. Halluzinationen können vorkommen und erschweren bei zusätzlichem Größenwahn die Abgrenzung von der Schizophrenie.

Als *Hypomanie* bezeichnet man eine schwächere Ausprägung der Manie mit anhaltend leicht gehobener Stimmung, gesteigertem Antrieb und einem auffallenden Gefühl von Wohlbefinden und Leistungsfähigkeit. Die affektiven Veränderungen wie vermehrte Geselligkeit und Vertraulichkeit oder Libidosteigerung sind nicht groß genug, um »zu einem Abbruch der Berufstätigkeit oder zu sozialer Ablehnung« zu führen; Wahn und Halluzinationen werden nicht beobachtet (nach ICD-10, S. 160 ff.).

5.3 Vorkommen und Verlauf affektiver Syndrome

Sowohl depressive wie manische Syndrome können im Rahmen *organischer Erkrankungen* auftreten und verschwinden in der Regel mit deren erfolgreicher Behandlung. Als Ursache depressiver Zustände wären etwa Infektionskrankheiten zu erwähnen, degenerative Erkrankungen wie Morbus Parkinson, weiter Anämien und Stoffwechselerkrankungen, bösartige Neubildungen, speziell Hirntumoren, Schlaganfälle (»post-stroke-depression«), besonders aber Störungen im endokrinen System. Von großer Bedeutung dabei ist die Hypothyreose (Unterfunktion der Schilddrüse, sehr häufig eine Folge der Autoimmunkrankheit Thyreoiditis Hashimoto), weitere Störungen im System von Hypothalamus-Hypophyse-Nebennierenrinde[3], Östrogenmangel, insbesondere nach den Wechseljahren, die keineswegs seltenen Stimmungsveränderungen vor und nach einer Geburt (prä-und postpartale Depression, oft als peripartale Depression zusammengefasst; s. dazu Hamed, Elwasify, Abdelhafez & Fawzy, 2022). Manische Syndrome können ebenfalls im Rahmen diverser Erkrankungen auftreten, beispielsweise bei Hyperthyreose.

Klinisch relevant und theoretisch bedeutsam sind zudem depressive und manische Zustände als *Folge von Medikamenteneinnahme* oder *Konsum psychotroper Substanzen*. Insbesondere das blutdrucksenkende Reserpin hat als Nebenwirkung oft ein depressives Syndrom, welches man durch Verminderung von Monoaminmolekülen in den präsynaptischen Zellen erklärt (▶ Kap. 5.7); auch findet sich oft eine Dämpfung von Antrieb und herabgesetzte Stimmung nach Gabe von Steroiden wie Cortisol. Steroide und das die Nebennierenrinde stimulierende ACTH können aber auch ein manisches Syndrom hervorrufen. Auffällig ist weiter manische Sympto-

---

3 Zu nennen ist die Addison-Krankheit bei Ausfall, das Cushing-Syndrom bei verstärkter Aktivität der Nebennierenrinde bzw. bei erhöhter externer Corticoidzufuhr. Das Auftreten depressiver Symptomatik im Rahmen dieser endokrinologischen Erkrankungen hat dazu geführt, bei nicht organisch zu erklärenden affektiven Symptomen Störungen im Bereich einzelner Hormonsysteme anzunehmen.

matik nach Konsum von Amphetaminen und Kokain (▶ Kap. 3.5 und
▶ Kap. 5.8).

Der Großteil der depressiven und manischen Syndrome entwickelt sich nicht im Rahmen nachweisbarer organischer Grundkrankheiten oder infolge von Substanzeinnahme. In vielen Fällen ist bei diesen (augenblicklich) nicht organisch erklärbaren Formen eine *phasenhaft* begrenzte Symptomatik zu finden. Die depressiven und manischen Episoden gehen, in der Regel erst nach Wochen bis Monaten, in einen Zustand normaler Stimmung über, häufig mit einem kleinen, teilweise medikamentös induzierten Stimmungsüberschuss in die andere Richtung, z. B. mit einer hypomanischen Nachschwankung im Anschluss an eine depressive Episode. Vielfach folgen in mehr oder weniger großen Abständen weitere Phasen. Je nachdem, ob eine oder mehrere Episoden auftreten und ob diese wiederum gleichsinnig sind oder entgegengesetzte Symptomatik aufweisen, ergeben sich unterschiedliche Verläufe (s. u.).

Während sich die Begriffe monophasisch oder multiphasisch unabhängig von ihrer Richtung auf die Zahl der Episoden im Störungsverlauf beziehen, geben die Bezeichnungen unipolar und bipolar Hinweise auf eine einheitliche oder uneinheitliche Richtung von Stimmung und Antrieb im Fall von mehr als einer Episode. Demnach ist eine unipolare (rezidivierende) depressive Störung durch eine Folge von mindestens zwei ausschließlich depressiven Phasen gekennzeichnet; analog wäre eine unipolar manische Störung definiert. Bei einer bipolaren affektiven Störung sind mindestens eine manische und eine depressive Episode zu beobachten. Zudem gibt es Störungen, bei denen innerhalb ein- und derselben Phase gleichzeitig oder im raschen Wechsel depressive und manische Symptomatik zu finden ist; die Bezeichnung dafür lautet »gemischte Episode einer bipolaren affektiven Störung« oder »gemischte affektive Episode«.

Die Dauer der Episoden schwankt beträchtlich: In der Regel sind manische Phasen mit einer mittleren Länge von etwa vier Monaten kürzer als depressive (durchschnittlich etwa sechs Monate); mit zunehmendem Alter werden speziell die depressiven Episoden länger. Die Länge der symptomfreien Intervalle zeigt erhebliche Schwankungen, von wenigen Wochen bis zu mehreren Jahren. Eine Extremvariante stellen die »rapid cyclers« mit mindestens vier Episoden binnen eines Jahres dar sowie die

»switchers«, bei denen depressive und manische Phasen ohne symptomfreies Intervall einander ablösen.

Wie erwähnt, gehen die Phasen (eventuell über eine kurze Nachschwankung) in einen Zustand affektiver Normalität über; Residuen wie bei Schizophrenie kommen selten vor. Ist die Prognose der affektiven Störungen zwar somit insgesamt gut, muss doch der oft nicht geringe, zuweilen auch materielle Schaden bedacht werden, den Personen in einer manischen Phase anrichten. Schwerer wiegt noch die hohe Suizidrate; (sehr pessimistische) Annahmen gehen davon aus, dass bis zu 15% der Personen mit unipolaren Depressionen Selbstmord begehen; diese Zahlen liegen bei bipolar Gestörten sogar noch darüber (nach der Zusammenstellung von Pompili et al. [2013] 20 bis 30 Mal höher als in der Allgemeinbevölkerung); erwartungsgemäß suizidiert sich der Großteil davon in der depressiven Episode, immerhin aber auch 10–20% während einer dysphorischen manischen Phase (Rihmer, 2007).

Neben episodenförmig verlaufenden depressiven und manischen Syndromen kommen *anhaltende affektive* Störungen vor, welche zwar in der Intensität über die Zeit schwanken, dabei aber selten schwer genug sind, um die Diagnose einer depressiven oder manischen Episode zu rechtfertigen. Die chronisch depressive Verstimmung wird *Dysthymia* genannt und entspricht ungefähr der früher als »neurotisch« bezeichneten Depression mit leichterem und weniger klar phasenhaft abgegrenztem Verlauf. *Zyklothymia* (nicht zu verwechseln mit dem alten Begriff Zyklothymie als Synonym für manisch-depressive Psychose) bezeichnet eine andauernde Stimmungsinstabilität, bei der sich depressive und hypomanische Schwankungen finden, klinisch auffällig, jedoch nicht stark genug, um eine depressive oder (hypo-)manische Phase zu diagnostizieren.

> **Merke**
>
> Depression ist keine einheitliche Krankheit, sondern ein Syndrom, das auf verschiedene, nicht zuletzt auch organische Ursachen (Hormonstörungen, Tumorerkrankungen, Schlaganfälle) zurückgehen kann. Zu bedenken ist weiter, dass Schizophreniefälle mit vorwiegender Minussymptomatik nicht immer leicht von Depressionen zu unterscheiden

sind. Depressionen können kontinuierlich sein und episodenhaft auftreten, dann als einmalige depressive Episoden, als rezidivierende depressive Störung und schließlich im Rahmen bipolarer Verläufe.

5.4 Diagnostik und Klassifikation

Die Diagnose einer affektiven Störung wird meist im freien Gespräch durch Anamnese und Befunderhebung gestellt. Zunehmend kommen jedoch für Forschungszwecke, beispielsweise zur Verlaufskontrolle oder für die Zuteilung zu therapeutischen Bedingungen, stärker standardisierte Verfahren zum Einsatz. Bekannt sind hier das *Beck'sche Depressionsinventar* und die *Hamilton Depressionsskala* (für eine Zusammenstellung der Instrumente s. Hautzinger, 2021).

Die (alleinige) Diagnose *manische Episode* mit der Codenummer F30 in ICD-10 erfolgt, wenn die betreffende Person zum ersten Male solche Symptomatik aufweist. Dabei wird nach Intensität und Zusatzsymptomen noch einmal unterteilt: Bei der *Hypomanie* (F30.0) findet sich eine leichtere Ausprägung manischer Symptome ohne Wahn und Halluzinationen, eventuell mit »Beeinträchtigung der Berufstätigkeit oder der sozialen Aktivität«; im Gegensatz zur Manie ist die Symptomatik aber nicht schwer genug, um »zu einem Abbruch der Berufstätigkeit oder zu sozialer Ablehnung« zu führen. Letzteres ist Zeichen der *Manie ohne psychotische Symptome* (F30.1) und der *Manie mit psychotischen Symptomen* (F30.2). Die zweite Form ist schwerer und durch ausgeprägte Wahnideen in Form von Größen-, Verfolgungs- oder religiösem Wahn gekennzeichnet. Die Abgrenzung von der Schizophrenie und schizoaffektiven Störungen kann schwierig sein. Für die Diagnose manische Episode ist erforderlich, dass die Symptome mindestens eine Woche bestehen und eine *Unterbrechung* beruflicher und sozialer Leistungsfähigkeit zur Folge haben.

Hat die betreffende Person vor ihrer Episode mit manischer Symptomatik bereits eine depressive Episode durchgemacht, wird eine *bipolare*

5 Affektive Störungen

Störung (F31) diagnostiziert mit einer augenblicklich manischen Episode; mit einer Zahl an vierter Stelle ist die Art der gegenwärtigen Symptomatik zu beschreiben (F31.0: bipolare affektive Störung, gegenwärtig hypomanische Episode; F31.1: bipolare affektive Störung, gegenwärtig manische Episode ohne psychotische Symptome; F31.2: bipolare affektive Störung, gegenwärtig manische Episode mit psychotischen Symptomen). Gelangt die Person erst später in eine depressive Phase, so müsste rückwirkend die Diagnose korrigiert werden, wäre also z. B. F30.1 (Manie ohne psychotische Symptome) in F31.1 (bipolare affektive Störung, gegenwärtig manische Episode ohne psychotische Symptome) umzuwandeln.

Der Sachverhalt wird dadurch kompliziert, dass auch dann von einer bipolaren affektiven Störung gesprochen wird, wenn bis dahin nur manische Phasen aufgetreten sind. Dahinter steckt die Überlegung, dass Personen mit ausschließlich rezidivierender manischer Symptomatik den Patienten, die daneben depressive Episoden erleben, »in Familienanamnese, prämorbider Persönlichkeit, Krankheitsbeginn und langfristiger Prognose« ähneln (ICD-10, S. 164). Hinzu kommt, dass rein manische Verläufe sehr selten sind, somit auch nach wiederholten manischen Episoden mit großer Wahrscheinlichkeit eine depressive Phase zu erwarten ist.

Konnte bei einer Person bis zum Untersuchungszeitpunkt ein bipolarer Verlauf gefunden werden – beziehungsweise waren ausschließlich bis dahin manische Phasen zu beobachten – und zeigt sie dann depressive Symptomatik, müsste die Diagnose *bipolare affektive Störung, gegenwärtig depressive Episode* gestellt werden, wobei eine zusätzliche Unterteilung nach Schweregrad des depressiven Syndroms und möglicher psychotischer Zusatzsymptomatik erfolgt. Es ergeben sich dann folgende Diagnose- und Verschlüsselungsmöglichkeiten: F31.3 (bipolare affektive Störung, gegenwärtig leichte oder mittelgradige depressive Episode), F31.4 (bipolare affektive Störung, gegenwärtig schwere depressive Episode ohne psychotische Symptome) und F31.5 (bipolare affektive Störung, gegenwärtig schwere depressive Episode mit psychotischen Symptomen); zu letzteren wären Wahnideen, Halluzinationen oder depressiver Stupor zu rechnen (ICD-10, S. 175). Das Vorhandensein eines somatischen Syndroms im Rahmen der depressiven Episoden könnte mit der fünften Stelle gekennzeichnet werden (s. u.).

5.4 Diagnostik und Klassifikation

Von diesen sich durch eine einmalige manische Episode manifestierenden oder bipolar verlaufenden affektiven Störungen sind die unipolaren depressiven Formen anzugrenzen; dabei kann es sich um eine einzige Phase handeln oder um rezidivierende (rein) depressive Störungen. Eine *depressive Episode* (F32) wird dann diagnostiziert, wenn dies die erste ausgeprägtere affektive Symptomatik der betreffenden Person darstellt; wie beschrieben, ist das Syndrom typischerweise gekennzeichnet durch die drei »Kernsymptome« depressive Stimmung, Verlust von Interesse und Freude sowie erhöhte Ermüdbarkeit (als Zeichen der Antriebsverminderung). Als häufige Symptome werden genannt: eingeschränkte Konzentration und Aufmerksamkeit, vermindertes Selbstwertgefühl und Selbstvertrauen, Schuldgefühle und Gefühle von Wertlosigkeit, pessimistische Zukunftsperspektiven, Suizidgedanken oder Suizidhandlungen, Schlafstörungen und Abnahme des Appetits (verkürzt nach ICD-10, S. 170). Bei den depressiven Episoden lassen sich wiederum leichte (F32.0), mittelgradige (F32.1) sowie schwere depressive ohne (F32.2) und mit psychotischen Symptomen (F32.3) unterscheiden. Für den Schweregrad ausschlaggebend ist das Vorliegen einer bestimmten Anzahl der drei genannten »Kernsymptome« (zwei davon bei den leichten und mittelgradigen depressiven Episoden, alle drei bei den schweren); zudem muss eine gewisse Anzahl der zusätzlich möglichen Symptome zu finden sein. Die Diagnose »schwere depressive Störung mit psychotischen Symptomen« erfolgt dann, wenn Wahnideen (gewöhnlich Ideen der Versündigung, der Verarmung oder einer bevorstehenden Katastrophe, für die sich der Patient verantwortlich fühlen kann), Halluzinationen oder ein depressiver Stupor auftreten. Akustische Halluzinationen »bestehen gewöhnlich aus diffamierenden oder anklagenden Stimmen«, Geruchshalluzinationen »beziehen sich auf Fäulnis oder verwesendes Fleisch«; diese Variante geht mit einer besonders hohen Selbstmordrate einher (Paljärvi et al., 2023). Um von einer depressiven Episode sprechen zu können, sollten die Symptome in der Regel wenigstens zwei Wochen bestehen; dieses kritische Intervall kann kürzer sein, wenn die Symptome »ungewöhnlich schwer oder schnell aufgetreten« sind.

Tritt eine depressive Episode nicht zum ersten Mal auf und wurden bisher keine manischen Episoden beobachtet, spricht man von einer *rezidivierenden depressiven Störung* (F33), wobei analog zur einmaligen depressiven Episode die augenblickliche Symptomatik durch die vierte Stelle ausgedrückt wird, daher steht F33.0 für eine *rezidivierende depressive Störung, gegenwärtig leichte Episode.*

Liegt eine dauernde Stimmungsstörung vor, bei denen die Symptomatik nicht den Charakter regelrechter depressiver, hypomanischer oder manischer Phasen hat, spricht man von einer *anhaltenden affektiven Störung* (F34) und unterscheidet *Zyklothymia* (F34.0) mit andauernder Instabilität der Stimmung und *Dysthymia* (F34.1) mit chronischer depressiver Verstimmung; eine Codenummer für anhaltend manische Gestimmtheit existiert nicht.

Fasst man die Klassifikation affektiver Störungen nach ICD-10 zusammen, so wird zunächst zwischen bis dato *einmaligen Episoden* und *rezidivierenden affektiven Störungen* differenziert. Bei den einmaligen Episoden lässt sich zwischen manischen (F30) und depressiven (F32) unterscheiden, wobei weitere Stellen die Symptomatik bezüglich Schweregrad oder Zusatzsymptomen psychotischer Art kennzeichnen. Handelt es sich wenigstens um die zweite Episode, spricht man von einer rezidivierenden depressiven Störung dann, wenn alle Episoden einschließlich der gegenwärtigen depressiver Art waren; neben der allgemeinen Diagnose rezidivierende depressive Störung (F33) muss der Schweregrad sowie die Zusatzsymptomatik (psychotisch oder nicht-psychotisch) der gegenwärtigen Phase angegeben werden. Handelt es sich bei der gegenwärtigen bereits um mindestens die zweite manische Episode oder sind einer depressiven Episode schon manische vorausgegangen, ist die Diagnose *bipolare affektive Störung* (F31) zu stellen und mit der dritten Stelle Art (manisch oder depressiv) sowie Schweregrad und Zusatzsymptomatik der gegenwärtigen Phase zu vermerken. Affektive Störungen, deren Symptome nie so schwer sind, um regelrechte Episoden zu diagnostizieren, bilden eine eigene Gruppe *anhaltende affektive Störungen* (F34) mit den Unterformen Zyklothymia (F34.0) bei Schwankungen in beide Richtungen und Dysthymia (F34.1) bei ausschließlich depressiver Symptomatik.

Vergleicht man diese neuere Klassifikation affektiver Störungen mit den älteren, fällt zunächst auf, dass in ICD-10 (ebenso wie in ICD-11) ätiologische Kategorien der Art »endogene«, »reaktive« oder »neurotische« Depression vermieden werden. Lediglich gibt es die Möglichkeit (nicht aber die Verpflichtung), das Vorliegen von Symptomen, welche als besonders typisch für die »endogene Depression« erachtet werden (etwa das Morgentief), mit dem zusätzlichen Code für das »somatische Syndrom« zu vermerken. Gleichzeitig wird aber nun genauer nach dem Verlauf differenziert: Sprach man im Sinne des alten Schemas oft von einer affektiven oder manisch-depressiven Psychose bereits dann, wenn eine einzige melancholische Phase beobachtet worden war, so werden heute klar die lediglich einmal aufgetretenen Episoden von den rezidivierenden Verlaufsformen getrennt; innerhalb der letzteren wird noch einmal eine Unterscheidung zwischen den unipolar verlaufenden depressiven und den bipolaren Störungen getroffen, was früher mit der Kategorie »affektive Psychose« nicht genauer getrennt wurde. Da zunehmend Unterschiede zwischen den uni- und den bipolaren affektiven Störungen entdeckt werden, etwa hinsichtlich genetischer Determinanten oder Ansprechen auf Psychopharmaka, scheint diese differenziertere Einteilung nach dem Verlauf durchaus sinnvoll; Ähnliches gilt für die nun noch schärfere Unterscheidung zwischen den in Episoden verlaufenden und eher kontinuierlichen depressiven Syndromen – letztere als Dysthymia weitgehend der früheren »neurotischen« Depression entsprechend.

In DSM-5 ist die Einteilung ähnlich – wobei allerdings organisch und nicht-organisch begründbare affektive Störungen im selben Kapitel abgehandelt werden. Bei den depressiven Störungen kennt man (vereinfacht wiedergegeben) neben der »Persistierenden Depressiven Störung (Dysthymie)« die *Major Depression*, die eine einzelne Episode bildet oder rezidivierend verlaufen kann. Dem werden die *Bipolaren Störungen* gegenübergestellt, wobei hier auch rein manische Verläufe eingereiht werden; dabei wird unterteilt in die *Bipolar I Störung* mit regelrechten manischen Episoden und *Bipolar II Störung*, wo nur hypomanische Episoden auftreten – auch ICD-10 kennt übrigens mittlerweile diesen Begriff, ebenso ICD-11. Die *Zyklothyme Störung* entspricht der Zyklothymia in ICD-10.

5.5 Erstmanifestationsalter und Epidemiologie

Im Fall organisch bedingter oder durch psychotrope Substanzen und Medikamente hervorgerufener affektiver Störungen ist der Beginn der Symptomatik naturgemäß abhängig vom Beginn der Grunderkrankung oder der Substanzeinnahme. Die episodenhaft abgrenzten depressiven Störungen können in jedem Lebensalter einsetzen (auch schon im Kindesalter, wenn auch mit etwas anderer Symptomatik, etwa mit Gereiztheit statt Traurigkeit; s. Mullen, 2018); ihr Erstmanifestationsalter liegt aber meist zwischen dem 25. und dem 35. Lebensjahr. Bipolare Störungen setzen durchschnittlich einige Jahre früher als die unipolaren ein.

Anhaltende depressive Störungen (Dysthymia) machen sich typischerweise im frühen Erwachsenenalter bemerkbar und nehmen oft chronischen Verlauf über Jahre bis Jahrzehnte, wenngleich Intensitätsschwankungen zu beobachten sind.

Angaben zur *Häufigkeit affektiver Erkrankungen* differieren beträchtlich, was größtenteils auf die nicht einheitliche Terminologie zurückzuführen ist. Für die bipolaren affektiven Störungen mit mindestens einer regelrechten manischen Episode dürfte die Lebenszeitprävalenz zwischen 0,5 % und 1 % liegen, also ähnlich der für Schizophrenie sein. Unter Einbeziehung hypomanischer Phasen und zyklothymer Persönlichkeitsstörungen – was bei epidemiologischen Angaben aus dem angloamerikanischen Bereich nicht selten der Fall ist – muss das Lebenszeitrisiko mit 6–8 % deutlich höher angesetzt werden. Übereinstimmung besteht darin, dass bei bipolaren Störungen Frauen und Männer ähnlich häufig betroffen sind.

Noch größere Diskrepanz in den Angaben findet sich hinsichtlich der *Häufigkeit depressiver Syndrome*; hier macht sich bemerkbar, dass meist nicht zwischen einmaligen Episoden und rezidivierenden depressiven Störungen unterschieden wird, zudem oft chronische Störungsbilder (Dysthymie) einbezogen werden. Weiter berücksichtigen manche Autoren auch leichte, nicht zur Behandlung führende depressive Zustände. So werden Lebenszeitprävalenzen depressiver Syndrome von zwischen 15 %

und 25 % angegeben; jeder Vierte bis Fünfte würde demnach mindestens einmal einen solchen Zustand durchmachen. Etwa 20–30 % der Betroffenen erleben eine einzige Episode, ein ähnlicher Prozentsatz deren zwei oder drei, die Hälfte der Patienten vier oder mehr. (Bei den bipolaren Störungen wird ungefähr eine doppelt so hohe Phasenzahl angenommen.) Übereinstimmung besteht hinsichtlich Geschlechterverteilung: Frauen überwiegen deutlich, etwa im Verhältnis 2:1; bezüglich schwer depressiver Zustände dürfte das Verhältnis noch extremer zu sein. Anders als bei der Schizophrenie sind bezüglich affektiver Störungen die verschiedenen Einkommensschichten weitgehend gleich betroffen (zu Quellenangaben s. Köhler, 2016a, S. 51 ff.).

5.6 Familiäre Häufung und Vererbung

Affektive Störungen treten *familiär gehäuft* auf, wobei dies bei den bipolaren Formen wesentlich deutlicher ist; diese Häufung ist etwas ausgeprägter bei Bipolar I- als bei Bipolar II-Störungen (Parker, Romano, Graham & Ricciardi, 2018). So haben Verwandte von manisch-depressiven Personen eine 5–10fach erhöhte Wahrscheinlichkeit, ebenfalls an dieser Störung zu erkranken. Wie bei vielen anderen Störungen ist eine polygenetische Vererbung mit Abstand am wahrscheinlichsten. Versuche, für bipolare Störungen verantwortliche Gene zu lokalisieren, sind mittlerweile zunehmend erfolgreicher; so fanden Studien an sehr großen Populationen (GWAS = genome-wide association studies) über 60 Gene, die bei bipolar Gestörten verändert sind (Mullins et al., 2021); diese liegen auf verschiedenen Chromosomen und besitzen isoliert keine große Penetranz; was diese veränderten Gene im Normalfall determinieren, ist zu kompliziert, um hier genauer darauf einzugehen (s. dazu beispielsweise Fabbri, 2021).

Nicht weniger kompliziert sind die genetischen Verhältnisse bei den unipolaren depressiven Störungen, wo sogar über 200 Kandidatengene diskutiert werden (Flint, 2023). Wieder ist die Diskrepanz der mitgeteilten Daten auf die mehr oder weniger weit gefassten Definitionen zurückzuführen: je stärker die Beschränkung auf die schweren depressiven Zustände mit somatischem Syndrom beziehungsweise endogener Natur, desto eindrucksvoller der Nachweis genetischer Determiniertheit (Nguyen et al., 2022).

Ähnlich wie bei Schizophrenie und den bipolaren Störungen lässt sich durch Untersuchungen von *Adoptivkindern* ausschließen, dass die familiäre Häufung allein Folge gemeinsamer Umweltbedingungen darstellt. Wie bei den bipolaren Störungen sind die physiologischen Bedeutungen der »Kandidatengene« nur sehr bedingt klar; immerhin wurde in der Literatur häufig über Varianten des 5HTT-Gens bei depressiv Gestörten diskutiert, welches die Leistungsfähigkeit von Serotonintransportern determiniert (z. B. Pérez-Olmos, Bustamante & Ibáñez-Pinilla, 2016; zum Zusammenhang dieses Transporters bzw. des ihn determinierenden Gens mit der Reaktivität auf psychische Belastung s. Köhler, 2016a, S. 58 f.).

5.7 Biochemische Korrelate affektiver Störungen

Wie oben ausgeführt (▶ Kap. 4.2.7), sind bei psychischen Störungen gefundene biologische Veränderungen nicht als deren letzte Ursache zu betrachten, sondern als Korrelate beziehungsweise zugrunde liegende Prozesse; entsprechend stehen solche Befunde nicht im Widerspruch zu psychogenetischen Ansätzen.

Die *Monoaminhypothese* ist nach wie vor das bekannteste biochemische Modell depressiver Störungen, obwohl sie vergleichsweise vage formuliert ist und im Widerspruch zu einer Anzahl empirischer Befunde steht. Monoamine haben u. a. die Funktion von Neurotransmittern; zu ihnen zählt man u. a. Serotonin, Dopamin und Noradrenalin. Serotonin wird aus der Aminosäure Tryptophan gebildet und gehört zur Untergruppe der Indolamine, die Katecholamine Dopamin und Noradrenalin werden aus Tyrosin synthetisiert.

5.7 Biochemische Korrelate affektiver Störungen

Die Speicherung der Monoamine im präsynaptischen Neuron erfolgt in bläschenförmigen Gebilden (Vesikeln), die ihren Inhalt bei Reizung in den synaptischen Spalt entleeren; nach Diffusion zum postsynaptischen Neuron können sich die Transmitter an Rezeptoren anlagern und zu Veränderung von Membraneigenschaften führen. Nach kurzer Zeit werden die Moleküle wieder aus dem synaptischen Spalt in die präsynaptische Zelle rücktransportiert (Reuptake); sie können dort entweder erneut in Vesikel geschleust oder abgebaut werden. Dieser Abbau findet v. a. bei Transmitterüberangebot statt und geschieht im Wesentlichen (bei den Katecholaminen jedoch nicht ausschließlich) durch das Enzym Monoaminoxydase (MAO). Aus Serotonin entsteht dabei 5-Hydroxyindolessigsäure (englische und in der Literatur gebräuchliche Abkürzung: 5-HIAA = 5-hydroxyindoleacetic acid), aus Dopamin Homovanillinsäure, aus Noradrenalin MHPG (3-Methoxy-4-Hydroxy-Phenylglycol). Die Konzentration dieser Metaboliten im Blutplasma und in der Zerebrospinalflüssigkeit wird (zunehmend umstritten) als Indikator für die Menge der Monoamine im präsynaptischen Neuron und synaptischen Spalt angesehen. Zu ergänzen bleibt, dass an der Membran des präsynaptischen Neurons so genannte Autorezeptoren sitzen, an die ebenfalls Transmitter andocken können. Der Grad dieser Besetzung gibt somit Hinweis auf die Konzentration der Botenstoffe im Spalt; ist diese hoch, so werden bei den nächsten Impulsen weniger Moleküle aus dem Endknöpfchen freigesetzt.

Die Monoaminhypothese der Depression nimmt eine *Minderaktivität an monoaminergen Synapsen* an[4] Entsprechend wird gestörte Neurotransmission speziell an noradrenergen und/oder serotonergen Synapsen als biochemisches Korrelat depressiver Zustände angesehen; auch Dopamin ist in den letzten Jahren zunehmend ins Forschungsinteresse gerückt. Ob die biochemischen Veränderungen bei ein- und derselben Person gleichzeitig vorliegen oder ob jeweils nur in einem ihrer Transmittersysteme Störungen zu finden sind oder ob je nach Symptomatik einmal Katecholaminminderaktivität, ein andermal Serotoninminderaktivität anzunehmen ist – das alles ist nicht präzisiert. Ebenso wenig ist klar, an welchen Bahnen solche eingeschränkte synaptische Aktivität zu finden sein könnte und wie

---

4 Ob sich diese Hypothese noch aufrechterhalten lässt, darf bezweifelt werden. Einige Antidepressiva beeinflussen auch andere Transmittersysteme, so das glutamaterge und das GABAerge (Duman, Sanacora & Krystal, 2019), was zu Modifikationen der grundlegenden biochemischen Hypothesen führen dürfte. Generell muss man sich von der Vorstellung frei machen, die Wirkweisen der antidepressiven Behandlung annähernd verstanden zu haben (s. dazu Regen & Benkert, 2023, S. 9).

man sich letztere genauer vorzustellen hat: Denkbar wären eine mangelnde Ausschüttung von Transmittern oder eine veränderte Rezeptorzahl bzw. Empfindlichkeit an der postsynaptischen Nervenzelle. Interessanterweise konzentrieren sich die Forschungen der letzten Jahre zunehmend weniger auf die ohnehin schwer bestimmbaren Transmitterkonzentrationen, sondern vielmehr auf Rezeptoreigenschaften; so gibt es Hinweise auf veränderte Empfindlichkeit des 5-HT$_{1A}$-Rezeptors bzw. Besonderheiten des für die Ausbildung dieser Bindungsstelle verantwortlichen Gens (Albert, Le François & Vahid-Ansari, 2019). Tabelle 5.1 zeigt einige Befunde, welche die Monoaminhypothese stützen sollen (▶ Tab. 5.1).

Ein vergleichsweise direkter Hinweis ist die Tatsache, dass im Liquor cerebrospinalis von Depressiven, insbesondere nach Suizid, *erniedrigte Konzentration des Serotoninmetaboliten 5-HIAA* gefunden wurde, was für erniedrigte Konzentration in den Endknöpfchen sprechen könnte. Weniger eindeutig ist die Befundlage zu *MHPG*, dem *Abbauprodukt von Noradrenalin* (s. Köhler, 2019, S. 165). Von Bedeutung war weiter die Feststellung, dass unter Gabe von *Reserpin* zur Behandlung von Bluthochdruck gehäuft depressive Syndrome auftraten; Reserpin macht die Vesikel porös und führt die Noradrenalintransmitter vermehrtem Abbau durch MAO zu. Auch wurde beobachtet, dass sich tryptophanarme Diät (und damit Erschwerung der Serotoninproduktion) negativ auf den Verlauf depressiver Symptomatik auswirkt.

Weitere Hinweise für die Gültigkeit der Hypothese ergeben sich aus dem Wirkmechanismus zur Depressionsbehandlung eingesetzter Medikamente. Die ursprünglich bei der Therapie der Tuberkulose verwendete Substanz Iproniazid führte bei depressiven Patienten zur Stimmungsaufhellung. Da sich die Wirkweise dieser Substanz über eine Blockade der Monoaminoxydase (MAO-Hemmung) und die daraus folgende Erhöhung der Monoaminmenge in den Endknöpfchen erklären ließ, schloss man, depressiven Syndromen liege ein Mangel an diesen Transmitterstoffen zugrunde.

5.7 Biochemische Korrelate affektiver Störungen

Tab. 5.1: Befunde zur Stützung der Monoaminhypothese der Depression (nach Köhler, 2019)

Stichwort	Befund
Reserpininduzierte Depression	• Gabe des die Monoaminspeicher entleerenden Reserpin führt zu depressiven Verstimmungen
Wirkung von Aminpräkursoren	• Vorstufen von Noradrenalin u. Serotonin bessern depressive Symptome • tryptophanarme Diät verschlechtert Symptomatik
Effekte von Kokain und Psychostimulanzien	• Dopamin- u. Noradrenalinverfügbarkeit erhöhende Stoffe wirken antriebssteigernd, euphorisierend
Effekte von MAO-Hemmern	• MAO-Hemmer erhöhen Verfügbarkeit von Monoaminen und wirken antidepressiv
Wirkung trizyklischer Antidepressiva	• Stoffe, welche die Monoamin-Wiederaufnahme hemmen, haben antidepressive Wirkung
Konzentrationen von Monoaminen und ihren Metaboliten	• reduzierte Serotoninmengen im Hirnstamm Depressiver • erniedrigte Konzentration von 5-HIAA im Liquor depressiver Patienten • evtl. erniedrigte Konzentration von MHPG im Urin depressiver Patienten

Unterstützt wird die Monoaminhypothese mit gewissen Einschränkungen durch die Wirkweise der Antidepressiva, welche die Konzentration von Noradrenalin und Serotonin im synaptischen Spalt durch Störung der Wiederaufnahme in das präsynaptische Neuron erhöhen. Indem sie mehr oder minder stark gleichzeitig die präsynaptischen Autorezeptoren blockieren, »täuschen« sie einen Transmittermangel im Spalt vor und veranlassen die präsynaptische Nervenzelle zu verstärkter Ausschüttung. Diese Reuptake-Hemmung betrifft zumeist beide Transmittersysteme. Bei den zunehmend erfolgreicheren Versuchen, selektive Serotonin- und Noradrenalin-Wiederaufnahme-Hemmer zu entwickeln, könnte es auf lange Sicht möglich werden, den spezifischen Transmittermangel genauer der Symptomatik bzw. den Personengruppen zuzuordnen.

Versuche, durch Vorstufen der Transmitter depressive Syndrome zu bessern, sind wenig überzeugend ausgefallen. L-Tryptophan als Ausgangspunkt der Serotoninsynthese war zeitweise als Antidepressivum im Handel, hat aber die Erwartungen nicht erfüllt und wird bestenfalls noch als Schlafmittel eingesetzt. Umgekehrt ließen sich durch tryptophanarme Diät depressive Zustände produzieren, ein jedoch nicht zweifelsfrei replizierter Befund.

Im Kontext der Monoaminhypothese bleiben einige Punkte zu klären. Wichtigster ist, dass die Erhöhung der Serotonin- und Noradrenalinmenge im Spalt als Folge der Reuptake-Hemmung und der Autorezeptor-Blockade rasch einsetzen müsste, während bis zum Wirkungseintritt der Antidepressiva im Allg. zwei bis vier Wochen vergehen; so wird diskutiert, ob nicht die eigentliche Wirkung in einer Veränderung der Rezeptorempfindlichkeit oder nachgeschalteter Prozesse als Folge permanent erhöhter synaptischer Konzentration besteht. Eine interessante Erweiterung der Monoaminhypothese sind die Ungleichgewichtshypothesen, die den Transmitter Acetylcholin einbeziehen und annehmen, dass bei der Manie die Aktivität von Noradrenalin und Dopamin zu Ungunsten der von Acetylcholin verstärkt ist, während bei der Depression das cholinerge System überwiegen soll (van Enkhuizen et al., 2015). Dafür spricht u. a., dass Anticholinergika, insbesondere Scopolamin, bemerkenswerte antidepressive Effekte haben (Kolar, 2021).

Nicht zuletzt aufgrund der Beobachtung, dass übermäßige Aktivität von Hormonen der Nebennierenrinde oder die Einnahme von entsprechenden Medikamenten (Cushing-Syndrom, ▶ Kap. 5.3) häufig von affektiver Verstimmung begleitet ist, wird als Grundlage depressiver Syndrome (auch) eine *Störung* im *Hypothalamus-Hypophysen-Nebennierenrinden-System* angenommen. Man geht von einer Fehlregulation der Rückkopplungskreise aus, bei denen normalerweise die erhöhte Konzentration von Nebennierenrindenhormonen (etwa Cortisol) zu einer gedrosselten ACTH-Ausschüttung aus der Hypophyse führt, was die Hormonsekretion der Nebennierenrinde verringert. Ein Beleg für solche veränderten Regelsysteme bei Depressiven ist der negative Ausfall des Dexamethason-Suppressionstests: Die Gabe des synthetischen Corticoids Dexamethason unterdrückt bei gesunden Personen die ACTH-Produktion der Hypophyse und lässt somit die Cortisolkonzentration sinken, ein Effekt, der bei Depressiven häufig ausbleibt.

5.7 Biochemische Korrelate affektiver Störungen

Veränderungen anderer Hormonsysteme wurden gleichfalls mit Depression in Verbindung gebracht, so Störungen der Achse Hypothalamus-Hypophyse-Schilddrüse; interessanterweise wirkt die Gabe von Schilddrüsenhormonen auch bei Patienten ohne Schilddrüsenunterfunktion augmentativ, d. h. den Effekt von Antidepressiva verstärkend (Köhler, 2022, S. 51). In jüngster Zeit hat sich die Forschung, angeregt durch die typischen Tagesschwankungen bei vielen depressiven Patienten und den oft positiven Effekt von Lichtexposition, auf das Melatonin konzentriert, das Hormon der Zirbeldrüse (Epiphyse). In Zeiten vermehrter Dunkelheit wird mehr davon ausgeschieden; es kommt zu Verlangsamung biologischer Funktionen, als deren pathologische Steigerung man die Depression ansehen könnte. Dies würde die saisonalen Stimmungstiefs erklären. Insofern erscheint der therapeutische Einsatz von Melatoninagonisten wie Agomelatin (z. B. Valdoxan®) auf den ersten Blick widersinnig; möglicherweise handelt es sich um eine langfristige Stabilisierung des Systems. Eine sehr reizvolle Hypothese ist, dass wenigstens ein Teil der Depressionen auf entzündlichen Prozessen beruhen, die entweder durch Infektionen hervorgerufen wurden oder autoimmunologisch bedingt sind (Zytokinin-Hypothese der Depression; s. dazu Köhler, 2019, S. 178 ff.). Dafür spricht auch, dass Medikamente, die gegen Entzündungen wirken (etwa nicht-steroidale Antirheumatika, Acetylsalicylsäure sowie unter Umständen Glukokortokoide) antidepressive Wirkung zeigen (s. Regen & Benkert, 2023, S. 12).

Weitere Hypothesen sind die einer mitochondrialen Dysfunktion, einer phasenhaft auftretenden Störung der Neurogenese (Neuronenbildung), eine depressiogen wirkende Störung des Schlafwachrhythmus, und die einer vaskulären Störung, welche vornehmlich spät auftretende Depressionen erklären sollte. Sie können hier aus Raumgründen nicht genauer dargestellt werden (s. dazu Köhler, 2019, S. 179 ff.).

Noch unklarer ist, welche biochemischen Veränderungen der Manie zugrunde liegen. Da nach Einnahme der noradrenalin-agonistischen Amphetamine und des Kokains eine manische Symptomatik mit Aktivitätssteigerung, mangelndem Schlafbedürfnis, gehobener Stimmung und Selbstüberschätzung auftreten kann, liegt eine Beteiligung von Noradrenalin nahe. Auch ist möglicherweise bei diesen Patienten der MHPG-Spiegel im Liquor cerebrospinalis vermehrt, womit an den Synapsen mehr Noradrenalinmoleküle zur Verfügung stehen. Allerdings wurde der 5-HIAA-Spiegel im Liquor erniedrigt gefunden und bei tryptophanreicher Kost soll sich auch manische Symptomatik bessern. Man hat daher die interessante, aber bis jetzt weder widerlegte noch ausreichend gestützte Annahme vertreten, dass aufgrund des niedrigen Serotoninspiegels die

Noradrenalinkonzentration überhaupt erst die Schwankungen zeigt, durch die es zu depressiven und manischen Zuständen kommt (»permissive«-Hypothese; s. Köhler, 2016a, S. 91 sowie Young & Juruena, 2021, die sehr ausführlich die Neurobiologie der bipolaren Störung beschreiben und dabei neben den Monoamintransmittern auch GABA und Glutamat in die Theoriebildung einbeziehen).

5.8 Erklärungsansätze

Biologische Erklärungsansätze gehen im Wesentlichen von der bedeutsamen *genetischen Komponente* bei der Entstehung von affektiven Störungen aus, speziell bei bipolaren Verläufen. Externe, das Erkrankungsrisiko erhöhende Faktoren wie Geburtskomplikationen oder frühkindliche Infektionen wurden – anders als bei der Schizophrenie – nicht konsistent gefunden.

Erklärungen unipolarer Formen dürften eher für die schwereren endogenen zutreffen und basieren auf der erblichen Determiniertheit in Form gewisser Abnormitäten im noradrenergen und serotonergen System. Selten dürften diese Faktoren allein das Auftreten sicher begründen, sodass auch psychologischen Erklärungsansätzen gewisse Bedeutung zukommt.

Mittlerweile gibt es eine Anzahl weiterer Thesen zur Ätiopathogenese unipolarer Depressionen (für Belege s. Köhler, 2016a, S. 61 ff. sowie S. 94 ff.). Eine geht von funktionellen Abnormitäten kreisförmig verbundener Hirnstrukturen aus; dieser hypothetische »Depressionskreis« (depression circuit) umfasst den präfrontalen Kortex, Teile des Gyrus cinguli, Amygdala und Striatum. Andere Modelle vermuten, dass es sich primär um eine hormonelle Dysregulation v. a. des Systems Hypothalamus-Hypophyse-Nebennierenrinde handelt oder dass die depressive Symptomatik sekundär die Folge gestörter Biorhythmen ist. Weitere Thesen, die auch den phasenhaften Verlauf mit symptomfreien Intervallen erklären könnten, sind die einer intermittierend gestörten Neuronenbildung (speziell im Hippocampus) sowie die Annahme, dass es sich um einen chronischen, zwischendurch akut aufflammenden Entzündungsprozess handelt (die schon erwähnte Zytokinhypothese der Depression).

Biologische Modelle zur Entstehung der Manie beziehungsweise der bipolaren Störungen sind kaum explizit formuliert. Anregend ist die Hypothese, dass es sich letztlich um eine genetisch determinierte Instabilität der Neuronenmembranen mit ihren Ionenkanälen handelt.

Dass Stress und traumatische Erlebnisse eine Rolle in der Ätiopathogenese affektiver Störungen spielen, ist sehr wahrscheinlich. Allerdings bleibt die Frage unbeantwortet, ob diese Faktoren per se pathogen wirken oder nur dann, wenn ihre Verarbeitung erschwert ist (was wiederum von bis jetzt wenig klar definierten Persönlichkeitseigenschaften abhängen würde).

Psychologische Erklärungsansätze: Das erste bekanntere psychologische Modell der Depression wurde von Freud in »Trauer und Melancholie« (Freud, 1916–17 g) entwickelt, dies jedoch in aller Zurückhaltung und mit der Einschränkung, hiermit nur Zusammenhänge für eine »kleinere Gruppe« gefunden zu haben. Die schwierigen Gedankengänge können hier nur schematisch wiedergegeben werden (für eine genauere Darstellung s. Köhler, 2014b, S. 539 ff.). Freud hebt die Ähnlichkeit zwischen Trauer und Depression hervor (gedrückte Stimmung, Verlust von Interesse an der Außenwelt); beides stelle eine Reaktion auf Verlust dar, welcher bei der Trauer bewusst sei, bei der Melancholie häufig unbewusst. Im ersten Falle werde nach gewisser Zeit (nach Ableistung der »Trauerarbeit«) die libidinöse Beziehung zum verlorenen Objekt gelöst, bei der Melancholie hingegen dieses introjiziert. Die depressive Person identifiziert sich nach Freud mit dem Objekt, die Selbstvorwürfe gelten nicht der eigenen Person, sondern stellen Vorwürfe gegenüber dem Verlorenen dar: »So hat man denn den Schlüssel des Krankheitsbildes in der Hand, indem man die Selbstvorwürfe als Vorwürfe gegen ein Liebesobjekt erkennt, die von diesem weg auf das eigene Ich gewälzt sind« (Freud, 1916–17 g, S. 434). Der psychodynamische Mechanismus ist kompliziert: Da die Introjektion eine *narzisstische Regression* darstellt, rechnet Freud die Melancholie zu den *narzisstischen Neurosen*, vermisst dort die Übertragung und folglich die psychotherapeutische Zugänglichkeit (▶ Kap. 4.2.8). Die Regression gehe hier jedoch nicht so weit, wie bei der Schizophrenie, sondern in ein Stadium zwischen der Ichliebe und ersten libidinösen Besetzungen der Außenwelt. In diesem Stadium werden die Objekte gewissermaßen einverleibt, bilden Teil des eigenen Ichs und werden im Rahmen der Ichliebe ebenfalls geliebt. Dieses Einverleiben stelle ein Charakteristikum der oralen Phase der Libidoentwicklung dar: »Dürfen wir eine Übereinstimmung der Beobachtung mit unseren Ableitungen annehmen, so würden wir nicht zögern, die Regression von der Objektbesetzung auf die noch dem Narzissmus angehörige orale Libidophase in die Charakteristik der Melancholie aufzunehmen« (Freud, 1916–17 g, S. 436). Zu den Bedingungen einer solchen Regression äußert sich Freud entgegen vielen Darstellungen nicht; bei der Theorie, dass in der oralen Phase eine Frustration vorgefallen sei, welche die Depressionsentwicklung begünstige, handelt es sich um eine Zutat späterer Analytiker.

In seiner Theoriebildung ist Freud sehr zurückhaltend: »An diese Erörterungen schließt die Frage an, ob nicht Ichverlust ohne Rücksicht auf das Objekt (rein narzisstische Ich-Kränkung) hinreicht, das Bild der Melancholie zu erzeugen, und ob nicht direkt toxische Verarmung an Ichlibido gewisse Formen der Affektion ergeben kann« (ebd., S. 440). Diese Überlegungen sind v. a. im metapsychologischen Rahmen von Bedeutung und stellen eher beiläufige Bemerkungen über ein spezielles Krankheitsmodell dar, keineswegs eine allgemeine psychoanalytische Theorie der Depression; trotzdem haben sie umfangreiche Forschung angeregt.

Freud versucht auch (vorsichtig) eine Erklärung der Manie, die er Jubel und Freude gleichsetzt, bei denen ein psychischer Aufwand überflüssig werde und nun eine beliebige Abfuhr erfahren könne: »In der Manie muss das Ich den Verlust des Objekts […] überwunden haben, und nun ist der ganze Betrag von Gegenbesetzung, den das schmerzhafte Leiden der Melancholie aus dem Ich an sich gezogen und gebunden hatte, verfügbar geworden.« Der Manische, setzt sich die Argumentation fort, »demonstriert auch unverkennbar seine Befreiung von dem Objekt, an dem er gelitten hatte, indem er wie ein Heißhungriger auf neue Objektbesetzungen ausgeht« (ebd., S. 442).

Ein *lerntheoretisches* Entstehungsmodell der Depression ist die *Theorie des Verstärkerverlusts*. Sie geht auf Lewinsohn (Lewinsohn, Antonuccio, Steinmetz & Teri, 1984) zurück und war früher deutlich populärer als heute. Zentrale Annahme ist, dass aus verschiedenen Gründen die gewohnten Verstärkungen für die üblichen Verhaltensweisen entfallen und

5.8 Erklärungsansätze

entsprechend das Aktivitätsniveau der Betroffenen sinkt, bis hin zur depressiven Verstimmung und Interesselosigkeit. Lewinsohn und seine Mitarbeiter konnten diese Annahme auch in einer Anzahl von Untersuchungen bestätigen, allerdings zumeist aufgrund von Selbsteinschätzungen der depressiven Versuchspersonen; dies belegt zunächst jedoch lediglich die bekannte Tatsache, dass in diesem Zustand eine bevorzugt negative Sichtweise objektiv unveränderter Sachverhalte vorliegt. Zudem verhalten sich Depressive häufig abweisend und ziehen sich zurück, sodass positive Verstärker zwangsläufig seltener werden.

Bekannter und deutlich interessanter ist die Theorie der *gelernten Hilflosigkeit*, welche nicht nur auf klinischen Beobachtungen, sondern auch auf tierexperimentellen Untersuchungen basiert und somit die bei Humanstudien oft schwer zu klärende Ursache-Wirkungs-Beziehung eindeutiger herausarbeitet. Diese von Seligman in den 1970er Jahren entwickelte Theorie (Seligman, 1979) ist genauer (inklusive ihrer späteren attributionstheoretischen Modifikationen) bei Comer (2008, S. 225 ff.) und Davison et al. (2007, S. 319 ff.) herausgearbeitet, denen diese Darstellung weitgehend folgt. In einem sehr beachteten Versuch wurden zwei Gruppen von Hunden mit angekündigten Elektroschocks konfrontiert, die leicht durch Wechsel von einer Abteilung der Versuchsbox in die andere zu vermeiden waren. Der einen Gruppe der Versuchstiere, den »naiven« Hunden, die keine Vorerfahrung hatten, gelang dies leicht. Die andere Gruppe war zuvor mit unvermeidbaren Elektroschocks konfrontiert worden und zeigte keine Fluchtreaktionen; die Tiere legten sich hin und ließen die aversiven Reize winselnd über sich ergehen. Hunde, die länger mit unvermeidbaren Schocks konfrontiert worden waren, fraßen schließlich weniger, nahmen ab und verloren auch sexuelle und sonstige soziale Interessen. Diese Versuche wurden verschiedentlich wiederholt; dabei ergab sich bei Ratten der interessante Befund, dass nach gewisser Zeit die Aktivität von Noradrenalin im Gehirn abnahm. Ähnliche, wenn auch kürzere und weniger aversive Versuche wurden bei Menschen durchgeführt. So nutzten Probanden, die längere Zeit mit einem unangenehmen, nicht kontrollierbaren akustischen Reiz konfrontiert worden waren, später nicht die Gelegenheit wahrnehmen, Geräusche abzustellen, auch als es schließlich mittels eines einfachen Hebeldrucks möglich war.

Seligman vertrat die Auffassung, Menschen würden depressiv, wenn sie glaubten, keine Kontrolle mehr über die Verstärkungen in ihrem Leben haben und sich für diesen hilflosen Zustand selbst verantwortlich hielten. Die erste Hypothese lässt sich bedingt aus den Experimenten ableiten, die zweite ist v. a. Resultat klinischer Beobachtungen, wobei möglicherweise als Ursache der Depression angesehen wird (Eigenverantwortlichkeit für Unglück), was nach anderer Auffassung lediglich ein typisch wahnhaftes Symptom darstellt (▶ Kap. 5.2 u. ▶ Kap. 5.4). Unbelegt ist, dass alle Symptome der Depression aus der Wahrnehmung von Hilflosigkeit und Selbstbeschuldigung erwachsen. Bestenfalls gezeigt wurde in den Tierstudien, dass Resignation, Appetit- und Libidoverlust durch induzierten (massiven) Kontrollverlust hervorgerufen werden können; ob dies auch beim Menschen gilt, ob andere Symptome der Depression (erniedrigtes Selbstwertgefühl, Wahnideen) so erzeugt werden können und schließlich v. a., ob es nicht andere Wege der Entstehung gibt, bleibt offen.[5]

Später wurde die Theorie unter *kognitionspsychologischen* und *attributionstheoretischen Gesichtspunkten* umformuliert. Zunächst musste sie dahingehend geändert werden, dass nicht der Kontrollverlust an sich, sondern die *Empfindung* des Kontrollverlustes (die nicht den tatsächlichen Gegebenheiten entsprechen muss) die depressive Symptomatik hervorruft. Weiter wurde herausgearbeitet, dass es die Attributionen, die Arten der Zuschreibung sind, welche die Ausbildung der Depression begünstigt: Speziell anfällig sollen Personen sein, die *internal, global* und *stabil* attribuieren, also insbesondere negative Ereignisse sich selbst zuschreiben und sie für allgemeine, nicht situationsabhängige Vorkommnisse halten. Diese Revision hat eine Anzahl von Untersuchungen angeregt, deren Ergebnisse

---

[5] Auf die schwer zu interpretierenden Befunde der Stress- bzw. Life-Event-Forschung kann hier nicht eingegangen werden. Tatsächlich finden sich vor Ausbruch depressiver Episoden gehäuft aversive Vorkommnisse, welche jedoch bei anderen Personen keine solch gravierende Symptomatik hervorrufen würden. Daher wurde die Hypothese vertreten, dass genetisch festgelegte Besonderheiten im Monoaminstoffwechsel, speziell die Serotonintransporter betreffend, die Verarbeitung von Stresssituationen erschweren könnten. Durchaus anregend ist auch die Überlegung, dass »Stress« entzündliche Vorgänge fördert, welche zunehmend als pathogenetisch bedeutsam bei zumindest einigen Formen von Depression angesehen werden (Bhatt, Nagappa & Patil, 2020).

5.8 Erklärungsansätze

höchst konträr beurteilt werden. Hingewiesen sei nur darauf, dass die meisten dieser Studien offenbar nicht an »endogen« Depressiven, sondern an Probanden mit reaktiven oder neurotischen Depressionen durchgeführt wurden, nicht selten sogar mit klinisch unauffälligen Personen, die lediglich in Depressionsinventaren erhöhte Scores aufwiesen. Wesentliche Frage bleibt jedoch, warum Personen aus psychischem Wohlbefinden und Stabilität heraus eine zum Teil schwer depressive Symptomatik entwickeln und ob dies durch von außen herbeigeführtem Kontrollverlust oder durch Änderungen des Attributionsstils hervorgerufen werden kann. Nur Längsschnittstudien, die angesichts der Phasenhäufigkeit bei rezivierenden depressiven Störungen nicht allzu aufwendig scheinen, könnten über den tatsächlichen Erklärungswert der »Hilflosigkeitstheorie« entscheiden.

Am bekanntesten, weil auch häufig therapeutischen Interventionen als rationale Begründung unterliegend, ist die von Beck 1967 entwickelte *kognitive Theorie* der Depression (s. dazu Beck, Rush, Shaw & Emery, 2010). Diese betrachtet Depression als Folge fehlangepasster Einstellungen, einer bestimmten Betrachtungsweise (der so genannten kognitiven Triade), gewisser Denkfehler und schließlich automatischer Gedanken. Wie diese vier Bestimmungsstücke logisch und genetisch zusammenhängen, bleibt offen; sie seien hier ohne Erörterung skizziert. Fehlangepasste Einstellungen haben nach Beck ihren Ursprung bereits in der Kindheit und stellen inadäquate Schemata dar, sich in Relation zur übrigen Welt zu beurteilen. Sie bilden die kognitive Grundlage für bestimmte Formen des Denkens, die im Fall von Belastungen manifest werden, eben die kognitive Triade: negative Interpretation eigener Erfahrungen, des eigenen Ichs und der eigenen Zukunft. Im Rahmen dieser kognitiven Triade zeigen sich *typische Denkfehler*: Beim willkürlichen Schlussfolgern leiten die Betroffenen in logisch unzulässiger Weise aus zufälligen Gegebenheiten Aussagen (typischerweise negativer Natur) über sich selbst ab. Bei der *selektiven Abstraktion* wird ein negatives Ereignis besonders beachtet, während andere neutrale oder positive ignoriert werden; *Übergeneralisierung* zeigt sich darin, dass aus einem einzigen (in der Tat negativen Sachverhalt) der eigene Wert generell in Frage gestellt wird; bei der *Maximierung* wird die Bedeutung negativer Ereignisse überschätzt, bei der *Minimierung* die positiver Vorkommnisse unterschätzt; bei der *Personalisierung* wird der eigenen Person Schuld für nicht beeinflussbare Ereignisse zugeschrieben (nach Comer,

2008, S. 228 ff.; dort auch Beispiele für solche Denkfehler). Ein weiteres, bei Depressiven nicht fehlendes Moment sind *automatische*, immer wiederkehrende und schwer zu abzustellende *Gedanken*, die sich vornehmlich um die eigene Wertlosigkeit drehen. Im Sinne eines Rückkoppelungssystems führen die negativen Kognitionen zur Depression, und die depressiven Symptome verstärken weiter die pathogenen Denkfehler.

Becks kognitive Theorie der Depression hat zahlreiche Untersuchungen stimuliert, die vielfach auch die Beziehung zwischen Depressivität und den erwähnten negativen Denkschemata bestätigen konnten. Die Schwierigkeit ist zum einen wiederum die Auswahl der Probanden, oft Normalpersonen mit erhöhten Depressivitätsscores in Fragebogen, selten aber im klinischen Sinne depressiv gestörte Patienten. Zum anderen drängt sich die Frage auf, ob der gefundene kognitive Stil tatsächlich die Ursache der Depression ist und nicht nur eine Umschreibung der in den ICD-10-Kriterien gewissermaßen als Definition depressiver Symptomatik eingeführten negativen Sichtweisen. Ob diese Denkfehler der depressiven Phase vorausgehen und deshalb als ihre Ursache aufgefasst werden könnten, wird kontrovers diskutiert.

Bei allen erwähnten Theorien ist zudem nicht genauer spezifiziert, auf welche Art depressiver Syndrome sie sich beziehen, ob auf die eher chronisch verlaufenden Formen im Sinne von Dysthymia oder die episodenhaft abgegrenzten Störungen; bei letzteren scheint es unerlässlich, zu unterscheiden zwischen depressiven Zuständen bei Personen, die in gewissen Abständen ausschließlich diese erleiden, und anderen, bei denen oft genau die gegenteilige Stimmungsschwankung erfolgt, die also eine bipolare Störung aufweisen. Dass beispielsweise in der Kindheit erworbene negativistische Denkstile wiederholt depressive Zustände begünstigen können, wirkt plausibel; dass dieselben Personen plötzlich konträre Einschätzungen ihrer Person und der Realität zeigen, ist schwer mit einer solchen Sicht vereinbar. Überhaupt ist auffällig, wie sehr die Manie – von jenen wenigen Bemerkungen Freuds abgesehen (s. o.) – als Forschungsgegenstand von der Psychologie und biologischen Psychiatrie ignoriert wurde, obgleich sie ein besser definiertes und interessanteres Störungsbild bietet.

5.9 Therapie

5.9.1 Pharmakologische Behandlung

Die Behandlung episodenhaft depressiver Zustände, insbesondere der schweren, geschieht in aller Regel medikamentös, oft begleitend zu psychotherapeutischen Maßnahmen. Bevorzugt kommen hier Antidepressiva zum Einsatz, Medikamente, die speziell auf die Besserung der Stimmung und Veränderung des Antriebs zielen. Daneben haben die viele »Antidepressiva« andere Indikationen wie Angstsyndrome, Zwangsverhalten, Essstörungen, Impulskontrollstörungen, Entzugssymptomatik und Schmerzzustände; insofern ist die Bezeichnung etwas unglücklich. Didaktisch am zweckmäßigsten scheint die Unterteilung in trizyklische Antidepressiva, MAO-Hemmer, selektive Serotonin-Rückaufnahmehemmer (Reuptake-Hemmer) sowie eine (sehr heterogene) Restgruppe.

Die Kategorisierung der Antidepressiva, die in der Literatur teils nach der Struktur (etwa trizyklisch und tetrazyklisch), teils nach dem Wirkprinzip (beispielsweise Serotonin-Reuptake-Hemmer, MAO-Hemmer), teils nach historischen Gesichtspunkten (Antidepressiva der ersten und der zweiten Generation) erfolgt, ist nicht befriedigend gelöst. Aus Gründen der Übersichtlichkeit schien es sinnvoll, eine Art Restklasse einzuführen, in die alle anderen Antidepressiva als die trizyklischen, die MAO-Hemmer und die SSRI eingeordnet werden.

Die am längsten im Einsatz befindlichen Antidepressiva sind die *trizyklischen* (TZA), welche (wie die Neuroleptika der Phenothiazingruppe) durch ein Gerüst mit drei Ringen gekennzeichnet sind; neben Imipramin, dessen stimmungsaufhellender Effekt bereits 1957 entdeckt wurde und das unter dem Namen Tofranil® und in Form zahlreicher Generika im Handel ist, gehören dazu u.a. Desipramin (in Deutschland nicht mehr im Handel), Clomipramin (z.B. Anafranil®), Amitriptylin (z.B. Saroten®), Doxepin (z.B. Aponal®) oder Trimipramin (z.B. Stangyl®). Der stimmungsaufhellende Effekt ist bei allen prinzipiell gleich; bedeutsamer sind die Unterschiede in der Wirkung auf den Antrieb, indem Desipramin antriebssteigernden Effekt hat, Amitriptylin und Trimipramin hingegen einen sedierenden, während Imipramin sich weitgehend antriebsneutral verhält. Diese Wirkunterschiede basieren wesentlich darauf, wie stark die Substanz auch Histaminrezeptoren blockiert – je stärker, desto größer die Sedierung – und sind unbedingt zu berücksichtigen, etwa bei der Therapie agitiert depressiver Patienten.

Der therapeutische Effekt der TZA tritt (wie der anderer Antidepressiva) in der Regel erst nach zwei bis vier Wochen ein, sodass nur nach längerem Ausbleiben des Therapieerfolgs Wechsel auf ein anderes Präparat indiziert ist. Da der antriebssteigernde Effekt typischerweise vor dem stimmungsaufhellenden einsetzt, gilt in dieser kritischen Übergangsphase die Selbstmordgefahr als besonders groß (»Suizidermöglichung«).

Der Wirkmechanismus besteht in der Wiederaufnahmehemmung für Monoamine, gleichzeitig in der Blockade präsynaptischer Autorezeptoren. Aufgrund der langen Dauer bis zum Wirkungseintritt setzt sich die Auffassung durch, der eigentliche therapeutische Effekt beruhe nicht auf einer erhöhten Verfügbarkeit der Transmitter im synaptischen Spalt, sondern auf Veränderung der postsynaptischen Rezeptoren als Anpassung an das vergrößerte Angebot.[6] Die trizyklischen Antidepressiva wirken nicht selektiv auf Serotonin- und Noradrenalin; Amitriptylin beeinflusst beide Systeme etwa gleich, während insbesondere Trimipramin stärker die Wiederaufnahme von Noradrenalin hemmt, Clomipramin fast ausschließlich die von Serotonin.

> Daneben werden weitere Transmittersysteme beeinflusst, wobei durch Blockade von muskarinergen Acetylcholinrezeptoren zahlreiche vegetative Nebenwirkungen auftreten können, welche bei Anwendung bedacht werden müssen; diese »anticholinergen« Effekte erklären sich weitgehend durch Hemmung der Parasympathikusaktivität und umfassen Symptome wie Mundtrockenheit, Akkommodationsstörungen, Obstipation (mit der möglichen Folge einer Darmlähmung [paralytischer Ileus]) und Schwierigkeiten beim Wasserlassen (bis hin zum kompletten Harnverhalt). Nicht anticholinerge Nebenwirkungen sind Überleitungsstörungen am Herzen und teilweise starke Gewichtszunahme; aus diesen Gründen verbietet sich zuweilen der Einsatz der TZA, speziell bei älteren Personen.

Die so genannten *Antidepressiva der zweiten Generation* sind meist besser verträglich; hierzu rechnet man die tetrazyklischen Antidepressiva, bei-

---

6 Wie genau diese Veränderung aussehen könnte, wird in der Literatur wenig präzisiert. Von der alten These der »down-regulation«, der Reduktion der Zahl oder der Sensitivität der Bindungsstellen, ist man offenbar abgekommen.

spielsweise Maprotilin oder Mianserin sowie andere, die nicht oder nur bedingt in das oben eingeführte Schema passen, etwa Trazodon, Mirtazepin (z. B. Remergil®), Venlafaxin (z. B. Trevilor retard®), Duloxetin (z. B. Cymbalta®), Reboxetin (Edronax®), Bupropion (z. B. Elontril®) oder Agomelatin (z. B. Valdoxan®). Wieweit diese weniger mit Nebenwirkungen behafteten Medikamente hinsichtlich ihres antidepressiven Effektes mit den trizyklischen Substanzen vergleichbar sind, steht in Diskussion. Auch Extrakte aus Johanniskraut (Hypericum) sind mittlerweile in Apotheken gegen Rezept erhältlich und erstattungsfähig. Die Wirksamkeit dieser Präparate – zumindest bei leichten bis mittelschweren depressiven Zuständen – gilt als erwiesen. Die Wirkmechanismen bleiben jedoch vorläufig unklar, und die Nebenwirkungen sind nicht zu vernachlässigen (insbesondere Hautveränderungen sowie die nicht selten beschriebenen Schwangerschaften, wenn Kontrazeptiva und Johanniskraut-Extrakte eingenommen werden; zu dieser und weiteren Nebenwirkungen bzw. Interaktionen mit anderen Medikamenten s. Regen & Benkert, 2023, S. 165 f.).

Gut etablierte Medikamente, nicht nur als Antidepressiva, sind die selektiven Serotonin-Wiederaufnahmehemmer (SSRI) wie Citalopram (z. B. Cipramil®), Escitalopram (z. B. Cipralex®), Fluoxetin (z. B. Fluctin®), Fluvoxamin (z. B. Fevarin®), Paroxetin (z. B. Seroxat®) oder Sertralin (z. B. Zoloft®).[7] Sie blockieren keine Histaminbindungsstellen (sind daher oft stark antriebssteigernd), zudem keine Acetylcholinrezeptoren (was das weitgehende Fehlen vegetativer Nebenwirkungen erklärt); auch werden weder größere Gewichtszunahme noch – mit gewissen Einschränkungen – Überleitungsleitungsstörungen beobachtet; allerdings wirken sie nicht selten stark hemmend auf Sexualfunktionen und Libido.

Eine interessante Gruppe bilden die *MAO-Hemmer*, deren antidepressive Wirksamkeit ebenfalls 1957 – mehr oder weniger zufällig – entdeckt wurde. Sie verhindern den Abbau u. a. von Noradrenalin und Serotonin in der präsynaptischen Zelle und erhöhen damit deren Verfügbarkeit für die synaptische Übertragung. MAO baut auch andere Stoffe ab, beispielsweise das mit der Nahrung aufgenommene Tyramin (welches speziell in Käse reichlich vorhanden ist), sodass eine Hemmung dieses Enzyms zur An-

---

7 Das sehr nebenwirkungsarme Vortioxetin (Brintellix®) ist in Deutschland nicht mehr im Handel, wohl als Folge des ausgesprochen hohen Ladenpreises.

häufung von Tyramin mit der ernsten Gefahr von Blutdruckkrisen führen kann. Neuere selektive MAO-A-Hemmer, die den Tyraminabbau nicht wesentlich stören, wie Moclobemid (z. b. Aurorix®), werden zunehmend häufiger eingesetzt, nachdem MAO-Hemmer in Deutschland über viele Jahre so gut wie nicht verordnet wurden. Die nicht selektiven MAO-Hemmer wie Tranylcypromin (z. B. Jatrosom®) gelten als die stärksten Antidepressiva, werden jedoch selten verordnet, nicht zuletzt, weil strenge diätetische Einschränkungen erforderlich sind (etwa so gut wie vollständiger Verzicht auf Käse).

Antidepressiva werden üblicherweise auch nach Ende der depressiven Episoden für einige Monate verabreicht und dann ausschleichend abgesetzt.[8]. Bei rezidivierenden depressiven Zuständen werden sie länger zur Prophylaxe eingenommen. Bei depressiven Störungen im Rahmen bipolarer Störungen (bei bipolaren Depressionen) ist zu beachten, dass Antidepressiva (v. a. wohl die TZA) manische Phasen provozieren können. Paulzen, Gründer und Benkert (2023, S. 237) empfehlen hier bei leichten depressiven Phasen den Verzicht auf Antidepressiva, bei mittelschweren und schweren Depressionen SSRI bzw. das Antipsychotikum Quetiapin.

Bedeutsam bei der Phasenprophylaxe bipolarer Störungen (besonders solchen mit vorwiegend manischen Episoden) sind *Lithiumpräparate*. Lithium liegt in den Medikamenten als Salz vor, beispielsweise als Lithiumcarbonat (z. B. Hypnorex retard®, Quilonum retard®); als einwertiges Ion entspricht es Kalium und Natrium. Die phasenreduzierende Wirkung ist nachgewiesen, allerdings erst nach mehrmonatiger Einnahme. Der

---

8 Angemerkt sei, dass man keineswegs immer eine ausreichende antidepressive Wirkung beobachtet. Augmentation mit Lithiumsalzen, Schilddrüsenhormonen oder atypischen Antipsychotika kann oft doch noch den gewünschten Effekt bringen. Bei therapieresistenten Depressionen zeitigten Infusionen mit dem dissoziativ wirkenden Analgetikum Ketamin rasch einsetzende und oft bemerkenswerte (wenn auch nicht anhaltende) Effekte. Inzwischen ist die wirksamere Variante Esketamin in Form von Nasenspray (Spravato®) explizit zur Behandlung von Depressionen zugelassen (allerdings nur in Kombination mit anderen Antidepressiva). Als wirksames Antidepressivum gilt zudem das Anticholinergikum Scopolamin (Kolar, 2021). Mittlerweile widmeten sich mehrere Studien den Effekten von Psychedelika (»klassischen Halluzinogenen«, die an Serotoninrezeptoren ansetzen) auf Depressionen und kamen zu sehr erfreulichen Ergebnissen (Ko, Kopra, Cleare & Rucker, 2023).

5.9 Therapie

Wirkmechanismus ist nur bedingt geklärt: Es wird angenommen, dass nachgeschaltete Signaltransduktionsprozesse (»second-messenger-Prozesse«) stabilisierend beeinflusst werden; auch Anregung des Neuronenwachstums wird vermutet (zur Literatur s. Köhler, 2016a, S. 122). Da Lithiumionen in höheren Konzentrationen sehr toxisch sind, sind sorgfältige Dosierung und regelmäßige Kontrolle des Spiegels im Serum unerlässlich. Bei Überdosierung (beispielsweise bei Niereninsuffizienz) kommt es u. a. zu neurologischen Symptomen wie Artikulations- und Gangstörungen, epileptischen Anfällen, Verwirrtheit sowie Bewusstseinstrübung bis hin zum zuweilen tödlichen Koma. Auch in normaler Dosierung wird Lithium von vielen Personen nicht vertragen (Tremor, Übelkeit, kardiale Nebenwirkungen), sodass die Therapie in einem Großteil der Fälle schließlich abgebrochen wird; hierbei ist ein Ausschleichen unerlässlich, da sonst leicht manische Phasen provoziert werden. Häufig wechselt man auf die ebenfalls phasenprophylaktischen Antikonvulsiva Carbamazepin (z. B. Tegretal®, Timonil®) oder Valproinsäure (z. B. Ergenyl®, Orfiril®), die ähnliche Angriffspunkte wie Lithium besitzen dürften. Valproinsäure ist in Deutschland allerdings nicht oder nur speziellen Bedingungen zur Phasenprophylaxe zugelassen. Diese Antikonvulsiva sind zwar besser verträglich als Lithium, haben aber durchaus ernste Nebenwirkungen und besitzen nicht die Lithiumpräparate kennzeichnende Wirksamkeit gegen Suizid, Suizidversuche und suizidales Denken. Diese segensreiche Eigenschaft, die Lithium mit keinem anderen Stimmungsstabilisierer teilt, kann nicht genug betont werden (Tondo & Baldessarini, 2018). Alle genannten Phasenprophylatika wirken auch therapeutisch bei manischen Phasen, bei depressiven hauptsächlich durch Verstärkung der Wirkung von Antidepressiva.[9]

Manische Phasen werden üblicherweise mit *Antipsychotika*, zuweilen auch Benzodiazepinen, behandelt, oft zusätzlich mit Lithiumsalzen oder

---

9 Bipolare Störungen mit vornehmlich depressiven Phasen können gut mit Lamotrigin (Lamictal®) behandelt werden. Problematisch ist die Phasenprophylaxe bei »rapid cyclern«, wo Lithiumsalze wohl wenig wirksam sind; effektiver sind hier Lamotrigin sowie einige atypische Antipsychotika, beispielsweise Quetiapin und Olanzapin (s. dazu Paulzen, Gründer & Benkert, 2023, S. 240).

Antikonvulsiva, besonders, wenn anschließende Prophylaxe geplant ist; alleinige Gabe dieser Medikamente reicht in manchen Fällen aus.

Bei der Dysthymia war man mit der Gabe von Antidepressiva lange eher zurückhaltend, heute weniger; zusätzliche Psychotherapie ist hier äußerst sinnvoll.

5.9.2 Weitere biologische und somatische Verfahren

Die mittlerweile zunehmd wieder in das therapeutische Inventar aufgenommene *Elektrokonvulsivbehandlung* oder *Elektrokrampftherapie (EKT)* wird im Wesentlichen zur Behandlung therapieresistenter depressiver Syndrome eingesetzt; dabei sind die Response-Raten auch bei jenen Patienten erstaunlich hoch, die auf Antidepressiva nicht angesprochen haben. Die Wirkmechanismen sind unklar; diskutiert wird u. a. Erhöhung der neuronalen Plastizität, Unterdrückung von entzündlichen Reaktionen, Verstärkung monoaminerger Übertragung sowie Normalisierung veränderter neuroendokriner Systeme (zur Literatur s. Köhler, 2016a, S. 124 f.).

Eine einfache und oft rasch wirksame Maßnahme bei depressiven Zuständen diverser Genese stellt der *Schlafentzug* dar (auch »Wachtherapie« oder »Nachttherapie« genannt); beim totalen Schlafentzug werden die Patienten für eine Nacht wach gehalten, worauf sich häufig am folgenden Tag eine Besserung einstellt; diese verschwindet aber oft schon nach einem Sekundenschlaf wieder. Deshalb werden mehrere partielle Schlafentzüge pro Woche durchgeführt, mit Wecken vorzugsweise in der zweiten Nachthälfte; zu vermeiden ist, dass der Patient danach vor den Abendstunden einschläft. Die Wirkungsweise dieser zweifellos effizienten, zumeist mit antidepressiver Medikation kombinierten Therapie ist wenig geklärt (s. dazu Köhler, 2016a, S. 126; für eine ausführlichere Darstellung der möglichen Wirkmodelle s. Dallaspezia & Benedetti, 2015).

Die *Lichttherapie* wird hauptsächlich bei Patienten mit saisonal abhängigen Depressionsformen eingesetzt und hat hier auch deutliche Erfolge. Die Patienten werden dabei täglich, vorzugsweise morgens, künstlichem Licht ausgesetzt. Die Mechanismen der Wirkung sind nicht geklärt; diskutiert wird Beeinflussung der »Zeitgeber«, die den circadianen Rhythmus kontrollieren.

Neuere Verfahren sind die der *Hirnstimulation*, welche noch nicht endgültig beurteilt werden können, aber vielversprechende Ansätze darstellen. So konnte etwa für die repetitive transkranielle Magnetfeldstimulation Wirksamkeit bei depressiver Symptomatik gezeigt werden; Ähnliches gilt für die (elektrische) Gleichfeldstimulation (für Literaturangaben s. Regen & Benkert, 2023, S. 46). Ein weiteres Verfahren ist die Vagusnervstimulation durch Einsetzen eines Schrittmachers, der über Aktivierung von afferenten Fasern dieses Hirnnerven indirekt die Aktivität von Hirnarealen beeinflusst; mittlerweile ist es möglich, den Vagusnerven vom außen (transkutan) zu stimulieren (Badran & Austelle, 2022). Bei therapieresistenten Depressionen kommt auch zuweilen die »tiefe Hirnstimulation« durch implantierte Elektroden zur Anwendung (Figee et al., 2022). Und als ultima ratio sind psychochirurgische Eingriffe weiterhin nicht ganz unüblich (De Salles et al., 2022).

5.9.3 Psychotherapeutische Verfahren

Psychoanalytische (allgemeiner: *psychodynamische*) Therapien depressiver Zustände werden nicht selten durchgeführt, sind aber nicht in größeren Therapiestudien evaluiert worden. Unklar ist in den Falldarstellungen, ob es sich bei den Patienten eher um chronisch Depressive oder um solche mit episodenhaft verlaufenden depressiven Zuständen handelte. Ersteres dürfte häufiger der Fall sein, da die Kürze depressiver Episoden (im Schnitt etwa sechs Monate) und die folgende typische Beschwerdefreiheit oder gar manische Symptomatik klassischen psychoanalytischen Behandlungen große Schwierigkeiten entgegensetzt. Zudem hatte erwähntermaßen Freud die Melancholie zu den *narzisstischen Neurosen* gerechnet, also das für die psychoanalytische Behandlung seines Erachtens entscheidende Moment der Übertragung bei diesen Patienten vermisst. Die Therapien basieren im Großen und Ganzen auf der Annahme, dass Depressionen ein Verlusterlebnis (oft unbewusster Natur) zugrunde liegt, und versuchen, dies dem Bewusstsein zugänglich zu machen und zu bearbeiten. Der Wert klassischer, sich über lange Zeit erstreckender psychoanalytischer Therapien bei der Depressionsbehandlung wird im Allg. eher als gering eingeschätzt, wobei in schwer depressiven Zuständen auch die Behandlung intellektuell zu anstrengend sein dürfte. Die therapeutische Hoffnung liegt zunehmend auf Kurztherapien.

Verhaltenstherapeutische Interventionen im engeren Sinne, also nach den älteren Modellen der Umkonditionierung durch alleinige Veränderung von Stimuli und Konsequenzen konzipiert, basieren auf der von Lewinsohn vertretenen Annahme, dass depressiven Zuständen ein Verlust von verstärkenden Reizen zugrunde liegt. Entsprechend wird versucht, alte vor Beginn der Störung effektive Verstärker zu finden (beispielsweise gern verrichtete Tätigkeiten) und bei den Betroffenen zu reaktivieren; weiter soll depressives Verhalten wie Weinen oder Jammern ignoriert, erwünschte Verhaltensweisen hingegen belohnt werden; hinzu kommt Training sozialer Fertigkeiten, damit die Patienten durch intensivere Kontakte wieder mehr in den Genuss von Verstärkungen aus sozialen Beziehungen kommen. Nicht überraschend sprechen diese Therapieverfahren bei leichten und mittelschweren Depressionen besser an als bei schweren.

Gängiger sind *kognitiv-verhaltenstherapeutische* Verfahren, welche die klassischen verhaltenstherapeutischen Techniken mit Elementen einsichtsorientierter Behandlungsverfahren verknüpfen. Die ersteren zielen auf direkte Verhaltensbeeinflussung und Abbau von defizitären Verhaltensweisen, wozu Methoden zur Hebung des Aktivitätsniveaus (Planung des Tagesablaufes, Herbeiführen von verstärkenden Bedingungen und Vermeidung unangenehmer Stimuli) und Verbesserung der sozialen Kontaktfreudigkeit (Kompetenztrainings und Rollenspiele) gehören. Die kognitiven Methoden setzen im Wesentlichen an dem von Beck (▶ Kap. 5.8) als pathogen betrachteten negativen Denk- und Bewertungsstil und den automatischen Gedanken an. Techniken sind dabei zunächst eine genaue Selbstbeobachtung mit Protokollierung negativer und automatischer Gedanken hinsichtlich Auslösesituationen und dabei auftretender Empfindungen, deren Überprüfung hinsichtlich ihrer Angemessenheit, was zu einer Veränderung und schließlich zur Entwicklung alternativer Überzeugungen führt (für Einzelheiten s. Hautzinger, 2021). Eine von Cuijpers et al. (2013) veröffentliche Metaanalyse zeigt, dass diese kognitiv-verhaltenstherapeutischen Verfahren medikamentöser Therapie (ausgenommen wohl bei schweren Depressionsformen) ebenbürtig sind. Eine neuere Studie dieser Arbeitsgruppe (Cuipers et al., 2021) kommt sogar zu dem Ergebnis, dass Psychotherapie allgemein (nicht ausschließlich kognitiv-behavioraler Art) psychopharmakologischen Behandlung ebenbürtig ist; am besten wirkt Anwendung beider Ansätze gleichzeitig. Ein besonders guter Effekt hinsichtlich Rückfallprophylaxe ergibt sich offenbar, wenn die Psychotherapie an eine erfolgreich verlaufende Pharmakotherapie anschließt (Guidi & Fava, 2021).

Eine neue, sich besonders in den letzten Jahren zunehmend verbreitende Interventionsmethode bei Depressiven ist die *Interpersonelle Psychotherapie*. Es handelt sich um ein weitgehend eklektizistisches Verfahren, welches Methoden der Konfliktbearbeitung im analytischen Sinne, direktiver verhaltenstherapeutischer Interventionen und einsichtsorientierter Therapien kombiniert und nicht zuletzt durch seine Kürze (etwa 15–20 Sitzungen im Laufe von drei bis vier Monaten) sowie seine starke Strukturiertheit besticht. Ziel ist insbesondere die Bearbeitung aktueller interpersoneller und sozialer Probleme, welche im Zusammenhang mit der Entwicklung der depressiven Störung gesehen werden; dabei werden auch Bewältigungsstrategien und soziale Fertigkeiten geübt sowie versucht, die eigenen Einstellungen zu ändern. Nach einigen bei Köhler (2016a, S. 132 f.) zitierten Studien ist diese Therapieform den kognitiv-verhaltenstherapeutischen Interventionen eher überlegen und medikamentöser Behandlung nicht unterlegen – wobei man wahrscheinlich auch hier die ganz schweren Störungsbilder herausnehmen muss.

Mittlerweile haben diese psychologischen Depressionstherapien bei vielen Psychiatern größere Anerkennung erfahren. Wenigstens insoweit besteht Konsens, dass Pharmako- und Psychotherapie nicht als unvereinbare Alternativen angesehen werden, sondern in vielen Fällen eine Kombination als sinnvoll betrachtet wird. Augenblicklich zu wenig beachtet als Indikation wird die Rückfallprophylaxe rezidivierender depressiver Störungen; gerade im Intervall, wo die eigentliche Symptomatik fehlt und das Interesse der Betroffenen nicht bindet wie in der floriden Phase, sollte es am sinnvollsten sein, pathogene Denkstrukturen zu verändern und Rezidive begünstigende Situationen aus der Welt zu schaffen.

Wenig findet sich zur Psychotherapie der Manie. Schwierigkeiten bereiten hier die mangelnde Krankheitseinsicht und der fehlende Leidensdruck der Betroffenen, deren oft große Impulsivität und Aggressivität, weiter die geringe Bereitschaft, sich länger mit ein und derselben Tätigkeit abzugeben. Die wenigen Therapiestudien beziehen sich im Wesentlichen auf das symptomfreie Intervall, wo die Betroffenen u. a. zur korrekten Durchführung der Lithiumeinnahme und generell zu einem strukturierten Tagesablauf angehalten werden sowie psychoedukative, aufklärende Maßnahmen, welche Betroffene und Angehörige mit der Krankheit und den Bewältigungsmöglichkeiten vertraut machen sollen. Wichtig wäre zudem, die Patienten in den symptomfreien Intervallen so zu schulen, dass sie die ersten Anzeichen manischer Stimmung erkennen können, um sich rechtzeitig, bei noch vorhandener Krankheitseinsicht, in Behandlung zu begeben. Immerhin finden sich solche Überlegungen mittlerweile auch in Überblicksartikeln zu bipolaren Störungen, die sich primär pharmakologischen Interventionen widmen (beispielsweise in Marzani & Neff, 2021).

6 Neurotische, Belastungs- und somatoforme Störungen

6.1 Allgemeines; historische Vorbemerkungen

Die große ICD-Kategorie »Neurotische, Belastungs- und somatoforme Störungen« (F4) umschließt eine Anzahl äußerlich verschiedener Syndrome, deren Zusammenfassung sich vornehmlich *historisch* begründen lässt. Dabei handelt es sich im Wesentlichen um Symptombilder, die den *Übertragungsneurosen* (*Zwangsneurose*, *Angst-* und *Konversionshysterie*) in Freuds Einteilung entsprachen und deren Genese in der Verdrängung psychosexueller Konflikte unter Symptombildung gesehen wurde. Obwohl dieses psychoanalytische Modell der Ätiopathogenese nie unumstritten war, blieb diese Gruppe als diagnostische Kategorie auch in der betont deskriptiven ICD-10 erhalten. Zudem wurden einige Symptombilder darunter subsumiert, die nach Freud anders einzuordnen wären; dies sind die *generalisierte Angststörung* und die *Neurasthenie* (von Freud als Aktualneurosen aufgefasst, s. u.), die *Belastungsstörungen* (der klassifikatorisch unklaren traumatischen Neurose entsprechend) und die *somatoformen Störungen*, die als wesentlich vegetative Syndrome in der Freud'schen Klassifikation keinen rechten Platz gefunden hatten.

In ICD-11 wurde diese inhomogene Gruppe in unterschiedliche Kapitel aufgeteilt: Kapitel 5 umfasst die *Angst-oder furchtbezogenen Störungen*, Kapitel 6 *Zwangsstörung oder verwandte Störungen*, Kapitel 7 *Störungen, die spezifisch Stress-assoziiert* sind und schließlich Kapitel 8, welches die *dissoziativen Störungen* behandelt (s. van den Broek, 2023).

Wie angedeutet, herrschte Ende des 19. Jahrhunderts bezüglich der Einteilung psychischer Störungen eine erhebliche terminologische Verwirrung und Willkür, indem unter diversen Begriffen wie Psychosen, Neurosen, Psychasthenie und Neurasthenie, teils auch unter Hysterie, unterschiedliche Bilder zusammengefasst wurden. Erst Freud schuf hier eine gewisse Ordnung; von ihm geprägte Begriffe wie Zwangsneurose oder Angstneurose haben sich lange gehalten und wurden erst in den letzten Jahren aufgrund allzu eindeutiger ätiologischer Implikationen der Namensgebung verlassen. Freud, der selbst für einige Zeit Neuropsychose und Psychoneurose mehr oder weniger austauschbar verwendete und zu dieser Kategorie neben Hysterie und Zwangsneurose auch Fälle von halluzinatorischen Psychosen zählte, unterschied ab etwa 1898 die *Aktualneurosen* (Angstneurose und Neurasthenie) von den *Psychoneurosen*. Die Störungen der ersten Gruppe waren seiner Auffassung nach dadurch gekennzeichnet, dass sie letztlich keine psychische Ableitung zuließen, also nicht über die komplizierten Prozesse der Verdrängung und Ersatzbildung erklärt werden konnten, sondern sich als direkte, zumeist körperliche Manifestationen von Sexualstau und Sexualerschöpfung präsentierten. Die Psychoneurosen gehen hingegen nach Freud auf die Kindheit zurück und stellen in komplizierter Art die Lösung intrapsychischer Konflikte dar; die Symptome als deren verdeckter Ausdruck gestatten eine sprachlich-symbolische Ableitung, die nach Aufhebung der Verdrängung möglich wird. Später, etwa ab 1914, unterteilte Freud noch einmal die Psychoneurosen in die *narzisstischen Neurosen* (im Wesentlichen Schizophrenie, Paranoia, Melancholie und Manie), bei deren Behandlung sich keine Übertragung einstellte und die *Übertragungsneurosen*, wo dieses Moment in der Therapie rasch zu Tage trat und – trotz darin begründeter Schwierigkeiten – die Aufdeckung und Bearbeitung unbewusster Konflikte überhaupt erst ermöglichte. Zu den Übertragungsneurosen rechnete Freud zum einen die Hysterie mit den Unterformen Konversionshysterie (heute teils den somatoformen, teils den dissoziativen sensorischen und motorischen Störungen zugeordnet), Dissoziationshysterie (etwa den dissoziativen Amnesien entsprechend) und Angsthysterie (in erster Näherung mit Phobien gleichzusetzen); die zweite große Übertragungsneurose stellte die Zwangsneurose dar. Diese Einteilung wurde in der späteren psychoanalytischen Krankheitslehre im Wesentlichen beibehalten, wobei allerdings das Konzept der Aktualneurosen sehr an Bedeutung verloren hat und auch die Scheidung zwischen den Übertragungsneurosen und den nach Freud therapeutisch schlecht zugänglichen narzisstischen Neurosen weniger streng durchgeführt wird.

Im Rahmen der zunehmenden Entwicklung *alternativer Genesekonzepte*, etwa der *verhaltenstheoretischen*, welche die genannten psychischen Störungen nicht mehr als Ausdruck eines durch Verdrängung partiell unschädlich gemachten Konfliktes frühkindlichen Ursprungs sehen, sondern als oft spät erworbenes Fehlverhalten, wurde der Neurosebegriff zunehmend kritischer reflektiert. Hinzu kommt, dass auch hier pharmakologische Therapie angewendet wird; die alte pragmatische Unterscheidung von vornehmlich medikamentös zu behandelnden *Psychosen* einerseits und *Neurosen* mit eindeutiger Indikation für Psychotherapie andererseits wird dadurch immer problematischer. Insofern war es zu erwarten, dass in späteren Revisionen von ICD Störungen der Kategorie F4 Zuordnungen zu anderen Störungskategorien erfahren oder neue diagnostische Subgruppen bilden würden. In DSM-5 werden unter der großen Rubrik »Angststörungen« u. a. Agoraphobie, Panikstörung, spezifische Phobie, soziale Phobie, und generalisierte Angststörung aufgeführt, während Zwangsstörung, somatoforme und dissoziative Störungen eigene Kategorien bilden, die posttraumatische Belastungsstörung in der Kategorie »Trauma und belastungsbezogene Störungen« zu finden ist.

Die anschließende Darstellung der »neurotischen, Belastungs- und somatoformen Störungen« folgt nach wie vor den Subkategorien von ICD-10 und stellt für jede einzelne – unter gewissen Auslassungen, etwa der Neurasthenie – Symptomatik, Genesemodelle und Therapiemöglichkeiten zusammen.

6.2 Phobische Störungen

6.2.1 Symptomatik, Klassifikation, Epidemiologie

Phobien – in ICD-11 zusammen mit der Generalisierten Angststörung und der Panikstörung in Kapitel 5 beschrieben – sind nach ICD-10 (S. 190 ff.) durch Angst vor im Allg. ungefährlichen Situationen und Objekten gekennzeichnet. Definitionsgemäß müssen diese außerhalb der betroffenen Person liegen; nicht gerechtfertigte Angst vor Krankheit wäre als hypochondrische Neurose (▶ Kap. 6.7) zu klassifizieren. ICD-10 nennt drei Untergruppen phobischer Störungen, nämlich *Agoraphobie*, *soziale Phobien* und die Sammelkategorie der *spezifischen (isolierten) Phobien*, welche durch Angst vor sehr umschriebenen Situationen oder Objekten gekennzeichnet sind.

Die *Agoraphobie*, früher in der eingeschränkten Bedeutung als Angst vor offenen Plätzen gebraucht (griech. agora = Marktplatz), wird hier im weiteren Sinne verwendet: als Angst, die eigene schützende Wohnung zu verlassen und sich auf Plätze, in Menschenmengen oder Geschäfte zu begeben oder allein in Zügen, Bussen oder im Flugzeug zu reisen. Das Gemeinsame der Angst auslösenden Situationen ist das Fehlen einer sofortigen Rückzugsmöglichkeit (Gefühl, »in der Falle zu sitzen«); insofern entspricht die Agoraphobie in etwa der früheren Bezeichnung »Klaustrophobie« (Angst vor Eingeschlossensein). Auslösende Vorstellung für die Patienten ist »zu kollabieren und hilflos in der Öffentlichkeit liegen zu bleiben«; infolge dessen verlassen viele ihre Wohnung selten oder gar nicht.

> Bereits Freud wies darauf hin, dass bei einer Phobie aufgrund der Vermeidungsmaßnahmen die Angst kaum noch bewusst ist. Eine ähnliche Anmerkung findet sich in ICD-10 (S. 193), nämlich, dass »manche Agoraphobiker wenig Angst erleben, da es ihnen ständig gelingt, phobische Situationen zu vermeiden«.

Agoraphobien beginnen meist später als andere phobische Störungen, hauptsächlich im 3. Lebensjahrzehnt, und nehmen oft chronischen Verlauf. Kompliziert wird dieser dadurch, dass chronischer Alkoholismus und Medikamentenabusus (nicht selten als Selbsttherapie) häufig begleitend hinzukommen; zudem leiden Personen mit Agoraphobien nicht selten unter Panikattacken (s. u).

Die Diagnose Agoraphobie (F40.0) wird gestellt, wenn 1) die Symptome »primäre Manifestationen der Angst« sind und »nicht auf anderen Symptomen wie Wahn- oder Zwangsgedanken beruhen«, 2) die Angst in mindestens zwei der folgenden Situationen auftritt: »in Menschenmengen, auf öffentlichen Plätzen, bei Reisen mit weiter Entfernung von Zuhause oder bei Reisen alleine« und 3) Vermeidung der phobischen Situation stattfindet (vereinfacht nach ICD-10, S. 192 f.). Bei einem Wahnkranken, der aus Angst vor Verfolgung nicht seine Wohnung verlässt, wäre also nicht diese Diagnose zu stellen; auch Personen, welche die geschilderten Ängste haben und sich trotzdem in die genannten Situationen begeben, würden nicht als Agoraphobiker bezeichnet werden. Hingewiesen wird auf den Sachverhalt, dass phobische Ängste, so auch Agoraphobien, häufig gleichzeitig mit Depressionen auftreten, wobei die Hauptdiagnose nach der beherrschenden Symptomatik gestellt wird. Tritt in den gefürchteten

Situationen eine Panikattacke auf, so kann dies in der Diagnose vermerkt werden (F40.00 = Agoraphobie ohne Panikstörung, F40.01 = Agoraphobie mit Panikstörung); die Panikstörung bildet hingegen eine eigene Kategorie, wenn sie unabhängig von den erwähnten Stimuli in Erscheinung tritt.

Soziale Phobien (in DSM-5 »soziale Angststörung« genannt) zentrieren sich »um die Furcht vor prüfender Betrachtung durch andere Menschen in verhältnismäßig kleinen Gruppen (nicht dagegen in Menschenmengen)«; folglich werden soziale Situationen vermieden. Sie beginnen zumeist zwischen 15. und 20. Lebensjahr und verlaufen wie andere Phobien vornehmlich chronisch; wiederum liegt oft gleichzeitig Substanzmissbrauch vor. Die diagnostischen Leitlinien für die Einordnung in die Kategorie soziale Phobien (F40.1) sind analog denen für die Agoraphobie (Symptome als primäre Manifestationen der Angst, Vermeidung der betreffenden Situationen), wobei die Angst »auf bestimmte soziale Situationen beschränkt sein muss«.

Spezifische (isolierte) Phobien (F40.2) beziehen sich auf sehr eingegrenzte Situationen; als Beispiele werden angegeben: Nähe bestimmter Tiere, Höhen, Donner, Dunkelheit, geschlossene Räume, »Urinieren oder Defäzieren auf öffentlichen Toiletten«, »Verzehr bestimmter Speisen«, Zahnarztbesuch oder die Furcht, bestimmten Krankheiten ausgesetzt zu sein. Der Beginn ist im Allg. früher als bei sozialen und Agoraphobien (für Genaueres s. Eaton, Bienvenue & Miloyan, 2018); im Vergleich zu letzteren Störungen gelten spezifische Phobien als weniger einschränkend auf die Lebensgestaltung.

Agoraphobien sind ausgesprochen verbreitet; allerdings differieren die mitgeteilten Zahlen erheblich (Folge unterschiedlicher diagnostischer Kriterien). Es ist sicher realistisch anzunehmen, dass jede zehnte Person im Laufe ihres Lebens gewisse agoraphobische Züge zeigt, wenn auch nicht immer mit extremem Vermeidungsverhalten. Konsens besteht darin, dass Frauen circa zwei- bis dreimal häufiger erkranken. Soziale Phobien dürften häufiger als Agoraphobien sein; wiederum sind Frauen öfter betroffen.

Familiäre Häufung ist gut belegt: So weisen Verwandte ersten Grades von Personen mit Phobien im Vergleich zur Normalbevölkerung ein etwa zwei- bis viermal höheres Erkrankungsrisiko auf; obwohl zweifellos Modellernen bei der Entstehung eine wesentliche Rolle spielt, dürften genetische Zusammenhänge bestehen.

6.2.2 Erklärungsansätze

Phobien (allgemein Ängsten) liegt eine gewisse angeborene Bereitschaft zugrunde; diese könnte in gesteigerter Reaktionsfähigkeit des Autonomen Nervensystems, erhöhter Aktivität im Bereich des Locus coeruleus oder in erniedrigter Dichte von Benzodiazepinrezeptoren begründet sein. Auch wird Überaktivität in jenen Hirnregionen angenommen, die für die Einschätzung von Angststimuli zuständig sind, speziell Amygdala und anteriorem Gyrus cinguli (s. dazu García, 2017).

Psychoanalytische Erklärungen der Phobien sind wesentlich komplizierter als gemeinhin dargestellt. Die Agoraphobie rechnet Freud in seinen frühen Schriften zu den Angstneurosen, stellt sie also pathogenetisch in die Nähe der situationsungebundenen frei flottierenden Ängste (▶ Kap. 6.3); später, so in den *Vorlesungen zur Einführung in die Psychoanalyse* (1916–17a, S. 278f.), ordnet er sie den Psychoneurosen zu und sieht hier dieselben Bildungsmechanismen wie bei den spezifischen Phobien, etwa den Tierphobien. Der wesentliche dabei angenommene psychodynamische Prozess ist die *Verschiebung*, die Ersetzung durch eine assoziativ verbundene andere Vorstellung: Das ursprüngliche Angstobjekt wird gegen ein anderes vertauscht, wie in der berühmten Pferdephobie des »kleinen Hans« der Vater durch ein Pferd; die Ersetzung ist nicht willkürlich, sondern begründet sich teils durch äußere Gemeinsamkeiten, teils durch Erlebnisse, die Hans mit Pferden in Gesellschaft des Vaters hatte; hinzu kam ein angedeutetes traumatisches Erlebnis mit Pferden, welches diesen eine weitere Eignung als phobisches Objekt verlieh (Freud, 1909b). Die Zwischenglieder zwischen zu Ersetzendem und Ersatz sind zahlreich und die assoziativen Wege so verschlungen, dass das ursprüngliche Angstobjekt nicht mehr als solches erkannt wird; um das neue wird nun das System von Vermeidungsmaßnahmen errichtet, welches, wenn auch unter Einschränkung der Lebensqualität, weitgehend Angstfreiheit gestattet. Die Angst vor dem ursprünglichen Objekt ist im Zusammenhang mit dem Sexualleben zu sehen und kommt weitgehend aus der Verdrängung libidinöser Impulse, welche in Form von Angst wieder auftauchen.

Lerntheoretische Erklärungen von Phobien basieren teils auf Vorstellungen einer klassischen Konditionierung mit anschließendem Vermeidungsverhalten, teils auf den Konzepten des Modelllernens und schließlich

6.2 Phobische Störungen

zunehmend auf der Annahme einer phylogenetischen Erbschaft situationsgebundener Ängste (preparedness). Seit den berühmten Versuchen von Watson und Rayner (1920) mit dem kleinen Albert, dem durch Paarung mit aversiven Stimuli Angst vor einer Ratte ankonditioniert worden war, wurde das Zusammentreffen eines unangenehmen Eindrucks mit einem neutralen Reiz vielfach als Genesemodell einer Phobie angesehen.[10] Mit Annahme der klassischen Konditionierung stellt sich die Frage, warum die konditionierte Reaktion nicht bei fehlender Paarung mit dem aversiven Stimulus im Weiteren gelöscht wird; diese kann durch das Zwei-Faktoren-Modell von Miller und Mowrer (Mowrer, 1939) als befriedigend beantwortet angesehen werden: Demnach löst ein Stimulus S_1, der mit dem ursprünglich neutralen, jetzt aber angstauslösenden konditionierten CS verbunden ist (also eine Situation, in der CS auftreten könnte), ebenfalls (geringere) Angst aus und wird deshalb gemieden; Folge ist Reduktion der durch S_1 hervorgerufenen Angst (negative Verstärkung) und damit zunehmende Vermeidung von S_1 (in Folge auch von immer weiter entfernten Stimuli); das betreffende Individuum bringt sich durch diese präventiven Fluchtmaßnahmen um die Möglichkeit, die einmal festgestellte Assoziation von CS mit dem aversiven UCS erneut zu prüfen.

Lässt sich zwar auf diese Weise das Problem der Löschungsresistenz konditionierter Angstreaktionen erklären, so bleibt doch eine Anzahl weiterer Schwierigkeiten bestehen, welche den Erklärungswert dieses Genesemodells deutlich herabsetzen. Zunächst ist anzumerken, dass in den Pawlow'schen Versuchen CS und UCS mehrfach gleichzeitig präsentiert

---

10 Dieser Versuch war übrigens keineswegs so gelungen, wie meist dargestellt: Zunächst mussten Watson und Rayner ein lautes Geräusch (Schlag auf eine Eisenstange direkt hinter dem Kind) nicht weniger als siebenmal mit der Präsentation einer Ratte paaren, bis der Knabe bereits beim Anblick des Tieres zu schreien begann; schon nach zehn Tagen wurde die Löschung der konditionierten Reaktion festgestellt, sodass sich die Autoren zu einer Auffrischung entschlossen. Wieder einen Monat später war die Reaktion deutlich schwächer, und nachdem die Mutter den Knaben zu diesem Zeitpunkt aus dem Krankenhaus nahm, ist der weitere Verlauf der Phobie nie verfolgt worden. Dass Albert durch Gegenkonditionierung von den Experimentatoren wieder von seiner gelernten Phobie befreit wurde, ist ein frommes wissenschaftliches Märchen (s. dazu auch Köhler, 2016b, S. 187).

werden mussten, um eine erfolgreiche Konditionierung hervorzurufen, und dass auch in den Versuchen von Watson und Rayner eine wiederholte Paarung von aversivem und neutralem Reiz durchgeführt worden war. Insofern wäre die Wahrscheinlichkeit einer solchen Entwicklung schon aus statistischen Überlegungen nicht allzu groß. (Tatsächlich entstehen traumatische Phobien oft nach nur einem einzigen eindrucksvollen Erlebnis, beispielsweise nach einem schweren Autounfall; fraglich ist allerdings, ob dies durch eine klassische Konditionierung erklärt werden muss.) Hinzu kommt, dass dieses ohnehin nur mäßig gelungene Experiment nie mehr an Menschen repliziert werden konnte und dass ein Großteil der Betroffenen keine begründenden aversiven Erlebnisse mit dem phobischen Objekt angibt, sodass dieses Modell (Erwerb durch klassische Konditionierung, Aufrechterhaltung durch operante Konditionierung im Sinne antizipatorischer Fluchtreaktionen) bestenfalls einen kleinen Teil der verbreiteten Phobien erklären könnte. Zunehmend hat man daher als eine weitere Möglichkeit des Erwerbs Lernen am Modell ins Auge gefasst und diese Annahme an Tierversuchen auch eindrucksvoll bestätigen können. So entwickeln domestizierte Affen, die noch nie mit einer Schlange konfrontiert waren, Angst davor, wenn sie wilde Artgenossen beobachten, die angesichts von Schlangen Furcht zeigen (s. die bei Comer, 2008, S. 125 f. dargestellten Versuche).

Eine weitere Schwierigkeit lerntheoretischer Genesevorstellungen resultiert aus der Tatsache, dass verschiedene Objekte (eher seltene Tiere wie Spinnen oder Schlangen) häufig Gegenstände von Phobien sind, andere, sehr viel verbreitetere wie technische Instrumente, hingegen selten, obwohl doch gerade dort die Verknüpfung mit aversiven Eindrücken öfter vorkommen sollte. Das von Seligman (1971) entwickelte Konzept der »preparedness« (etwa: Bereitschaft) trägt diesem Befund Rechnung, indem es angesichts von Objekten, welche in der Stammesgeschichte für das Überleben eine besondere Rolle spielten, eine leichtere Angstentwicklung annimmt; so wäre eine Schlangenphobie unter evolutionsbiologischen Erwägungen für Tiere und Menschen früherer Zeiten durchaus ein Vorteil gewesen, während es sich heute nur noch um eine hinderliche Einschränkung ohne wirkliche Schutzfunktion handelte.

6.2.3 Therapie

Die *medikamentöse* Therapie phobischer Störungen ist mittlerweile zwar etwas in den Hintergrund gerückt, hat aber weiterhin große Bedeutung. Mittel der Wahl waren für viele Jahre die *Benzodiazepine*, also Substanzen aus der Gruppe der Sedativa (▶ Kap. 3.4), welche die GABAerge Hemmung im Zentralnervensystem verstärken. Ihre kurzfristige angstreduzierende Wirkung ist unumstritten, der Effekt hält jedoch im Allg. nach Absetzen nicht an, sofern nicht gleichzeitig psychotherapeutische Verfahren zum Einsatz kommen. Angesichts des hohen Abhängigkeitspotentials dieser Medikamente sowie ihrer negativen Wirkung auf Wachheit und Konzentration kommen (speziell bei der sozialen Phobie) zuweilen *Betarezeptorenblocker* zur Anwendung – meines Wissens nach wie vor off-label –, die bereits in niedrigen Dosen durch Dämpfung sympathischer Reaktionen (wie Senkung der Pulsfrequenz) die vegetativen Begleiterscheinungen der Angst vermindern und somit den Circulus vitiosus von Symptomwahrnehmung und Angststeigerung unterbrechen. Ebenso werden SSRI bei Angststörungen, so auch Phobien, eingesetzt. Einige davon – nämlich Escitalopram, Paroxetin, Sertralin wie auch das nicht in dieses Schema passende Antidepressivum Venlafaxin – sind für diese Indikationen zugelassen, wobei ihr Wirkmechanismus hierbei letztlich nicht bekannt ist; zur Behandlung der sozialen Phobie besteht Zulassung auch für den MAO-A-Hemmer Moclobemid.

Psychoanalytische Therapie bei Phobien zielt, hält man sich das oben gegebene Entstehungsmodell vor Augen, auf Rückgängigmachen der Verschiebungen und Aufarbeitung der pathogenen Konfliktsituationen. In einzelnen Fallberichten wurde Wirksamkeit festgestellt; allerdings fehlen größere Evaluationsstudien mit Vergleich zu unbehandelten Kontrollgruppen.

Verhaltenstherapeutische Interventionen werden von vielen bei Phobien als Behandlung der Wahl angesehen und sind auch am besten evaluiert. Lange Zeit war die *systematische Desensibilisierung* am gebräuchlichsten; hierbei stellen die Patienten eine Hierarchie von angstauslösenden Situationen auf, setzen sich in Gedanken oder in Realität diesen Situationen aus, beginnend mit der am wenigsten die Angst induzierenden, und praktizieren gleichzeitig angst-antagonistische Verfahren, bevorzugt Progressive

Muskelentspannung. Obwohl die Erfolge der systematischen Desensibilisierung bei Phobien nicht prinzipiell in Frage gestellt werden, bevorzugen Verhaltenstherapeuten zunehmend direktere Konfrontationsverfahren, insbesondere die *Exposition mit Reaktionsverhinderung*. Hier setzen sich die Patienten, typischerweise in Begleitung des als Modell dienenden Therapeuten, den Angst auslösenden Situationen (möglichst in der Realität) aus und werden angehalten, kein Vermeidungsverhalten zu praktizieren. Dieser vornehmlich auf Verhaltensebene angreifenden Intervention werden gleichzeitig noch *kognitive* Elemente angefügt, indem die Betroffenen über die Rolle von Vermeidungsstrategien bei der Aufrechterhaltung der Phobien aufgeklärt werden; auch eine realistische Einschätzung der angstauslösenden Situation soll erreicht werden (für eine positive Einschätzung der Wirksamkeit bei solchen Therapien bei der sozialen Phobie s. Bandelow & Wedekind, 2014). Zu einer ähnlichen Bewertung bei den diversen Angststörungen kommen auch Szuhany und Simon (2022). Sie betonen die Überlegenheit der kognitiven Verhaltenstherapie gegenüber anderen psychologischen Methoden und empfehlen neben SRRI insbesondere Venlafaxin.

6.3 Panikstörung und generalisierte Angststörung

6.3.1 Symptomatik, Klassifikation, Epidemiologie

Die *Panikstörung*, auch als »episodisch paroxysmale« (anfallartige) Angst bezeichnet, ist durch wiederkehrende schwere Angstattacken charakterisiert, die meist einige Minuten, bei manchen auch länger dauern. Typischerweise beginnen sie plötzlich mit Herzklopfen, Brustschmerz, Erstickungsängsten und Schwindel; Entfremdungsgefühle, beispielsweise der Empfindung der Unwirklichkeit und der Fremdheit des eigenen Körpers, kommen hinzu, weiter Todesangst oder die Furcht, verrückt zu werden.

6.3 Panikstörung und generalisierte Angststörung

Der Patient flieht aus der Situation, in der die Attacke auftritt, beispielsweise aus einer Menschenmenge, und vermeidet künftig entsprechende Situationen; die unvorhersehbaren Panikattacken können Angst vor dem Alleinsein hervorrufen; Furcht vor einem neuen Angstanfall beherrscht das Denken (nach ICD-10, S. 196 ff.). Das Paniksyndrom kommt häufig assoziiert mit der Agoraphobie vor, ist aber als eigenständiges Störungsbild zu betrachten. Es setzt typischerweise im frühen Erwachsenenalter ein, das erste Auftreten geschieht meist unvermittelt. Der Verlauf ist im Allg. chronisch, Spontanremissionen sind eher selten.

Die *generalisierte Angststörung* ist durch eine nicht an Objekte gebundene Angst gekennzeichnet; die Beschwerden ähneln denen der Panikattacke, sind aber weniger ausgeprägt, dafür länger anhaltend: Nervosität, Benommenheit, Schwindelgefühle, Herzklopfen, Muskelanspannung, um nur einige zu nennen. Die Patienten berichten über eine Anzahl relativ unspezifischer Sorgen und Vorahnungen; nicht selten werden Befürchtungen geäußert, der erkrankten Person selbst oder ihren Angehörigen werde etwas (nicht näher Bestimmtes) zustoßen. Die ersten Symptome treten typischerweise im dritten Lebensjahrzehnt auf, die Störung nimmt in der Regel einen chronischen Verlauf.

Die Symptomatik der Panikstörung und der generalisierten Angststörung entspricht zusammengenommen im Wesentlichen der von Freud (1895b) eingeführten Angstneurose, welche sich durch nicht oder bestenfalls sehr variabel an Objekte gebundene, als »frei flottierend« bezeichnete Angst charakterisieren lässt; daneben finden sich in Freuds Beschreibung (objektlose) Angstanfälle mit Arrhythmien, Schwindel und Schweißausbrüchen.

Panikstörung und generalisierte Angststörungen werden unter der Bezeichnung »sonstige Angststörungen« (F41) zusammengefasst, welche sich von den »phobischen Störungen« (F40) dadurch unterscheiden, dass die das Bild beherrschende Angst nicht auf »bestimmte Umgebungssituationen« begrenzt ist. Panikstörung wird dann diagnostiziert und mit F41.0 verschlüsselt, wenn die geschilderte anfallartig begrenzte psychische und körperliche Symptomatik mehrfach binnen eines Monats aufgetreten ist und zwar in objektiv gefahrlosen Situationen, die als Auslöser nicht vorhersagbar und nicht bekannt sind. Treten die Panikattacken jedoch bei bekannter Phobie auf, sind sie also auf die mehr oder weniger scharf bestimmten und vorhersagbaren angstauslösenden Situationen, insbesondere die des »Gefangenseins«, beschränkt, so wäre primär Phobie als Diagnose zu stellen, in diesem Fall Agoraphobie mit Panikstörung (F40.01). Eine generalisierte Angststörung (F41.1) wird dann diagnostiziert, wenn die oben geschilderten Symptome während eines mindestens mehrwöchigen Zeitraums an den meisten Tagen aufgetreten sind und aufgrund der Symptomatik und der Auslösesituationen nicht anderweitig zu klassifizieren sind (verkürzt nach ICD-10, S. 196 ff.).

Panikstörungen sind vergleichsweise häufig; die Lebenszeitprävalenz wird nach einer Zusammenstellung von Bandelow und Michaelis (2015) mit 1,6–5,2 % angegeben, wobei Frauen etwa doppelt so häufig betroffen sind; zudem liegt eine hohe Komorbidität mit anderen psychischen Störungen wie Depressionen sowie mit Alkohol- und Medikamentenabusus vor. Für das generalisierte Angstsyndrom schwanken angesichts der wenig verbindlichen Diagnosekriterien die Häufigkeitsangaben beträchtlich; die Lebenszeitprävalenz wird auf 3–6 % geschätzt, in DSM-5 sogar mit 9 % angegeben; auch hier haben Frauen ein doppelt so hohes Erkrankungsrisiko.

Familiäre Häufung der Panikstörung ist gut belegt, und einiges spricht für eine deutliche Erbkomponente: Möglicherweise spielen u. a. Veränderungen auf Genen eine Rolle, welche den Abbau der Monoamine, speziell von Noradrenalin, determinieren (Kim & Kim, 2018). Auch für die generalisierte Angststörung nimmt man an, dass genetische Faktoren (neben dem Noradrenalin- auch den Serotoninstoffwechsel betreffend) in der Ätiologie – neben Kindheitserlebnissen und späteren traumatischen Faktoren – von nicht unerheblicher Bedeutung sind (Gottschalk & Domschke, 2017).

6.3.2 Erklärungsansätze

Biologische Modelle der Panikstörung gehen davon aus, dass die Bereitschaft zur Entwicklung des Symptombildes in gewissem Grad genetisch determiniert ist und zum Tragen kommt, wenn entsprechende Bedingungen vorliegen. Als ein Beleg für diese Annahme wird angeführt, dass klinisch unauffällige Verwandte von Personen mit Panikstörungen in Provokationsversuchen (Natriumlaktatinfusionen oder Atmen von Luft mit erhöhter CO_2-Konzentration) überdurchschnittlich häufig Angstattacken entwickeln. Als Grundlage dieser Bereitschaft wird eine Überaktivität gewisser Hirnregionen diskutiert, etwa Teilen des Temporallappens, speziell aber des Locus coeruleus im Hirnstamm, dessen Stimulation bei Tieren, mutmaßlich durch Aktivierung noradrenerger Bahnen, Panikattacken auslöst. Dieselben Strukturen werden mit der Ausbildung generalisierter Angststörungen in Verbindung gebracht, wobei speziell die Rolle des Überträgerstoffs GABA und der Benzodiazepinrezeptoren betont wird. (Hinweise auf die Bedeutung auch des serotonergen Systems ergeben sich aus der Wirksamkeit von Medikamenten, die speziell auf dieses einwirken, insbesondere der SSRI und von Buspiron.)

Wie bereits ausgeführt (▶ Kap. 3.4), ist GABA ein hemmender Transmitter, dessen Wirkung durch Benzodiazepine verstärkt werden kann. Nach einer (etwas groben) Modellannahme befinden sich in funktioneller Nähe der GABA-Rezeptoren Bindungsstellen für Benzodiazepine, bei deren Besetzung die GABA-Rezeptoren ihre Empfindlichkeit erhöhen. Als Grundlage vermehrter Ängstlichkeit (und damit auch erhöhter Wahrscheinlichkeit, eine klinisch relevante Angststörung zu entwickeln) wäre eine verminderte Reaktivität der $GABA_A$-Benzodiazepinrezeptor-Komplexe in der Amygdala und dem Hippocampus zu vermuten (Qin et al., 2022).

Psychoanalytische Erklärungen von Panik- und generalisierter Angststörung entsprechen im Wesentlichen denen der Angstneurose. Wie ausgeführt, nahm Freud für die Angstneurose eine aktualneurotische Genese an, sah also die verursachenden Faktoren nicht in der Kindheit, sondern in Störungen des aktuellen Sexuallebens. Er ging davon aus, dass aufgestaute Sexualerregung sich in körperlichen und psychischen Angstsymptomen Bahn schaffe, vertrat somit letztlich die These einer toxischen Entstehung; Ursache sollte eine Erregung ohne adäquate Abfuhr sein, so bei Frauen etwa unbefriedigendes Sexualleben bei Impotenz des Mannes, bei Männern beispielsweise Koitus interruptus als Praxis der Empfängnisverhütung, bei unverheirateten Paaren sexuelle Stimulierung ohne folgenden Geschlechtsverkehr. Die Theorie hat letztlich wenig Anerkennung gefunden und wird auch in der psychoanalytischen Literatur kaum erwähnt, während Freud selbst nie explizit von ihr abrückte.

Lerntheoretische Modelle der *Panikstörungen* (im streng behavioristischen Sinn) existieren nicht; *verhaltenstheoretische Erklärungsansätze* beziehen sowohl kognitive als auch biologische Faktoren ein und werden am besten mit der Bezeichnung »psychophysiologische Modelle« belegt. Verkürzt formuliert beinhalten sie, dass kleine körperliche Veränderungen als bedrohlich wahrgenommen werden können (wie etwa eine leichte Erhöhung der Herzfrequenz als erstes Anzeichen einer schweren kardiovaskulären Störung, im schlimmsten Fall als Vorboten oder Symptom eines Herzinfarkts interpretiert wird), wobei die so induzierte Angst zu weiteren körperlichen Veränderungen führt. Ein wichtiger pathogenetischer Mechanismus ist möglicherweise die *Hyperventilation*, die übermäßige Abatmung von CO_2 mit der Folge von pH-Verschiebungen im Blut (respiratorische Alkalose) und Veränderungen des Calciumspiegels; dies führt u.a. zu Schwindel, Missempfindungen und muskulären Verkrampfungen (Hyperventilationstetanie), verstärkt so noch die körperlichen Beschwerden und die Angstsymptome. Ebenso könnte dieser Prozess der positiven Rückkoppelung, also der Selbstverstärkung körperlicher und psychischer Angstsymptomatik, mit einem kognitiven Stimulus beginnen, etwa mit der Erinnerung an einen ähnlichen Anfall in denselben oder vergleichbaren Räumlichkeiten, was wiederum körperliche Reaktionen, erst schwacher und schließlich immer intensiverer Natur hervorruft. Demnach wären Personen mit einem Paniksyndrom dadurch gekennzeichnet, dass sie körperliche Reaktionen als besonders bedrohlich wahrnehmen und dass der beschriebenen Aufschaukelung hier nicht negative Rückkoppelungsprozesse wie Gewöhnung oder Ermüdung entgegenwirken; erstere Annahme wird gut belegt durch die Beobachtung, dass die gleiche Induktion körperlicher Veränderungen bei Panikpatienten größere Angstzustände auslöst als bei klinisch unauffälligen Personen. Dieses Modell, nützlich insofern, als sich auf diesen Annahmen rationale Therapien aufbauen lassen, bezieht sich allerdings mehr auf die Pathogenese als auf die Ätiologie des Paniksyndroms, lässt insbesondere die Frage offen, bei welchen Personen diese gestörte Wahrnehmung und Bewertung körperlicher Vorgänge auftritt; auch hier diskutiert man Dispositionen nicht zuletzt biologischer Natur.

Lerntheoretische Genesemodelle der *generalisierten Angststörung* im engeren Sinne existieren ebenfalls nicht oder haben nie besondere Beachtung erfahren; im weiteren Sinne *verhaltenstheoretische* Entstehungshypothesen, die auch biologische und kognitive Faktoren berücksichtigen, sind zu ungenügend ausgearbeitet, um genauere Darstellung zu rechtfertigen. Angedeutet sei lediglich, dass bei den Betroffenen ein erhöhtes generelles Angstniveau angenommen wird sowie eine gesteigerte Aufmerksamkeit (Hypervigilanz), die sich jedoch vornehmlich auf irrelevante und speziell auf bedrohliche Sachverhalte konzentrieren soll.

6.3.3 Therapie

Medikamentös wird das akute Paniksyndrom häufig mit den anxiolytisch wirksamen Benzodiazepinen behandelt, speziell um den Circulus vitiosus zwischen Symptomwahrnehmung, sich dabei steigernder Angst und Ausbildung weiterer Symptome zu unterbrechen; zur Therapie der »Angst vor der Angst«, der Erwartung eines Anfalls, dürfte prinzipiell Dauergabe von Benzodiazepinen erfolgreich sein: angesichts ihres erheblichen Suchtpotentials nimmt man jedoch möglichst davon Abstand. Zur Behandlung von Panikstörungen sind diverse auf das serotonerge System wirkende Antidepressiva zugelassen, neben Clomipramin (z. B. Anafranil®) einige SSRI (etwa Citalopram und Escitilopram, zudem Venlafaxin; s. Regen & Benkert, 2023, S. 47 f.). Die häufig im Rahmen des Paniksyndroms auftretende Hyperventilationstetanie lässt sich über CO_2-Rückatmung beeinflussen, beispielsweise mittels einer Plastiktüte, sodass der pH-Wert des Blutes gesenkt und die Ionenverschiebungen rückgängig gemacht werden.

Medikamentöse Therapie der generalisierten Angststörung kann mit SSRI geschehen, daneben mit dem ebenfalls (in komplizierter Weise) das serotonerge System beeinflussenden Buspiron (Busp®, Anxut®), schließlich mit dem GABA-Agonisten Pregabalin (z. B. Lyrica®), welche Substanz allerdings ein nicht geringes Abhängigkeitspotential besitzt (Anghelescu & Benkert, 2023, S. 535).

Psychoanalytische Therapie bei Panik- und generalisierter Angststörung dürfte selten zur Anwendung zu kommen. Freud selbst sah die Angstneurose nicht als Indikation für die Psychoanalyse an, da es bei diesem Störungsbild seiner Auffassung nach nicht um die Aufhebung von Verdrängungen ging. Die von ihm vorgeschlagene Behandlung bestand vornehmlich im Auffinden und Aufzeigen der Zusammenhänge zwischen Libidostau und Angstsymptomatik sowie in Anleitung zu einer diesbezüglich weniger pathogenen Lebensweise.

Wie bei den Phobien, so gilt auch bei Panik- und generalisierter Angststörung *Verhaltenstherapie unter Einbeziehung kognitiver Verfahren* augenblicklich als psychotherapeutische Methode der Wahl. Dabei werden den Patienten Informationen über die Entstehung von Angstanfällen und insbesondere die Bedeutung des Circulus vitiosus bei der Ausbildung der Symptome gegeben, auf die Rolle von Fehlinterpretationen körperlicher Anzeichen hingewiesen und Bewältigungsstrategien vermittelt; hinzu kommt Konfrontation mit auslösenden Situationen und mit körperlichen Symptomen, die beispielsweise über Hyperventilation provoziert werden. Erfolg dieser Verfahren wurde in mehreren Studien belegt (s. dazu ausführlich Becker & Margraf, 2016).[11]

6.4 Zwangsstörungen

6.4.1 Symptomatik, Klassifikation, Epidemiologie

Die Zwangsstörung (im Englischen obsessive-compulsive disorder = OCD) ist charakterisiert durch wiederkehrende Zwangsgedanken und -handlungen. Zwangsgedanken können verschiedene Gestalt annehmen, näm-

---

11 Eine Abschätzung der Wirksamkeit von Therapieverfahren bei Angststörungen (Phobien, Panik- und generalisierte Angststörung) findet sich bei Bandelow et al. (2015): Medikamentöse Therapien zeigten generell größere Effektstärken, die diversen Psychotherapien unterschieden sich diesbezüglich in beträchtlichem Ausmaße, wobei die kognitiven Verhaltenstherapien im oberen Bereich zu finden waren, die so genannte interpersonelle Therapie am schwächsten war. Erwartungsgemäß lagen die Effektstärken kombinierter Therapien höher als die reiner psychotherapeutischer Verfahren, waren aber nicht wesentlich verschieden von jenen bei rein pharmakologischer Behandlung.

6.4 Zwangsstörungen

lich die von Zwangsvorstellungen (sich immer wieder aufdrängenden, zumeist unangenehm empfundenen Bildern, beispielsweise obszöner oder blasphemischer Natur), von Zwangsimpulsen (innerem Drang, bestimmte, häufig aggressive oder sexuelle Handlungen auszuführen) oder von Zwangsgrübeln (hartnäckigem Sich-Beschäftigen-Müssen mit nebensächlichen Problemen). Diese Gedanken sind im Allg. quälend, die betroffene Person versucht, dagegen (zumeist erfolglos) Widerstand zu leisten; charakteristisch und nützlich in Abgrenzung von auftauchenden Vorstellungen im Rahmen schizophrener Erkrankungen ist, dass Zwangsgestörte ihre Gedanken als unsinnig ansehen und dabei doch als ihr eigenes Produkt betrachten, nicht als Einwirkung äußerer Mächte.

Zwangshandlungen, zuweilen besser als *Zwangsrituale* charakterisiert, sind zumeist *stereotype Handlungen,* die ständig wiederholt werden, obwohl sie der betroffenen Person sinnlos erscheinen und ihre Ausführung kein Vergnügen bereitet, oft sogar als ausgesprochen unangenehm empfunden wird; ihrer Ausübung wird wenigstens zu Beginn noch versucht, Widerstand entgegenzusetzen. Häufig ist nach Abschluss der Handlung kurzfristige Erleichterung zu bemerken, bis sich der Zwang erneut einstellt und Leidensdruck zu erneuter Aktion führt. Im Fall schwerer Zwangshandlungen sind die Betroffenen zu wenig sonstigen Leistungen fähig, können bei Kontrollzwang kaum mehr das Haus verlassen, weil sie immer aufs Neue überprüfen müssen, ob der Herd abgedreht oder die Wohnungstür verschlossen ist. Bei ausgeprägtem Waschzwang reinigen sich manche Personen über hundertmal täglich die Hände, häufig mit scharfen Mitteln, sodass schwere Hautschäden resultieren. Oft werden die Zwangshandlungen als Vorbeugung gegen Unheil für die eigene Person angesehen, zuweilen dienen sie im Denken der Zwangskranken auch der Abwendung von Schäden, die sie selbst anderen Personen zufügen könnten. Die meisten Zwangshandlungen beziehen sich auf Reinlichkeit (besonders Händewaschen), auf Ordnung und auf Kontrollen, mit denen eine gefährliche Situation verhindert werden soll. Die Ausführung dieser Rituale nimmt lange Zeit in Anspruch; damit einher geht oft ausgeprägte Entschlusslosigkeit und Langsamkeit (nach ICD-10, S. 201 ff.).

Eine *Zwangsstörung* (F42) wird dann diagnostiziert, wenn für wenigstens zwei Wochen an den meisten Tagen Symptome (Zwangsgedanken und/ oder Zwangshandlungen) nachweisbar sind, die entweder als quälend empfunden werden oder die normalen Aktivitäten stören. Sie müssen darüber hinaus vier charakteristische Merkmale besitzen, nämlich als »eigene Gedanken oder Impulse für den Patienten erkennbar« sein, die Gedanken oder die Handlungsausführung dürfen »nicht an sich angenehm sein«, müssen sich zudem »in unangenehmer Weise wiederholen«. Hinzu kommt, dass wenigstens anfangs einem Gedanken oder einer Handlung, wenn auch erfolglos, noch Widerstand geleistet wird. Charakteristisch für Zwangssymptome ist also ihr wiederholtes Auftreten, wobei sie nicht als angenehm empfunden werden und deshalb Widerstand erfahren; letztere Eigenschaften würden sie von schlichten Angewohnheiten unterscheiden; insofern ist es auch höchst missverständlich, von zwanghaftem Spielen oder Trinken zu sprechen, denn in aller Regel leiden die Betroffenen nicht unter der Ausführung (bestenfalls an ihren Folgen).[12] Obwohl ich-fremd und sinnlos, werden sie als *eigene psychische Produkte* angesehen, was sie von den Vorstellungen und Handlungen Schizophrener unterscheidet, welche den Betroffenen als von außen eingegeben erscheinen (Eindruck des »Gemachten«).

Liegen vorwiegend *Zwangsgedanken* oder *Grübelzwang* vor, ist dies mit F42.0 zu verschlüsseln, beim Vorherrschen von *Zwangshandlungen* (Zwangsritualen) wäre F42.1 einzusetzen; wenn, wie häufig der Fall, Zwangshandlungen und Zwangsdenken in ungefähr gleicher Weise das Symptombild prägen, soll die Unterkategorie F42.2 (Zwangsgedanken und -handlungen, gemischt) verwendet werden. Nachdrücklich weisen die Autoren von ICD-10 darauf hin, dass Zwangssymptome und Depression häufig vergesellschaftet vorkommen, wobei die Diagnose aufgrund der vorherrschenden oder zuerst aufgetretenen Symptomatik gestellt wird.

Der Beginn liegt typischerweise im dritten Lebensjahrzehnt. Anders als lange gedacht, haben Zwangsstörungen jedoch bereits im Kindes- und Jugendalter durchaus klinische Bedeutung (DSM-5, S. 325). Bis es, wenn überhaupt, zur Therapie kommt, vergeht fast ein Jahrzehnt; unbehandelt

---

12 Problematisch ist es, wenn in DSM-5 »Pathologisches Horten« oder »Trichotillomanie (Pathologisches Haareausreißen)« in die Kategorie »Zwangsstörung und verwandte Störungen« eingeordnet wird; hierbei wird die Handlung nicht als unangenehm eingeschätzt. Vieles von dem, was heute als »Zwangsstörung« kategorisiert wird, entspricht nicht mehr der Freud'schen Zwangsneurose.

nimmt die Störung in der Regel einen chronischen Verlauf. Häufig zeigen sich prämorbid zwanghafte Persönlichkeitszüge.

Lebenszeitprävalenzen schwerer Zwangssymptome wurden früher als niedrig angegeben, heute hingegen mit 1–3% eher hoch (Hirschtritt, Bloch & Matthews, 2017). Frauen und Männer sind nach übereinstimmenden Angaben ungefähr gleich häufig betroffen; Frauen leiden jedoch häufiger an Waschzwängen, bei Kontrollzwängen sind Männer überrepräsentiert.

Mittlerweile gibt es zweifelsfreie Belege für eine genetische Komponente; eineiige Zwillinge haben diesbezüglich eine deutlich höhere Konkordanzrate als zweieiige. Man geht von einem polygenetischen Erbgang aus, wobei über die beteiligten Gene noch wenig bekannt ist (Mahjani, Bey, Boberg & Burton, 2021); am ehesten dürften sie Eigenheiten des serotonergen Systems betreffen (Sinopoli, Burton, Kronenberg & Arnold, 2017).

6.4.2 Erklärungsansätze

Zur Erklärung der Zwangssymptomatik gibt es verschiedenste Ansätze, insofern nicht erstaunlich, als Zwangsstörungen höchst unterschiedliche Gestalt annehmen können, von der reichen, phantasievollen Symptomatik psychoanalytischer Fallgeschichten (etwa der des »Rattenmanns«; Freud, 1909d) bis hin zu den stereotypen Kontrollzwängen und Zwangsverlangsamung.

Biologische Erklärungsmodelle basieren zum einen auf der häufigen Vergesellschaftung von Depression und Zwangsstörungen sowie auf der therapeutischen Wirkung bestimmter Antidepressiva auch bei den letzteren, zum anderen auf Ergebnissen der »Psychochirurgie« und auf Zufallsbefunden nach Hirnverletzungen, mittlerweile auch auf neuroanatomischen Studien. Dass Stoffe, welche die Wiederaufnahme von Serotonin hemmen, wie Clomipramin (etwa Anafranil®) oder SSRI, Zwangssymptome bessern, hat das Augenmerk speziell auf diesen Transmitter gelenkt. Da die Wirkungsweise der Substanzen nicht in einer Erhöhung der synaptischen Verfügbarkeit des Transmitters, sondern in einer langfristigen Veränderung von Rezeptoreigenschaften gesehen wird, geht man von einer besonderen Empfindlichkeit bestimmter Rezeptortypen aus. Hierzu würde passen, dass die Wirkung von Clomipramin und SSRI bei Zwangsstörungen noch stärker verzögert einsetzt als bei Depression.

Diskutiert wird, ob bei Zwangskranken eine Dysfunktion in jenen (vorwiegend serotonergen) Strukturen vorliegt, die im Sinne eines geschlossenen Kreises tiefer gelegene Hirnteile wie Basalganglien und Thalamus mit der Orbitalhirnregion im Stirnlappen sowie dem Gyrus cinguli verbinden und (vereinfacht ausgedrückt) für die Bewertung von Eindrücken und Aktivierung von Impulsen verantwortlich sind (so genannte Basalganglienhypothese der Zwangsstörung; s. Haynes et al., 2018; Liu et al., 2021). Die Wirksamkeit der – im Sinne einer ultima ratio – bei Zwangsgestörten zuweilen vorgenommenen anterioren Cingulotomie, der Zerstörung von Gewebe im Gyrus cinguli, ist gut mit diesem Modell vereinbar. Interessanterweise findet man bei Personen mit Autoimmunkrankheiten vermehrt Zwänge, sodass man mittlerweile die Hypothese einer Autoimmunerkrankung vertritt, eventuell als Spätfolge einer Streptokokkeninfektion (Wang et al., 2019; Marazziti, Mucci & Fontenelle, 2018).

Psychoanalytische Modelle von Zwangsstörungen sind kompliziert und tragen der komplexen Symptomatik der Fallgeschichten Rechnung. Freud, der die Zwangsneurose als nosologische Entität einführte, hatte in seiner frühen Abwehr- und Verführungstheorie der Psychoneurosen (▶ Kap. 6.6) Zwangsvorstellungen als entstellte Wiederkehr frühkindlicher (aktiver) Sexualerlebnisse aufgefasst; die Zwangshandlungen betrachtete er als Versuche, die unangenehmen Zwangsvorstellungen zu bekämpfen. Im Rahmen seiner späteren triebtheoretischen Neuformulierung der Neurosenlehre ist der Sachverhalt wesentlich komplizierter: Die frühkindliche Bedingung der Zwangsneurose sei danach eine anal-sadistische Fixierung, teils als Folge besonderer anatomischer Gegebenheiten (»Sexualkonstitution«), teils auf Erlebnisse in jener Zeit zurückzuführen, häufig auf übertriebene Reinlichkeitserziehung. Begünstigt durch die anale Fixierung kann im Erwachsenenalter eine anal-sadistische Regression stattfinden, etwa dann, wenn die genitale Sexualbetätigung behindert wird (s. dazu die grundlegende Schrift »Die Disposition zur Zwangsneurose«; Freud, 1913i). Die zwangsneurotische Symptomatik dient der Abwehr der anal-sadistischen Impulse, wobei Reaktionsbildung, die Mobilisierung gegensinniger

Antriebe, den wichtigsten Abwehrmechanismus darstellt. So wird, vereinfacht ausgedrückt, ein Waschzwang als Versuch aufgefasst, durch gesteigerte Reinlichkeit die exzessiven Verschmutzungstendenzen zu bekämpfen und sich ihre Existenz nicht einzugestehen. Zwangsvorstellungen entstehen wenigstens teilweise durch den bereits bei der Phobie eingeführten Abwehrmechanismus der Verschiebung (▶ Kap. 6.2): Der Affekt wird einer aus dem Bewusstsein zu tilgenden Vorstellung entrissen und auf eine andere, zwar unangenehme, aber doch tolerablere transponiert, die dann als Zwangsvorstellung das Denken beherrscht. Die Abwehr dieser Vorstellung wird wiederum mit einer Zwangshandlung versucht, eine Praxis, die im archaischen magischen Denken wurzelt.

Zwangshandlungen können also zweierlei Funktionen haben: Einige dienen direkt der Abwehr des verdrängten Impulses (Beispiel: Waschzwang); andere sollen eine unangenehme Zwangsvorstellung, die bereits ein Abkömmling des Verdrängten ist (also Produkt einer Abwehr darstellt), aus dem augenblicklichen geistigen Blickfeld verscheuchen. Auf die Beziehungen zwischen magischen Praktiken, religiös-zeremoniellen Ritualen und Zwangssymptomen wies Freud wiederholt in äußerst lesenswerten Abhandlungen hin, so in »Zwangshandlungen und Religionsübungen« (1907b) und speziell in *Totem und Tabu* (1912–13a).

Die unangenehmen Symptome der Zwangsneurose haben nach Freud folglich auch einen positiven Effekt für die erkrankte Person, nämlich die Unterdrückung von Inhalten, die sie (möglicherweise fälschlich) als noch weniger erträglich ansieht (primärer Krankheitsgewinn). Bekanntermaßen ist diese Theorie, welche die Aufrechterhaltung der neurotischen Symptomatik gut erklären kann, nicht in befriedigendem Maße empirisch abgesichert. Immerhin stimmt sie mit Auffassungen anderer Theoretiker überein (genauer gesagt: nimmt diese vorweg), dass Zwangshandlungen wenigstens teilweise zur Bekämpfung der Zwangsvorstellungen dienen. Zudem trägt die Theorie durch die Annahme der disponierenden analen Fixierung (Stichwort: analer Charakter) der Beobachtung Rechnung, dass sich zwangsneurotische Symptomatik bevorzugt bei gewisser prämorbider Persönlichkeitsstruktur entwickelt (▶ Kap. 8.2). Schließlich liefert das Freud'sche Konzept der Abwehrmechanismen (wie Reaktionsbildung, Verschiebung, Ungeschehenmachen) nützliche Begriffe zur Beschreibung der psychischen Prozesse bei Zwangssymptomen und erleichtert den Vergleich mit magisch-animistischem Denken und daraus resultierenden Praktiken.

Ältere *lerntheoretische Erklärungsansätze* von Zwangshandlungen basieren im Wesentlichen auf dem Zwei-Faktoren-Modell von Mowrer, nehmen also eine Entstehung und Aufrechterhaltung wie bei den Phobien an (▶ Kap. 6.2). So könnte die Angst vor Schmutz über klassische Konditionierung erworben werden; das Waschen der Hände beseitigt kurzfristig die mit der Verschmutzung verbundene Angst (negative Verstärkung) und würde entsprechend häufiger eingesetzt; statt oder neben der Fluchtreaktion vor Schmutz reduziert das Waschen die Angst. Dieses an sich plausible Modell hat allerdings die Schwierigkeit entsprechender Genesetheorien von Phobien, nämlich, dass der Erwerb über klassische Konditionierung nur selten nachgewiesen werden kann; daneben wäre zu erklären, warum die aversiven Reize der durch das Waschen hervorgerufenen Schädigung und der Einschränkung des Aktionsradius nicht auf lange Sicht die kurzfristig bewirkte Angstreduktion als Konsequenzen bedeutungsmäßig übersteigen. Komplizierter ist die Erklärung von Zwangshandlungen, die nicht in sofort nachvollziehbarer Weise einen aversiven Stimulus entfernen, zum Beispiel von magischen Ritualen. Hier geht man davon aus, dass das vage Befürchtete, beispielsweise ein unwahrscheinliches Unglück, nach Ausführung des Rituals immer wieder ausgeblieben ist, sodass diese Handlung als effektiver Verhinderungsmechanismus dem Verhaltensrepertoire eingegliedert wurde. Da die Ausführung der Zwangshandlung nicht unterbleibt, kann sich die betroffene Person niemals davon überzeugen, ob das Befürchtete auch sonst nicht eingetreten wäre. Das Verhalten erinnert an das der abergläubischen Tauben Skinners, die eine bizarre Bewegung immer wieder ausführen, weil zufällig einmal in zeitlichem Zusammenhang damit ein Futterkorn präsentiert wurde. Die Herleitung der Zwangsbefürchtungen, wie überhaupt das Auftauchen der Zwangsvorstellungen, die ja einen starken aversiven Stimulus darstellen, können mit diesem Modell der instrumentellen Konditionierung nur schwer erklärt werden.

Neuere verhaltenstheoretische Erklärungsansätze beziehen auch biologische Gegebenheiten (beispielsweise im Sinne erhöhter neurophysiologischer Reaktivität) oder kognitive Faktoren ein. Ein verbreitetes auf Rachman zurückgehendes Modell (s. Davison et al., 2007, S. 184) impliziert, dass negative Vorstellungen durchaus etwas Normales seien und von den meisten ohne Probleme akzeptiert und kaum beachtet würden; bei zwangsgestörten Personen komme es hingegen zu einem vergeblichen Versuch, diese zu unterdrücken und in Folge zu einer zunehmend schuldbewussten Auseinandersetzung mit den aufdringlichen Gedanken. Der Versuch, diese mit Ritualen zu »neutralisieren«, führe zu weiterer Steigerung des Aktivitätsniveaus und Verstärkung des beschriebenen Prozesses. Dieses Modell steht im Einklang mit experimentellen Befunden, etwa dass der Versuch der Unterdrückung von Vorstellungen diese erst recht ins Bewusstsein hebt. Auch hier fehlt jedoch die Erklärung, warum es bei diesen Personen zur ungewöhnlichen Beachtung jener negativen Gedanken kommt; zudem sind die Zwangsvorstellungen – betrachtet man etwa die Freud'schen Kasuistiken von Zwangsneurosen – oft so fern von den üblichen negativen Alltagsgedanken, dass ihr Zustandekommen ohne Annahme ausgiebiger, in dem Modell nicht berücksichtigter Entstellungsprozesse über Verschiebungen und Symboldarstellungen kaum zu erklären ist.

6.4.3 Therapie

Die erfolgreiche *medikamentöse* Behandlung mittels vornehmlich die Serotonin-Wiederaufnahme hemmender Antidepressiva wie Clomipramin, Escitalopram, Fluoxetin, Fluvoxamin, Paroxetin oder Sertralin wurde schon erwähnt. Dabei ist der Wirkmechanismus wohl nicht die Erhöhung des Serotoninspiegels im synaptischen Spalt, sondern die Herabsetzung der Empfindlichkeit von Serotoninrezeptoren als Folge eines Transmitterüberangebots; dass die Wirkung spät eintritt, deutlich später als bei der Therapie von Depressionen, steht mit dieser Annahme in Einklang. Benzodiazepine, die früher zur Erreichung einer affektiven Distanzierung von den Zwangsvorstellungen verordnet wurden, dürfen heute bei dieser Indikation selten eingesetzt werden (eher atypische Antipsychotika).

Zumindest in den USA nicht ganz selten kommt die Psychochirurgie zur Anwendung, etwa Zerstörungen im Gyrus cinguli (Starkweather et al., 2021). Die Eingriffe basieren auf der Annahme einer Überaktivität des im

Rahmen der Basalganglienhypothese beschriebenen zentralnervösen Funktionskreises.

Die *psychoanalytische Therapie* besteht üblicherweise in Aufhebung von Verdrängungen und Bearbeitung des so ins Bewusstsein kommenden Materials. Umfangreichere Therapievergleichsstudien liegen nicht vor; allzu großer Optimismus dürfte nicht angebracht sein.

Wie bei Phobien und anderen Angststörungen sind die bei Zwängen augenblicklich am häufigsten zum Einsatz kommenden Verfahren *kognitiv-verhaltenstherapeutische*, deren Wirksamkeit außer Frage steht (Spencer et al., 2023). Die insbesondere bei den Zwangshandlungen eingesetzten Techniken gleichen den bei Phobien angewandten; die Ähnlichkeit der Verfahren bei beiden Störungen basiert auf der Annahme, dass Zwangsgedanken als angstinduzierende Reize den phobischen Stimuli entsprechen und Zwangshandlungen dem Vermeidungsverhalten analog zu sehen sind. Die zu behandelnde Person wird dabei Situationen ausgesetzt, in denen üblicherweise die Zwangshandlungen auftreten, und angehalten, diese nun zu unterlassen (Exposition mit Reaktionsverhinderung). Reine Zwangsgedanken werden mit Habituation therapiert, indem die Patienten ihre störenden Gedanken auf Tonband sprechen und immer wieder abhören.

6.5 Akute Belastungsreaktion und posttraumatische Belastungsstörung

6.5.1 Symptomatik, Klassifikation, Epidemiologie

Die *akute Belastungsreaktion* wird als vorübergehende psychische Störung in Form einer Reaktion auf eine außergewöhnliche körperliche oder seelische Belastung eingeführt, welche zuweilen innerhalb von Minuten, längstens aber nach Stunden oder Tagen abklingt. Als charakteristisches Symptom wird eine Art von »Betäubung« beschrieben, eine »Bewussts-

6.5 Akute Belastungsreaktion und posttraumatische Belastungsstörung

einseinengung« und die Unfähigkeit, Reize zu verarbeiten. Es kann ein (geistiges) Sichzurückziehen aus der traumatischen Situation erfolgen, die eventuell bis zur Reaktionslosigkeit (»dissoziativem Stupor«) reicht; stattdessen können auch Unruhe und (körperliche) Fluchtreaktion auftreten, hinzukommen meist starke vegetative Reaktionen »panischer« Angst. Nach Abklingen der Erscheinungen tritt zuweilen partielle oder vollständige Amnesie für die Episode auf (verkürzt nach ICD-10, S. 205f.).

Diagnostiziert wird eine akute Belastungsreaktion (F43.0), wenn im direkten Anschluss an ein belastendes Ereignis, höchstens einige Minuten danach, die genannten Symptome, insbesondere der Zustand von Betäubung, auftreten und sich nach der Entfernung aus der traumatisierenden Umgebung rasch zurückbilden; auch bei Weiterbestehen der Belastung sollte nach etwa 24 Stunden die Rückbildung beginnen und nach drei Tagen weitgehend abgeschlossen sein.

Die *posttraumatische Belastungsstörung* (PTBS; engl.: PTSD) wurde zwar spätestens seit dem Ersten Weltkrieg unter der Bezeichnung »Kriegsneurose« als psychiatrisches Leiden anerkannt, erfuhr aber erst in den letzten Jahrzehnten größere Beachtung und wurde unter der neuen, weiter gefassten Bezeichnung schließlich als eigene Kategorie in die diagnostischen Systeme aufgenommen. Dies ist nicht zuletzt auf die Auswirkungen des Vietnamkrieges zurückzuführen, dessen Heimkehrer noch viele Jahre später zu einem auffällig hohen Prozentsatz unter psychischen Störungen litten, was sich u. a. durch hohe Delinquenz-, Suizid- und Scheidungsraten manifestierte. Durch den Afghanistankrieg ist dieses Symptombild auch hier ins öffentliche Interesse gerückt. Weiterhin hat der zunehmend geschärfte Blick für die Folgen sexueller Gewalt zu stärkerer Beachtung dieser Krankheitsbilder beigetragen und die Erkenntnis geliefert, dass sie keineswegs allein auf extreme Erfahrungen in Kriegssituationen zurückzuführen sind.

Bei der posttraumatischen Belastungsstörung handelt es sich um eine verzögerte Reaktion auf ein belastendes Ereignis oder eine Situation »außergewöhnlicher Bedrohung oder katastrophenartigen Ausmaßes«, die »bei fast jedem eine tiefe Verzweiflung« hervorrufen würde. Dazu, präzisieren die Autoren, gehören »eine durch Naturereignisse oder von Menschen verursachte Katastrophe, eine Kampfhandlung oder ein schwerer Unfall oder Zeuge des gewaltsamen Todes anderer oder selbst Opfer von

Folterung, Terrorismus, Vergewaltigung oder anderen Verbrechen zu sein«. Die Kriterien für ein solches »traumatisierendes Ereignis von außergewöhnlicher Schwere« sind also sehr eng gefasst; danach würde das akute Scheitern einer partnerschaftlichen Verbindung ebenso wenig dazu gehören wie der plötzliche natürliche Tod einer nahestehenden Person.

Von den charakteristischen Merkmalen der Störung wird an erster Stelle genannt das »wiederholte Erleben des Traumas in sich aufdrängenden Erinnerungen (Nachhallerinnerungen, Flashbacks) oder in Träumen«, welches sich auf dem Hintergrund eines »andauernden Gefühls von Betäubtsein und emotionaler Stumpfheit«, einer Gleichgültigkeit anderen Menschen und Dingen gegenüber abspielt. Aktivitäten und Situationen, die an das Trauma erinnern, werden vermieden; ebenso gefürchtet werden Stichworte, welche die Erinnerungen aufleben lassen können. Die Betroffenen sind typischerweise vegetativ übererregt, weisen eine gesteigerte Vigilanz auf und neigen zu Angst und Depression; oft kommen Drogeneinnahme und Alkoholabusus hinzu.

Die scheinbare Unvereinbarkeit von erhöhtem Erregungsniveau einerseits und der allgemeinen Stumpfheit und Interessenlosigkeit andererseits wird in ICD-10 nicht weiter thematisiert. Die akute Steigerung der Aktivität dürfte sich auf die Konfrontation mit dem Trauma in der Erinnerung beziehen, Stumpfheit ein generelles Charakteristikum, insbesondere in Zeiten ohne Konfrontation, darstellen.

Im Unterschied zur akuten Belastungsreaktion erfolgt die Diagnose einer posttraumatischen Belastungsstörung (F43.1) im Regelfall innerhalb von sechs Monaten nach einem »traumatisierenden Ereignis von außerordentlicher Schwere«, wenn wiederholte Erinnerungen an das Trauma weiterbestehen. Emotionaler Rückzug sowie Vermeidung von Situationen und sonstigen Reizen, die an das Ereignis erinnern könnten, sind für die Diagnosestellung nicht unbedingt erforderlich, ebenso wenig vegetative Störungen und Beeinträchtigungen der Stimmung (nach ICD-10, S. 207 f.).

Nachdem die PTBS erst in den letzten Jahrzehnten stärkere Beachtung erfahren hat, liegen zum Verlauf kaum verlässliche Angaben vor; er dürfte vornehmlich chronisch sein und wird durch den erwähnten Drogen- und Alkoholabusus kompliziert; Spontanremissionen stellen eher die Ausnahme dar. Dagegen ist die akute Belastungsreaktion definitionsgemäß durch sehr rasche Rückbildung der Symptome gekennzeichnet.

Für die posttraumatische Belastungsstörung schwanken die Angaben zur Lebenszeitprävalenz erheblich (in den USA von 3–27 %; s. Schein et al., 2021). Frauen sind deutlich häufiger betroffen; dies ist insofern wenig erstaunlich, als letztere öfter in Form von sexueller oder häuslicher Gewalt mit pathogenen Situationen konfrontiert sind. Familiäre Häufung ist sicher gegeben, allein schon, weil sich traumatisierende Bedingungen in ein- und derselben Familie finden; auch gewisse genetische Determinierung ist nachgewiesen (s. u.).

6.5.2 Erklärungsansätze

Definitionsgemäß ist das Trauma die Ätiologie – ohne dieses keine Belastungsstörungen –, andererseits aber nicht hinreichend, da viele ein Trauma weitgehend folgenlos durchleben. Die Forschung konzentriert sich deshalb auf disponierende und protektive Faktoren, daneben auf Aspekte der Ereignisse, die diesen ihren besonders traumatisierenden Charakter verleihen. Zudem studiert man physiologische und biochemische Begleiterscheinungen der Reaktionen.

Diese Forschung ist noch weitgehend in den Anfängen, und ein Großteil der Befunde erwartet Replikationen. Allgemein wird das höhere Erregungsniveau auf eine gesteigerte Sympathikusaktivität zurückgeführt. Andere Theorien gehen von Transmitter- bzw. Hormonbesonderheiten aus, ohne wirklich ihre Thesen unterlegen zu können. Feklicheva u. a. (2022) verglichen Kriegsveteranen mit und ohne PTBS und fanden weder hinsichtlich GABA noch Cortisol sichere Gruppenunterschiede. Zu einem ähnlichen Ergebnis hinsichtlich des Cortisols kamen Morris, Hellmann, Abelson und Rao (2016) in ihrer gründlichen Zusammenstellung und Meta-Analyse früherer Studien. Spätestens seit der Meta-Analyse von Schumacher et al. (2019) muss man hinter die früher oft zu lesende Hypothese einer gestörten Achse Hypothalamus-Hypophyse-Nebennierenrinde bei PTBS ein deutliches Fragezeichen setzen. Obwohl die genetische Determiniertheit der Störung außer Frage steht, ist es bis jetzt nicht gelungen, sichere Kandidatengene und ihre Bedeutung zu identifizieren (Maihofer et al., 2022; s. auch Sharma & Ressler, 2019).

Frühe Trennung von den Eltern, Kindheitstraumen, Substanzabhängigkeit[13] sowie gehäufte psychische Erkrankungen in der Familie werden als disponierende Faktoren angesehen. Bevorzugt scheinen belastende Ereignisse im häuslich-familiären Rahmen eine PTBS hervorzurufen, insofern plausibel, als für diese die Gefahr der Wiederholung besteht und zudem die Erinnerung auslösenden Stimuli weiter präsentiert sind.

Die Kriegsneurosen hatten auch das Interesse Freuds und anderer Psychoanalytiker gefunden, da sie während des Ersten Weltkriegs und danach gehäuft zu beobachten waren und gegen die psychoanalytische Theorie von der sexuellen Ätiologie der Neurosen angeführt wurden. Freud selbst war sich nicht über die nosologische Einordnung der Störung klar – zuweilen rechnete er sie zu den Aktualneurosen, zuweilen zu den Psychoneurosen, auch machte er Unterschiede zwischen den eigentlichen Kriegsneurosen und den traumatischen Neurosen der Friedenszeiten. Ebensowenig vertrat er eine eindeutige Auffassung zu ihrer Psychodynamik; die Wiederholung des Traumas sah er als Versuch an, die mit ihm verbundenen Reizenergien unter psychische Kontrolle zu bringen.

6.5.3 Therapie

Medikamentöse Behandlung: Angesichts des gesteigerten Alkoholkonsums und Drogenabusus bei den Betroffenen – der oft per se behandelt werden muss – ist man mit der Gabe von Sedativa der Benzodiazepingruppe sehr zurückhaltend. Die Wirksamkeit von SSRI bei diesem Störungsbild ist gut belegt; Paroxetin und Sertralin sind für diese Indikation zugelassen.

Psychologischen Behandlungsverfahren, gleich welcher Schule, ist gemeinsam, dass sie die Patienten zur Auseinandersetzung mit dem traumatisierenden Erlebnis bringen; da dieses in aller Regel bewusst ist, setzen auch *psychodynamische Therapien* weniger an der Aufhebung von Ver-

---

13 Der unbestrittene korrelative Zusammenhang zwischen Substanzmissbrauch und PTBS kann verschieden interpretiert werden; meist liegt erst die Belastungsstörung vor, sodass der Drogen- und Alkoholkonsum als Versuch der Selbstmedikation aufzufassen wäre. Nicht auszuschließen ist aber auch, dass beide Störungen eine gemeinsame genetische Grundlage haben.

drängungen an, sondern haben direktiven, stützenden Charakter und versuchen, Bewältigungstechniken zu vermitteln. *Kognitiv-verhaltenstherapeutische Interventionen* zielen auf Konfrontation mit dem Trauma ab, etwa in Gesprächen, Vorstellungsübungen und Abhören von selbst gesprochenen Tonbandberichten über das traumatisierende Erlebnis; auch Expositionsverfahren kommen zur Anwendung. Spezifisch zur Behandlung der PTBS ist das Eye Movement Desensitization and Reprocessing-Verfahren (EMDR) entwickelt worden, welches die geistige Fokussierung auf das Trauma mit bestimmten Augenbewegungen verbindet und bei dieser Indikation nachweislich wirksam ist (Cuipers et al., 2020). Generell dürften psychotherapeutische Verfahren wie kognitive Therapie, Exposition und die erwähnte EMDR einer reinen Pharmakotherapie überlegen sein.

Sinnvoll ist die Überlegung, ob man Personen, die sich in Situationen begeben, die eventuell ein Trauma mit sich bringen könnten (beispielsweise Soldaten), nicht vorab Medikamente verabreichen könnte, die das Risiko einer PTSB reduzieren. Hier ist die prophylaktische Gabe von Cortisol oder des »Bindungshormons« Oxytocin im Gespräch (s. Köhler, 2019, S. 224).

6.6 Dissoziative Störungen

6.6.1 Symptomatik, Klassifikation, Epidemiologie

Dissoziative Störungen sind gekennzeichnet durch Störungen der Erinnerung (Amnesien), des Identitätsbewusstseins (Persönlichkeitsspaltung), des Empfindens und der Kontrolle über die Willkürmotorik (beispielsweise dissoziative Sensibilitäts- und Bewegungsstörungen). Hier seien – in Anlehnung an ICD-10 (S. 212 ff.) – einige interessante Symptombilder herausgegriffen.

Bei der *dissoziativen Amnesie* besteht ein partieller oder vollständiger Erinnerungsverlust für kurz zurückliegende Ereignisse oft traumatischer Natur (Unfälle, unerwartete Trauerfälle), der nicht durch Vergesslichkeit oder Ermüdung zu erklären ist und sich auch nicht auf organische Ursachen (wie Alzheimer-Krankheit, Gehirnerschütterung) oder auf toxische Schädigungen (etwa Blackouts nach Alkoholkonsum) zurückführen lässt.

Bei der *dissoziativen Fugue* (französisch: Flucht) findet sich eine »zielgerichtete Ortsveränderung« weg von der gewohnten Umgebung, wobei in einigen Fällen auch eine neue Identität angenommen wird; das ganze Geschehen dauert im Allg. nur wenige Tage. Der Patient verhält sich geordnet und kann auf Außenstehende völlig normal wirken; für die Zeit des Vorfalls besteht Amnesie.

Die *dissoziativen Störungen der Bewegung und Sinnesempfindung* bilden zusammen mit den dissoziativen Krampfanfällen im Wesentlichen die Symptome, welche als Hysterie die Nervenärzte des 19. Jahrhunderts beschäftigt und Freud zur Entwicklung der Psychoanalyse veranlasst haben. Bei den *dissoziativen Bewegungsstörungen* liegt vollständiger oder partieller Verlust der Bewegungsfähigkeit bzw. eine Bewegungsstörung vor, was nicht auf organische Ursachen zurückzuführen ist. Die (früher hysterisch genannten) *dissoziativen Krampfanfälle* ähneln epileptischen Anfällen, unterscheiden sich jedoch typischerweise durch Ausbleiben von Verletzungen (etwa Zungenbiss) und Fehlen von Bewusstlosigkeit (stattdessen Auftreten von Stupor oder tranceähnlichen Zuständen). Bei den *Sensibilitätsstörungen* finden sich Einschränkungen der Empfindlichkeit (Anästhesien) oder Missempfindungen (Parästhesien) im Hautbereich, die wie andere »hysterische« Symptome eher im Einklang mit den naiven Körpervorstellungen der Patienten stehen als mit pathologisch-anatomischen Gegebenheiten; so sind dissoziative Sensibilitätsausfälle im Handbereich häufig handschuhförmig begrenzt, während bei organischen Störungen die Einschränkungen den kompliziert angeordneten Versorgungsarealen einzelner Nerven entsprechen. Andere Empfindungsstörungen sind beispielsweise *Gesichtsfeldausfälle*, die ebenfalls wenig zu den anatomischen Tatsachen passen und nicht zu den erwarteten Behinderungen der Motorik oder gar Verletzungen führen; Simulation ist in einzelnen Fällen schwer auszuschließen. Eine (seltene und kontrovers diskutierte) dissoziative Störung ist die *multiple Persönlichkeitsstörung*, bei der zwei oder mehr verschiedene Persönlichkeiten in ein und demselben Individuum existieren, welche zu verschiedenen Zeitpunkten in Erscheinung treten und in der Regel keine Kenntnis

6.6 Dissoziative Störungen

voneinander haben, nur teilweise einen gemeinsamen Erinnerungsspeicher zu besitzen scheinen.

Als Beispiel werden immer die beiden Persönlichkeiten von Dr. Jekyll und Mr. Hyde in der Stevenson'schen Erzählung angeführt, die auf einem tatsächlichen Fall basiert. Auch Anna O., Breuers berühmte Patientin, ist insofern als »double personalité« anzusehen, als sie in einem somnolenten, autohypnotischen Zustand Erinnerungen produzierte, die ihr im Wachbewusstsein verschlossen waren, u. a. an die Ursprünge ihrer hysterischen Symptome. Erwähntermaßen hat diese »Persönlichkeitsspaltung« nichts mit der bei der Schizophrenie beschriebenen, gänzlich anders zu verstehenden Spaltung zu tun (▶ Kap. 4.1).

Die *Diagnose* dissoziativer Störungen und Kodierung mit einer der Nummern F44.0–F44.8 soll nur dann erfolgen, wenn keine körperliche Erkrankung als Erklärung für die Symptome festgestellt werden kann und zudem ein »Beleg für eine psychische Verursachung« zu finden ist, sich also ein »zeitlicher Zusammenhang mit Belastungen, Problemen oder gestörten Beziehungen« nachweisen lässt. Die dissoziative Amnesie (F44.0) muss von Amnesien anderer Ursache abgegrenzt werden; dies geschieht aufgrund der sonstigen Symptomatik (Fehlen anderer Gedächtnisstörungen, wie im Fall des amnestischen Syndroms sowie Fehlen der für das Delir typischen Bewusstseinstrübung und Desorientiertheit), durch Ausschluss organischer Ursachen (z. B. Epilepsie), teils durch Erfassung der Begleitumstände (fehlender Alkoholabusus, kein Hinweis auf Unfall mit schwerem Schädel-Hirn-Trauma); am schwierigsten ist die Unterscheidung zwischen dissoziativer Amnesie und bewusster Simulation. Die dissoziative Fugue (F44.1) ist von ähnlicher Symptomatik im Rahmen von Temporallappenepilepsien abzugrenzen, die dissoziativen Krampfanfälle (F44.5) von epileptischen Anfällen, was aufgrund der Symptomatik (fehlende Selbstverletzungen, keine Bewusstlosigkeit) und anhand von EEG-Aufzeichnungen im Anfall geschieht. Dissoziative Bewegungs- (F44.4) sowie Sensibilitäts- und Empfindungsstörungen (F44.6) sind nur dann zu diagnostizieren, wenn neurologische Erkrankungen, speziell Multiple Sklerose, sicher ausgeschlossen werden können; multiple und »schlecht definierte körperliche« Beschwerden, speziell unklare vegetative Beschwerden oder Schmerzzustände, wären nicht unter »dissoziative«, sondern unter »somatoforme« Störungen (▶ Kap. 6.7) oder unter Neurasthenie (F48.0) einzuordnen. Die multiple Persönlichkeitsstörung ist in die Restkategorie

»sonstige dissoziative Störungen« (F44.8) einzureihen und mit F44.81 zu kodieren.
Dissoziative Störungen sind selten, viel seltener etwa als affektive oder Angststörungen. Insofern liegen kaum aussagekräftige epidemiologische Daten vor; unbestritten ist nur, dass dissoziative Bewegungs- und Empfindungsstörungen (»Hysterien«) um 1900 häufiger waren, wobei Frauen deutlich überwogen.[14]

6.6.2 Erklärungsansätze

Die Krankheitsbilder sind zu selten, um über Einzelfallhypothesen hinauszugehen. Von *Psychoanalytikern* wird dissoziative Amnesie, die sich durch Erinnerungslücken für große zusammenhängende Partien kennzeichnet, als extreme Form von Verdrängung aufgefasst, als deren Resultat auch Fugue oder Ausbildung von multipler Persönlichkeit entstehen könnten; *lerntheoretisch* kann man die Syndrome als besonders ausgeprägtes Vermeidungsverhalten ansehen. Alle Theorien dissoziativer Störungen haben in Rechnung zu setzen, dass die Symptome weit überzufällig häufig nach großen psychischen Belastungen auftreten.

Obwohl dissoziative Bewegungs- und Empfindungsstörungen heute selten sind, lohnt es sich, die von Freud konzipierten Entstehungsmodelle genauer darzustellen, da an ihnen die *Psychoanalyse entwickelt* wurde. Beiträge zu diesen, damals mit dem Begriff Hysterie belegten Störungen stammen von einer Anzahl früherer Forscher, auf deren Befunden Freud teilweise aufbauen konnte. Hier ist zunächst J. M. Charcot zu nennen, der erstmals eine klare Symptombeschreibung leistete, hysterische Symptome mittels Hypnose hervorrief und auch wieder zum Verschwinden brachte sowie auf die pathogenetische Bedeutung psychischer Traumen hinwies. Sein Schüler P. Janet vertiefte diese Erkenntnisse; ihm gelang es in einigen Fällen, mittels Hypnose die ersten, in der Regel scheinbar vergessenen Anlässe der Symptombildung herauszufinden; weiter konnte er durch hypnotische Suggestion die Symptome zum Verschwinden bringen und zwar dadurch, dass er die pathogene Situation in der Erinnerung der Erkrankten kognitiv umstrukturierte. Als Grundlage der hysterischen Symptomatik nahm er eine wenig

---

14 Hysterie kommt bekanntlich von griechisch hystera = Gebärmutter; wie der Name schon zeigt, betrachtete man sie als eine Frauenkrankheit und brachte ihre Genese mit Störungen sexueller Funktionen in Zusammenhang.

6.6 Dissoziative Störungen

klar definierte »Einengung des Bewusstseinsfeldes« an, eine permanente Einschränkung der Aufmerksamkeit, welche zur Vernachlässigung von Vorstellungskomplexen führen sollte; diese kognitive Minderleistung wurde als Zeichen einer allgemeinen, weitgehend erblich bedingten »zerebralen Erschöpfung« aufgefasst (s. dazu Köhler, 2014b, S. 150 ff.).[15]

Mehr noch konnte Freud auf Beobachtungen aufbauen, die sein älterer Kollege Josef Breuer um 1880 (lange vor den Publikationen Janets) an seiner Patientin Anna O. machte; diese zeigte eine Vielzahl motorischer und sensorischer Symptome, welche von ihm, in Übereinstimmung mit renommierten Kollegen, als nichtorganischer Natur angesehen wurden. Breuers Therapie bestand nun – und dies unterscheidet sie wesentlich von den Suggestivbehandlungen jener Zeit – darin, dass die Patientin in Hypnose über die ersten, im Wachbewusstsein nicht erinnerbaren Anlässe der Symptombildung berichtete, diese Situationen noch einmal »durcharbeitete« und die seinerzeit unterdrückten affektiven Reaktionen nachholte. Damit verschwanden die meisten Symptome – wenn auch nicht so dauerhaft wie berichtet. Breuers »kathartisches« Verfahren wandelte Freud insofern ab, als er die Ausforschung der pathogenen Situationen im Wachbewusstsein mittels Psychoanalyse vornahm. Der dabei zu beobachtende Widerstand führte ihn zur Annahme, dass die Erinnerungen zur Vermeidung von Unlust vom Bewusstsein ausgeschlossen (verdrängt) worden waren, und – verkürzt ausgedrückt – sich die zugehörige affektive Energie in körperliche Symptome »umgesetzt« hatte (Konversion). Als unerlässliche Bedingung für eine zu hysterischen Symptomen führende Verdrängung sah Freud einen *sexuellen Missbrauch im frühen Kindesalter* an; aufgrund dieses belastenden Eindrucks mussten spätere sexuelle Eindrücke besonders nachdrücklich aus dem Bewusstsein verbannt werden, um nicht die Erinnerung an das frühkindliche Trauma zu wecken. Diese *Verführungstheorie*, wie sie in der Schrift »Zur Ätiologie der Hysterie« (Freud, 1896c) entwickelt wurde, gab er jedoch sehr bald auf, was wiederholt falsch verstanden oder inkorrekt dargestellt worden ist. Freud leugnete auch später keineswegs den sexuellen Missbrauch von Kindern und dessen pathogene Rolle, sondern nahm nur insofern eine Einschränkung vor, als er die Entstehung von Hysterie auch ohne solche Erlebnisse für möglich hielt und letztlich in den meisten Fällen als wahrscheinlicher ansah. Später präsentierte er

---

15 Janet selbst behauptete später, er habe die Verdrängungstheorie der Neurosen vor Freud entwickelt, und diese These wurde auch von einigen Wissenschaftshistorikern und in der »Anti-Freud-Literatur« vertreten; tatsächlich aber haben Janets Einengung des Bewusstseinsfeldes und das Freud'sche Verdrängungskonzept nichts gemeinsam, wie bei Köhler (2016b, S. 112 ff.) durch Textvergleich ausführlich belegt. Im Übrigen hatte Freud Janets Vorarbeiten, so die Rückführung hysterischer Symptome auf unbewusste Gedanken, wiederholt nachdrücklich anerkannt und diesbezüglich nie eine Priorität reklamiert.

eine *triebtheoretische Neuformulierung*, der zufolge die Symptome nicht mehr typischerweise der Verdrängung frühkindlicher Sexualtraumen, sondern der Abwehr von Triebregungen infantilen Ursprungs dienen sollten (s. dazu Köhler, 2020a, S. 144 ff.). Prinzipiell hat sich die heutige psychoanalytische Ansicht nicht allzu sehr davon entfernt, wobei allerdings die ausschließliche Herleitung der Neurose aus Triebkonflikten sexueller Natur kaum mehr versucht wird.

Lerntheoretische Erklärungsansätze haben kaum Verbreitung gefunden; sie gehen – wenig überzeugend – von einem operant aufrechterhaltenen gelernten Verhalten aus.

6.6.3 Therapie

Die *psychoanalytische Therapie dissoziativer Amnesien* sollte sich nicht wesentlich von den Verfahren zur Aufhebung jener Amnesien unterscheiden, die Freuds Theorie nach allen neurotischen Störungen zugrunde liegen: Überwindung der Verdrängungswiderstände im Wachbewusstsein. Neuere Therapien, auch von Analytikern, scheinen bei der dissoziativen Amnesie jedoch wieder die von Freud verworfene Hypnose anzuwenden, teilweise sogar mittels medikamentöser Induktion. Überzeugende Dokumentationen der Wirksamkeit stehen ebenso aus wie die von therapeutischen Bemühungen, bei multipler Persönlichkeitsstörung eine Integration der verschiedenen Persönlichkeiten zu leisten. *Psychoanalytische Therapie* der *Konversionsstörungen* entspricht im Wesentlichen der bereits von Freud praktizierten. *Verhaltenstherapeutisch* wird versucht, durch Nicht-Verstärkung des Krankheitsverhaltens und Belohnung damit unvereinbarer anderer Verhaltensformen die Symptome zum Verschwinden zu bringen (zu weiteren verhaltenstherapeutischen Methoden bei körperlichen Symptomen ▶ Kap. 6.7).

6.7 Somatoforme Störungen

6.7.1 Symptomatik, Klassifikation, Epidemiologie

Die somatoformen (wörtlich übersetzt: körperliche Gestalt annehmenden) Störungen werden in ICD-10 (S. 224 ff.) charakterisiert durch »die wiederholte Darbietung körperlicher Symptome in Verbindung mit hartnäckigen Forderungen nach medizinischen Untersuchungen trotz wiederholter negativer Ergebnisse«. Sind tatsächlich körperliche Befunde vorhanden, so erklären sie »nicht die Art und das Ausmaß der Symptome oder das Leiden und die innerliche Beteiligung des Patienten«; letzterer widersetzt sich in der Regel den Versuchen, »die Möglichkeit einer psychischen Ursache zu diskutieren«. Diese Störungen, die etwa der Hypochondrie der Umgangssprache entsprechen, werden in verschiedene Unterformen eingeteilt. Die *Somatisierungsstörung* ist gekennzeichnet durch »multiple, wiederholt auftretende und häufig wechselnde körperliche Beschwerden«, etwa im Magen-Darm-System (Schmerz, Erbrechen, Übelkeit) oder im Bereich der Haut (Jucken, Brennen, Taubheitsgefühl); auch sexuelle und menstruelle Störungen sind häufig. Der Verlauf der Symptomatik wird als »chronisch fluktuierend« beschrieben; die Beschwerden haben meist schon einige Jahre bestanden. Für die Diagnosestellung wird eine Dauer der Symptome von mindestens zwei Jahren gefordert. Sind weniger Symptome vorhanden und ist der Verlauf kürzer, ist die Diagnose *undifferenzierte Somatisierungsstörung* zu stellen. Nicht einfach davon unterscheiden lässt sich die *hypochondrische Störung*, deren »vorherrschendes Kennzeichen« die »beharrliche Beschäftigung mit der Möglichkeit« ist, »an einer oder mehreren schweren und fortschreitenden körperlichen Krankheiten zu leiden, manifestiert durch anhaltende körperliche Beschwerden oder ständige Beschäftigung mit der eigenen körperlichen Erscheinung«. Die Betroffenen interpretieren dabei normale Erscheinungen oft als abnorm und belastend, richten zudem (anders als bei der Somatisierungsstörung) ihre Aufmerksamkeit meist nur auf ein oder zwei Organe oder Organsysteme. Der »Verlauf der Symptome sowie der Behinderung« ist im Allg. »chronisch und wechselhaft«. Die *somatoforme autonome Funktionsstörung* unterscheidet sich von der Somatisierungsstörung im Wesentlichen dadurch, dass deutliche vegetative Symptome vorhanden sind und das Störungsbild bestimmen, etwa Herzklopfen, Schwitzen, Erröten, Zittern; hinzu kommen eher subjektive Beschwerden wie Schmerzen, Brennen oder Engegefühl; auch hier wird von den Patienten die Möglichkeit einer Erkrankung des betreffenden Organsystems intensiv und in quälerischer Weise erwogen. Bei der *anhaltenden somatoformen Schmerzstörung* ist die »vorherrschende Beschwerde« ein »andauernder, schwerer und quälender Schmerz, der durch einen physiologischen Prozess oder eine körperliche Störung nicht vollständig erklärt werden kann«; er tritt »in Verbindung mit emotionalen Konflikten und psychosozialen Problemen« auf.

Das Gemeinsame der somatoformen Störungen (F45) ist also das Vorliegen von Beschwerden, die teilweise gar nicht objektivierbar und auch nicht auf einen körperlichen Prozess zurückzuführen sind, teilweise zwar tatsächliche körperliche Symptome darstellen (wie Herzklopfen, Blähungen, vermehrter Harndrang), jedoch nicht das subjektive Leiden und die qualvolle Beschäftigung mit ihnen rechtfertigen. Hinzu kommt, dass die Betroffenen diese Symptome Ärzten mit Nachdruck präsentieren und sich nicht mit dem Hinweis auf deren Harmlosigkeit zufriedengeben. Die Unterscheidung der einzelnen Unterformen der somatoformen Störung ist zuweilen recht schwierig. Grob kann man so zusammenfassen, dass es sich bei der Somatisierungsstörung (F45.0) und ihrer rudimentären Form, der undifferenzierten somatoformen Störung (F45.1), um *häufig* das Organsystem *wechselnde*, schlecht objektivierbare Beschwerden handelt, während bei der somatoformen autonomen Funktionsstörung (F45.3) die Betonung auf *einem* bestimmten vegetativ innervierten Organsystem liegt, in dessen Bereich (in ihrer Bedeutung überschätzte) Symptome auftreten. Bei letzterer Störung findet sich auch quälende Beschäftigung mit der Möglichkeit, dass eine ernsthafte Erkrankung vorliegt, was bei Somatisierungsstörungen keine wesentliche Rolle spielt. Bei der hypochondrischen Störung (F45.2) tritt die Beschäftigung mit der bedrohlichen Krankheit ganz in den Vordergrund, nicht die mit den Symptomen selbst. Auch die pathologische Angst vor einer bestimmten Erkrankung (Nosophobie) wäre unter Hypochondrie zu klassifizieren, nicht in die Kategorie phobische Störungen (▶ Kap. 6.2) einzuordnen; bei der anhaltenden somatoformen Schmerzstörung (F45.4) steht der zeitlich und lokalisatorisch weitgehend konstante Schmerz, nicht die vegetative Symptomatik im Vordergrund; anders ist es bei der Somatisierungsstörung, wo die Schmerzen wechseln und das Beschwerdebild wenig prägen; die Furcht vor schwerer Krankheit scheint auch bei der somatoformen Schmerzstörung nicht die Bedeutung zu haben wie bei der Hypochondrie. Selbstverständlich sind alle diese Ausschlussdiagnosen; zuvor müssen die fehlende körperliche Grundlage und die Harmlosigkeit der

Beschwerden eindeutig nachgewiesen sein. Tatsächliche körperliche Erkrankungen, bei denen psychische Faktoren für Genese und Aufrechterhaltung eine wesentliche Rolle spielen (sogenannte psychosomatische Krankheiten), wären nicht unter somatoforme Störungen einzuordnen, sondern in Kategorie F54 (»psychologische Faktoren und Verhaltenseinflüsse bei andernorts klassifizierten Krankheiten«; ▶ Kap. 7.1). Schwierig und in ICD-10 so gut wie gar nicht thematisiert ist die Unterscheidung von den dissoziativen Störungen.

Angesichts der teilweise nicht einfach zu stellenden Diagnosen und der terminologischen Uneinheitlichkeit sind *epidemiologische Angaben* mit Zurückhaltung zur Kenntnis zu nehmen. Unzweifelhaft ist, dass solche somatoformen Störungen bei Frauen häufiger vorkommen, in der ärztlichen Praxis eine erhebliche Rolle spielen und durch das Aufsuchen immer neuer Ärzte mit der Folge teurer Doppeldiagnosen volkswirtschaftlich erheblich zu Buche schlagen.

6.7.2 Erklärungsansätze

Eine von Freud ausgearbeitete *psychoanalytische Theorie* der somatoformen Störungen findet sich nicht; gewisse somatoforme Schmerzzustände rechnete er zur Konversionshysterie und sah ihre Genese in der Verdrängung von traumatischen Eindrücken sowie in der Umwandlung der zugehörigen affektiven Energie in körperliche Symptome (Konversion; ▶ Kap. 6.6). Die Hypochondrie, die ängstliche Sorge um die eigene Gesundheit, betrachtete er weitgehend als angstneurotisches Symptom und rechnete sie zu den Aktualneurosen, verursacht durch einen Aufstau von Sexualerregung (▶ Kap. 6.3). Neuere psychoanalytische Überlegungen zur Genese körperlicher Symptome, sowohl in Gestalt somatoformer Störungen als auch psychisch mitbedingter körperlicher Erkrankungen, wurden im Rahmen des *Alexithymie-Konzepts* angestellt. Alexithymie, die Unfähigkeit, eigene Gefühle wahrzunehmen und zu äußern, soll häufig bei Patienten mit den genannten Störungen vorkommen (s. dazu beispielsweise Gulpek et al., 2014).

Ältere *lerntheoretische Erklärungen* der somatoformen Störungen betrachten diese als verstärktes Verhalten, etwa über Beachtung und Schonung durch die Umgebung im Rahmen der Krankenrolle. Wie bei Phobien und Zwängen ist schwer zu verstehen, dass das Leiden an den

Symptomen die vergleichsweise banalen anderweitigen Verstärkungen nicht weit übertreffen sollte. Auf die Hypochondrie, die der Umgebung oft gar nicht bekannt wird, wäre dieses Modell kaum anzuwenden.

Neuere *kognitiv-verhaltenstherapeutische Ansätze*, die beispielsweise bei Rief & Hiller (2011) dargestellt sind, gehen von einer Fehlbewertung körperlicher Symptome mit Entwicklung eines Circulus vitiosus aus (ähnlich wie bei der Panikstörung; ▶ Kap. 6.3): So könnte erhöhte physiologische Erregung zu körperlichen Symptomen führen, die als bedrohlich wahrgenommen werden und eine verstärkte Aktivierung bedingen. Durch häufige Selbstuntersuchung würden schmerzhafte Veränderungen entstehen, Schonung riefe zunehmend deutlichere Symptome von Leistungseinschränkung hervor, aggressive Forderungen nach immer intensiverer Diagnostik würden das Krankheitsverhalten fixieren. Diese Modelle setzen nicht ein verstärkendes Verhalten anderer Personen voraus und sind deshalb auch auf still ertragene Hypochondrie anwendbar. Das Erklärungsproblem verschiebt sich auf die Herleitung der erhöhten psychophysiologischen Aktivierung, der übertriebenen Sorge um die eigene Gesundheit und der mangelnden Bereitschaft, einem ärztlichen Befund Glauben zu schenken.

6.7.3 Therapie

Bei somatoformen Störungen ist eine *medikamentöse Behandlung* häufig, umso mehr, als sie von den Patienten, die ja von der organischen Bedingtheit ihrer Leiden überzeugt sind, gefordert wird. So findet sich insbesondere bei der Somatisierungsstörung häufig ein Abusus von Beruhigungsmitteln und Analgetika. Hypochondrie, wie im Rahmen depressiver Störungen nicht selten, muss vornehmlich mit der Grundkrankheit behandelt werden, beispielsweise durch Antidepressiva; ähnliches gilt für andere somatoforme Störungen sekundärer Natur. Die *Therapie* würde nach Freud davon abhängen, ob die Symptomatik im Rahmen einer Konversionsneurose entsteht oder als aktualneurotisch aufzufassen ist. Im ersteren Falle müsste eine Psychoanalyse zur Aufhebung der Verdrängung vorgenommen werden; im zweiten Fall wäre diese Therapie nicht indiziert, stattdessen würde eine Umstellung des Verhaltens, insbesondere im sexuellen Bereich, angestrebt.

Verhaltenstherapeutische Techniken im engeren und älteren Verständnis versuchen, an den Konsequenzen des Verhaltens anzusetzen, zielen also u. a. auf eine Nichtverstärkung der körperlichen Symptomatik. Neuere *kognitiv-verhaltenstherapeutische Ansätze*, wie bei Rief und Hiller (2011) dargestellt, setzen sich vornehmlich die Veränderung von Einstellungen sowie die Neubewertung der Symptome zum Ziel. Dabei werden falsche Überzeugungen modifiziert, das Fokussieren auf körperliche Symptome zu beseitigen versucht und Verhaltensweisen abgebaut, die der Selbstverstärkung der Symptomatik dienen, beispielsweise Hyperventilation. Auch Entspannungstechniken zur Reduktion von Angst, wie sie als Folge von körperlichen Symptomen auftritt und umgekehrt somatische Reaktionen verstärkt, kommen zum Einsatz.

7 Ess- und Schlafstörungen; sexuelle Funktionsstörungen

7.1 Vorbemerkungen

Unter der ungelenken und wenig prägnanten Überschrift »Verhaltensauffälligkeiten mit körperlichen Störungen und Faktoren« sind in ICD-10 (S. 241 ff.) eine Reihe körperlicher Syndrome aufgelistet, bei deren Genese und Aufrechterhaltung psychischen Faktoren eine gewisse Rolle zugeschrieben wird. Neben den Essstörungen in Form von Anorexie und Bulimie sind dies Schlaf- und sexuelle Funktionsstörungen nichtorganischer Natur. Weiter finden sich in der Kategorie F5 psychische Störungen im Wochenbett, »psychologische Faktoren und Verhaltensfaktoren bei anderenorts klassifizierten Krankheiten« und schließlich »schädlicher Gebrauch von nichtabhängigkeitserzeugenden Substanzen«, worunter u. a. Antidepressiva, Abführ- und Schmerzmittel sowie Hormone aufgeführt werden (▶ Tab. 7.1).

> In ICD-11 werden die Schlafstörungen überhaupt nicht mehr im Kapitel über psychische Störungen aufgeführt, sondern bilden ein eigenes Kapitel 7 mit dem Titel Schlaf-Wach-Störungen.

> Psychische Störungen im Wochenbett wurden an anderer Stelle kurz beschrieben (▶ Kap. 5.3), der theoretisch wenig interessante Missbrauch nicht abhängigkeitserzeugender Substanzen rechtfertigt im knapp gesetzten Rahmen keine Besprechung. In die Kategorie »psychologische Faktoren und Verhaltensfaktoren bei anderenorts klassifizierten Krankheiten« wären typischerweise die »psychosomatischen Krankheiten« einzureihen und zwar zusätzlich mit der Codenummer für die Krankheit (beispielsweise J45 für Asthma); F54 und J45 bezeichnet dann Asthma, wenn bei

dessen Genese psychische Faktoren nach Ansicht des diagnostizierenden Arztes eine Rolle spielen. Diese »psychosomatischen Krankheiten« können hier nicht dargestellt werden. Lediglich kommen Essstörungen sowie die nichtorganischen Schlaf- und sexuellen Funktionsstörungen zur Darstellung.

Tab. 7.1: Gliederung von Abschnitt F5 in ICD-10 (nach Köhler, 2019, S. 229f.)

Code-Nr.	Störung
F50	Essstörungen, u. a. • Anorexia nervosa • Bulimia nervosa
F51	nichtorganische Schlafstörungen, u. a. • Insomnie (Schlaflosigkeit) • Hypersomnie (vermehrtes Schlafbedürfnis) • Schlafwandeln (Somnambulismus) • Pavor nocturnus • Albträume
F52	nichtorganische sexuelle Funktionsstörungen, u. a. • Mangel oder Verlust von sexuellem Verlangen • sexuelle Aversion und mangelnde sexuelle Befriedigung • Versagen genitaler Reaktionen (Impotenz) • Orgasmusstörung • Ejaculatio praecox (vorzeitiger Samenerguss) • Vaginismus • Dyspareunie (Schmerzen beim Geschlechtsverkehr) • gesteigertes sexuelles Verlangen
F53	psychische und Verhaltensstörungen im Wochenbett, anderenorts nicht klassifiziert
F54	psychologische Faktoren und Verhaltensfaktoren bei anderenorts klassifizierten Krankheiten
F55	schädlicher Gebrauch von nichtabhängigkeitserzeugenden Substanzen

Tab. 7.1: Gliederung von Abschnitt F5 in ICD-10 (nach Köhler, 2019, S. 229f.) – Fortsetzung

Code-Nr.	Störung
F59	nicht näher bezeichnete Verhaltensauffälligkeiten bei körperlichen Störungen und Faktoren

7.2 Essstörungen: Anorexia und Bulimia nervosa

7.2.1 Symptomatik, Klassifikation, Epidemiologie

Die *Anorexia nervosa* (*nervöse Magersucht*) ist nach ICD-10 (S. 243 ff.) charakterisiert durch einen »absichtlich selbst herbeigeführten oder aufrechterhaltenen Gewichtsverlust«, indem nicht nur hochkalorische Speisen vermieden werden, sondern zum Verlieren des Gewichts oft auch selbst induziertes Erbrechen (beispielsweise durch Einführen des Fingers in den Rachen), Abführmittel (Laxanzien) sowie Appetitzügler oder Diuretika (Entwässerungsmittel) zum Einsatz kommen und eine übertriebene körperliche Aktivität an den Tag gelegt wird.

> Der gewichtsreduzierende Effekt von Laxanzien ist bestenfalls gering, da sie im Allg. auf die Dickdarmaktivität wirken und die wesentlichen kalorischen Stoffe schon im Dünndarm resorbiert werden. Diuretika schwemmen lediglich Wasser aus und führen daher nur zu kurzfristigem Gewichtsverlust, nicht selten mit dem Nebeneffekt vermehrter Ausscheidung von wichtigen Elektrolyten wie Kalium; weitere Elektrolytverluste resultieren aus dem Laxanzienabusus.

Es besteht eine Störung des »Körperschemas« in Form der überwertigen Idee, zu dick zu sein oder zu werden. Bei Frauen findet sich typischerweise Ausbleiben der Regel (Amenorrhoe), bei Männern ein Verlust von Libido und Potenz. Tritt Anorexia nervosa vor der Pubertät ein, sind die Reife-

7.2 Essstörungen: Anorexia und Bulimia nervosa

vorgänge gehemmt (Verzögerung oder Ausbleiben der ersten Monatsblutung und fehlende Brustentwicklung bei Mädchen, schwache Ausbildung der Genitalien bei Knaben; Wachstumsstopp). Dabei ist das Körpergewicht mindestens 15 % unter der Norm beziehungsweise liegt der Body-Mass-Index (definiert als Körpergewicht in Kilogramm dividiert durch die quadrierte Körpergröße in Metern) unter 17,5. Laessle und Pirke (1997) beschreiben genauer Essverhalten, Einstellungen und Interessen der Betroffenen: Kleinste Mengen werden »zumeist alleine im Rahmen spezifischer Essrituale« eingenommen, beispielsweise in winzige Stücke zerlegt und mit einem kleinen Löffel gegessen. Trotz abgemagerten Zustandes halten sich die Patientinnen für normalgewichtig oder gar für zu dick; die Schwere der Erkrankung wird geleugnet, eine Therapie oft abgelehnt. Das Thema »Essen« beschäftigt die Betroffenen in hohem Maße: So werden stundenlang Kochbücher gelesen, Rezepte auswendig gelernt und umfangreiche Mahlzeiten für andere zubereitet; insofern ist die Bezeichnung »anorexia« (Appetitlosigkeit) ausgesprochen missverständlich. Bei etwa der Hälfte der Patientinnen kommt es zu Heißhungeranfällen mit anschließendem selbstinduziertem Erbrechen (bulimics im Gegensatz zu restrictors, die ihr niedriges Gewicht ausschließlich durch Diät erreichen).

Die *Bulimia nervosa* (Bulimie) ist gekennzeichnet durch »wiederholte Anfälle von Heißhunger (Essattacken)«, bei denen große Nahrungsmengen in kurzer Zeit konsumiert werden; weiter besteht eine »übertriebene Beschäftigung mit der Kontrolle des Körpergewichts«, was zu extremen Maßnahmen führt, den Effekt der Nahrungszufuhr zu reduzieren.[1] Diese entsprechen weitgehend denen von Personen mit Anorexie (selbstinduziertes Erbrechen, Gebrauch von Abführ- und Entwässerungsmitteln, Hungerperioden, Einsatz von Appetitzüglern oder der gewichtsreduzierenden Schilddrüsenhormonen). Das wiederholte Erbrechen kann zu Verschiebungen im Elektrolythaushalt und körperlichen Symptomen wie Herzrhythmusstörungen oder epileptischen Krämpfen führen. Anorexia und Bulimia nervosa können nacheinander bei ein und derselben Person auftreten (nach ICD-10, S. 246 ff.). Diese Essanfälle (despektierlich, aber treffend auch »Fressattacken« genannt, im angloamerikanischen Sprach-

---

1 In DSM-5, nicht aber in ICD-10, gibt es die Kategorie »Binge-Eating-Störung«, die allein durch solche unkontrollierten Essanfälle gekennzeichnet ist.

gebrauch »binges«) treten bei manchen Patientinnen mehrere Male pro Woche, bei anderen mehrmals täglich auf; die dabei aufgenommene Kalorienmenge kann beträchtlich sein: Untersuchungen an klinischen Stichproben berichten von einer durchschnittlichen Aufnahme von etwa 2000 kcal und einem Maximum von 8500 kcal (s. Laessle & Pirke, 1997 und die dort zitierte Literatur).

Anorexia nervosa (F50.0) wird diagnostiziert, wenn die erwähnten Merkmale wie Untergewicht, selbst herbeigeführter Gewichtsverlust (durch mindestens eine der beschriebenen Maßnahmen), Störung des Körperschemas und die hormonell bedingten Symptome wie Sistieren der Regel oder Ausbleiben der ersten Monatsblutung vorliegen. Ausgeschlossen werden müssen dabei somatische Ursachen des Gewichtsverlustes, beispielsweise Tumoren oder Darmerkrankungen. Werden keine aktiven Maßnahmen zur Gewichtsreduktion wie induziertes Erbrechen oder Einnahme von Abführmitteln eingesetzt, ist dies mit F50.00 zu verschlüsseln; wenn dies, beispielsweise in Zusammenhang mit Heißhungerattacken, geschieht, ist F50.01 zu verwenden. Bulimia nervosa (F50.2) wird dann diagnostiziert, wenn drei Kriterien erfüllt sind: 1) andauernde Beschäftigung mit Essen, Gier nach Nahrungsmitteln, Essattacken, 2) drastische Maßnahmen zur Gewichtsreduktion und 3) krankhafte Furcht, dick zu werden. Treffen nicht alle Punkte für Anorexia nervosa zu (fehlen etwa die Kernmerkmale Amenorrhoe oder »signifikanter Gewichtsverlust«), ist die Diagnose »atypische Anorexia nervosa« (F50.1) zu stellen; »atypische Bulimia nervosa« (F50.3) wäre zu diagnostizieren, wenn Normal- oder Übergewicht vorliegt. Demnach scheint es nicht eindeutig festgelegt, wie Anorexie und Bulimie zu unterscheiden sind: Untergewicht, unerlässliches Kriterium für das Vorliegen einer Anorexie, kann demnach ebenso bei Bulimie vorkommen, die für die letztere Störung charakteristischen Heißhungerattacken mit anschließendem Erbrechen sind auch bei der Anorexia nervosa zu beobachten; am meisten typisch wäre laut ICD-10 somit die Amenorrhoe, welche bei Anorexie obligatorisch vorliegt, bei der Bulimie anscheinend aber nicht erwartet wird.

> Auch in DSM-5 sind die Kriterien nur bedingt zur Unterscheidung nützlich: Bei der Bulimie wird im Schnitt mindestens ein Essanfall pro Woche über einen Zeitraum von wenigstens drei Monaten gefordert, bei Anorexie ein signifikant niedriges Körpergewicht. In der Praxis scheint sich die Unterscheidung zu be-

7.2 Essstörungen: Anorexia und Bulimia nervosa

währen, Patientinnen mit entsprechender Symptomatik und extremem Untergewicht als Anorektikerinnen, normal- oder leicht untergewichtige Patientinnen als Bulimikerinnen zu betrachten. Bulimie ist, um es zu betonen, keineswegs das Gegenteil von Anorexie. Bulimie hat auch nichts mit Fresssucht in umgangssprachlicher Bedeutung eines ungehemmten Konsumierens zu tun; im Gegenteil sind die viele Bulimikerinnen sogar (mäßig) untergewichtig.

Anorexie beginnt meist im Jugend- und frühen Erwachsenenalter, etwa zwischen 14 und 18 Jahren, bei weiblichen Personen häufig kurz nach Auftreten der ersten Monatsblutungen. Bei etwa 25 % der Betroffenen dauert die Störung mehr als zwei Jahre, der Rest erreicht langsam wieder normales Gewicht. Es ist davon auszugehen, dass circa 5 %, nach anderen Angaben sogar bis 18 % an den Folgen der Erkrankung sterben; Todesursachen sind v. a. Schädigungen der Nieren, Elektrolytstörungen, kardiale Komplikationen, Folgen der Auszehrung sowie Erkrankungen im Gastrointestinalsystem, beispielsweise Rupturen von Speiseröhre und Magen oder Darmlähmungen (s. dazu ausführlich Westmoreland, Krantz & Mehler, 2016); Suizide sind extrem häufig. Etwa 90 % der betroffenen Personen sind laut DSM-5 (S. 467) weiblichen Geschlechts; die Lebenszeitprävalenz unter Frauen wird auf etwa 4 % geschätzt, bei Männern auf deutlich geringer (van Eeden, van Hoeken & Hoek, 2021). Die Häufigkeit der Störung hat in den letzten Jahrzehnten zugenommen (v. a. bei Jugendlichen), was nicht allein ein diagnostisches Artefakt darstellt. Familiäre Häufung ist gesichert; auch werden deutliche genetische Zusammenhänge angenommen (Shih & Woodside, 2016).

Bulimie tritt ebenfalls überwiegend bei Frauen auf; Lebenszeitprävalenzraten werden hier mit 1–6 % angegeben, also recht hoch; bei Männern geht man von etwa 1 % aus. Das Erstmanifestationsalter liegt etwas später als bei der Anorexie; die wenigsten entwickeln die Störung aber noch nach dem 30. Lebensjahr. Familiäre Häufung ist gut belegt; Verwandte ersten Grades von Personen mit Bulimia nervosa haben ein vielfach erhöhtes Risiko, ebenfalls diese Störung zu erleiden. Der Einfluss genetischer Faktoren wird knapp unter 50 % geschätzt (Yao et al., 2021), was nicht geringen Raum für Umwelteinflüsse bzw. Wechselwirkungen zwischen Erb- und Umweltfaktoren lässt. Der Verlauf ist im Allg. chronisch: Bis zum Beginn der Therapie hat ein Drittel bereits mehr als zehn Jahre Symptome aufgewiesen; auch nach Behandlung bleiben etwa die Hälfte weiter erkrankt. Todesfälle zumeist kardialer Ursache werden beschrieben, sind aber seltener als bei der Anorexie; Schädigungen der Zähne und des Mund-Rachen-Bereiches durch das häufige Erbrechen werden vielfach beobachtet. Dass nicht selten auf eine Anorexie eine Bulimie folgt und umgekehrt, wurde schon erwähnt.

7.2.2 Erklärungsansätze

Biologische Modelle der Essstörungen haben sich einerseits auf die Funktionen des Hypothalamus, andererseits auf den Transmitter Serotonin konzentriert. Strukturen des Hypothalamus sind, vereinfacht ausgedrückt, für die Regulation der Nahrungsaufnahme verantwortlich. Dabei hat der ventromediale Teil die Funktion, diese zu dämpfen, während der laterale sie stimuliert (Köhler, 2010, S. 209). Physiologische Theorien nehmen daher eine (wohl genetisch bedingte) hypothalamische Dysregulation an, wozu die Zyklusstörungen passen würden. Die Bedeutung von Serotonin ist u. a. daraus zu erschließen, dass dieser Transmitter zweifellos eine wichtige Rolle bei der Regulation der Nahrungsaufnahme spielt, beide Essstörungen häufig mit Depression und anderen Störungen vergesellschaftet sind, die mit Dysregulationen des serotonergen Systems in Verbindung gebracht werden, weiter dass sich Veränderungen von Serotoninrezeptoren und Transportern nachweisen lassen (Bailer & Kaye, 2011); letztere lassen sich auch nach Remission nachweisen, sodass der nahe liegende Einwand, kohlehydratarme und dabei proteinreiche Ernährung, wie sie bei Essgestörten typisch ist, führe erst zu den Veränderungen im serotonergen System, in gewisser Weise entkräftet wird (vgl. jedoch Haleem, 2012). Allerdings wurde diese Serotoninhypothese in neueren Publikationen nicht weiterverfolgt. Letztlich nicht unplausibel ist das von Haleem (2012) vorgeschlagene kombiniert psychologisch-biologische Modell, dass Anorexie-Patientinnen dem allgemeinen Schönheitsideal folgend die Nahrungsaufnahme reduzieren, dann aber gewissermaßen den Haltepunkt übersehen, sodass es nun zu Verschiebungen in diversen neuroendokrinen Systemen kommt, die ihrerseits Verhaltensänderungen bewirken.

Tiefergreifende, wesentlich über genauere Symptombeschreibung hinausgehende und empirisch gut belegte *psychologische Genesemodelle* der

Anorexia und Bulimie existieren nicht. Freud beschäftigte sich nicht explizit mit Essstörungen; spätere Analytiker betonen die Bedeutung einer oralen Fixierung und Regression, ohne damit größeres Licht auf die Entstehungsbedingungen zu werfen. Durchaus plausibel ist die Annahme, dass die Folgen und Begleiterscheinungen der Anorexia nervosa, nämlich mangelnde Ausbildung weiblicher Körperformen sowie Ausbleiben der Regelblutungen, eine Ablehnung der weiblichen Rolle darstellen.

Die zeitweise recht populäre *Theorie der Ich-Schwäche* von Hilde Bruch geht, verkürzt formuliert, davon aus, dass Patientinnen mit Anorexie in der Kindheit keine eigenen Bedürfnisse entwickeln konnten und auch nicht gelernt haben, ihre Körpersignale richtig zu interpretieren; dies wird als Folge einer Erziehung gesehen, bei der dem Kind die elterlichen Interessen gewissermaßen »übergestülpt« würden. Der Versuch, zu Beginn der Adoleszenz Autonomie zu gewinnen, drücke sich in dem Bestreben aus, das Körpergewicht zu kontrollieren (s. Comer, 2008, S. 307 f.). Auch hier sind die empirischen Belege letztlich schwach, was insofern als besonderes Manko anzusehen ist, als bei dieser Theorie in eindeutiger Weise eine Schuldzuschreibung erfolgt. Ähnliches gilt für *familientheoretische Genesemodelle,* die von gegenseitigen Verstrickungen innerhalb der Familie Essgestörter ausgehen, wobei jeder in unangemessener Weise um das Wohlergehen der anderen besorgt sei. Damit es nicht in der Adoleszenzphase zur Lösung dieser Beziehungsmuster komme, werde die Essstörung entwickelt.

Kognitive Theorien der Genese von Essstörungen (s. etwa Jacobi & Beintner, 2021) gehen von den unangemessenen Einstellungen der Patientinnen zu Gewicht und Körpergestalt aus. Diese verzerrten Ansichten bedürfen jedoch wiederum selbst der Erklärung, wobei hier zweifellos soziokulturelle Faktoren, besonders das westliche Schönheitsideal extremer Schlankheit, sicher eine nicht geringe pathogenetische Bedeutung besitzen. Weitere in diesen Modellen berücksichtigte Faktoren sind kognitive Defizite etwa in Form einer Verleugnung des reduzierten körperlichen Zustandes oder von Körperwahrnehmungsstörungen; auch auf mangelnde Problemlösungsstrategien, die dazu veranlassen, Hungern beim Austragen familiärer Konflikte einzusetzen, wird hingewiesen. Mittlerweile favorisiert man *multidimensionale Erklärungsansätze,* die neben der Bedeutung kognitiver Faktoren die Relevanz soziokultureller Vorgaben, biologischer Gegebenheiten und pathogener Familienmuster betonen.

7.2.3 Therapie

Vordringlichstes Behandlungsziel bei Anorexiepatientinnen ist vielfach die unmittelbare *Gewichtszunahme*, was häufig nur durch stationäre Betreuung mit Sondenernährung und Infusionstherapie erreicht wird. Längerfristige *medikamentöse Behandlung* der Anorexia nervosa ist mit selektiv auf Serotonin wirkenden Antidepressiva wenig erfolgversprechend; kein einziges SSRI ist dafür zugelassen. Möglicherweise wirkt hier das atypische Antipsychotikum Olanzapin (Himmerich & Benkert, 2023, S. 807). *Psychotherapeutische Verfahren* zur Behandlung der Anorexie sind unterschiedlich strukturiert, je nach dem favorisierten pathogenetischen Grundmodell. *Klassische psychoanalytische Vorgehensweisen* zur Aufdeckung regelrecht unbewusster Sachverhalte werden eher selten angewendet; die meisten psychodynamisch orientierten Behandlungen setzen sich zum Ziel, Zusammenhänge zwischen seelischen Problemen und Essstörungen adäquat zu realisieren und Autonomie aufzubauen, verstehen sich also weitgehend als stützend. *Familientherapeutische Verfahren* versuchen, die Verstrickungen innerhalb der Familien Essgestörter abzubauen und die Betroffenen aus diesen angenommenen krankmachenden Bedingungen zu befreien. *Kognitiv-verhaltenstherapeutische Verfahren*, wie bei Jacobi und Beintner (2021) beschrieben, halten die Patientinnen u. a. zur genauen Beobachtung und Protokollierung des Essverhaltens inklusive vorausgehender Bedingungen und nachfolgender Konsequenzen an, versuchen Verständnis für Zusammenhänge zu vermitteln (etwa zwischen individuellen Konfliktsituationen und Essverhalten oder hinsichtlich pathophysiologischer Konsequenzen reduzierten Essens) und unternehmen es, mittels kognitiver Umstrukturierung die Einstellung zu Gewicht und Körperformen zu verändern; angesichts der unzureichend entwickelten Problemlösefähigkeiten werden auch solche eingeübt. Wie wirksam diese Verfahren bei Anorexie sind, ist noch nicht eindeutig geklärt.

Besser sprechen nach bisherigen Erfahrungen Patientinnen mit Bulimia nervosa auf SSRI an; Fluoxetin ist explizit dafür zugelassen. *Psychothera-*

peutische Verfahren unterscheiden sich wenig von denen zur Behandlung der Anorexia; in besonderem Maße werden hier *Stimuluskontrolltechniken* zur Verhinderung der Fressanfälle eingesetzt; auch *Exposition in vivo*, wie Konfrontation mit einem gefüllten Kühlschrank und Reaktionsverhinderung, kommt hier zur Anwendung. Durch eine Anzahl von Studien ist die Wirksamkeit *kognitiv-verhaltenstherapeutischer* Maßnahmen belegt. Weniger gut dokumentiert ist dies für andere Verfahren, etwa Familientherapie; als wirksam, wenigstens bei der Bulimia nervosa, gilt hingegen die interpersonelle Therapie (Karam et al., 2019). Mehr und mehr setzt man multimodale Verfahren ein, kombiniert etwa Trainingsprogramme bei Teilhospitalisierung mit auf die betreffende Person zugeschnittenen Einzelübungen, welche im häuslichen Rahmen durchgeführt werden (Freudenberg et al., 2016).

7.3 Schlafstörungen

7.3.1 Symptomatik, Klassifikation, Epidemiologie

Die Gruppe der nichtorganischen Schlafstörungen in ICD-10 umfasst die *Dyssomnien*, »primär psychogene« Störungen hinsichtlich Dauer, Qualität oder Zeitpunkt des Schlafes sowie die *Parasomnien*, während des Schlafes auftretende »abnorme Episoden«, beispielsweise Schlafwandeln. Von den Dyssomnien ist die *nichtorganische Insomnie*, die *Schlaflosigkeit*, die wichtigste und soll hier als einzige etwas ausführlicher besprochen werden, während die anderen beiden Störungen dieser Gruppe, die *nichtorganische Hypersomnie* (entweder in Form eines verlängerten Aufwachvorgangs oder vermehrter Schläfrigkeit beziehungsweise von Schlafanfällen während des Tages) nur knapp, die *nichtorganische Störung des Schlaf-Wach-Rhythmus* gar nicht zur Darstellung kommen; auch die sehr interessanten, aber unzureichend erforschten Parasomnien *Schlafwandeln*, *Pavor nocturnus* und *Alpträume* können nur kurz behandelt werden (s. dazu Bruni et al., 2021).

Bei den nichtorganischen Insomnien ist die Dauer oder die Qualität des Schlafes über einen gewissen Zeitraum gestört. Am häufigsten wird über *Einschlafstörungen* geklagt, gefolgt von *Durchschlafstörungen* und *frühem Erwachen in den Morgenstunden;* oft treten die Beschwerden kombiniert auf. Bekanntermaßen setzen Schlafstörungen häufig in Zusammenhang mit psychosozialen Belastungen ein. Die Angst vor der Schlaflosigkeit kann diese durch Erhöhung des Aktivierungsniveaus noch beträchtlich verstärken und so zu einer Chronifizierung des Leidens führen. Die Diagnose »nichtorganische Insomnie« (F51.0) wird gestellt, wenn die genannten Störungen wenigstens dreimal pro Woche über einen Zeitraum von einem Monat aufgetreten sind. Weiter muss die Schlafstörung und die Sorge über negative Konsequenzen die betroffene Person beschäftigen und zu Leidensdruck führen oder sich störend auf Alltagsaktivitäten auswirken. Organische Faktoren als Ursache der Schlaflosigkeit, etwa schmerzhafte Erkrankungen oder Nebenwirkungen von Medikamenten, müssen ausgeschlossen werden, ebenso psychische Störungen, bei denen Schlaflosigkeit vorkommt, etwa Depressionen (nach ICD-10, S. 250 ff.). Chronische Insomnie ist mit 6–18 % in der erwachsenen Bevölkerung ausgesprochen häufig (Rossman, 2019; Rosenberg, Citrome & Drake, 2021); etwa 50 % der Erwachsenen klagt zumindest über gelegentliche Schlafprobleme. Speziell ältere weibliche Personen sind betroffen; vermutlich sucht nur ein Teil deswegen ärztliche Behandlung.

7.3.2 Erklärungsansätze und Therapie

Erklärungen für die *nichtorganische Schlaflosigkeit* gehen sehr allgemein von einem erhöhten psychophysiologischen Erregungsniveau aus; genetische Zusammenhänge sind deutlich, wobei die Darstellung der zahlreichen Kandidatengene den gesetzten Rahmen übersteigen würde (Watanabe et al., 2022); nicht zuletzt dürften diese Besonderheiten im serotonergen System determinieren, welches wesentlich für die Schlafregulation verantwortlich ist (Cespuglio, 2018). Die *medikamentöse Therapie* geschieht vorzugsweise mit Benzodiazepinen. Um einen morgendlichen »Hangover« zu vermeiden, bevorzugt man jene mit kurzer Halbwertszeit, etwa Lorazepam (z. B. Tavor®) oder Oxazepam (z. B. Adumbran®), zunehmend auch die Nicht-Benzodiazepinhypnotika Zolpidem und Zopiclon, welchen ein geringeres Abhängigkeitspotential nachgesagt wird. Weitere Schlafmittel sind Phytotherapeutika wie Baldrian, Hopfen, Lavendelöl, Passionsblume sowie Antihistaminika und Melatonin (zu letzterer Substanz s. ausführlich Fatemeh et al., 2022). *Psychologische Maßnahmen* sind Entspannungsverfahren verschiedener Art (Autogenes Training, Progressive Muskelentspannung, Meditation), systematische Desensibilisierung (wenn Stimuli, die mit der Bettruhe assoziiert sind, Angst oder Nervosität hervorrufen) oder Stimuluskontrolle (etwa Bettgehen nur bei Müdigkeit, Verlassen des Bettes, wenn Schlaf nicht eintritt). Die kognitiv-behaviorale Therapie der Insomnie (CBTi), wie sie bei Rossman (2019) dargestellt ist, setzt diverse der genannten Verfahren ein, zudem eine Beschränkung des Schlafes auf die Nachtzeit und Erziehung zur Schlafhygiene, womit u. a. die Vermeidung von Nikotin, Alkohol und größeren Mahlzeiten in den letzten Stunden vor der Nachtruhe gemeint ist.

Die *nichtorganische Hypersomnie* (F51.1) findet sich im Rahmen psychischer Störungen, insbesondere affektiver; organische Ursachen, etwa Infektionskrankheiten des Zentralnervensystems, sind auszuschließen, ebenso die Hypersomnie bei der Schlafapnoe. Letztere, als neurologische Erkrankung nach ICD-10 mit G47.3 zu verschlüsseln, ist gekennzeichnet durch wiederholte, längere Atempausen während des Nachtschlafes. Die Prävalenz ist mit 1–2 % ausgesprochen hoch; Männer sind deutlich häufiger betroffen. Die Schlafanfälle dauern meist längere Zeit (im Gegensatz zu den sehr kurzen bei der organisch bedingten Narkolepsie)[2] und sind nicht durch fehlenden Nachtschlaf zu erklären, da dieser bei den Betroffenen meist verlängert ist; zudem haben die Patienten Schwierigkeiten, nach dem Aufwachen den Wachzustand zu erreichen (Schlaftrunkenheit). Pathogenese und Ätiologie sind unklar.

Schlafwandeln (Somnambulismus) ist die bekannteste Parasomnie; dabei verlässt der Patient, zumeist während des ersten Drittels des Nachtschlafes, das Bett und wandert umher, geht dabei zuweilen aus dem

---

2 Die Narkolepsie, die in mehreren Subformen mit unterschiedlichen Begleitsymptomen auftritt, dürfte teils genetisch bedingt sein, kann aber auch eine Autoimmunreaktion darstellen. Mittlerweile haben sich die Behandlungsmöglichkeiten deutlich verbessert (s. etwa Bassetti et al., 2019).

Zimmer oder sogar dem Haus; motorische Fähigkeiten sowie Reaktivität sind eingeschränkt, sodass erhebliche Verletzungsgefahr besteht. Meist kehren die Betroffenen jedoch unversehrt ins Bett zurück, häufig geführt von einer anderen Person; nach dem Erwachen besteht zumeist keine Erinnerung an das Vorkommnis (nach ICD-10, S. 257 f.). Um die Diagnose zu stellen (zu verschlüsseln mit F51.3) müssen die geschilderten charakteristischen Verhaltensweisen nachgewiesen sein; psychomotorische epileptische Anfälle ebenso wie dissoziative Störungen (▶ Kap. 6.6) sind auszuschließen. Kinder sind häufiger betroffen; manchmal tritt Schlafwandeln im Rahmen fiebriger Erkrankungen auf. Da sich kindlicher Somnambulismus zumeist später verliert, nimmt man mit der Entwicklung zusammenhängende Faktoren an.

Pavor nocturnus (F51.4) kommt ebenfalls gehäuft bei Kindern vor und ist meist mit Schlafwandeln assoziiert; er ist gekennzeichnet durch »nächtliche Episoden äußerster Furcht und Panik mit heftigem Schreien, Bewegung und starker autonomer Erregung«; dabei setzt sich die betroffene Person auf oder stürzt zur Tür, »wie um zu entfliehen«, wobei der Raum nur selten verlassen wird. Auf die Bemühungen anderer, den Zustand zu beeinflussen, wird oft nur noch mit größerer Angst reagiert; nach dem Erwachen liegt meist keine Erinnerung an die Episode vor. Pathogenetisch besteht deutliche Ähnlichkeit mit Schlafwandeln, sodass beide als Spielarten ein und derselben Störung betrachtet werden. *Albträume* werden mit F51.5 verschlüsselt und sind gekennzeichnet durch »Traumerleben voller Angst und Furcht mit sehr detaillierter Erinnerung an den Trauminhalt«. Im Gegensatz zu Pavor nocturnus und Somnambulismus bemerkt man kein Schreien oder Bewegungen; auch sind die Betroffenen nach dem Aufwachen rasch orientiert. Vorkommen im Kindesalter ist häufig, wobei Zusammenhänge mit emotionalen Entwicklungsphasen festzustellen sind und oft keine weiteren psychopathologischen Auffälligkeiten bestehen. Bei erwachsenen Personen treten Albträume nicht selten als Folge von Einnahme von Psychopharmaka auf, oft auch nach Absetzen von Schlafmitteln; Erwachsene mit Albträumen zeigen häufig psychische Auffälligkeiten, meist in Form einer Persönlichkeitsstörung (nach ICD-10, S. 259 ff.).

7.4 Nichtorganische sexuelle Funktionsstörungen

7.4.1 Symptomatik, Klassifikation, Epidemiologie

Sexuelle Funktionsstörungen, also Störungen im normalen Ablauf des Sexualzyklus wie Erektionsschwäche oder Orgasmusstörung, werden in der Subkategorie F52 von ICD-10 klassifiziert; hingegen sind andere Abweichungen auf dem Gebiet des Sexualerlebens, nämlich Störungen der Geschlechtsidentität (beispielsweise Transsexualismus) und der Sexualpräferenz (etwa Fetischismus, Sadomasochismus, Pädophilie) unter F6 (Persönlichkeits- und Verhaltensstörungen) aufgelistet.

Entsprechend der Unterteilung des Sexualzyklus in Appetenz-, Erregungs-, Orgasmus- und Entspannungsphase erfolgt meist die Gliederung der sexuellen Funktionsstörungen (in ICD-10 leider nicht sehr übersichtlich); problematisch ist zudem die Abtrennung der einzelnen Störungsbilder voneinander, indem etwa Störungen der Appetenz oft mit denen der Erregung und diese wiederum mit Orgasmusstörungen einhergehen; auch die Unterscheidung zwischen nichtorganischen (psychischen oder psychogenen) und ausschließlich organisch zu erklärenden Sexualstörungen ist in der Praxis oft mit erheblichen Schwierigkeiten verbunden.

Appetenzstörungen: Bei der in ICD-10 (S. 263 ff.) »Mangel oder Verlust von sexuellem Verlangen« genannten Störung (verschlüsselt mit F52.0) ist der »Verlust des sexuellen Verlangens« das »Grundproblem« und beruht nicht »auf anderen sexuellen Schwierigkeiten wie Erektionsstörungen oder Dyspareunie«. Sexuelle Befriedigung oder Erregung ist dabei nicht ausgeschlossen, lediglich werden sexuelle Aktivitäten »seltener initiiert«. Weiter aufgeführt wird »sexuelle Aversion und mangelnde sexuelle Befriedigung« (F52.1), was sich noch einmal unterteilen lässt in »sexuelle Aversion« (F52.10) und »mangelnde sexuelle Befriedigung« (F52.11). Beim ersten Störungsbild ist die »Vorstellung von einer sexuellen Partnerbeziehung« stark mit »negativen Gefühlen verbunden« und erzeugt »so viel Furcht oder Angst«, dass »sexuelle Handlungen vermieden werden«. Bei der zweiten Störung verlaufen sexuelle Reaktionen »normal«, aber der Orgasmus wird »ohne entsprechendes Lustgefühl erlebt«, eine Störung, über die Frauen häufiger als Männer klagen.

Ebenfalls zu den Appetenzstörungen ließe sich das »gesteigerte sexuelle Verlangen« (F52.7) rechnen (früher häufig Satyriasis bei Männern, Nymphomanie bei Frauen genannt), welches nur dann als eigenständiges Störungsbild klassifiziert wird, wenn es nicht im Rahmen anderer psychischer, zum Beispiel affektiver Störungen oder einer Demenz auftritt.[3]

Dass die exakte Prävalenz von »Mangel oder Verlust von sexuellem Verlangen« und von sexueller Aversion kaum zu ermitteln ist, liegt auf der Hand, umso mehr, als klare diagnostische Kriterien fehlen; insofern erstaunen die sehr unterschiedlich angegebenen Häufigkeiten keineswegs. Realistisch dürfte die Annahme sein, dass 10–20 % der Männer unter 60 Jahren davon betroffen sind, etwa doppelt so viel bei den Älteren; nur ein geringer Teil begibt sich in Behandlung. Bei Frauen geben Vowels, Vowels und Mark (2021) die Häufigkeit dieser Störung mit 34 % an; vor der Menopause dürfte sie niedriger liegen, nach der Menopause oder bei vorzeitiger Entfernung der Eierstöcke deutlich höher. DSM-5 macht hierzu keine Angaben.

Störungen der sexuellen Erregung: »Versagen genitaler Reaktionen« (F52.2) bezieht sich bei Männern so gut wie ausschließlich auf das Erlangen oder Aufrechterhalten einer für einen befriedigenden Geschlechtsverkehr notwendigen Erektion (»Impotenz«). Die entsprechende Störung bei der Frau ist die fehlende oder unzureichende Lubrikation (Feuchtwerden der Scheide). Erektionsstörungen sind zweifellos häufig, wobei die Angaben in der Literatur sich zuweilen um den Faktor 2 oder gar 3 unterscheiden. Nach Calzo et al. (2021) findet sich erektile Dysfunktion selbst bei jüngeren Männern (zwischen 18 und 31 Jahren) in zumindest milder Form bei etwa 11 %, in mäßiger oder schwerer Ausprägung bei 3 %; mit steigendem Alter erhöht sich die Prävalenz deutlich. Oft ist die Potenz nicht völlig eingeschränkt; es verzögert sich jedoch das Einsetzen der Erektion und verkürzt sich die Zeit ihres Aufrechterhaltens, zudem wird das Glied nicht

---

3 In ICD-11 wird das gesteigerte sexuelle Verlangen in wenig nachvollziehbarer Weise als »zwanghafte Sexualverhaltensstörung« den Impulskontrollstörungen zugerechnet und damit in die Gruppe eingeordnet, welche auch Kleptomanie und Pyromanie umfasst.

mehr ganz steif. Bei Frauen dürfte die Häufigkeit von Erregungsstörungen zwischen 10% und 50% liegen, wobei die Prävalenzrate nach der Menopause deutlich steigt.

Orgasmusstörungen: Eine Orgasmusstörung (F52.3) liegt vor, wenn der Orgasmus nicht oder »nur stark verzögert« eintritt (ICD-10, S. 264) – eine wenig präzise Definition. Bei Frauen ist dieses Bild ausgesprochen häufig: Nach der Untersuchung von Shaer et al. (2020) kommen 10% der Frauen nie zum Orgasmus, etwa 70% mit gewisser Häufigkeit[4]; allerdings berichten etwa 40% von zumindest intermittierenden Schwierigkeiten. Weniger bekannt ist, dass auch bei Männern, speziell in höherem Lebensalter, bei erhaltener Erektionsfähigkeit während des Verkehrs Ejakulation und Orgasmus entweder sehr verzögert sind oder ganz ausbleiben bzw. schwächer mit geringerem Samenerguss und weniger starkem Lustgefühl ausfallen.

Sehr verbreitet ist der vorzeitige Samenerguss (Ejaculatio praecox), welcher in DSM-5 wie in ICD-10 (S. 265) als eigene Störung aufgeführt wird (F52.4). Die dabei gegebene Definition, nämlich »die Unfähigkeit, die Ejakulation so zu kontrollieren, so dass der Geschlechtsverkehr für beide Partner befriedigend ist«, ist nicht unproblematisch, da sie vage Begriffe verwendet und die Orgasmusfähigkeit der Partnerin in die Definition eingeht. Entsprechend sind epidemiologische Angaben mit aller Zurückhaltung zu betrachten; die Häufigkeit dürfte deutlich über 10% liegen.

Weitere funktionelle Sexualstörungen: Einige Störungen lassen sich nicht eindeutig den Phasen des Sexualzyklus zuordnen. Es ist dies zum einen der »nichtorganische Vaginismus« (F52.5), ein (nicht sekundär als Folge von Schmerzen auftretender) Spasmus der die Vagina umgebenden Beckenmuskulatur, wodurch Eindringen des Penis unmöglich gemacht wird oder nur noch unter großen Schmerzen geschehen kann. Er dürfte bei weniger als einem Prozent der weiblichen Bevölkerung zu beobachten sein. Die »nichtorganische Dyspareunie« (F52.6) bezeichnet Schmerzen beim Geschlechtsverkehr, die nicht organisch (etwa durch Infektion oder anatomische Besonderheiten) zu erklären sind und auch nicht im Rahmen von Vaginismus oder fehlender Lubrikation auftreten. Bei Frauen werden

---

4 Generell scheint durch Masturbation (selbst oder durch den Partner) der Orgasmus früher einzutreten als durch Geschlechtsverkehr.

Prävalenzraten zwischen 8% und 23% (inklusive organischer Formen) angegeben; schmerzhafte Ejakulationen sind bei jüngeren Männern selten, während etwa 8% der sexuell aktiven Personen über 60 diese Probleme nennen.

7.4.2 Erklärungsansätze

Biologische Ursachen: Obwohl bei den hier vorgestellten »psychischen«, d. h. in ICD-10 gelisteten Störungsbildern definitionsgemäß nicht vorhanden, müssen elementare Kenntnisse biologischer Ursachen vorliegen, um sie ausschließen zu können; noch einmal sei auf die *schwierige Trennung somatischer* und *psychischer Faktoren* hingewiesen.

Hormonelle Veränderungen haben zweifellos Einfluss auf sexuelles Empfinden und Verhalten, wobei die Zusammenhänge beim Menschen kompliziert sind und nur bedingt aus Tierstudien abgeleitet werden können. Testosteronmangel beim Mann (etwa nach Hodenentfernung zur Therapie des Prostatakarzinoms, bei der Rückbildung der Hodenfunktionen im Alter) reduziert im Allg. sowohl Appetenz wie Erregung. Bei der Frau sind die Beziehungen zwischen Hormonhaushalt und sexuellen Funktionen weniger eindeutig. Erniedrigung des Östrogenspiegels (in der natürlichen Menopause, nach Entfernung der Eierstöcke in jüngeren Jahren) nimmt sicher Einfluss auf die Appetenz. Schwer auszuschließen ist aber, dass das verminderte sexuelle Verlangen auf die Schmerzen beim Geschlechtsverkehr zurückzuführen ist, nachdem verminderte Östrogenproduktion Veränderungen im Scheidengewebe und Erschwerung der Lubrikation bedingt. Es gibt Hinweise, dass – möglicherweise mehr als die Östrogene – »männliche« Sexualhormone, wie sie in den Ovarien und in der Nebennierenrinde gebildet werden, die weibliche sexuelle Aktivität beeinflussen (Köhler, 2010, S. 235 ff.).

Weitere Ursachen für *Verlust der Appetenz* sind u. a. konsumierende Krankheiten, chronischer Alkoholmissbrauch sowie Einnahme diverser Medikamente (speziell von Antipsychotika und SSRI). *Vermehrte Appetenz* kann im Rahmen psychischer Störungen (etwa in einer manischen Episode) auftreten, zudem bei Konsum psychotroper Substanzen, speziell der dopaminagonistisch wirkenden Amphetamine und von Kokain.

7.4 Nichtorganische sexuelle Funktionsstörungen

Störungen der Erregung können ebenfalls *medikamentös* bedingt sein (beispielsweise Beeinträchtigungen der Erektionsfähigkeit als Nebenwirkung von Blutdruckmitteln, Antipsychotika und SSRI), teils durch Erkrankungen hervorgerufen werden; neben Stoffwechselstörungen und neurologischen Erkrankungen ist speziell die alkoholbedingte Erektionsschwäche zu erwähnen, Folge teils sicher mangelnden Östrogenabbaus bei Leberzellinsuffizienz (▶ Kap. 3.2.5), noch mehr wohl der Zerstörung der das Genitale versorgenden Nerven im Rahmen der alkoholischen Polyneuropathie. Bei der v. a. ältere Männer betreffenden Impotenz liegt die Störung jedoch typischerweise in der Füllung der Schwellkörper, ist also gefäßbedingt (daher die oft gute Wirksamkeit von Phosphodiesterasehemmern).

Zu organischen Ursachen der *Ejaculatio praecox* liegt wenig Gesichertes vor; besondere Reizbarkeit der Penisschleimhaut und gesteigerte ejakulatorische Reflexe spielen eine wichtige Rolle. Die Pathophysiologie der im Alter oft verzögerten Ejakulation ist unklar. Somatische Bedingungen für die *weibliche Orgasmusstörung* lassen sich zuweilen nachweisen (etwa neurologische Erkrankungen, Stoffwechselstörungen, Einnahme von Medikamenten, wobei wiederum insbesondere SSRI zu nennen sind); zahlenmäßig besitzen sie untergeordnete Bedeutung. Physiologische Ursachen des *Vaginismus* sind nicht sicher bekannt; zeitweise können Infektionen im Scheidenbereich aber zu dieser reflektorischen Verkrampfung beitragen. *Dyspareunie* ist in den seltensten Fällen psychogen; sie ist u. a. auf entbindungsbedingte Schäden (Verwachsungen), Infektionen oder Endometriose (Einwachsen von Uterusgewebe in die Vagina oder andere Bauchorgane) zurückzuführen, besonders häufig auf die Atrophie und verminderte Befeuchtung der Vaginalschleimhaut als Folge von Östrogenmangel (in der Postmenopause, nach Entfernung der Eierstöcke).

Psychologische Theorien funktioneller Sexualstörungen sind vage formuliert und beziehen sich meist nicht klar auf eine Störungsgruppe (etwa Störungen der Appetenz oder der Erregung). Meist werden lediglich Faktoren aufgelistet, welche die Entstehung begünstigen können. Als solche werden häufig genannt: Erfahrungen in der Ursprungsfamilie (Funktionieren der elterlichen Ehe, gute Kontakte zu Mutter und Vater, welche Determinanten für die spätere sexuelle Zufriedenheit von Frauen darstellen sollen), aversive Lernerfahrungen, wobei hier v. a. kindlicher Missbrauch und Vergewaltigung in späteren Jahren als schädigende Momente, insbesondere als Ursachen der sexuellen Aversion, gelten; weiter werden Eindrücke des ehelichen Sexuallebens genannt, darunter Schwangerschaft und Geburt, zuweilen belastende Lebensereignisse. In ihrem bekannten Modell heben Masters und Johnson (1970, nach Davison et al., 2007, S. 531 ff.) weitere bedingende Momente hervor, so sexualfeindliche religiöse Einstellungen, Internalisierung gesellschaftlicher Normen, homosexuelle Neigungen. Aufrechterhaltende Bedingungen von Sexualstörungen sind trivialerweise Paarkonflikte, wobei die sexuellen Schwierigkeiten im Sinne eines Circulus vitiosus die emotionalen Diskrepanzen noch verstärken können; insofern gehen typischerweise Sexualtherapie und Behandlung nichtsexueller partnerschaftlicher Schwierigkeiten Hand in Hand. Erwartungs- und Versagensangst auch in guter partnerschaftlicher Beziehung (gerade oft da) wird allgemein als wichtiges aufrechterhaltendes Moment von Störungen, speziell der Erregungs- und der Orgasmusphase, angesehen.

Sexuelle Funktionsstörungen haben – im Gegensatz zu Abweichungen der sexuellen Präferenz wie etwa Fetischismus oder Sadomasochismus – Freud wenig beschäftigt. Eher beiläufig versucht er, die psychische Impotenz auf eine Diskrepanz zwischen Objekten der zärtlichen und der sinnlichen »Libidoströmung« zurückzuführen. Spätere Analytiker betonen ebenfalls die Konfliktkomponente sexueller Störungen und ihre Funktionalität, ohne deshalb die negativen Wirkungen der Selbstverstärkung durch Versagensängste zu ignorieren.

7.4.3 Therapie

Medikamentöse Behandlung sexueller Funktionsstörungen gestaltet sich zunehmend erfolgreicher. Störungen der sexuellen Appetenz, die im Rahmen psychischer Erkrankungen auftreten, etwa bei Depression, können durch Behandlung letzterer meist beseitigt werden. Bei Männern steigert Testosteronzufuhr häufig das sexuelle Verlangen, wobei mögliche Entwicklungen von Prostatakarzinomen zu beachten sind. Die (ebenfalls nicht nebenwirkungsfreie) Östrogensubstitution bei Frauen nach der Menopause bessert häufig die durch Scheidentrockenheit bedingte Dyspareunie, erhöht möglicherweise auch direkt die Appetenz. Zudem wurden mit dem Dopaminagonisten Bupropion gute Erfahrungen gemacht. Mit dem in komplizierter Weise in das serotonerge System eingreifenden (und damit indirekt das dopaminerge System stärkenden) Flibanserin steht mittlerweile in den USA ein pharmakologisches »Aphrodisiakum« zur Verfügung; mit dem in seinem Wirkmechanismus schwer zu beschreibenden Bremelanotid ist dort ein weiteres Präparat zugelassen. Keines dieser Medikamente ist im deutschen Apothekenhandel erhältlich. Zur Hebung der Erektionsfähigkeit setzt man zunehmend Phosphodiesterasehemmer wie Sildenafil (z. B. Viagra®), Tadalafil (z. B. Cialis®), Vardenafil (z. B. Levitra®) und Avanafil (Spedra®) ein; diese Substanzen verstärken indirekt die Wirkung von Rezeptorbesetzung im Genitalbereich (setzen damit weitgehend intakte Nervenversorgung dieser Region voraus) und verlängern die Zeit, in der sich die Schwellkörper mit Blut füllen. Bei Nervenschädigungen, etwa nach Prostataoperation, können in die Schwellkörper eingespritzte oder in die Harnröhre eingebrachte bzw. transdermal über Pflaster oder Gels wirksame Prostaglandine Erektionen ermöglichen (s. ausführlich Hamzehnejadi et al., 2022); in Deutschland ist der Stoff Alprostadil in verschiedenen Applikationsformen erhältlich. *Chirurgische Verfahren* wie Gefäßoperationen im Schwellkörperbereich oder Implantate dürften zunehmend seltener zum Einsatz kommen. *Lubrikationsstörungen* und daraus resultierende Schmerzen beim Geschlechtsverkehr können häufig durch Östrogenersatz gebessert werden; auch Verwendung von Gleitmitteln (wie Vaseline) ist üblich. Wenig medikamentöse Möglichkeiten existieren zur Behandlung der verzögerten Ejakulation und weiblicher Orgasmusstörungen. Hingegen hat die Beobachtung, dass SSRI häufig den Samenerguss verzögern, zu ihrem wirkungsvollen Einsatz bei Ejaculatio praecox geführt; mit Dapoxetin (Priligy®) ist eine Substanz explizit für diese Indikation im Handel.

Psychologische Maßnahmen bei funktionellen Sexualstörungen sollten beide Partner einbeziehen und werden häufig mit Therapien der Partnerschaftsproblematik verknüpft. Besondere Probleme stellt die Behandlung der mangelnden sexuellen Appetenz, die v. a. mit klärenden Gesprächen und kognitiver Umstrukturierung geändert werden soll. Grundlage vieler Sexualtherapien sind nach wie vor die von Masters und Johnson (1970) entwickelten Techniken, die besonders auf Störungen der Erregung und Orgasmusstörungen abzielen; spätere Therapeuten haben das Spektrum dieser im Wesentlichen *kognitiv-verhaltenstherapeutischen* Techniken noch erweitert. Dazu gehören Aufklärung über anatomisch-physiologische Sachverhalte, weiter die Ausbildung einer freieren Kommunikation über sexuelle Themen sowie Änderung von behindernden Einstellungen zur Sexualität (etwa Beseitigung des Leistungsgedankens). Hinzu kommen Verfahren zur Angstreduktion, beispielsweise In-vivo-Desensibilisierung gegenüber bedrohlich empfundenen sexuellen Situationen und sensorische Fokussierung, die Entdeckung neuer sexueller Aktivitäten unter dem Verbot des Geschlechtsverkehrs. Auch konkrete Sexualtechniken werden vermittelt, etwa die der angeleiteten Masturbation, speziell für Frauen, die Schwierigkeiten haben, zum Orgasmus zu gelangen; Frauen mit Vaginismus sollen ihre verkrampfte Vagina mittels eines Sortiments von Dilatatoren sukzessiv weiten; bei Ejaculatio praecox wird beispielsweise durch Unterbrechen und Wiederaufnehmen der Stimulation (stop and go) oder mittels manueller Kompression (Squeeze-Technik) systematisch die Verzögerung des Samenergusses trainiert (im Wesentlichen nach Davison et al., 2007, S. 535 ff.). Mittlerweile gibt es auch internetbasierte Interventionsprogramme, die durch ihre Anonymität einen größeren Kreis therapiebedürftiger Personen erreichen sollen (van Lankveld, 2016).

8 Persönlichkeitsstörungen, Störungen der Geschlechtsidentität und der Sexualpräferenz

8.1 Allgemeines

Abschnitt 6 von ICD-10 (S. 271 ff.) ist überschrieben »Persönlichkeits- und Verhaltensstörungen« und enthält eine Reihe von »meist lang anhaltenden Zustandsbildern und Verhaltensmustern«, welche Ausdruck »des charakteristischen, individuellen Lebensstils, des Verhältnisses zur eigenen Person und zu anderen Menschen« sind.

Hierzu zählen die Persönlichkeitsstörungen (F60 und F61) als relativ früh beginnende, lang andauernde, persönliches Empfinden und soziale Funktionsfähigkeit beeinträchtigende Verhaltensmuster, weiter die erst später erworbenen »andauernden Persönlichkeitsveränderungen« (F62) und »abnorme Gewohnheiten und Störungen der Impulskontrolle« (F63), wozu pathologisches Glücksspiel, Pyromanie und Kleptomanie zählen – in der ICD-11 bilden letztere ein eigenes Kapitel: »Störungen der Impulskontrolle«. Weiter werden, nicht sofort nachvollziehbar, in diesem Abschnitt die Störungen der Geschlechtsidentität im Sinne von Transsexualismus und Störungen der Sexualpräferenz, etwa Fetischismus, Exhibitionismus, Pädophilie oder Sadomasochismus aufgelistet. Hier werden lediglich die Persönlichkeitsstörungen und Störungen von Geschlechtsidentität und Sexualpräferenz etwas genauer besprochen, einerseits aufgrund ihrer klinischen Bedeutung, andererseits aus theoretischem Interesse, da sich an ihnen einflussreiche Denkmodelle zur Entstehung psychischer Abweichungen darstellen lassen.

8.2 Persönlichkeitsstörungen

8.2.1 Symptomatik und Klassifikation

Persönlichkeitsstörungen umfassen laut ICD-10 (S. 274 ff.) »tief verwurzelte, anhaltende«, weitgehend situationsübergreifende Verhaltensmuster, die sich in »starren Reaktionen« auf diverse Lebenslagen zeigen; häufig gehen sie »mit persönlichem Leiden und gestörter sozialer Funktions- und Leistungsfähigkeit« einher. Die Betroffenen zeigen »deutliche Abweichungen im Wahrnehmen, Denken, Fühlen und in den Beziehungen zu anderen«. Die Störungen beginnen in der Kindheit und Adoleszenz und reichen in das Erwachsenenalter hinein; dies unterscheidet sie von den erst später erworbenen *Persönlichkeitsveränderungen*. Persönlichkeitsstörungen dürfen sich nicht auf Hirnerkrankungen oder andere psychische Störungen zurückführen lassen, können ihnen aber voraus- oder mit ihnen einhergehen; häufig ergibt sich daher die Notwendigkeit einer Doppeldiagnose. Zuweilen findet man noch heute die ältere Bezeichnung »Psychopathie«; auch »Charakterneurose« wird mitunter synonym verwendet, besonders in der psychoanalytischen Literatur.

Um eine (spezifische[1]) Persönlichkeitsstörung zu diagnostizieren und einem der acht bis zehn Subtypen zuzuordnen, müssen gewisse generelle Voraussetzungen erfüllt sein; die speziellen Denk- und Empfindungseigenheiten der Betroffenen sowie die Art der gezeigten Verhaltensmuster bestimmen den diagnostischen Subtyp, eine häufig nur unter Schwierigkeiten und Vorbehalten zu leistende Einordnung. Leitlinien für die Diagnose einer Persönlichkeitsstörung (gleich welcher Art) sind zum einen »deutliche Unausgeglichenheit in den Einstellungen und im Verhalten in mehreren Funktionsbereichen«; hier werden beispielhaft »Affektivität, Antrieb, Impulskontrolle, Wahrnehmen und Denken« sowie »Beziehun-

---

[1] Neben der Gruppe der spezifischen Persönlichkeitsstörungen (F60) findet sich in ICD-10 die der »kombinierten und anderen Persönlichkeitsstörungen« (F61), wo Symptombilder einzuordnen sind, die in den Kategorien von F60 keinen rechten Platz finden. Der Übersichtlichkeit halber wird hier eine kleine Ungenauigkeit begangen und »spezifische Persönlichkeitsstörungen« mit »Persönlichkeitsstörungen« gleichgesetzt.

gen zu anderen« genannt. Das auffällige Verhaltensmuster muss mit gewisser Gleichförmigkeit und Dauer auftreten und darf nicht »auf Episoden psychischer Krankheiten« begrenzt sein; zudem muss es »tiefgreifend« sein und in vielen Situationen »eindeutig unpassend«. Verlangt wird, dass die Störung – wenigstens im späteren Verlauf – zu »deutlichem subjektivem Leiden« führt; auch ist sie »meistens mit deutlichen Einschränkungen der beruflichen und sozialen Leistungsfähigkeit« verbunden. Zudem wird eine Angabe zum Verlauf gemacht: »Die Störungen beginnen immer in der Kindheit oder Jugend und manifestieren sich auf Dauer im Erwachsenenalter«; insofern sei die Diagnose einer Persönlichkeitsstörung vor dem Alter von 16 oder 17 Jahren »in der Regel unangemessen«. Zur Diagnosestellung ist das Vorliegen von wenigstens drei dieser Eigenschaften erforderlich (verkürzt nach ICD-10, S. 276f.). Diagnostik von Persönlichkeitsstörungen erfolgt in der Praxis typischerweise anhand der Eigen- und Fremdanamnese und der klinischen Befunderhebung durch Gespräch; für Forschungszwecke werden zunehmend standardisierte Interviews eingesetzt, beispielsweise das »Diagnostische Interview für Borderline-Patienten«.

Wie sich aus der Darstellung der einzelnen Störungsbilder ergeben wird, sind die diagnostischen Kriterien für Persönlichkeitsstörungen allgemein und die Subtypen im Speziellen mitunter recht ungenau und beinhalten so unscharfe Begriffe wie »übertrieben« oder »unverhältnismäßig«, sodass eine gewisse diagnostische Willkür vorliegt. Tatsächlich wird die Interrater-Reliabilität (Übereinstimmung verschiedener Experten hinsichtlich der Diagnosen) bei der Klassifikation von Persönlichkeitsstörungen kontrovers diskutiert. Hinzu kommt, dass zur Diagnose der Subtypen die Anzahl der notwendigen Kriterien in ICD-10 nicht vorgegeben ist und somit die Festlegung erschwert wird; problematisch ist auch, dass sich die Beschreibungen der einzelnen Subtypen nicht unbeträchtlich überschneiden (etwa hinsichtlich Borderline- und dissozialer Persönlichkeitsstörung). Entsprechend sind Doppel- oder gar Dreifachdiagnosen nicht selten: Nach einer bei Davison et al. (2007, S. 464) dargestellten Untersuchung erfüllten von Personen mit einer Borderline-Persönlichkeitsstörung 55% auch die Kriterien der schizotypischen, 47% die der antisozialen (dissozialen nach ICD-10) und schließlich 57% die der histrionischen Persönlichkeitsstörung. Ein Hinweis darauf, dass Diagnostik und Klassifikation hier keineswegs als befriedigend gelöst betrachtet werden können, ist die Tatsache, dass die beiden großen Systeme sich gerade hinsichtlich der Einteilung von Persönlichkeitsstörungen und der angelegten Kriterien beträchtlich unterscheiden: So taucht die narzisstische Persönlichkeitsstörung als eigene Subkategorie zwar in DSM-5, nicht aber in ICD-10 auf; auch sind die diagnostischen Kriterien in DSM-5 sehr viel genauer definiert, während in ICD-10 offenbar eine vorzeitige Festlegung gescheut wird. Bemerkenswert ist zudem, dass zwischen den verschiedenen Ausgaben der diagnostisch-klassifikatorischen Systeme die Zuordnung und Einteilung der Persönlichkeitsstörungen raschen und gründlichen Veränderungen unterworfen war, etwa die »zyklothyme Persönlichkeitsstörung« von ICD-9 nach Revision als »Zyklothymia« zu den anhaltenden affektiven Störungen (F34) gerechnet wird und die »passiv-aggressive Persönlichkeitsstörung«, die noch in früheren Ausgaben des DSM vorhanden war, mittlerweile dort nicht mehr erscheint. In ICD-11 wird nur noch die Diagnose »Persönlichkeitsstörung« gestellt; eine weitere Spezifizierung nach den Kategorien von ICD-10 bleibt dem Untersucher überlassen (für Genaueres s. Hauser, Herpertz & Habermeyer, 2021).

8.2.2 Erklärungsansätze

Die erste ausgearbeitete *Theorie der Charakterbildung* (und damit implizit der Persönlichkeitsstörungen) wurde von Freud entwickelt, zunächst unsystematisch und ausschließlich auf den »analen Charakter« bezogen. In der kleinen Schrift »Charakter und Analerotik« führt er jenen Charakter, der durch besondere Ordentlichkeit, Sparsamkeit und Eigensinn gekennzeichnet ist, auf eine »Aufzehrung der Analerotik« zurück: Bei den betreffenden Personen habe in früher Kindheit ein ausgesprochenes analerotisches Interesse bestanden (kenntlich an besonderen Stuhlpraktiken und ausgiebiger Beschäftigung mit dem produzierten Kot), welches in der Latenzzeit sublimiert und zum Aufbau der Gegenkräfte wie Scham, Ekel und Moral verwendet worden sei: »Da nun die Analerotik zu jenen Komponenten des Triebes gehört, die im Laufe der Entwicklung und im Sinne unserer heutigen Kulturerziehung für sexuelle Zwecke unverwendbar werden, läge es nahe, in den bei ehemaligen Analerotikern so

8.2 Persönlichkeitsstörungen

häufig hervortretenden Charaktereigenschaften – Ordentlichkeit, Sparsamkeit und Eigensinn – die nächsten und konstantesten Ergebnisse der Sublimierung der Analerotik zu erkennen« (Freud, 1908b, S. 205). In der Schrift »Die Disposition zur Zwangsneurose« (1913i), wo die anale Fixierung als begünstigendes Moment für die Ausbildung zwangsneurotischer Symptomatik eingeführt wird (▶ Kap. 6.4), klärt Freud die Beziehung zwischen Charakterbildung und Entwicklung neurotischer Symptomatik: Beiden sei die Erledigung von Wünschen gemeinsam, welche aus der libidinösen Fixierung resultierten; bei der Charakterbildung gelinge dies problemlos durch Reaktionsbildungen und Sublimierung, während bei der Neurose die Wiederkehr des Verdrängten nur unter Symptombildung abgewehrt werden könne.

Während Freud die Charakterbildung eher beiläufig abhandelte, haben spätere Analytiker, darunter solche wie Wilhelm Reich, die nur bedingt auf dem Boden der Freud'schen Lehre stehen, die Typologie und die Theorie der Charakterneurosen weiterentwickelt; die Idee der *libidinösen Fixierung*, des »Mitschleppens« sexueller Empfindungen und Eindrücke der Kindheit als Basis der Charakterentwicklung, bleibt dabei häufig erhalten. Auch heute dürften die meisten theoretischen Beiträge zu Persönlichkeitsstörungen von analytischer Seite kommen, und die diesbezügliche Begrifflichkeit in den Klassifikationssystemen, etwa die Bezeichnung »narzisstische Persönlichkeitsstörung«, spiegelt deutlich diesen Einfluss wider. Allerdings ist das Konzept der Libidofixierung zur Erklärung der Persönlichkeitsstörungen zunehmend von anderen Genesemodellen, insbesondere dem *gestörter Objektbeziehungen* (s. u.), abgelöst worden.

Nachdem mittlerweile nichtpsychoanalytisch orientierte Psychologen ihren anfänglichen Widerstand gegen die Einführung jenes nicht unproblematischen Konstruktes der Persönlichkeitsstörungen aufgegeben haben, werden auch von dieser Seite Erklärungskonzepte entwickelt, etwa *kognitive*, die u. a. die Bedeutung gestörter Aufmerksamkeitsprozesse oder verzerrter Einstellungen betonen; bei diesen Theorien wird im Allg. *biologischen* Befunden Rechnung getragen, wie übrigens sich H.-J. Eysenck schon vor Jahrzehnten um eine biologisch-psychologische Erklärung der Psychopathie (im Sinne dissozialer Persönlichkeitsstörung) bemüht hat. *Rein biologische* Erklärungen von Persönlichkeitsstörungen ähneln denen anderer psychischer Störungen und konzentrieren sich vornehmlich auf genetische Faktoren sowie die Rolle der Neurotransmitter.

8.2.3 Therapie

Freud hielt, anders als zuweilen dargestellt, Charakterveränderungen keineswegs für psychoanalytisch unbehandelbar, bezeichnet sie explizit neben den Übertragungsneurosen als Arbeitsgebiet der Psychoanalyse (1923a, S. 226). Andererseits betrachtete er das Fehlen der Übertragung als höchst ungünstig für den Erfolg psychoanalytischer Therapie (▶ Kap. 4.2.8), womit narzisstische Persönlichkeitsstörungen bestenfalls sehr bedingt psychoanalytisch therapierbar wären. Spätere Analytiker, die ihren Schwerpunkt mehr auf *Ich-Psychologie* oder *Objektbeziehungstheorie* legen, teilen diese Auffassung nicht, sodass etwa Borderline- und narzisstische Persönlichkeitsstörungen therapeutisches Interesse gerade von dieser Seite erfahren haben. Einig ist man sich, dass es hier weniger um Bewusstmachung von Unbewusstem geht, sondern dass die *kognitive Bearbeitung* nicht notwendig unbewusster Abwehrmechanismen im Vordergrund steht; im Rahmen einer teilweisen Rückkehr zu der von Freud als generelles Erklärungsprinzip aufgegebenen Traumatheorie wird die *Auseinandersetzung mit objektiven frühkindlichen Gegebenheiten* (sexuellem Missbrauch, elterlicher Ablehnung) zu einem wesentlichen therapeutischen Element. Anders als Freud, der seine Aufgabe nicht in der Hilfe bei der Lebensgestaltung der Patienten sah, verhalten sich analytische Therapeuten bei der Behandlung von Persönlichkeitsstörungen wesentlich *direktiver*.

Aufgrund der selbst auferlegten Zurückhaltung auf dem Gebiet der Persönlichkeitsstörungen haben *Verhaltenstherapeuten* lange keine Strategien zur Behandlung entwickelt. Angesichts der Situationsinvarianz der gezeigten Verhaltensmuster wären auch viele klassische verhaltenstherapeutische Techniken wie Stimuluskontrolle oder Konfrontationstherapien nicht oder nur unter Modifikationen anwendbar. Augenblicklich sind es v. a. *Trainings sozialer Fertigkeiten*, die insbesondere bei Patienten mit ängstlichen und abhängigen Persönlichkeitsstörungen eingesetzt werden. Auch Einübung neuer Verhaltensmuster im Fall impulsiver oder dissozialer Persönlichkeitsstörungen sowie Vermittlung von Problemlösungsstrategien werden versucht (s. dazu Fiedler & Herpertz, 2022; Sachse, 2019).

Kognitive Behandlungen von Persönlichkeitsstörungen versuchen in Anlehnung an die Beck'sche Therapie der Depression (▶ Kap. 5.9) vorwiegend die *Veränderung unangemessener Einstellungen*. So soll beispielsweise bei Personen mit zwanghafter Persönlichkeitsstörung die Vorstellung korrigiert werden, perfekte Leistungen erbringen zu müssen. Während ihr Erfolg bei zwanghaften oder abhängigen Persönlichkeitsstörungen durchaus für möglich gehalten wird, erscheinen Versuche, bei dissozialen Persönlichkeitsstörungen mit Einsichtstherapien moralische Werte neu zu strukturieren, doch von sehr großem Optimismus getragen.

Pharmakologische Therapie von Persönlichkeitsstörungen wird eher selten angewandt. Wenn, so kommen üblicherweise die Medikamente zum Einsatz, welche auch beim entsprechenden Vollbild gegeben würden, also die zur Behandlung der Schizophrenie verwandten Antipsychotika eventuell bei schizoider und schizotyper Persönlichkeitsstörung. Zur Therapie impulsiver Persönlichkeitsstörungen werden vorsichtig Stimmungsstabilisierer sowie mit Einschränkungen Antidepressiva und Antipsychotika (vorzugsweise atypische) empfohlen (für Genaueres s. Müller & Benkert, 2023c). Kein einziges Medikament ist explizit für die Behandlung von Persönlichkeitsstörungen zugelassen.

Wie bei der anschließenden Darstellung der einzelnen spezifischen Persönlichkeitsstörungen deutlich wird, sind die therapeutischen Erfolge begrenzt; nicht zuletzt hängt dies damit zusammen, dass vielfach Leidensdruck erst in späteren Stadien auftritt; die Behandlung aktueller, aus dem gestörten Verhalten resultierender Schwierigkeiten (Partnerprobleme, Konflikte mit dem Gesetz) tritt dann gegenüber der Veränderung chronischer Verhaltensmuster in den Vordergrund. Ansonsten ist die *Therapiemotivation* von Patienten mit Persönlichkeitsstörungen, solchen mit histrionischer, ängstlicher und abhängiger ausgenommen, letztlich gering und entsprechend hoch die Zahl der Therapieabbrecher. Hinzu kommt, dass die Verhaltensmuster schon lange bestehen und kaum in wenigen therapeutischen Sitzungen dauerhaft zu beseitigen sind.

Im Folgenden werden die einzelnen Subtypen von Persönlichkeitsstörungen in ihrer Symptomatik dargestellt und dazu entwickelte Entstehungsmodelle skizziert, weiter augenblicklich praktizierte Therapien knapp erläutert. Die Darstellung der Symptomatik geschieht weitgehend in Anlehnung an ICD-10, bei einigen Störungsbildern auch unter Benutzung des DSM-5, das meist schärfere diagnostische Kriterien angibt.

Erwähntermaßen finden sich diesbezügliche Unterschiede der Klassifikationssysteme: In DSM-5 gibt es eigene Kategorien »narzisstische« und »Borderline«-Persönlichkeitsstörung, die in ICD-10 Unterkategorien anderer Persönlichkeitsstörungen bilden oder einer Restklasse zugeordnet werden. Auch sind die DSM-Kriterien strenger; so ist das Zutreffen einer Mindestanzahl von Merkmalen gefordert, während in ICD-10 lediglich charakteristische Einstellungen oder Verhaltensweisen aufgelistet werden. DSM-5 unternimmt auch den sinnvollen Versuch, in diese Vielfalt Ordnung zu bringen. In Cluster A (sonderbar, exzentrisch) werden die schizotype, schizoide und paranoide Persönlichkeitsstörung eingeordnet, in Cluster B (dramatisch-emotional) die Borderline-Persönlichkeitsstörung, weiter die histrionische, antisoziale und narzisstische; Cluster C (ängstlich-furchtsam) umfasst schließlich die vermeidend-unsichere, abhängige und zwanghafte Persönlichkeitsstörung (Begriffe meist hier nach ICD-10). Mittlerweile gibt es auch eine Reihe – mit Rückhaltung zu interpretierender – molekulargenetischer Befunde. Bei Personen von Cluster A sollen Gene verändert sein, welche für die Ausbildung des dopaminergen Systems verantwortlich sind, bei den Störungen von Cluster B ist eher das serotonerge System betroffen (Reichborn-Kjennerud, 2010).

Zur Darstellung der Theorie und Therapiemöglichkeiten wird im Folgenden v. a. auf Comer (2008, S. 415 ff.), Davison et al. (2007), Sachse (2019) sowie Fiedler & Herpetz (2022) Bezug genommen. Ausführlicher kommen lediglich die schizoide, die dissoziale, die Borderline- sowie die narzisstische Persönlichkeitsstörung zur Sprache.

8.2.4 Spezifische Persönlichkeitsstörungen

Paranoide Persönlichkeitsstörung

Diese Störung (F60.0, ICD-10) ist zum einen durch »übertriebene Empfindlichkeit«, häufigen Groll gegenüber Anderen und streitsüchtiges, unangemessenes Bestehen auf eigenen Rechten gekennzeichnet; zum anderen fällt sie auf durch extremes Misstrauen, auch gegen Personen der nächsten Umgebung. Ihre Häufigkeit wird mit 0,5 % bis 2,5 % der erwachsenen Bevölkerung angegeben, wobei Männer überwiegen.

Erklärungen zur Genese sind vage und gehen verkürzt dargestellt davon aus, dass das Misstrauen sich früh aufgrund unbefriedigender Familienzustände entwickelt hat und dann das spätere Verhalten bestimmt, auch wenn sich die Gegebenheiten objektiv gebessert haben.

Die *Therapie* gilt als sehr schwierig; wenige Betroffene begeben sich überhaupt in Behandlung und wenn, so gestaltet sich diese aufgrund des Misstrauens häufig unbefriedigend. Psychodynamische Therapien versuchen, grundlegende Konflikte aufzuarbeiten, wobei diese Interventionsform hier noch schlechter als bei anderen Persönlichkeitsstörungen wirken soll. Kognitive Therapien setzen sich zum Ziel, den Patienten das Gefühl für die eigene Kompetenz zu vermitteln und in diesem Rahmen das grundlegende Misstrauen abzubauen. Medikamentöse Behandlung geschieht am ehesten mit atypischen Antipsychotika.

Schizoide Persönlichkeitsstörung

Erstere wird mit F60.1 codiert und lässt sich charakterisieren durch emotionale Kühle und affektive Unbeteiligtheit, geringes Interesse an sozialen Kontakten, auch solchen sexueller Art; die Personen sind gekennzeichnet durch einen bestenfalls kleinen Freundeskreis, was auch nicht weiter bedauert wird, verhalten sich gleichgültig gegenüber Lob und Kritik und fallen durch »deutlich mangelnde Sensibilität im Erkennen und Befolgen gesellschaftlicher Regeln« auf. Dazu passt die Vorliebe für »einzelgängerische Beschäftigungen« und die »übermäßige Inanspruchnahme durch Fantasie und Introspektion«; »wenige oder überhaupt keine Tätigkeiten« bereiten den Betroffenen Vergnügen (nach ICD-10, S. 278).

Zum Vergleich sei an die schizotype Störung (Schizotypie) erinnert, die in DSM-5 als schizotype Persönlichkeitsstörung aufgelistet wird, laut ICD-10 aber in die Rubrik »Schizophrenie, schizotype und wahnhafte Störungen« (F2x) einzureihen ist (▶ Kap. 4.3). Auch sie ist durch affektive Kälte und sozialen Rückzug gekennzeichnet; hinzukommen neben exzentrischem Verhalten und gekünstelter Sprache Symptome, die an Schizophrenie erinnern, nämlich regelrechte vorübergehende »quasipsychotische Episoden« mit Halluzinationen und ungewöhnliche Wahrnehmungserlebnisse. In ICD-10 wurde daher dieses eigenständige Syndrom eingeführt und klassifikatorisch in die Nähe der Schizophrenie gerückt.

Die Prävalenz der schizoiden Persönlichkeitsstörung ist schwer anzugeben, Männer scheinen häufiger betroffen und stärker beeinträchtigt. Unter Verwandten von Schizophrenen kommen die genannten Persönlichkeitsstörungen deutlich gehäuft vor; deshalb und aufgrund der teilweise ähnlichen Symptomatik zählt man sie zu den *Schizophreniespektrumsstörungen* und sieht sie als abgeschwächte Formen schwerer psychotischer Zustandsbilder an (▶ Kap. 4.2.5). In DSM-5, welche die zahlreichen Persönlichkeitsstörungen zu drei großen Gruppen (Clustern) zusammenfasst, werden paranoide, schizoide und schizotype Persönlichkeitsstörung zu jenen gerechnet, die »von sonderbarem oder exzentrischem Verhalten« geprägt sind.

Erklärungsansätze der schizoiden Persönlichkeitsstörung (sowie der schizotypen nach DSM-5) gehen von der Nähe zur Schizophrenie aus und postulieren ähnliche Genesebedingungen; bezüglich der *kognitiven Störungen*, speziell der Aufmerksamkeitsdefizite, konnten sowohl bei Personen mit schizoider als auch insbesondere mit schizotyper Störung ähnliche Befunde wie bei schizophrenen Patienten erhoben werden (s. Köhler, 2019, S. 266 ff.). *Psychodynamische* Ansätze betrachten die Selbstisolation als Folge mangelnder Zuwendung in der Familie.

Therapeutisch ist man bei der schizoiden Persönlichkeitsstörung etwas erfolgreicher als bei der paranoiden, obwohl auch hier die Patienten selten aus eigenen Stücken in Behandlung kommen und wenn, dann vornehmlich wegen anderer Probleme, etwa Alkoholmissbrauch. *Kognitiv-verhaltenstherapeutische* Interventionen versuchen, positive Gefühle bewusster zu machen, daneben werden soziale Fertigkeiten trainiert. Über die begrenzten Möglichkeiten, mittels solcher Strategien tief verwurzelte Verhaltensmuster und Einstellungen zu ändern, dürfte man sich in Therapeutenkreisen durchaus im Klaren sein. Ähnlich wie bei der Schizotypie ist eventuell Behandlung mit atypischen Antipsychotika hilfreich.

Dissoziale Persönlichkeitsstörung

Die nach ICD-10 mit F60.2 zu verschlüsselnde dissoziale Persönlichkeitsstörung fällt durch eine »große Diskrepanz zwischen dem Verhalten und den geltenden sozialen Normen« auf und lässt sich u. a. charakterisieren durch »kaltes Unbeteiligtsein gegenüber den Gefühlen anderer«, »Verantwortungslosigkeit« und Missachtung sozialer Regeln, »Unvermögen zur Beibehaltung längerfristiger Beziehungen« (während keine Schwierigkeiten bestehen, Beziehungen einzugehen), »sehr geringe Frustrationstoleranz und niedrige Schwelle für aggressives, auch gewalttätiges Verhalten«. Hervorgehoben werden außerdem die »Unfähigkeit zum Erleben von Schuldbewusstsein« oder zum »Lernen aus Erfahrung« – wobei insbesondere Bestrafung keinen entsprechenden Effekt haben soll –, schließlich die Neigung, »andere zu beschuldigen« oder das eigene Fehlverhalten zu rationalisieren (nach ICD-10, S. 279). Die Prävalenz wird mit 1,5 % bis 3 % der erwachsenen Bevölkerung angegeben, wäre somit ausgesprochen hoch; bei Männern kommt sie häufiger vor. Nicht überraschend ist die Störung unter Gefängnisinsassen besonders verbreitet, speziell unter jenen, welche wegen Gewalttaten verurteilt wurden; auch besteht enger Zusammenhang mit Alkoholabusus sowie Missbrauch anderer psychotroper Substanzen; Suizide und sonstiger gewaltsamer Tod sind häufig.

In DSM-5 wird der Terminus »antisoziale Persönlichkeitsstörung« verwendet. Er deckte sich zeitweise mit dem älteren Psychopathiebegriff, welcher jedoch, um die Verwirrung noch zu steigern, von verschiedenen Autoren als Synonym für Persönlichkeitsstörung allgemein verwendet wird. Wie erwähnt, wurden lange »Psychopathie« und »antisoziale Persönlichkeitsstörung« weitgehend synonym gebraucht; manche sehen Psychopathie (gekennzeichnet durch emotionale und kognitive Defizite) als ein charakteristisches Störungsmuster an, welches zur antisozialen Persönlichkeitsstörung führen kann – aber nicht muss; andere hingegen definieren Psychopathie als extreme Form antisozialen Verhaltens (Tiihonen et al., 2020).

Von den *Theorien der dissozialen (antisozialen)Persönlichkeitsstörung* sind die *biologischen* am besten empirisch begründet. Sie gehen von der familiären Häufung der Störung aus, welche nicht allein über Aufwachsen in einem pathogenen Milieu erklärt werden kann; genetische Faktoren tragen – je nach Ausprägung – bis zu 50 % zur Entstehung bei (Tiihonen et al., 2020). Manche sehen sie in erster Linie als Entwicklungsstörung an (Raine, 2018). Welcher Art die resultierenden morphologischen und funktionellen Veränderungen sind, wird in der Literatur allerdings wenig einheitlich beschrieben, insbesondere was die Ausbildung des präfrontalen Kortex angeht (s. Köhler, 2019, S. 273 ff.).

Weniger biologisch ausgerichtete Theorien basieren auf der Tatsache, dass Eltern, insbesondere die Väter der Betroffenen, ebenfalls häufig antisoziales Verhalten aufweisen; von verschiedenen Seiten wurde daher *Modellernen* zur Erklärung herangezogen. *Psychodynamische* Ansätze gehen davon aus, dass Kinder, die in diesem Milieu aufwachsen, häufig von ihren Eltern Zurückweisung erfahren und sich folglich bald aller Bindungen entledigen.

Dass die *Therapie* der dissozialen Persönlichkeitsstörung besonders schwierig ist, überrascht nicht, v. a., weil selten entsprechende Motivation besteht und die wenigen, die überhaupt in Behandlung kommen, dies häufig unter Druck von Schule oder Arbeitgeber tun, oft durch Gerichtsbeschluss dazu verpflichtet werden; hohe Abbruchraten sind deshalb wenig erstaunlich. Die Effizienz der in letzter Zeit verstärkt unternommenen *kognitiv-verhaltenstherapeutischen* Versuche, eine stärker moralische und weniger eigennützige Sichtweise zu vermitteln, ist nicht geklärt. Kontrovers diskutiert wird die Zweckmäßigkeit milieu-therapeutischen Vorgehens und diverser Programme, die soziales Engagement fördern sollen, etwa von Überlebenstrainings. Auch medikamentöse Behandlung führt nur bedingt weiter; Anxiolytika wirken in hoher Dosierung zuweilen aggressionsmindernd; auch Antipsychotika und Stimmungsstabilisierer bringen vereinzelt (bescheidene) Erfolge. Allerdings gehen bei vielen die pathologischen Züge – nicht zuletzt aufgrund stabilerer psychosozialer Bedingungen – mit dem Alter zurück (Black, 2015).

Borderline-Persönlichkeitsstörung (emotional instabile Persönlichkeitsstörung vom Borderline-Typus[2])

Bei der *emotional instabilen Persönlichkeitsstörung* (F60.3) findet sich neben der »wechselnden, instabilen Stimmung« die deutliche Tendenz, »impul-

---

2 Anzumerken ist, dass der Begriff »Borderline-Störung« früher anders verwendet wurde, sodass man sich zunächst Eindruck von der verwendeten Terminologie verschaffen muss. »Borderline-Störung« oder »Borderline-Psychose« wurde zumeist als Grenzfall zwischen schizophrener Psychose und neurotischer Symptomatik aufgefasst; sie hätte am ehesten der Schizotypie im heutigen Sprachgebrauch entsprochen. Bei der »Borderline-Persönlichkeitsstörung« nach DSM-5

siv«, ohne Berücksichtigung der Konsequenzen zu handeln. Die Fähigkeit »vorauszuplanen« ist gering; »Ausbrüche intensiven Ärgers« führen häufig zu »gewalttätigem und explosiblem« Verhalten; dieses wird leicht ausgelöst, wenn andere die impulsiven Handlungen kritisieren oder zu verhindern versuchen. Zwei Unterformen werden in ICD-10 angeführt, der *impulsive Typus* (F60.30), der im Wesentlichen durch die beschriebenen Verhaltensweisen charakterisiert ist und der *Borderline Typus* (F60.31). Dieser ist nicht nur durch emotionale Instabilität gekennzeichnet; zusätzlich ist oft das »eigene Selbstbild« unklar und gestört; weiter als charakteristisch angesehen wird ein »chronisches Gefühl innerer Leere«. Im Rahmen der Suche nach »intensiven, aber unbeständigen Beziehungen« kommt es zu »wiederholten emotionalen Krisen« mit »übermäßigen Anstrengungen, nicht verlassen zu werden«; dabei werden Suiziddrohungen vorgebracht oder »selbstschädigende Handlungen« vorgenommen. Die Kriterien der »Borderline Persönlichkeitsstörung« in DSM-5 sind ähnlich, dabei genauer ausgeführt; erwähnt werden zusätzlich vorübergehende paranoide Vorstellungen oder dissoziative Symptome, beispielsweise Depersonalisation.

Zu den selbstzerstörerischen Aktivitäten zählen neben Alkohol- und Drogenmissbrauch gefährliche Sexualpraktiken, riskantes Fahren und delinquentes Verhalten; Suizid ist auffallend häufig. Es wird vermutet, dass diese autoaggressiven Akte nicht zuletzt dazu dienen, die Langeweile und das Leeregefühl zu bekämpfen. Prävalenzraten werden durchschnittlich mit 1–2 % angegeben, wobei Frauen laut DSM-5 deutlich öfter betroffen sind. Auffällig ist die familiäre Häufung des Störungsbildes; unter Angehörigen kommt es deutlich häufiger als in der Allgemeinbevölkerung vor. Erbliche Einflüsse gelten als beträchtlich, erklären zu fast 50 % die Verbreitung (Skoglund et al., 2021). »Kandidatengene« determinieren (nicht unumstritten) den Dopamin- und den Serotoninhaushalt.

---

bzw. der emotional instabilen Persönlichkeitsstörung vom Borderline-Typus nach ICD-10 ist hingegen die konzeptuelle Nähe zur Schizophrenie und den verwandten Störungen verloren gegangen; hier wird v. a. die unkontrollierte Impulsivität als Merkmal hervorgehoben sowie die Neigung zu intensiven, aber unbeständigen Beziehungen (also geradezu konträr zum mangelnden Interesse an sexuellen Erfahrungen bei der schizoiden Persönlichkeitsstörung).

Nur zur *Borderline-Persönlichkeitsstörung* existieren ausgearbeitete *Genesemodelle*, die vornehmlich psychoanalytischer Provenienz sind und im knapp gesetzten Rahmen nicht adäquat dargestellt werden können; diesbezüglich sei etwa auf die Beiträge in Dulz, Herpertz, Kernberg und Sachse (2011) verwiesen. Nur so viel sei angedeutet, dass man eine frühe Beeinträchtigung der Objektbeziehung annimmt, also speziell der zu den Eltern. Als besondere konstitutionelle Anfälligkeit für solche Beziehungsstörungen wird eine Unfähigkeit zur Affektregulation in zwischenmenschlichen Beziehungen vermutet, als exogene Faktoren v. a. frühe traumatisierende Erlebnisse, wobei die Rolle sexuellen Missbrauchs betont wird. Die Symptome der Borderline-Störung werden so als Selbstschutz vor weiteren traumatischen Erfahrungen im zwischenmenschlichen Bereich aufgefasst. Nicht-psychoanalytische Konzepte sind u. a. bei Bohus (2019) dargestellt. Biologische Theorien gehen von weitgehend genetisch determinierten Störungen in Transmittersystemen aus, speziell im serotonergen.

Von allen Persönlichkeitsstörungen wurde die Borderline-Störung am häufigsten mit *psychoanalytischer Therapie* behandelt, wobei hier die klassische Freud'sche Analyse nach allgemeiner Überzeugung wenig sinnvoll ist. Stattdessen wird gezielt am Abbau der angenommenen Ich-Schwäche gearbeitet und dazu die Abwehrhaltungen der Patienten besprochen sowie Neubewertung anderer und der eigenen Person angeregt, weiter die traumatisierenden Erlebnisse bearbeitet. Die Therapie beinhaltet auch Elemente *kognitiver* Verfahren und nimmt zuweilen einen *psychoedukativen* Charakter mit Anleitungen zur Lebensgestaltung an. Die Prognose ist – trotz nicht seltener Spontanremissionen – eher ungünstig, wobei die zahlreichen Therapieabbrüche eine wesentliche Rolle spielen; von der allgemeinen Instabilität der Beziehungen bei Borderline-Patienten ist die zum Therapeuten nicht ausgenommen. Speziell zur Behandlung der Borderline-Störung wurde als Variante der kognitiven Verhaltenstherapie die sogenannte *dialektische Verhaltenstherapie* entwickelt (s. beispielsweise Bohus, 2019; von Auer & Kaess, 2022). Dabei werden in Einzeltherapie Problembereiche angesprochen und in Gruppensitzungen soziale Fertigkeiten trainiert sowie Möglichkeiten der Kommunikation eingeübt. Generell gilt Psychotherapie (vergleichsweise unabhängig welcher Art) als Mittel der Wahl bei der Behandlung der Störung; Psychopharmaka werden bestenfalls zur Therapie der zahlreichen Komorbiditäten (etwa Depression) oder in akuten Krisensituationen eingesetzt (Bohus et al., 2021; Leichsenring et al., 2023).

Histrionische Persönlichkeitsstörung

Sie wird mit (F60.4) verschlüsselt und entspricht der hysterischen Persönlichkeit der älteren Literatur, welcher Begriff umgangssprachlich vorbelastet ist und zunehmend aufgegeben wird. Vom lateinischen »histrio« (Schauspieler) abgeleitet, gibt die Bezeichnung bereits wesentliche Hinweise auf das charakteristische theatralische Verhalten mit übertriebenem Gefühlsausdruck und die Sucht, im Mittelpunkt zu stehen; hinzukommen »leichte Beeinflussbarkeit durch andere Personen oder Umstände« sowie »oberflächliche und labile« Affektivität. Die Personen geben sich »unangemessen verführerisch in Erscheinung und Verhalten« und zeigen »übermäßiges Interesse an körperlicher Attraktivität« (nach ICD-10, S. 280 f.).

Die histrionische Persönlichkeitsstörung entspricht der hysterischen Persönlichkeitsstörung oder hysterischen Neurosenstruktur der älteren Literatur; daher wurde wie bei der Hysterie eine ödipale Regression angenommen, die hier jedoch weniger tiefgreifende Symptombildung zur Folge haben soll. Neuere *psychodynamische Ansätze* unterscheiden sich insofern nicht allzu sehr, als für weibliche Betroffene eine Abwendung von der Mutter und Hinwendung zum Vater angenommen wird; dies wird aber weniger auf eine regelrechte ödipale Problematik zurückgeführt, sondern v. a. die Ablehnung des Kindes durch die Mutter hervorgehoben und die theatralische Symptomatik als Versuch betrachtet, beim Vater die kompensatorische Aufmerksamkeit und Zuwendung zu erhalten. *Kognitive* Theorien gehen von einer geringen Einschätzung der eigenen Kompetenzen durch die Betroffenen aus, weshalb sie mehr in Äußerlichkeiten ihre Bestätigung suchen und dabei gleichzeitig im Sinne eines Circulus vitiosus noch weiter die Entwicklung kognitiver Fähigkeiten vernachlässigen.

Im Gegensatz zu Patienten mit anderen Persönlichkeitsstörungen kommen solche mit histrionischer Persönlichkeitsstörung häufig von selbst in Therapie, und die entsprechende Motivation ist somit höher;

jedoch scheint ihre Behandlung ebenfalls nicht einfach zu sein und wird kompliziert durch unvernünftige Ansprüche, Temperamentsausbrüche und die nicht selten im Rahmen der Behandlung unternommenen Verführungsversuche. Versucht werden verschiedene Verfahren, neben *psychodynamischer* Therapie auch *kognitive* Methoden; wenigstens in Einzeldarstellungen wird von guten Erfolgen berichtet.

Narzisstische Persönlichkeitsstörung

Sie wird in ICD-10 nur knapp geschildert und müsste in der Restkategorie F60.8 (andere spezifische Persönlichkeitsstörungen, hier F60.80) kodiert werden. DSM-5 führt hingegen dieses in der klinisch-psychologischen Literatur mittlerweile ausgiebig behandelte Störungsbild genauer auf; es ist im Wesentlichen gekennzeichnet durch ein Gefühl der eigenen Wichtigkeit, Großartigkeit und Überlegenheit, gepaart mit mangelndem Einfühlungsvermögen und Überempfindlichkeit gegenüber den Einschätzungen anderer Personen. Diagnostische Kriterien stellen daher übertriebenes Selbstwertgefühl, ausschweifende Erfolgsphantasien, das Gefühl der Einzigartigkeit, überzogenes Anspruchsdenken, die Sucht nach Aufmerksamkeit und Empfindlichkeit gegenüber Kritik dar, daneben Mangel an Einfühlungsvermögen und Ausnutzen zwischenmenschlicher Beziehungen zur Erreichung eigener Ziele. Die Prävalenzrate wird bis zu 6% angeben (oft aber deutlich niedriger), wobei Männer häufiger betroffen sind (DSM-5, S. 921). Dissoziale (antisoziale), Borderline-, histrionische und narzisstische Persönlichkeitsstörung werden zur Gruppe der von »dramatischem, emotionalem, oder launischem« Verhalten geprägten Persönlichkeitsstörungen zusammengefasst (Cluster B).

Das Konzept der narzisstischen Persönlichkeitsstörung wurde, wie aus der Namensgebung abzuleiten, im Wesentlichen von *Analytikern* entwickelt, und entsprechend wurden v. a. von dieser Seite Entstehungsmodelle erstellt. Freud (1914c) führte den primären Narzissmus (die Ichliebe, benannt nach dem in sein Spiegelbild verliebten Jüngling Narziss der griechischen Mythologie) als erstes Stadium der Objektfindung ein, wo das ganze libidinöse Interesse dem eigenen Ich gelte, bevor es sich zunehmend auf äußere Objekte wie die Eltern richte; letzterer Prozess könne aber rückgängig gemacht werden (sekundärer Narzissmus), was die Grundlage narzisstischer Neurosen wie Paranoia, Schizophrenie oder Melancholie darstelle (▶ Kap. 4.2.8 und ▶ Kap. 5.8). Letztlich geht auch die moderne analytische Theorie der narzisstischen Persönlichkeitsstörungen von einem solchen Modell der Objektfindung aus, wobei allerdings der Bezug zur Freud'schen Terminologie nicht immer eindeutig ist.

Nach der Auffassung Kernbergs besteht insofern eine Nähe der narzisstischen zur Borderline-Persönlichkeitsstörung, als erstere bei prinzipiell ähnlichem Entstehungsmechanismus als weniger tiefgreifende Störung aufgefasst wird. Bei der narzisstischen Persönlichkeitsstörung werde mittels Größenphantasien eine gewisse Immunisierung gegenüber den tatsächlichen oder angenommenen äußeren Bedrohungen erreicht, während es bei der Borderline-Störung zu weitgehendem Rückzug und Zerfall der Persönlichkeit komme. Ansonsten sollen sich die Entstehungsbedingungen (konstitutionelle Bereitschaft im Sinne von Defiziten im Interaktionsstil, traumatisierende Erfahrungen als exogene Momente) nicht wesentlich unterscheiden. *Lerntheoretisch* werden als Entstehungsfaktoren hier nicht traumatische Erfahrungen im Elternhaus angesehen, sondern geradezu im Gegenteil übermäßige Verwöhnung des Kindes und Verstärkung seiner Größenphantasien (s. Comer, 2008, S. 436).

Therapien werden im Wesentlichen von Psychoanalytikern durchgeführt und unterscheiden sich wenig von der Behandlung der Borderline-Persönlichkeit, verlaufen häufig vergleichsweise direktiv. *Kognitive* Verfahren versuchen, die Denkweisen der Patienten zu verändern, insbesondere eine realistische Einschätzung der eigenen Möglichkeiten zu erreichen, Überempfindlichkeit gegenüber Kritik abzubauen und das Einfühlungsvermögen in die Situation anderer zu verbessern. Mit keinem der Verfahren wurden offenbar bisher besondere Erfolge erzielt.

Zwanghafte, ängstliche (vermeidende) und abhängige Persönlichkeitsstörung

Eine letzte Gruppe wird überschrieben mit »angst- und furchtgeprägte Persönlichkeitsstörungen« und umfasst die selbstunsichere, die dependente und die zwanghafte Persönlichkeitsstörung nach DSM-5, denen in

ICD-10 im Wesentlichen die ängstliche, abhängige und anankastische Persönlichkeitsstörung entsprechen. Sie sollen gemeinsam besprochen werden, da gewisse Ähnlichkeiten vorliegen und zu keiner davon Bemerkenswertes mitzuteilen ist.

Bei Personen mit *anankastischer* (F60.5 nach ICD-10) oder *zwanghafter Persönlichkeitsstörung* laut DSM-5 findet sich übermäßiger Zweifel und Vorsicht, übergroße Gewissenhaftigkeit, Pedanterie, Perfektionismus, weiter Eigensinn und das »unbegründete Bestehen auf der Unterordnung anderer unter eigene Gewohnheiten«, schließlich – hier zeigen sich deutliche Beziehungen zur Zwangsstörung – »Andrängen beharrlicher und unerwünschter Gedanken oder Impulse«. Die *ängstliche (vermeidende) Persönlichkeitsstörung* (F60.6) ist gekennzeichnet durch andauernde Anspannung und Sorge, insbesondere die, in sozialen Situationen »kritisiert oder abgelehnt« zu werden. Die Betroffenen sind der Überzeugung, »selbst sozial unbeholfen, unattraktiv und minderwertig im Vergleich mit anderen zu sein« und vermeiden daher zwischenmenschliche Kontakte. Bei der *abhängigen (asthenischen) Persönlichkeitsstörung* (F60.7) fällt zum einen die Unfähigkeit auf, Entscheidungen zu treffen, ohne sich zuvor ausgiebigen Rat und Vergewisserung zu holen, weiter übertriebene Unterordnung und Nachgiebigkeit, schließlich die übergroße Angst, verlassen zu werden und auf sich selbst angewiesen zu sein (verkürzt nach ICD-10, S. 281 f.). Die Prävalenz der genannten Störungen dürfte jeweils 1 % bis 2 % betragen; bei der zwanghaften Persönlichkeitsstörung sind Männer etwa doppelt so häufig betroffen.

Die *Freud'sche Erklärung* der zwanghaften (anankastischen) Persönlichkeitsstörung wurde schon erwähnt: extreme Unterdrückung ursprünglich intensiver Analerotik durch Reaktionsbildungen der Latenzzeit. Spätere im weiteren Sinne psychodynamische Erklärungen sind weniger triebtheoretischer Natur, sondern betonen andere Faktoren wie überkontrollierende Eltern, die starres Festhalten an Normen anerziehen. *Kognitive* Theoretiker weisen auf verzerrte Einstellungen bei den Betroffenen hin, etwa die Überbewertung von unbedeutenden Fehlern mit resultierenden Bestrebungen nach Perfektion.

Erklärungsansätze der selbstunsicheren Persönlichkeitsstörung (ungefähr der ängstlich vermeidenden Persönlichkeitsstörung in ICD-10 entsprechend) gehen ziemlich übereinstimmend davon aus, dass die Grundlagen dafür in der Kindheit von den Eltern gelegt werden, etwa durch übermäßige Kritik; auch eine genetische Disposition im Sinne chronischer Ängstlichkeit mit biologischen Korrelaten wie bei den Angststörungen ist wahrscheinlich. In ähnlicher Weise betonen Modelle der dependenten (abhängigen) Persönlichkeitsstörung v. a. die Rolle früher Erfahrungen, hier im Sinne übermäßiger Behütung und Verhinderung der Selbständigkeit; kognitive Theoretiker weisen auf die Fehleinschätzungen der Betroffenen bezüglich eigener Leistungsfähigkeit hin, ohne die Entstehung dieser kognitiven Verzerrungen wiederum zu reflektieren.

Die *Therapien* der genannten Persönlichkeitsstörungen sind vergleichsweise ähnlich: bei psychodynamischem Vorgehen Aufarbeitung der angenommenen Konfliktsituationen, im Rahmen kognitiver Therapien Veränderung der verzerrten Einstellungen, etwa des Strebens nach perfektem Handeln bei Personen mit Zwangsstörung. Sowohl bei der ängstlichen wie bei der abhängigen Persönlichkeitsstörung werden zudem Selbstsicherheitstrainings durchgeführt. Medikamentös versucht man, zumeist zusätzlich zur psychotherapeutischen Behandlung, die Symptomatik mit Antidepressiva oder Anxiolytika zu bessern. Die Prognose ist insgesamt günstiger als bei den anderen Persönlichkeitsstörungen, nicht zuletzt, weil die Betroffenen aufgrund des Leidensdrucks hohe Therapiemotivation besitzen.

8.3 Störungen der Geschlechtsidentität

Unter *Störungen der Geschlechtsidentität* (F64) werden in ICD-10 (S. 294 ff.) im Wesentlichen der Transsexualismus sowie zwei weitere aufgeführt, nämlich der Transvestitismus unter Beibehaltung beider Geschlechtsrollen und die Störung der Geschlechtsidentität des Kindesalters.

Transsexualismus (F64.0) ist durch den Wunsch gekennzeichnet, als »Angehöriger des anderen anatomischen Geschlechtes zu leben und anerkannt« zu werden, meist verbunden mit dem »Gefühl des Unbehagens oder der Nichtzugehörigkeit zum eigenen Geschlecht«. Zudem besteht der

Wunsch nach »hormoneller und chirurgischer Behandlung, um den eigenen Körper dem bevorzugten Geschlecht soweit wie möglich anzugleichen« (ICD-10, S. 294).[3] Um diese Diagnose zu stellen, muss die veränderte Geschlechtsidentität für mindestens zwei Jahre bestanden haben, darf auch nicht als Symptom einer anderen psychischen Störung (etwa Schizophrenie) auftreten[4]; ein »Zusammenhang mit intersexuellen, genetischen und geschlechtschromosomalen Anomalien muss ausgeschlossen sein[5]«. Was die sexuelle Orientierung angeht, so sind die Verhältnisse kompliziert, und es ist wahrscheinlich sinnvoll, anhand dieses Kriteriums Subtypen zu bilden: So fühlt sich – vor und auch nach der Geschlechtsumwandlung – ein nicht geringer Teil der (chromosomal definierten) Männer (speziell jene, bei denen sich die Störung der Geschlechtsidentität erst später manifestiert) zum weiblichen Geschlecht hingezogen, und bei Frauen mit Geschlechtsdysphorie dürften die Verhältnisse ähnlich sein.

---

3 Die Bezeichnung Transsexualismus ist unglücklich, allein schon deshalb, weil keineswegs alle Betroffenen tatsächlich eine Geschlechtsumwandlung vornehmen lassen. Sehr viel treffender und konnotativ weniger belastet ist der in DSM-5 gewählte Ausdruck Geschlechtsdysphorie (engl. gender dysphoria = GD). In der demnächst erscheinenden deutschsprachigen Form von ICD-11 lautet der Begriff nun Geschlechtsinkongruenz und ist nicht mehr im Kapitel 06 (»Psychische Störungen, Verhaltensstörungen oder neuronale Entwicklungsstörungen«) zu finden.

4 Unbestritten ist allerdings, dass bei Personen mit »gender dysphoria« (nach DSM-5) psychische Störungen weit häufiger sind als in der Durchschnittsbevölkerung und zwar bei Kindern ADHS und Autismus-Spektrums-Störungen, bei Erwachsenen insbesondere Depressionen (Chao et al., 2023).

5 Bei den »echten Zwittern« sind männliche und weibliche Keimdrüsen vorhanden. Wesentlich häufiger ist jedoch der Pseudohermaphroditismus, wo neben Keimdrüsen ausschließlich eines Geschlechts körperliche Merkmale des anderen vorliegen, etwa Zwischenformen von weiblichen und männlichen äußeren Genitalien. Das wäre etwa der Fall beim adrenogenitalen Syndrom, wo aufgrund einer gestörten Cortisol-Synthese in der Nebennierenrinde die Hypophyse vermehrt ACTH ausschüttet, welches zu übermäßiger Androgenproduktion führt. Weibliche Betroffene weisen deutlich männliche Charakteristika auf, beispielsweise eine stark vergrößerte, penisähnliche Klitoris. Der Begriff Zwitter findet sich übrigens bestenfalls noch in der Umgangssprache; früher sprach man in der Wissenschaft von Intersexualität, heute von »Störungen der Geschlechtsentwicklung« (engl. Disorders of Sexual Development = DSD).

8.3 Störungen der Geschlechtsidentität

Beim *Transvestismus unter Beibehaltung beider Geschlechtsrollen* (F64.1) wird gegengeschlechtliche Bekleidung getragen, um »zeitweilig die Erfahrung der Zugehörigkeit zum anderen Geschlecht zu erleben«, wobei anders als beim Transsexualismus kein Wunsch »nach langfristiger Geschlechtsumwandlung oder chirurgischer Korrektur« besteht. Anzumerken ist, dass das Umkleiden nicht von sexueller Erregung begleitet ist, was wichtig für die Unterscheidung vom später zu besprechenden fetischistischen Transvestismus ist.

Die *Störung der Geschlechtsidentität des Kindesalters* (F64.2) zeigt sich lange vor der Pubertät, zumeist in der frühen Kindheit und ist durch ein »anhaltendes und starkes Unbehagen über das angeborene Geschlecht« charakterisiert, zusammen mit dem »starken Wunsch (oder der Beteuerung), zum anderen Geschlecht zu gehören«. Es besteht eine »beständige Beschäftigung mit der Kleidung oder den Aktivitäten des anderen Geschlechtes oder eine Ablehnung des eigenen Geschlechtes«. In den diagnostischen Leitlinien wird dieses Verhaltensmuster genauer beschrieben: Vom Vorschulalter an beschäftigen sich betroffene Jungen mit »mädchenspezifischen Spielen und Aktivitäten« und tragen »gerne Mädchen- oder Frauenkleider«; weibliche Puppen sind oft ihr Lieblingsspielzeug und »Mädchen gewöhnlich ihre liebsten Spielgefährten«. Bei einem Teil lässt dieses feminine Verhalten während in der frühen Adoleszenz nach, weitere weisen später eine homosexuelle Orientierung auf, nur sehr wenige entwickeln einen Transsexualismus. Mädchen mit dieser Störung haben »typischerweise männliche Spielkameraden« und zeigen »ein lebhaftes Interesse an Sport, rauhem Spiel und Raufereien«; an Spielen, in denen sie weibliche Rollen übernehmen sollen (z. B. Vater-Mutter-Spielen), haben sie ebenso wenig Interesse wie an Puppen. Meistens wird in der Adoleszenz das »übertriebene Verlangen nach männlichen Aktivitäten und Kleidung« aufgegeben, einige »behalten ihre männliche Identifikation« und können später eine »homosexuelle Orientierung« zeigen. Betont wird, dass diese Diagnose nicht leichtfertig gestellt werden darf: Es muss eine »tiefgreifende Störung des normalen Gefühls für Männlichkeit und Weiblichkeit« vorliegen; »bloße Knabenhaftigkeit bei Mädchen und mädchenhaftes Verhalten bei Knaben« ist nicht ausreichend.

Transsexualität findet man unter Männern deutlich öfter; unter den ersteren schätzt man die Häufigkeit auf 1:30 000, auf ungefähr 1:100 000 bei Frauen – vielfach höhere Prävalenzraten (zumindest für Japan) geben allerdings Oshima, Matsumoto, Terada und Yamada (2022) an; auch wird aus einigen Ländern von gleicher oder sogar umgekehrter Geschlechterrelation berichtet. Genaue Daten zur Häufigkeit der Störung der Geschlechtsidentität des Kindesalters liegen nicht vor, wenigstens für westliche Länder; sie tritt im Kindesalter eher bei Jungen auf und soll im Jugendalter etwa gleich verteilt sein (DSM-5, S. 624).

Biologische Erklärungsversuche des Transsexualismus sind bis jetzt wenig überzeugend ausgefallen. Insbesondere ist es nicht gelungen, konsistent hormonelle Auffälligkeiten bei Männern mit Geschlechtsdysphorie nachzuweisen. Zwar wurde in einer neueren Studie (Foreman et al., 2019) bei Männern, die sich eigentlich dem weiblichen Geschlecht zugehörig fühlten, Veränderungen im Erbgut gefunden, und zwar bei jenen Genen, die sich für eine Mindermaskulinisierung bzw. Überfeminisierung verantwortlich sind, aber diese dürften vorgeburtlichen Einfluss haben. Bei Frauen, die sich eher männlich fühlen und oft entsprechende Umwandlungen vornehmen lassen, soll der prä- und auch postnatale Androgenspiegel erhöht sein – allerdings ist hier zu fragen, ob sie noch unter die obige Definition von Transsexuellen fallen, wo ja ein Zusammenhang mit intersexuellen Anomalien ausgeschlossen sein muss. Weiter führen hier wahrscheinlich neuroradiologische Befunde, nach denen Transsexuelle (noch vor Hormonbehandlung) hinsichtlich Eigenheiten von Hirnstrukturen (etwa der Dicke der Hirnrinde) weniger ihrem eigenen chromosomalen Geschlecht als dem anderen ähneln (Guillamon et al., 2016). Es ist eine interessante Hypothese, dass spätere Transsexuelle aufgrund genetischer Besonderheiten in einem eher frühen Stadium ihrer embryonalen Entwicklung veränderte Gonaden entwickeln, die das später reifende Gehirn über Botenstoffe so beeinflussen, dass es nur unzureichend ihrem chromosomalen Geschlecht entspricht (Boucher & Chinnah, 2020).

Freud selbst befasste sich nicht mit gestörter Geschlechtsidentität; sein Konzept der *natürlichen Bisexualität*, das gleichzeitig männliche wie weibliche Verhaltensweisen in ein und demselben Individuum annimmt und von libidinösen Interessen sowohl für Personen des eigenen als auch des anderen Geschlechts ausgeht (etwa 1905d), hätte eine theoretische Basis abgegeben. Spätere psychodynamische Theorien gehen – ohne überzeugende Belege – von bedingenden Besonderheiten in den Familien späterer

Transsexueller aus (etwa Fehlen des Vaters). *Lerntheoretische* Auffassungen der kindlichen Störung der Geschlechtsidentität weisen darauf hin, dass das geschlechtsuntypische Verhalten, etwa Tragen von Mädchenkleidern durch Jungen, häufig von nahen Angehörigen gerne gesehen und verstärkt wurde.

Psychotherapeutische Versuche, die Betroffenen zur Identifikation mit dem eigenen Geschlecht zu bringen, werden selten unternommen und haben nur dann gewisse Erfolgschancen, wenn ein wirkliches diesbezügliches Bedürfnis besteht. Vielfach drängen die Betroffenen auf Geschlechtsumwandlung, deren Durchführung zunehmend geringere Hindernisse entgegengestellt werden. In Europa dürften sich jährlich mindestens 1 000 Transsexuelle, vorwiegend Männer, dieser Operation unterziehen. Der eigentlichen Geschlechtskorrektur geht eine längere Beobachtungszeit voraus, in der die Stabilität des Wunsches geprüft wird und erste Versuche eines Rollentausches unternommen werden. Danach beginnt eine Phase der Behandlung mit Sexualhormonen und Rezeptorenblockern (Östrogenen und Testosteronantagonisten bei Männern, Androgenen und Östrogenrezeptorhemmern bei Frauen), die bereits zu gewünschten Veränderungen führt (wie Wachsen der Brüste beim Mann). Ein Großteil der Betroffenen scheint bereits mit diesen durch Hormontherapie bewirkten Veränderungen zufrieden zu sein; von einem kleineren Teil der Männer wird operative Brustvergrößerung gewünscht sowie Veränderung der Fettverteilung und Gesichtsveränderung im Sinne ausgeprägterer Weiblichkeit; Frauen, die sich als Männer empfinden, wünschen zuweilen Vermehrung ihrer Muskelmasse und maskulinere Fettproportionen (Siira et al., 2023). Wohl eher (noch) bei einer Minderheit werden die äußeren Genitalien weitgehend entfernt und eine Vagina geschaffen, sodass die Möglichkeit zur vaginalen Penetration gegeben ist. Zudem werden plastische Operationen im Gesichts- und Halsbereich durchgeführt, etwa die Verkleinerung des Adamsapfels und Korrekturen der Stimmbänder. Bei Frauen werden die inneren Genitalien entfernt und mittels Hoden- und Penisprothesen Äquivalente männlicher äußerer Geschlechtsteile geschaffen (s. Nieder, Bricken & Richter-Appelt, 2014; Li et al., 2022). Der Prozentsatz derer, die sich solchen Eingriffen unterziehen, ist deutlich im Steigen begriffen (Chaya et al., 2022).

Bei Kindern und Jugendlichen mit Geschlechtsdysphorie ist man dazu übergegangen, hormonell den Eintritt der Pubertätsveränderungen zu verhindern, später dann Hormone im Sinne des gewünschten Geschlechts zu geben, ein kontrovers diskutiertes Verfahren (s. Skordis et al., 2020).

8.4 Störungen der Sexualpräferenz (Paraphilien[6])

Unter der Rubrik *Störungen der Sexualpräferenz* (F65) werden in ICD-10 sechs wichtige Formen aufgeführt; hinzu kommt eine Kategorie *multiple Störungen der Sexualpräferenz* (F65.6), worunter Kombinationen dieser Störungen ohne besonderes Heraustreten einer einzelnen zu subsumieren sind, weiter eine Restklasse *sonstige Störungen der Sexualpräferenz* (F65.8), in die seltenere Varianten wie Nekrophilie oder Sodomie (sexuelle Handlungen an Toten bzw. an Tieren) und Frotteurismus (Erregung durch Reibung der Genitalien an Personen in Menschenansammlungen) einzureihen wären. *Fetischismus* (F65.0) definiert sich als »Gebrauch von unbelebten Objekten als Stimuli für die sexuelle Erregung und zur sexuellen Befriedigung«. Viele Fetische sollen »einen Ersatz für den menschlichen Körper« darstellen, so »Kleidungsstücke oder Schuhwerk«; weitere Beispiele sind »Gegenstände aus Gummi, Plastik oder Leder«. Beim *fetischistischen Transvestitismus* (F65.1) wird Kleidung des anderen Geschlechts »hauptsächlich zur Erreichung sexueller Erregung« getragen; im Gegensatz zum transsexuellen Transvestitismus hat dies deutlich erregende Funktion,

---

6 Der Terminus Paraphilien, von griechisch: para = neben und philein = lieben, also Abweichungen hinsichtlich Art und Objekt sexueller Praxis, wird vielfach der umständlichen Bezeichnung »Störungen der Sexualpräferenz« vorgezogen. DSM-5 unterscheidet konsequent zwischen Paraphilien als Abweichung der Sexualpräferenz und paraphilen Störungen, wo diese Neigungen auch tatsächlich praktiziert werden. ICD-11 kennt ein eigenes Kapitel »Paraphile Störungen« und beschränkt diese auf das tatsächliche Ausüben der sexuellen Praktiken. Paraphile Präferenzen allein werden nicht als psychische Störung aufgefasst.

8.4 Störungen der Sexualpräferenz (Paraphilien)

sie wird nach eingetretenem Orgasmus und Nachlassen der Erregung wieder abgelegt. Beim *Exhibitionismus* (F65.2) besteht »die wiederholte oder ständige Neigung, das Genitale vor meist gegengeschlechtlichen Fremden in der Öffentlichkeit zu entblößen, ohne zu einem näheren Kontakt aufzufordern oder diesen zu wünschen«; meist wird das Zeigen von »sexueller Erregung« begleitet, und kommt es zur Masturbation. Die meisten Exhibitionisten empfinden »ihren inneren Drang als schwer kontrollierbar und persönlichkeitsfremd«; ist »das Opfer erschrocken, ängstlich oder beeindruckt«, erhöht dies oft die Erregung. Beim *Voyeurismus* (F65.3) findet sich der »Drang, anderen Menschen bei sexuellen Aktivitäten« oder bei intimen Tätigkeiten« (wie Entkleiden) zuzusehen. Dies »passiert in der Regel heimlich und führt zu sexueller Erregung und Masturbation«. Unter *Pädophilie* (F65.4) versteht man »sexuelle Präferenz für Kinder, die sich zumeist in der Vorpubertät oder im frühen Stadium der Pubertät befinden, aber auch jünger sein können«. Manche Pädophile, wird ergänzt, haben nur an Mädchen, andere nur an Knaben Interesse, wieder andere sind sowohl an Mädchen als auch an Knaben interessiert. Beim *Sadomasochismus* (F65.5) werden »sexuelle Aktivitäten mit Zufügung von Schmerzen, Erniedrigung oder Fesseln« bevorzugt. Wenn die betreffende Person »diese Art der Stimulation gerne« erleidet, handelt es sich um *Masochismus*, fügt sie sie jemand anderem zu, um *Sadismus;* oft empfindet die betreffende Person »sowohl bei masochistischen als auch sadistischen Aktivitäten sexuelle Erregung« (nach ICD-10, S. 298 ff.).

Für Stellung dieser Diagnosen muss ein wiederholtes Auftreten der abweichenden sexuellen Handlungen oder eine gewisse Intensität gegeben sein: Einmaliger entsprechender Kontakt würde beispielsweise nicht zur Diagnose Pädophilie führen, insbesondere dann nicht, wenn der »Handelnde selbst noch ein Jugendlicher« ist; Fetischismus bzw. Sadomasochismus sollen nur diagnostiziert werden, wenn der Fetisch oder die sadomasochistischen Betätigungen die »wichtigste Quelle sexueller Erregung« darstellen oder »für die sexuelle Befriedigung unerlässlich« sind. Eine ähnliche Auffassung hatte vor mehr als einem Jahrhundert Freud (1905d, S. 60 f.) vertreten: »In der Mehrzahl der Fälle können wir den Charakter des Krankhaften bei der Perversion nicht im Inhalt des neuen Sexualzieles, sondern in dessen Verhältnis zum normalen finden«, schreibt er in den »Drei Abhandlungen zur Sexualtheorie« und erläutert: »Wenn die

Perversion nicht *neben* dem Normalen (Sexualziel und Sexualobjekt) auftritt [...], sondern wenn sie das Normale unter allen Umständen verdrängt und ersetzt hat; in der *Ausschließlichkeit* und in der *Fixierung* also der Perversion sehen wir zu allermeist die Berechtigung, sie als ein krankhaftes Symptom zu beurteilen.«

Homosexualität wird in ICD-10 nicht als psychische Störung aufgeführt; Gleiches gilt für die neueren Ausgaben des DSM.

Über die Häufigkeit von Störungen der sexuellen Präferenz lassen sich keine sicheren Angaben machen. Übereinstimmung besteht darin, dass Paraphilien wie Exhibitionismus, Voyeurismus, Fetischismus fast ausschließlich bei Männern vorkommen, zumeist heterosexuellen, Pädophilie sowohl bei hetero- wie homosexuellen Männern, selten bei Frauen. Lediglich unter Masochisten gibt es einen gewissen Anteil von weiblichen Betroffenen, der jedoch ebenfalls weit unter dem der Männer bleibt.

Überzeugende *biologische Erklärungsansätze* zu den Paraphilien existieren nicht; insbesondere ist es nicht gelungen, an betroffenen Personen zentralnervöse Besonderheiten nachzuweisen (s. dazu die einzelnen Kapitel in Fisher & Marhawa, 2023). Die wesentlichen diskutierten Entstehungsmodelle sind daher *psychologischer* Art. Das erste und am genauesten ausgearbeitete, zudem nach wie vor auch das eigenständigste, wurde von Freud in den »Drei Abhandlungen zur Sexualtheorie« (1905d) sowie in der Fallgeschichte Dora (»Bruchstück einer Hysterie-Analyse«; 1905e) entwickelt und später, etwa in den *Vorlesungen zur Einführung in die Psychoanalyse* (1916–17a), präzisiert. Danach sind »Perversionen« – ein Begriff, den Freud ohne moralische Wertung verwendet – dadurch gekennzeichnet, dass Partialtriebe sich verselbständigt haben, deren Befriedigung bei Erwachsenen im Normalfall nur der weiteren Vorbereitung des Geschlechtsaktes dient. Da diese Partialtriebe in der üblichen kindlichen Entwicklung deutlich zutage treten, später aber sich dem »Primat der Genitalien« unterordnen, ergeben sich Perversionen als *Entwicklungshemmungen*. So heißt es prägnant: Der psychoanalytischen Auffassung erklärten sich auch die »absonderlichsten und abstoßendsten Perversionen als Äußerungen von sexuellen Partialtrieben, die sich dem Genitalprimat entzogen haben und wie in den Urzeiten der Libidoentwicklung selbständig dem Lusterwerb« nachgingen (Freud, 1925d, S. 63). Bedingungen für solche *Fixierungen* sind einerseits konstitutionelle Gegebenheiten, beispielsweise besondere Aus-

8.4 Störungen der Sexualpräferenz (Paraphilien)

prägung erogener Zonen, anderseits Erlebnisse der Kinderjahre (wobei Freud nach wie vor dem Missbrauch durch Erwachsene ätiologische Bedeutung zuweist); hinzu kommt in oder nach der Pubertät eine Frustration in der normalen Sexualentwicklung, welche die Regression, die manifeste Rückkehr zu den nie vollständig aufgegebenen (fixierten) Sexualtrieben begünstigt. Anders als bei Neurosen, wo die regressiven Wünsche verdrängt werden, kommen diese bei der Perversion in bewussten Phantasien oder Handlungen zum Ausdruck.

Lerntheoretische Erklärungen insbesondere von Fetischismus und Sadomasochismus, gehen von einem mehr oder weniger zufälligen Zusammentreffen entsprechender Stimuli (Objekte, Schmerzreize) mit sexueller Erregung aus, nehmen also für die Entstehung eine klassische Konditionierung an. Ob sich solches verlässlich in der Lerngeschichte nachweisen lässt, ist fraglich; auch wäre zu klären, warum die gelernte sexuelle Reaktion die unkonditionierte so sehr an Intensität übertrifft, dass der neutrale Stimulus schließlich dem unkonditionierten vorgezogen wird. Auch Modelllernen, bezüglich Sadismus etwa durch die einschlägige pornographische Literatur, wird diskutiert.

Somatische Therapien bei gestörter Sexualpräferenz zielen in der Regel nicht darauf ab, spezifisch die sexuelle Praktik zu ändern oder eine Abkehr von den bevorzugten Sexualobjekten zu weniger problematischen zu bewirken, sondern versuchen generell eine Dämpfung des Sexualtriebes, insbesondere im Fall von Delinquenz oder starkem subjektiven Leiden. Hier werden bevorzugt Antiandrogene eingesetzt, etwa Cyproteronacetat (Androcur®), welches die Testosteronwirkung herabsetzt (»chemische Kastration«), mittlerweile zunehmend GnRH-Analoga (weitgehend synonym: LHRH-Analoge). Dass Stoffe zum Einsatz kommen, die in der Wirkung jenem Hypothalamushormon gleichen, welches die Hypophyse zur Ausschüttung der die Keimdrüsen stimulierenden Gonadotropine veranlasst, ist zunächst schwer einzusehen. Allerdings werden durch Dauergabe die GnRH-Rezeptoren in der Hypophyse so stark herabreguliert, dass letztlich eine verminderte Testosteronausschüttung resultiert. Bei Heranwachsenden ist man mit diesen Substanzen besonders zurückhaltend (Thibaut et al., 2016); mit den libidodämpfenden (und möglicherweise die Impulskontrolle verbessernden) SSRI stehen weniger stark in den Hormonhaushalt eingreifende Medikamente zur Verfügung. Zunehmend seltener werden psychochirurgische Eingriffe vorgenommen, speziell Zerstörung von Hypothalamusregionen, denen man stimulierende Wirkung auf das männliche Sexualverhalten zuschreibt.

Die *psychoanalytische Therapie* von Störungen der Sexualpräferenz dürfte wenig praktiziert werden und wenn, so sind die Ergebnisse nicht ausreichend dokumentiert; zudem liegen Paraphilien nach dem Freud'schen Genesemodell bewusste Wünsche zugrunde, sodass Verfahren zur Aufhebung der Verdrängung wenig Sinn machen würden. Die Behandlung sexueller Abweichungen geschieht mittlerweile im Allg. mittels *kognitivverhaltenstherapeutischer Methoden*, häufig kombiniert mit einsichtsorientierten Verfahren oder Familientherapie. Sie gelten beispielsweise bei pädophiler Störung als Methode der Wahl; die Ergebnisse sind allerdings wenig überzeugend (Grønnerød, Grønnerød & Grøndal, 2015). Die früher nicht selten praktizierte *Aversionstherapie* ist mittlerweile wohl völlig obsolet geworden.

9 Intelligenzminderung, Entwicklungsstörungen und psychische Störungen mit Beginn in Kindheit und Jugend

9.1 Vorbemerkungen

In den letzten drei Abschnitten von Kapitel V in ICD-10 sind Störungen aufgelistet, die entweder bereits in der Kindheit einsetzen oder sich vornehmlich auf das Kindes-und Jugendalter beschränken. Es handelt sich dabei zum einen um die verschiedenen Schweregrade von Intelligenzminderung (F7), zum anderen um die im Abschnitt Entwicklungsstörungen (F8) angeführten psychischen Störungen, die sich im Gegensatz zur Intelligenzminderung auf einzelne »umschriebene« Leistungsbereiche beschränken; dazu gehören Störungen in der Entwicklung des Sprechens (Artikulationsstörungen) und der Sprache (Ausdrucks- und Verständnisschwierigkeiten), Lese-, Rechtschreib- und Rechenstörungen sowie Entwicklungsstörungen der motorischen Funktionen. In diesen Abschnitt wurde auch der frühkindliche Autismus aufgenommen, der u. a. zusammen mit dem Asperger-Syndrom unter »tiefgreifende Entwicklungsstörungen« (F84) subsumiert wird, eine wenig klar konzipierte Subgruppe, deren Zuordnung zu den genannten »umschriebenen« Entwicklungsstörungen nicht sofort einsichtig ist. Abschnitt F9 schließlich ist überschrieben »Verhaltens- und emotionale Störungen mit Beginn in der Kindheit und Jugend« und umfasst Störungen, die sich weniger auf Leistung und Intelligenz als auf Verhalten und Empfinden beziehen. Dazu gehören u. a. die hyperkinetischen Störungen, Störungen des Sozialverhaltens und emotionale Störungen im Kindesalter (Phobien, soziale Ängstlichkeit), Tics und einige weitere wie Enuresis (Einnässen), Enkopresis (Einkoten) oder Stottern. Die Gründe für die Zusammenfassung dieser recht heterogenen Symptombilder sind in ICD-10 nicht befriedigend dargelegt. Von den zahlreichen angeführten Störungen werden im Folgenden (für einen Überblick ▶ Tab. 9.1) nur jene herausgegriffen, die eine gewisse zahlenmäßige Bedeutsamkeit haben und zu denen verwertbare Forschungsergebnisse vorliegen.

Tab. 9.1: Überblick über die Abschnitte F7, F8 und F9 in ICD-10 (nach Köhler, 2019)

Code-Nr.	Bezeichnung u. Kurzcharakterisierung	Unterformen
F7	**Intelligenzminderung:** • Unvollständigkeit der generellen geistigen Entwicklung	• F70: leichte Intelligenzminderung • F71: mittelgradige Intelligenzminderung • F72: schwere Intelligenzminderung • F73: schwerste Intelligenzminderung
F8	**Entwicklungsstörungen:** • Beginn in Kindheit • Einschränkung oder Verzögerung der Entwicklung spezieller Funktionen • stetiger Verlauf (keine Remissionen und Rezidive)	• F80: umschriebene Entwicklungsstörungen d. Sprechens u. der Sprache (z. B. Artikulationsstörung) • F81: umschriebene Entwicklungsstörungen schulischer Fertigkeiten (z. B. Lese- u. Schreibstörung) • F82: umschriebene Entwicklungsstörung der motorischen Funktionen (Störungen der Grob- oder Feinmotorik) • F83: kombinierte umschriebene Entwicklungsstörungen • F84: tiefgreifende Entwicklungsstörungen (z. B. frühkindlicher Autismus = Kanner-Syndrom; Asperger-Syndrom)
F9	**Verhaltens- und emotionale Störungen mit Beginn in der Kindheit und Jugend:** • diverse Störungen des Verhaltens (ohne notwendige Einschränkung ko-	• F90: hyperkinetische Störungen (z. B. ADHS) • F91: Störungen des Sozialverhaltens • F92: kombinierte Störungen des Sozialverhaltens u. der Emotionen (z. B. Störung des Sozialverhaltens mit depressiver Störung) • F93: emotionale Störungen des Kindesalters (z. B. isolierte kindliche Phobien)

Tab. 9.1: Überblick über die Abschnitte F7, F8 und F9 in ICD-10 (nach Köhler, 2019) – Fortsetzung

Code-Nr.	Bezeichnung u. Kurzcharakterisierung	Unterformen
	gnitiver Funktionen)	• F94: Störungen sozialer Funktionen mit Beginn in Kindheit und Jugend (z. B. elektiver Mutismus = situationsgebundenes Nichtsprechen) • F95: Ticstörungen (z. B. motorische Tics, etwa Blinzeln) • F98: sonstige Verhaltens- oder emotionale Störungen mit Beginn in Kindheit u. Jugend (z. B. Enuresis = Einnässen)

Intelligenzminderung taucht in ICD-11 unter Kapitel 1 (»Neuronale Entwicklungsstörungen«) auf, ebenso ADHS und Autismus-Spektrum-Störung.

9.2 Intelligenzminderung

Intelligenzminderung (F7) wird eingeführt als eine »sich in der Entwicklung manifestierende, stehen gebliebene oder unvollständige Entwicklung der geistigen Fähigkeiten, mit besonderer Beeinträchtigung von Fertigkeiten, die zum Intelligenzniveau beitragen, wie z. B. Kognition, Sprache, motorische und soziale Fähigkeiten«. Es findet sich eine Beeinträchtigung des Anpassungsverhaltens, welches aber bei leichter Intelligenzminderung »in geschützter Umgebung mit Unterstützungsmöglichkeiten« nicht notwendig auffällt.

Die Diagnose einer Intelligenzminderung soll aufgrund des klinischen Eindrucks, des Anpassungsverhaltens (gemessen am »kulturellen Hintergrund des Individuums«) und der psychometrischen Leistungsfähigkeit gestellt werden, wobei die Problematik einer einheitlichen Intelligenzdefinition und einer validen Messung, insbesondere bei zusätzlichen Behinderungen, genau reflektiert wird; insofern wird auch geraten, die zur Abgrenzung der Schweregrade angegebenen IQ-Werte nicht zu starr anzuwenden. Auf Anwendung standardisierter Verfahren basiert gleichwohl wesentlich die Diagnose; letztere müsse ohne diese »vorläufig« bleiben (nach ICD-10, S. 308 ff.).

Bei der *leichten Intelligenzminderung* (F70) wird Sprache zwar verzögert erworben, jedoch in solchem Umfang, dass sie für tägliche Anforderungen und normale Konversation ausreicht; auch sind die Betroffenen meist in der Lage, sich selbst zu versorgen (etwa ohne Hilfe zu essen, sich anzuziehen) und können häusliche und praktische Tätigkeiten durchführen. Im schulischen Bereich ergeben sich Schwierigkeiten, besonders hinsichtlich Lesen und Schreiben, die meisten können später jedoch für einfache, praktische Arbeiten angelernt werden. In standardisierten Intelligenztests werden Scores für den Intelligenzquotienten (IQ-Werte) im Bereich zwischen 50 bis 69 als Hinweis auf leichte Intelligenzminderung angesehen. Früher und zuweilen noch heute benutzte Bezeichnungen sind Debilität oder leichte Oligophrenie[1]. *Mittelgradige Intelligenzminderung* (F71) ist durch IQ-Werte zwischen 35 und 49 gekennzeichnet; Sprachverständnis und Sprachgebrauch werden verzögert und nur in begrenztem Maße erworben; bei vielen ist Selbstversorgung nicht möglich, einige Betroffene »benötigen lebenslange Beaufsichtigung«. Einfache praktische Tätigkeiten unter Aufsicht können im Erwachsenenalter meist verrichtet werden; Fähigkeit zu Kontakten und einfachen sozialen Aktivitäten besteht. Bei einem gewissen Anteil finden sich Epilepsie sowie »neurologische und körperliche Behinderungen«, nicht selten werden frühkindlicher Autismus oder andere tiefgreifende Entwicklungsstörungen beobachtet. Bei der schweren Intelligenzminderung (F72) liegt der Intelligenzquotient im Bereich von 20 bis 34, das Leistungsniveau entsprechend niedriger als bei mittelgradiger Intelligenzminderung; motorische Schwächen und andere

---

[1] Oligophrenie (von griechisch: oligos = wenig und phren = Verstand) ist die zuweilen in psychiatrischen Lehrbüchern zu findende Bezeichnung, daneben der Terminus Schwachsinn; für leichte Formen war zudem die Bezeichnung Debilität, für mittlere Imbezillität, für schwerste Formen Idiotie in Gebrauch. Zunehmend setzen sich die Bezeichnungen Intelligenzminderung, intellektuelle Beeinträchtigung oder geistige Behinderung durch.

Ausfälle sind häufiger und schwerer. Bei Personen mit *schwerster Intelligenzminderung* (F73) wird ein Intelligenzquotient von weniger als 20 angenommen, was eher auf Schätzungen beruht, da die Betroffenen »so gut wie unfähig sind, Aufforderungen oder Anweisungen zu verstehen oder sich danach zu richten«. Die meisten sind »immobil oder sehr in ihrer Bewegungsfähigkeit eingeschränkt, inkontinent und zumeist nur zu sehr rudimentären Formen nonverbaler Kommunikation fähig«; sie benötigen »ständige Hilfe und Überwachung«. Schwere körperliche Defizite mit Beeinträchtigungen der Motorik und von Seh- und Sinnesfunktionen sind häufig.

Die Häufigkeit von Intelligenzminderung, also der Anteil von Personen mit einem IQ von weniger als 70 beträgt – mehr oder weniger definitionsgemäß, da man die Grenze in mehr als zwei Standardabweichungen unterhalb von 100 angesetzt – circa 2,5 %. Der Großteil davon (etwa 85 %) ist nur leicht behindert, weist also Intelligenzquotienten von 50 oder mehr auf; Angehörige der unteren Einkommensschichten sind deutlich überrepräsentiert, die familiäre Häufung ist sehr ausgeprägt. Adoptionsstudien zeigen, dass die Intelligenz der leiblichen Eltern zweifellos Einfluss auf das intellektuelle Niveau Heranwachsender hat, andererseits gibt es deutliche Belege für die Bedeutsamkeit einer anregenden Umwelt. Die selteneren mittelgradigen und schweren geistigen Behinderungen sind hingegen weitgehend gleich über die Schichten verteilt, Knaben etwa doppelt so häufig wie Mädchen betroffen.

Bei etwa 25 % der Fälle findet man bekannte *organische Ursachen,* wobei dieser Anteil bei den mittleren und schweren Formen deutlich höher liegt. Dazu gehören Erbkrankheiten, Chromosomenstörungen, weiterhin intrauterine oder im Vorlauf des Geburtsvorganges eingetretene Schädigungen, nach der Geburt v. a. Infektionskrankheiten und nicht zuletzt Unfälle.

Der Unterschied zwischen Erbkrankheiten und Chromosomenstörungen (Chromosomenaberrationen) liegt darin, dass im ersten Fall bereits das Erbgut eines oder beider Elternteile pathologisch verändert ist, im zweiten bei der Bildung der Keimzellen Chromosomen überzählig entstehen, verloren gehen oder partiell zerstört werden. Zu den Chromosomenstörungen, die Intelligenzminderung zugrunde liegen können, gehören neben dem Down-Syndrom das Cri-du-chat-Syndrom, wo ein Stück von Chromosom 5 fehlt. Eine weitere Aberration ist fragiles X, bei dem ein X-Chromosom leicht auseinanderbricht, eine häufige Ursache von Intelligenzminderung.

Die diesbezüglich bekannteste Erbkrankheit ist die (letztlich seltene) *Phenylketonurie*, eine rezessiv vererbte Stoffwechselstörung, bei der durch Fehlen eines Enzyms die Aminosäure Phenylalanin nicht in Tyrosin verwandelt werden kann. Die erhöhte Konzentration von Phenylalaninabbauprodukten beeinträchtigt die Myelinscheidenbildung und führt damit zu irreparablen Schäden im Zentralnervensystem; die Abbauprodukte verleihen dem Urin einen charakteristischen Geruch. Mittels eines routinemäßig durchgeführten Tests lässt sich die Krankheit sehr früh feststellen und durch konsequente phenylalaninarme Ernährung Schaden weitgehend verhindern. Häufigste chromosomale Ursache von Intelligenzminderung ist das dreifache Vorhandensein des 21. Chromosoms (Trisomie 21); bei diesem *Down-Syndrom* finden sich neben meist leichter bis mittlerer Intelligenzminderung typische körperliche Erscheinungen wie Kleinwuchs, Mongolenfalte (Epikanthus), eine kurze und breite Hand mit charakteristischen Furchen, große Zunge; die Lebenserwartung ist reduziert (auch aufgrund von Organmissbildungen), jedoch im Laufe der letzten Jahrzehnte merklich gestiegen. Die Wahrscheinlichkeit für Trisomie 21 steigt deutlich mit dem Alter der Mutter.

Zu *intrauterinen Schädigungen* mit der Folge von geistiger Behinderung führen Infektionen (z. B. Rötelnembryopathie) und Alkoholmissbrauch der Schwangeren (fetales Alkoholsyndrom oder Alkoholembryopathie ▶ Kap. 3.2.5), zudem serologische Unverträglichkeiten im AB0- oder im Rhesussystem. Hinzu kommen *Schädigungen durch Geburtskomplikationen*. Spätere exogene Faktoren für Intelligenzminderung sind frühkindliche Infektionen, speziell Formen von Hirnhautentzündung (Meningitis), nicht selten Unfälle oder Misshandlung. Die solcherart nicht erklärbaren Formen von Intelligenzminderung werden *genuin* genannt und betreffen vorzugsweise leichtere Schweregrade; man nimmt einen multifaktoriellen Erbgang an, betont zudem die schädigende Wirkung wenig anregender Umwelt oder belastender Milieubedingungen.

Dass intellektuelle Einschränkungen bei Phenylketonurie durch diätetische Maßnahmen weitgehend zu verhindern sind, wurde bereits erwähnt. Untersuchungen von Schwangeren testen nicht nur serologische Unverträglichkeiten, sondern richten das Augenmerk auch auf eventuelle Infektionen. In diesem Rahmen sei auf die Rötelnimpfung von Frauen mit Kinderwunsch und fehlenden Antikörpern hingewiesen. Weiter besteht sinnvolle Prävention in öffentlicher Aufklärung über die Folgen von Alkoholkonsum in der Schwangerschaft sowie anderer psychotroper Substanzen wie Cannabis und Kokain. Durch Fruchtwasseruntersuchung können neben erblichen Stoffwechselstörungen Chromosomenaberrationen bereits im frühen Fetalstadium erkannt werden.

Die medikamentöse Behandlung geistiger Behinderung ist wenig chancenreich, oft jedoch wirksam für die begleitenden Verhaltensstörungen (beispielsweise die häufige Aggressivität). Für Möglichkeiten und Erfolgsaussichten von Förderungsmaßnahmen muss auf Lehrbücher der Pädagogik verwiesen werden.

9.3 Frühkindlicher Autismus

In Abschnitt 8 von ICD-10 findet sich die Rubrik »tiefgreifende Entwicklungsstörungen«, welche einerseits durch Beeinträchtigung von sozialer Interaktion und Kommunikation charakterisiert sind, andererseits durch ein »eingeschränktes, stereotypes, sich wiederholendes Repertoire von Interessen und Aktivitäten« auffallen. Meist besteht eine »gewisse allgemeine kognitive Beeinträchtigung«, die Störungen sind »jedoch durch das Verhalten definiert, das nicht dem Intelligenzalter des Individuums« entspricht; in den meisten Fällen bestehe »von frühester Kindheit« an eine »auffällige Entwicklung«, die Störungen seien fast ausnahmslos »seit den ersten 5 Lebensjahren« manifest.

Zunächst wird der *frühkindliche Autismus* (F84.0) genannt, eine sich vor dem dritten Lebensjahr manifestierende »abnorme oder beeinträchtigte Entwicklung«. Sie ist durch eine »gestörte Funktionsfähigkeit« in drei Bereichen charakterisiert, nämlich der »sozialen Interaktion, der Kommunikation und in eingeschränktem repetitivem Verhalten«. Die Beeinträchtigungen der sozialen Interaktionen zeigen sich »in Form einer unangemessenen Einschätzung sozialer und emotionaler Signale wie z. B. im Fehlen von Reaktionen auf Emotionen anderer Menschen«; als Zeichen gestörter Kommunikation werden u. a. angeführt: »Fehlen eines sozialen Gebrauchs vorhandener sprachlicher Fähigkeiten«, »Fehlen von Gegenseitigkeit im Gesprächsaustausch«, »geringe Flexibilität im Sprachausdruck und ein relativer Mangel an Kreativität und Fantasie im Denkprozess«, zudem mangelnde »emotionale Resonanz auf verbale und nonverbale Annäherungen anderer Menschen«, beeinträchtigter Gebrauch von Sprachmelodie und begleitender Gestik als Hilfsmittel der Kommunikation. Weiter genannt werden »eingeschränkte, sich wiederholende und stereotype Verhaltensmuster, Interessen und Aktivitäten«, was sich in der Tendenz zeige, »große Teile alltäglicher Aufgaben starr und routiniert« auszuführen; die Kinder bestünden nicht selten darauf, »bestimmte Handlungsroutinen in bedeutungslosen Ritualen« auszuführen, »stereotype Beschäftigungen mit Daten, Fahrtrouten oder Fahrplänen« könnten vorkommen, motorische Stereotypien seien häufig; betont wird zudem der »Widerstand gegenüber Veränderungen« von Handlungsabläufen und Merkmalen der Umgebung (etwa der Wohnungseinrichtung). Es werden weitere, weniger spezifische Charakteristika aufgeführt, so die Neigung zu Selbstverletzung; Autismus könne bei jedem Intelligenzniveau vorkommen, in etwa drei Viertel der Fälle bestehe jedoch »deutliche Intelligenzminderung« (nach ICD-10, S. 343 ff.).

> Versucht man, die trockene Beschreibung zu illustrieren, so fällt bei Begegnung mit autistischen Kindern zunächst die mangelnde Emotionalität und Kontaktfreudigkeit auf, das Ignorieren der anderen (Hindurchsehen), die mangelnde Reaktion auf Ansprechen, das Vermeiden von körperlicher Berührung durch Verrenkungen des Körpers; häufig zeigen die Kinder stattdessen große Affinität zu leblosen Objekten, etwa Maschinen; sprachliche Äußerungen, sofern überhaupt vorgebracht, dienen nicht der Mitteilung. Im Verhalten fallen stereotype, endlos wiederholte Bewegungen auf; berichtet wird übereinstimmend von dem Beharren auf Bestehendem, etwa gleichen Grußformeln, gleichen Wegen, gleicher räumlicher Anordnung der Möbel; kleinste Veränderungen werden mit Zeichen von Wut oder Verzweiflung beantwortet. Insofern sind die Kinder durchaus nicht apathisch reaktionslos, wie bei Intelligenzminderung häufig; auch wird betont, dass sie vielfach keineswegs den Eindruck geistig Behinderter machten, oft sogar auffällig hübsch seien; insbesondere ist die motorische Entwicklung häufig unauffällig. Gleichwohl zeigen viele diverse Beeinträchtigun-

gen: Etwa ein Viertel leidet an Epilepsie; Erkrankungen des Immunsystems sowie Störungen im Magen-Darm-Trakt sind häufig.

Im Gegensatz zu früheren Ansichten besteht bei autistischen Kindern sehr häufig eine Intelligenzminderung, die sich vorwiegend in Aufgaben bemerkbar macht, welche sprachliche Fähigkeiten erfordern, weniger in solchen, bei denen visuell-räumliches Denken gefordert ist. Die oft zitierten Fälle spezieller Hochbegabung, etwa in puncto Rechenfähigkeiten (»idiots savants«), sind – zumindest beim Kanner-Syndrom – letztlich Seltenheiten; üblich ist unterdurchschnittliches Abschneiden in allen Teilen von Intelligenztests.

Typischerweise beginnt die Störung sehr früh, äußert sich schon in den ersten Lebensmonaten durch fehlenden emotionalen Kontakt. Die Prognose ist im Allg. schlecht: Etwa die Hälfte lernt überhaupt nicht zu sprechen; nur 5–20 % können später ein leidlich angepasstes Leben führen, der Großteil ist auf Hilfe angewiesen oder dauerhaft in Institutionen untergebracht.

Die Prävalenz der Autismus-Spektrum-Störung (s. u.) ist deutlich höher als früher referiert, was wahrscheinlich an der Aufweichung der diagnostischen Kriterien liegt; sie wird in DSM-5 mit etwa 1 % angegeben, wobei rund 80 % davon Knaben sind. Mittlerweile werden sogar noch höhere Prävalenzen berichtet, nämlich 2,3 % bei Kindern, 2,2 % bei Erwachsenen (Hirota & King, 2023). Entgegen zuweilen vorgebrachten Behauptungen sind Kinder aus den oberen Einkommensklassen nicht häufiger betroffen, vielmehr dürften keine Schichtunterschiede bestehen. Familiäre Häufung ist definitiv gegeben; der Einfluss genetischer Faktoren wird auf zwischen 40 % und 80 % geschätzt.

Die nosologische Einordnung des 1943 von Leo Kanner zuerst beschriebenen Syndroms[2] (daher auch die Bezeichnungen *Kanner'sches Au-*

---

[2] In DSM-5 spricht man von der Autismus-Spektrum-Störung; die Begriffe Kanner'sches Autismus-Syndrom und Asperger-Syndrom tauchen dort – wie auch in ICD-11 – nicht mehr auf. Das Asperger-Syndrom mit der Codenummer F84.5 wird in ICD-10 (S. 351) ähnlich wie der (frühkindliche) Autismus beschrieben, unterscheide sich aber von ihm »durch das Fehlen einer allgemeinen Entwicklungsverzögerung bzw. keines Entwicklungsrückstandes der Sprache oder der kognitiven Entwicklung.«

tismus-Syndrom oder *Kanner-Syndrom*) ist unklar. Zunächst wurde es als eine kindliche Form der Schizophrenie aufgefasst, wovon man abgekommen ist. In DSM-5 (ebenso in ICD-11) wird es unter Autismus-Spektrum-Störung (in der größeren Rubrik »Störungen der neuronalen und mentalen Entwicklung« bzw. »neuronale Entwicklungsstörungen«) eingeordnet; in ICD-10 ist es als »Entwicklungsstörung« unter F8 zu kodieren. Die Ätiologie ist weitgehend ungeklärt; man geht davon aus, dass es sich um eine Vielzahl von Störungsbildern mit sehr unterschiedlichen biologischen Korrelaten und Ursachen handelt. Die häufige Vergesellschaftung mit neurologischen Symptomen wie Epilepsie und bestimmte neuroradiologische Befunde legen zumindest für einen Teil der Fälle die Annahme einer hirnorganischen Störung nahe, deren Ursache wiederum zu klären bleibt; die Rolle genetischer Faktoren ist unbestritten (etwa eines rezessiv vererbten »fragilen X-Chromosoms«); zudem werden intrauterine Schädigungen diskutiert (etwa Rötelnembryopathie; Medikamenteneinnahme der Schwangeren). Auch Störungen im serotonergen System stehen zur Debatte (Garbarino, Gilman, Daws & Gould, 2019).

Biologische Erklärungsansätze haben in den letzten Jahren die lange favorisierten und in Laienkreisen verbreiteten *psychologischen* Entstehungsmodelle zurückgedrängt; ausgehend von den ersten Beschreibungen, die Kanner von den Eltern autistischer Kinder gegeben hatte, nämlich als kalt, überintellektuell und abweisend, wurde diesen (beziehungsweise etwas verbrämter: deren Interaktion mit den Kindern) die Schuld an der Entstehung der Störung angelastet: Die Kinder zögen sich aufgrund dieser Abweisung in ihre eigene Welt zurück, eine Ansicht, die etwa Bruno Bettelheim publikumswirksam zu vertreten wusste. Systematischere Untersuchungen der Eltern autistischer Kinder im Vergleich zu Eltern von Kindern mit anderen Behinderungen konnten Kanners Eindruck nicht bestätigen; auch spricht das sehr frühe Auftreten der Störung sowie die immer deutlicher erkannten somatischen Symptome gegen eine gewichtige Rolle psychologischer Umweltfaktoren.

Zur Therapie werden häufig atypische Antipsychotika eingesetzt; in den USA sind dafür explizit Risperidon und Aripiprazol zugelassen. Sie kommen in Deutschland ebenfalls zum Einsatz – Zulassung für diese Indikation liegt lediglich für Risperidon vor – und wirken in begrenztem Maße auf das aggressive und selbstverletzende Verhalten; die länger im

Raum schwebende Hoffnung, durch intranasale Gabe von Oxytocin das Sozialverhalten zu verbessern, hat sich durch eine große Therapievergleichsstudie von Sikich et al. (2021) als wenig tragfähig erwiesen. Gängig sind *operante Verfahren*, welche Ausformung erwünschten Verhaltens mit systematischer Belohnung versuchen; Schwierigkeit ist, einerseits überhaupt Interesse bei den Kindern zu finden, andererseits auch, geeignete Verstärker zu entwickeln, da solche sozialer Natur wie emotionale Zuwendung hier zumindest anfangs wenig Wirkung zeigen. Immerhin weisen kontrollierte Studien mit diesen Verfahren Verbesserung intellektueller Fähigkeiten und Zunahme sozialer Kontakte nach (s. Davison et al., 2007, S. 589).

Merke

Autismus ist einerseits ein Symptom (Rückzug aus sozialen Aktivitäten), wie es beispielsweise bei Schizophrenie auftritt, andererseits ein Störungsbild (Syndrom), nämlich der frühkindliche Autismus, der durch weitere Auffälligkeiten neben sozialer Selbstisolierung gekennzeichnet ist. Die Autismus-Spektrum-Störung ist auf verschiedene Ursachen zurückzuführen.

9.4 Hyperkinetische Störungen und Störungen des Sozialverhaltens

In ICD-10 werden als erste Untergruppe von Abschnitt 9 die *hyperkinetischen Störungen* genannt (F90), als zweite die *Störungen des Sozialverhaltens* (F91); da beide häufig gemeinsam auftreten, seien sie zusammen besprochen, wobei der Schwerpunkt auf den hyperkinetischen Störungen liegt. Letzteres entspricht weitgehend dem als ADHS (Aufmerksamkeitsdefizit-Hyperaktivitäts-Störung) bezeichneten Symptombild.

Von der ADHS wird – nicht immer konsequent – die ADS getrennt, bei der allein Defizite in der Aufmerksamkeit die Symptomatik bestimmen. Ob beide Störungen dieselbe Grundlage haben, ist nicht geklärt.

Hyperkinetische Störungen (die in ICD-11 als isoliertes Störungsbild nicht mehr auftauchen, sondern nur als ADHS) sind charakterisiert durch »frühen Beginn, die Kombination von überaktivem, wenig moduliertem Verhalten mit deutlicher Unaufmerksamkeit und Mangel an Ausdauer bei Aufgabenstellungen«; als »Kardinalsymptome« werden »beeinträchtigte Aufmerksamkeit« und »Überaktivität« genannt. Erstere zeige sich darin, dass »Aufgaben vorzeitig abgebrochen und Tätigkeiten nicht beendet« würden; die Kinder wechselten »häufig von einer Aktivität zur anderen«. Überaktivität bedeute »exzessive Ruhelosigkeit, besonders in Situationen, die relative Ruhe« verlangten. Sie könne sich »im Herumlaufen oder Herumspringen äußern, im Aufstehen, wenn dazu aufgefordert wurde, sitzen zu bleiben, in ausgeprägter Redseligkeit und Lärmen oder im Wackeln und Zappeln«. Um die Diagnose zu stellen, sollte Beeinträchtigung der Aufmerksamkeit, gemessen am Alter und Intelligenzniveau, extrem ausgeprägt sein. Einige Begleitmerkmale stützen die Diagnose, werden aber nicht als notwendig erachtet: »Distanzlosigkeit in sozialen Beziehungen, Unbekümmertheit in gefährlichen Situationen und impulsive Missachtung sozialer Regeln (sie äußert sich in Einmischung in oder Unterbrechung von Aktivitäten anderer oder vorschnellem Beantworten noch nicht vollständig gestellter Fragen oder in der Schwierigkeit zu warten, bis man an der Reihe ist)«. Lernstörungen und motorische Ungeschicklichkeit sollten nicht Bestandteil der Diagnose sein, auch wenn sie häufig mit den genannten Auffälligkeiten zu finden sind; sie sind getrennt zu verschlüsseln (nach ICD-10, S. 358 ff.). Je nachdem, ob zusätzlich Störungen des Sozialverhaltens vorhanden sind, wird die *einfache Aktivitäts- und Aufmerksamkeitsstörung* (F90.0) von der *hyperkinetischen Störung des Sozialverhaltens* (F90.1) unterschieden; für letztere Diagnose müssen sowohl die Kriterien für eine hyperkinetische Störung wie die einer Störung des Sozialverhaltens erfüllt sein. Anders als es die vornehmlich auf kindliches Verhalten bezogenen Beschreibungen vermuten lassen, kann die Diagnose »hyperkinetische Störung« auch bei Erwachsenen gestellt werden und wäre mit denselben Nummern zu kodieren.

9.4 Hyperkinetische Störungen und Störungen des Sozialverhaltens

Störungen des Sozialverhaltens (F91) sind »durch ein sich wiederholendes und andauerndes Muster dissozialen, aggressiven und aufsässigen Verhaltens« charakterisiert. Das gezeigte abweichende Verhalten solle »schwerwiegender sein als gewöhnlicher kindischer Unfug oder jugendliche Aufmüpfigkeit«; einzelne »dissoziale oder kriminelle Handlungen« seien allein kein Grund für die Diagnose; für die werde ein »andauerndes Verhaltensmuster« gefordert. Als Beispiele für Verhaltensweisen, welche die Diagnose begründen, werden angegeben: »extremes Maß an Streiten oder Tyrannisieren, Grausamkeit gegenüber anderen Menschen oder gegenüber Tieren, erhebliche Destruktivität gegen Eigentum, Feuerlegen, Stehlen, häufiges Lügen, Schulschwänzen und Weglaufen von zu Hause, ungewöhnlich häufige oder schwere Wutausbrüche und Ungehorsam«. Jedes dieser Beispiele sei »bei erheblicher Ausprägung« ausreichend für die Diagnose; »isolierte dissoziale Handlungen« genügten hingegen nicht. Nur gestellt werden soll die Diagnose, wenn dieses Verhaltens schon mindestens sechs Monate angedauert hat (nach ICD-10, S. 363 f.).

Mit *minimaler cerebraler Dysfunktion (MCD)* wird zuweilen in der Literatur eine leichte hirnorganische Schädigung bezeichnet, die sich typischerweise in hyperkinetischen Symptomen und Störungen des Sozialverhaltens, zuweilen auch Teilleistungsstörungen, äußert. Der Begriff taucht weder in ICD-10 noch in DSM-5 auf und kommt zunehmend außer Gebrauch.

Männliche Personen sind übereinstimmend von diesen Störungen häufiger betroffen (etwa im Verhältnis 4: 1). Prävalenzdaten bei Erwachsenen sind mit großen Unsicherheiten behaftet; mehr als 70 % der Kinder mit Hyperaktivitätsstörung dürften Symptome noch im Erwachsenenalter aufweisen. Familiäre Häufung ist gut belegt; die Erblichkeit von ADHS wird mit etwa 80 % angegeben (Kranz & Grimm, 2023).

Als Grundlage der hyperkinetischen Störungen nimmt man *Aktivitätsdefizite* im Hirn an, insbesondere in den frontalen Arealen, was aber bis jetzt keineswegs eindeutig durch neuroradiologische Studien (etwa PET-Untersuchungen) belegt wurde. Vermutet wird, dass das hyperaktive Verhalten der Eigenstimulation dient (daher auch Therapie mit Psychostimulanzien, s. u.). Die Ursachen sind wenig erforscht; neben einem genetischen Faktor (mit der eventuellen Folge vermehrter Dopamintransporter und somit synaptischen Dopaminmangels) werden intrauterine, perinatale und frühkindliche Schädigungen diskutiert. Die zeitweise populäre Annahme verursachender *Umweltgifte* (etwa durch Lebensmittelzusätze) ist mittlerweile wieder aus der Mode gekommen. Psychologische Genesetheorien hyperkinetischer Störungen gehen wenig über alltagspsychologische Erklärungsversuche hinaus; nicht versäumt wird, darauf hinzuweisen, dass die Beachtung durch die Umwelt die Störung aufrechterhalten kann. Die Ursache antisozialen Verhaltens bei Kindern ist noch weniger geklärt. Die Vergesellschaftung mit hyperkinetischen Störungen legt eine gewisse neurophysiologische Grundlage nahe; unstrittig ist andererseits, dass negative Umwelteinflüsse (broken homes, Alkoholismus in der Familie, mangelnde positive Modelle) eine nicht geringe ätiologische Bedeutung besitzen.

Die *medikamentöse Therapie* der Aufmerksamkeitsstörungen geschieht typischerweise mit Psychostimulanzien wie Methylphenidat (z. B. Ritalin®) oder Amphetaminpräparaten (Elvanse®, Attentin®); zugelassen sind auch der selektive Noradrenalinwiederaufnahmer Atomoxetin (z. B. Strattera®) sowie der Noradrenalinrezeptoragonist Guanfacin (Inutiv®). Nachweislich vermindert sich durch diese Substanzen, die bei Personen ohne ADHS typischerweise das Aktivitätsniveau steigern (▶ Kap. 3.5), bei auffälligen Kindern das hyperkinetische Verhalten (paradoxe Reaktion); man vermutet, dass durch die induzierte zerebrale Aktivitätserhöhung die Notwendigkeit der Eigenstimulation entfällt, ein nicht unstrittiges, jedoch einleuchtendes Modell. Allerdings sollte man längere Behandlungspausen einlegen, da sich sonst Gewichtsabnahme und mangelndes Wachstum einstellen können. Früher häufig empfohlene *Diätmaßnahmen* (beispielsweise die »Feingold-Diät«) haben mittlerweile an Popularität eingebüßt; auch die Gabe ungesättigter Fettsäuren bringt wohl weniger als lange gedacht (Abdullah, Jowett, Whittaker & Patterson, 2019). Die *psychologische Therapie* hyperkinetischer Störungen basiert vornehmlich auf operanten Prinzipien (nämlich Belohnung erwünschten und Negierung beziehungsweise Bestrafung fehlangepassten Verhaltens) sowie auf kognitiven Verfahren; Erfolge zeigen sich hauptsächlich dann, wenn gleichzeitig pharmakologisch behandelt wird.

Literatur

Abdullah, M., Jowett, B., Whittacker, P.J. & Patterson, L. (2019). The effectiveness of omega-3 supplementation in reducing ADHD associated symptoms in children as measured by the Connor's rating scales: a systematic review of randomized trials. *Journal of Psychiatric Research*, 110, 64–73.

Ahmed, M., Cannon, D.M., Scanlon, C., Holleran, L., Schmidt, H., McFarland, J. et al. (2015). Progressive brain atrophy and cortical thinning in schizophrenia after commencing clozapine treatment. *Neuropsychopharmacology*, 40, 2409–2417.

Albert, P.A., Le François, B. & Vahid-Ansari, F. (2019). Genetic, epigenetic and posttranscriptional mechanisms for the treatment of major depression: the 5-HT1 A receptor gene as a paradigm. *Journal of Psychiatry and Neuroscience*, 44, 164–176.

Alves, V.L., Gonçalves, J.L., Aguiar, J., Texeira, H.M. & Càmara, J.S. (2020). The synthetic cannabinoids phenomenon: from structure to toxicological properties. A review. *Critical Reviews in Toxicology*, 50, 359–382.

Anghelescu, I.G. & Benkert, O. (2023). Anxiolytika. In: Benkert, O. & Hippius, H. (Hrsg.). *Kompendium der Psychiatrischen Pharmakotherapie.* 14. Auflage. Berlin: Springer, S. 489–537.

Badran, B.W. & Austelle, C.W. (2022). The future is noninvasive: a brief review of the evolution and clinical utility of vagus nerve stimulation. *Focus (American Psychiatric Publishing)*, 20, 3–7.

BfArM, Bundesamt für Arzneimittel und Medizinprodukte (2024). *ICD-11 in Deutsch – Entwurfsfassung.* https://www.bfarm.de/DE/Kodiersysteme/Klassifikationen/ICD/ICD-11/uebersetzung/_node.html [11. 06. 2024]

Bailer, U.F. & Kaye, W.H. (2011). Serotonin: imaging findings in eating disorders. *Current Topics in Behavioral Neurosciences*, 6, 59–79.

Balu, D.T. (2016). The NMDA receptor and schizophrenia: from pathophysiology to treatment. *Advances in Pharmacology*, 76, 351–382.

Bandelow, B. & Michaelis, S. (2015). Epidemiology of anxiety disorders in the 21st century. *Dialogues in Clinical Neurosciences*, 17, 327–335.

Bandelow, B. & Wedekind, D. (2014). Soziale Phobie. *Nervenarzt*, 85, 635–644.

Bandelow, B., Reitt, M., Röver, C., Michaelis, S., Görlich, Y. & Wedekind, D. (2015). Efficacy of treatments for anxiety disorders: a meta-analysis. *International Clinical Psychopharmacology*, 30, 183–192.

Bassetti, C.L., Adamantidis, A., Burdakow, D., Han, F., Gay, S., Kallweit, U. et al. (2019). Narcolepsy – clinical spectrum, aetiopathophysiology, diagnosis and treatment. *Nature Reviews Neurology*, 15, 519–539.

Beck, A.T. (1967). *Depression: Clinical, experimental and theoretical aspects.* New York: Harper & Row.

Beck, A.T., Rush, A.J., Shaw, B.F. & Emery, J. (2010). *Kognitive Therapie der Depression.* 4. Auflage. (M. Hautzinger, Hrsg.). Weinheim: Beltz.

Becker, E. & Margraf, J. (2016). *Generalisierte Angststörung. Ein Therapieprogramm.* 3. Auflage. Weinheim: Beltz.

Bhatt, S., Nagappa, A.N. & Patil, C.R. (2020). Role of oxidative stress in depression. *Drug Discovery Today*, 25, 1270–1276.

Biringer, R.G. (2021). The rise and fall of anandamide: processes that control synthesis, degradation, and storage. *Molecular and Cellular Biochemistry*, 476, 2753–2775.

Black, D.W. (2015). The natural history of antisocial personality disorder. *Canadian Journal of Psychiatry*, 69, 309–314.

Bohus, M. (2019). *Borderline-Störung.* 2. Auflage. Göttingen: Hogrefe.

Bohus, M., Stoffers-Winterling, J., Sharp, C., Krause-Utz, A. Schmahl, C. & Lieb, K. (2021). Borderline personality disorder. *Lancet*, 398, 1528–1540.

Boucher, F.J. & Chinnah, T.I. (2020). Gender dysphoria: a review investigating the relationship between genetic influences and brain development. *Adolescent Health, Medicine and Therapeutics*, 11, 89–99.

Brewer, C., Streel, E. & Skinner, M. (2017). Supervised disulfiram's superior effectiveness in alcoholism treatment: ethical, methodological, and psychological aspects. *Alcohol and Alcoholism*, 52, 213–219.

Bruni, O., DelRosso, L.M., Melegari, M.G. & Ferri, R. (2021). The parasomnias. *Child and Adolescent Psychiatric Clinics of North America*, 30, 131–142.

Calzo, J.P., Austin, S.B., Charlton, B.M., Missmer, S.A., Kathrins, M., Gaskins, A.J. et al. (2021). Erectile dysfunction in a sample of sexually active young men from an U.S. cohort: demographic, metabolic and mental health correlates. *Journal of Urology*, 205, 539–544.

Cespuglio, R. (2018). Serotonin: its place today in sleep generation, triggering or maintenance. *Sleep Medicine*, 49, 31–39.

Chao, K.Y., Chou, C.C., Chen, C.I., Lee, S.R. & Cheng, W. (2023). Prevalence and comorbidity of gender dysphoria in Taiwan, 2010–2019. *Archives of Sexual Behavior*, 52, 1009–1017.

Chaya, B.F., Berman, Z.P., Boczar, D., Trilles, J., Siringo, N.V., Kiep, G.K. et al. (2022). Gender affirmation surgery on the rise: analysis of trends and outcomes. *LGBT Health*, 9, 582–588.

Chesney, E., Oliver, D. & McGuire, P. (2022). Cannabidiol as a novel treatment in the early phases of psychosis. *Psychopharmacology (Berl)*, 239, 1179–1190.

Comer, R.J. (2008). *Klinische Psychologie*. 6. Auflage. Heidelberg: Spektrum.

Cuijpers, P., Berking, M., Andersson, G., Quigley, L., Kleiboer, A. & Dobson, K.S. (2013). A meta-analysis of cognitive-behavioural therapy for adult depression, alone and in comparison with other treatments. *Canadian Journal of Psychiatry*, 58, 376–385.

Cuijpers, P., van Veen, S.C., Sjibrandij, M., Yoder, W. & Cristea, I.A. (2020). Eye movement desensitization and reprocessing for mental health problems: a systematic review and meta-analysis. *Cognitive Behaviour Therapy*, 49, 165–180.

Cuijpers, P., Oud, M., Karyotaki, E., Noma, H., Quero, S., Cipriani, A. et al. (2021). Psychologic treatment of depression compared with pharmacotherapy and combined treatment in primary care: a network meta-analysis. *Annals of Family Medicine*, 19, 262–270.

Dallaspezia, S. & Benedetti, F. (2015). Sleep deprivation therapy for depression. *Current Topics in Behavioral Neuroscience*, 25, 483–502.

Daniju, Y., Bossong, M.G., Brandt, K. & Allen, P. (2020). Do the effects of cannabis on the hippocampus and striatum increase risk for psychosis? *Neuroscience & Biobehavioral Reviews*, 112, 324–335.

Davison, G.C., Neale, J.M. & Hautzinger, M. (2007). *Klinische Psychologie*. 7. Auflage. Weinheim: Beltz.

De Salles, A., Lucena, L., Paranhos, T., Ferragut, M.A., de Oliveira-Souza, R. & Gorgulho, A. (2022). Modern neurosurgical techniques for psychiatric disorders. *Progress in Brain Research*, 270, 33–59.

Dilling, H., Mombour, W. & Schmidt, M. H. (Hrsg.). (2018). *Internationale Klassifikation psychischer Störungen. ICD-10 Kapitel V (F)*. 10. Auflage. Bern: Huber.

DSM-5. *Diagnostisches und Statistisches Manual Psychischer Störungen DSM-5®* (2015). American Psychiatric Association (Deutsche Ausgabe herausgegeben von P. Falkai & H.U. Wittchen). Göttingen: Hogrefe.

Dubois, B., Villain, N., Frisoni, G.B., Rabinovici, G.D., Dabbagh, M., Cappa, S. et al. (2021). Clinical diagnosis of Alzheimer's disease: recommendations of the International Working Group. *Lancet Neurology*, 20, 484–496.

Dulz, B., Herpertz, S. C., Kernberg, O. F. & Sachse, U. (Hrsg.). (2011). *Handbuch der Borderline-Störungen*. 2. Auflage. Stuttgart: Schattauer.

Duman, R.S., Sanacora, G. & Krystal, J.H. (2019). Altered connectivity in depression: GABA and glutamate neurotransmitters deficits and reversal by novel treatments. *Neuron*, 102, 75–90.

Eaton, W.W., Bienvenue, O.J. & Miloyan, B. (2018). Specific phobias. *Lancet Psychiatry*, 5, 678–686.

Eysenck, H. J. (1980). *Kriminalität und Persönlichkeit*. Frankfurt/M.: Ullstein.

Fabbri, C. (2021). The role of genetics in bipolar disorder. *Current Topics in Behavioral Neurosciences*, 48, 41–60.

Fatemeh, G., Sajjid, M., Niloufar, R., Neda, S., Leila, S. & Khadijeh, M. (2022). Effect of melatonin supplementation on sleep quality: a systematic review and meta-analysis of randomized controlled trials. *Journal of Neurology*, 269, 205–216.

Feklicheva, I., Boks, M.P, de Kloet, E.R., Chipeeva, N., Maslennikova, E., Pashkow, A. et al. (2022). Biomarkers in PTSD – susceptible and resistant veterans with war experience of more than ten years ago: focus on cortisol, thyroid hormones, testosterone and GABA. *Journal of Psychiatric Research*, 148, 258–263.

Fernandez-Egea, E., Mucci, A., Lee, J. & Kirkpatrick, B. (2023). A new area for the negative symptoms of schizophrenia. *British Journal of Psychiatry*, 223, 269–270.

Fiedler, P. & Herpertz, S.C. (2022). *Persönlichkeitsstörungen*. 8. Auflage. Weinheim: Beltz.

Figee, M., Riva-Posse, P., Choi, K.S., Bederson, L., Mayberg, H.S. & Kopell, B.H. (2022). Deep brain stimulation for depression. *Neurotherapeutics*, 19, 1229–1245.

Fisher, K.A. & Marhawa, R. (2023). *Paraphilia*. Treasure Island (FL): StatPearls Publishing.

Flint, J. (2023). The genetic basis of major depressive disorder. *Molecular Psychiatry*, 28, 2254–2265.

Foll, B.L., Gallo, A., Strat, Y.L, Lu, L. & Gorword, P. (2009). Genetics of dopamine receptors and drug addiction: a comprehensive review. *Behavioural Pharmacology*, 20, 1–17.

Foreman, M., Hare, L., York, K., Balakrishnan, K., Sánchez, F.J., Harte, F. et al. (2019). Genetic link between gender dysphoria and sex hormone signaling. *Journal of Clinical Endocrinology & Metabolism*, 104, 390–396.

Freud, S. (1940–1952). *Gesammelte Werke* (18 Bände). Frankfurt/M.: S. Fischer; hier abgekürzt als GW, Bezeichnung der Bandnummer mit römischen Ziffern.

(1884e). Ueber Coca. *Zentralblatt für gesamte Therapie*, 2, 289–314.

(1895b). Über die Berechtigung, von der Neurasthenie einen bestimmten Symptomenkomplex als »Angst-Neurose« abzutrennen. GW I, S. 315–342.

(1896c). Zur Ätiologie der Hysterie. GW I, S. 425–459.

(1905d). Drei Abhandlungen zur Sexualtheorie. GW V, S. 33–145.

(1905e). Bruchstück einer Hysterie-Analyse. GW V, S. 161–286.

(1907b). Zwangshandlungen und Religionsübungen. GW VII, S. 127–139.

(1908b). Charakter und Analerotik. GW VII, S. 203–209.

(1909b). Analyse der Phobie eines fünfjährigen Knaben. GW VII, S. 241–377.

(1909d). Bemerkungen über einen Fall von Zwangsneurose. GW VII, S. 379–463.

(1911c). Psychoanalytische Bemerkungen über einen autobiographisch beschriebenen Fall von Paranoia (Dementia paranoides). GW VIII, S. 239–316.

(1912–13a). *Totem und Tabu*. GW IX.

(1913i). Die Disposition zur Zwangsneurose. GW VIII, S. 442–452.

(1914c). Zur Einführung des Narzissmus. GW X, S. 137–170.

(1915e). Das Unbewusste. GW X, S. 264–303.

(1916–17a). *Vorlesungen zur Einführung in die Psychoanalyse*. GW XI.

(1916–17 g). Trauer und Melancholie. GW X, S. 427–446.

(1923a). »Psychoanalyse« und »Libidotheorie«. GW XIII, S. 209–233.
(1925d). *Selbstdarstellung.* GW XIV, S. 31–96.
Freudenberg, C., Jones, R.A., Livingston, G., Goetsch, V., Schaffner, A. & Buchanan, L. (2016). Effectiveness of individualized, integrative outpatient treatment for females with anorexia and bulimia nervosa. *Eating Disorders*, 24, 240–254.
Fromm-Reichmann, F. (1948). Notes on the development of treatment of schizophrenia by psychoanalytic therapy. *Psychiatry*, 11, 263–273.
Fusar-Poli, P., Smieskova, R., Kempton, M.J., Ho, B.C., Andreasen, N.C. & Borgwardt, S. (2013). Progressive brain changes in schizophrenia related to antipsychotic treatment? A meta-analysis of longitudinal MRI studies. *Neuroscience & Biobehavioral Reviews*, 8, 1680–1691.
Garbarino, V.A., Gilman, T.L., Daws, L.C. & Gould, G.G. (2019). Extreme enhancement or depletion of serotonin transporter function and serotonin availability in autism spectrum disorder. *Pharmacological Research*, 140, 85–99.
García, R. (2017). Neurobiology of fear and specific phobias. *Learning & Memory*, 24, 462–471.
Gehrman, P.R., Pfeiffenberger, C. & Byrne, E. (2013). The role of genes in the insomnia phenotype. *Sleep Medicine Clinics*, 8, 323–331.
Goh, K.K., Wu, T.H., Chen, C.H. & Lu, M.L. (2021). Efficacy of N-methyl-D-aspartate receptor modulator augmentation in schizophrenia: a meta-analysis of randomized, placebo-controlled trials. *Journal of Psychopharmacology*, 35, 236–252.
Gottschalk, M.S. & Domschke, K. (2017). Genetics of generalized anxiety disorder and related traits. *Dialogues in Clinical Neuroscience*, 19, 159–168.
Grønnerød, C., Grønnerød, J.S. & Grøndal, P. (2015). Psychological treatment of sexual offenders against children: a meta-analytic review of treatment outcome studies. *Trauma, Violence & Abuse*, 16, 280–290.
Guggisberg, J., Schumacher, M., Gilmore, G. & Zylla, D.M. (2022). Cannabis as an anticancer agent. A review of clinical data and assessment of case reports. *Cannabis and Cannabinoid Research*, 7, 24–33.
Guidi, J. & Fava, A.G. (2021). Sequential combination of pharmacotherapy and psychotherapy in major depressive disorder: a systematic review and meta-analysis. *JAMA Psychiatry*, 78, 261–269.
Guillamon, A., Junque, C. & Gómez-Gil, E. (2016). A review of the status of brain structure research in transsexualism. *Archives of Sexual Behavior*, 45, 1615–1648.
Gulpek, D., Kaplan, F.K., Kesebir, S. & Bora, O. (2014). Alexithymia in patients with conversion disorder. *Nordic Journal of Psychiatry*, 68, 300–305.
Haleem, D.J. (2012). Serotonin neurotransmission in anorexia nervosa. *Behavioural Pharmacology*, 23, 478–495.
Hamed, S.A., Elwasify, M., Abdelfazed, M. & Fawzy, M. (2022). Peripartum depression and its predictors: a longitudinal observational hospital-based study. *World Journal of Psychiatry*, 12, 1061–1075.

Hamzehnejadi, M., Tavakoli, M.R., Homayouni, F., Jahani, Z., Rezaei, M., Langarizadeh, H. et al. (2022). Prostaglandins as a topical therapy for erectile dysfunction: a comprehensive review. *Sexual Medicine Reviews*, 10, 764–781.

Hauser, N.C., Herpertz, S.C. & Habermeyer, E. (2021). Das überarbeitete Konzept der Persönlichkeitsstörungen nach ICD-11: Neuerungen und mögliche Konsequenzen für die forensisch-psychiatrische Tätigkeit. *Forensische Psychiatrie, Psychologie, Kriminologie*, 15, 30–38.

Hautzinger, M. (2021). *Kognitive Verhaltenstherapie bei Depressionen.* 8. Auflage. Weinheim: Beltz.

Hautzinger, M., Keller, F. & Kühner, C. (2006). *Beck Depressions-Inventar.* 2. Auflage. Frankfurt: Harcourt Test Services.

Haynes, W.I., Clair, A.H., Fernandez-Vidal, S., Gholipur, B., Morgiève, M. & Mallet, L. (2018). Altered anatomical connections of associative and limbic cortico-basal-ganglia circuits in obsessive-compulsive disorder. *European Psychiatry*, 51, 1–8.

Himmerich, H. & Benkert, O. (2023). Medikamente zur Behandlung von Essstörungen und Adipositas. In: Benkert, O. & Hippius, H. (Hrsg.). *Kompendium der Psychiatrischen Pharmakotherapie.* 14. Auflage. Berlin: Springer, S. 803–829.

Hirota, T. & King, B.H. (2023). Autism spectrum disorder: a review. *JAMA*, 329, 157–168.

Hirschtritt, M.E., Bloch, M.H. & Matthews, C.A. (2017). Obsessive-compulsive disorder: advances in diagnosis and treatment. *JAMA*, 317, 1358–1367.

Hjorthøj, C., Albert, N. & Nordentoft, M. (2018). Association of substance use disorders with conversion from schizotypal disorder to schizophrenia. *JAMA Psychiatry*, 75, 733–739.

Hobbs, M., Patel, R., Morrison, P.D., Kalk, N. & Stone, J.M. (2020). Synthetic cannabinoid use in psychiatric patients and relationship to hospitalization: a respective electronic case register study. *Journal of Psychopharmacology*, 34, 648–653.

ICD-10 Internationale Klassifikation psychischer Störungen. Kapitel V (F). 10. Auflage. (hrsg. von Dilling, H., Mombour, W. & Schmidt, M.H., 2015). Bern: Huber (s. auch Dilling et al., 2015).

Jacobi, C. & Beintner, I. (2021). *Anorexia nervosa.* Göttingen: Hogrefe.

Janoutová, J., Janácková, P., Sery, O., Zeman, T., Ambroz, P., Kovalová, M. et al. (2016). Epidemiology and risk factors of schizophrenia. *Neuro Endocrinology Letters*, 37, 1–8.

Karam, A.M., Fitzsimmons-Craft, E.E., Tanofsky-Kraff, M. & Wilfley, D.E. (2019). Interpersonal psychotherapy and the treatment of eating disorders. *Psychiatric Clinics of North America*, 42, 205–218.

Khlidj, Y. & Haireche, M.A. (2023). Schizophrenia as an autoimmune disease: involvement of anti-NCAM antibodies. *Journal of Psychiatry*, 161, 333–341.

Kim, E.J. & Kim, Y.U. (2018). Panic disorders: the role of genetics and epigenetics. *AIMS Genetics*, 5, 177–190.

Ko, K., Kopra, E.I., Cleare, A.J. & Rucker, J.J. (2023). Psychedelic therapy for depressive symptoms: a systematic review and meta-analysis. *Journal of Affective Disorders*, 322, 194–204.

Köhler, Th. (2010). *Biopsychologie – ein kurz gefasstes Lehrbuch.* München: CIP-Medien.

Köhler, Th. (2014a). *Rauschdrogen und andere psychotrope Substanzen.* Tübingen: dgvt-Verlag.

Köhler, Th. (2014b). *Das Werk Sigmund Freuds.* Lengerich: Pabst.

Köhler, Th. (2016a). *Affektive Störungen: Biologische und psychologische Erklärungsansätze – Biologische und psychologische Therapien.* Tübingen: dgvt-Verlag.

Köhler, Th. (2016b). *Freud Bashing: Vom Wert und Unwert der Anti-Freud-Literatur.* Gießen: Psychosozial-Verlag.

Köhler, Th. (2017). *Ruhm und Wahnsinn: Psychische Störungen bekannter Persönlichkeiten.* Stuttgart: Schattauer.

Köhler, Th. (2018). *Pharmakotherapie in der Psychotherapie. Ein Kompendium für Psychologen und psychologische Psychotherapeuten.* 7. Auflage. Lengerich: Pabst.

Köhler, Th. (2019). *Biologische Grundlagen psychischer Störungen.* 3. Auflage. Göttingen: Hogrefe.

Köhler, Th. (2020a). *Freuds Psychoanalyse. Eine Einführung.* 3. Auflage. Gießen: Psychosozial-Verlag.

Köhler, Th. (2020b). *Medizin für Psychologen und Psychotherapeuten. Orientiert an der Approbationsordnung für Psychologische Psychotherapeuten.* 4. Auflage. Stuttgart: Schattauer.

Köhler, Th. (2022). *Psychopharmakotherapie.* 2. Auflage. Tübingen: Psychotherapie-Verlag.

Kolar, D. (2021). Scopolamine as a potential treatment option in major depressive disorder – a literature review. *Israel Journal of Psychiatry*, 58, 48–53.

Kranz, T.M. & Grimm, O. (2023). Update on genetics of attention/hyperactivity disorder: current status 2023. *Current Opinion in Psychiatry*, 36, 257–262.

Kwan, P., Konno, H., Chan, K.Y. & Baum, L. (2020). Rationale for the development of an Alzheimer's disease vaccine. *Human Vaccines & Immunotherapeutics*, 16, 645–653.

Laessle, R.G. & Pirke, K.M. (1997). Essstörungen. In K. Hahlweg & A. Ehlers (Hrsg.), *Psychische Störungen und ihre Behandlungen.* Göttingen: Hogrefe, S. 589–654.

Laing, R.D. (1974). *Das geteilte Selbst.* Köln: Kiepenheuer & Witsch.

Lange-Aschenfeldt, C. & Benkert, O. (2023). Antidementiva. In: Benkert, O. & Hippius, H. (Hrsg.). *Kompendium der Psychiatrischen Pharmakotherapie.* 14. Auflage. Berlin: Springer, S. 637–689.

Latimer, D., Stocker, M.D., Sayers, K., Green, J., Kaye, A., Abd-Elsayed, A. et al. (2021). MDMA to treat PTSD in adults. *Psychopharmacology Bulletin*, 51, 125–149.

Leichsenring, F., Heim, N., Leweke, F., Spitzer, C., Steinert, C. & Kernberg, O.F. (2023). Borderline personality disorder: a review. *JAMA*, 329, 670–679.

Leweke, F.M., Mueller, J.K., Lange, B. & Rohleder, C. (2016). Therapeutic potential of cannabinoids in psychosis. *Biological Psychiatry*, 79, 604–612.

Lewinsohn, P.M., Antonuccio, D.O., Steinmetz, J.L. & Teri, L. (1984). *The coping with depression course.* Eugene OR: Castalia.

Li, V.Y., Demzik, A, Snyder, L., Ogunleye, A.A., Wang, A. & Figler, B.D. (2022). Genital gender affirming surgery. *American Surgeon*, 88, 2817–2822.

Lincoln, T. (2019). *Kognitive Verhaltenstherapie der Schizophrenie.* 3. Auflage. Göttingen: Hogrefe.

Liu, W., Hua, M., Qin, J., Tang, Q., Han, Y., Tian, H. et al. (2021). Disrupted pathways from frontal-parietal cortex to basal ganglia and cerebellum in patients with unmedicated obsessive-compulsive disorder as observed by whole-brain resting-state effective connectivity analysis – a small sample pilot study. *Brain Imaging and Behavior*, 15, 1344–1354.

Lu, H.C. & Mackie, K. (2021). Review of the endocannabioid system. *Biological Psychiatry: Cognitive Neuroscience and Neuroimaging*, 6, 607–615.

Mahjani, B., Bey, K., Boberg, J. & Burton, C. (2021). Genetics of obsessive-compulsive disorder. *Psychological Medicine*, 51, 2247–2259.

Maihofer, A.X., Choi, K.W., Coleman, J.R., Daskalakis, N.D., Denckla, C.A., Ketema, E. et al. (2022). Enhancing discovery of genetic variants for posttraumatic stress disorder through integration of quantitative phenotypes and trauma exposure information. *Biological Psychiatry*, 626–636.

Marazziti, D., Mucci, F. & Fontenelle, L.F. (2018). Immune system and obsessive-compulsive disorder. *Psychoneuroendocrinology*, 93, 39–44.

Marzani, G. & Neff, A.P. (2021). Bipolar disorders: evaluation and treatment. *American Family Physician*, 103, 227–239.

Masters, W.H. & Johnson, V.E. (1970). *Human sexual inadequacy.* Boston: Little, Brown.

Mattson, S.N., Bernes, G.A. & Doyle, L.R. (2019). Fetal alcohol spectrum disorders: a review of the neurobehavioral deficits associated with prenatal alcohol exposure. *Alcohol: Clinical and Experimental Research*, 43, 1046–1062.

Mayorova, M.A., Butoma, B.G., Churilov, L.P., Gilburd, B., Petrova, N.N. & Shoenfeld, Y. (2021). Autoimmune concept of schizophrenia: historical roots and current facets. *Psychiatria Danubina*, 33, 3–17.

McCutcheon, R.A., Krystal, J.H. & Howes, O.D. (2020). Dopamine and glutamate in schizophrenia: biology, symptoms and treatment. *World Psychiatry*, 19, 15–33.

Merikangas, A.K., Shelly, M., Knighton, A., Kotler, N., Tanenbaum, N. & Almasy, L. (2022). What genes are differentially expressed in individuals with schizophrenia? A systematic review. *Molecular Psychiatry*, 27, 1373–1383.

Mihaljević-Peleš, A., Janović, M.B., Šagud, M., Živković, M., Janović, Š. & Jevtović, S. (2019). Cognitive deficit in schizophrenia: an overview. *Psychiatria Danubia*, 31 (suppl 2), 139–142.

Miller, J.N. & Black, D.W. (2019). Schizoaffective disorder: a review. *Annals of Clinical Psychiatry*, 31, 47–53.

Mitchell, J.M., Ot'alora, M., van der Kolk, B., Shannon, S., Bogenschutz, M., Gelfand, Y. et al. (2023). MDMA-assisted therapy for moderate to severe PTSD: a randomized, placebo-controlled phase 3 trial. *Nature Medicine*, 29, 2473–2480.

Mongan, D., Ramesar, M., Föcking, M., Cannon, M. & Cotter, D. (2020). Role of inflammation in the pathogenesis of schizophrenia: a review of the evidence, proposed mechanisms and implications for treatment. *Early Intervention in Psychiatry*, 14, 385–397.

Morozova, T.V., Machay, T,F. & Anholt, R.R. (2014). Genetics and genomics of alcohol sensitivity. *Molecular Genetics and Genomics*, 293, 253–269.

Morris, C.M., Hellmann, N., Abelson, J.L. & Rao, U. (2016). Cortisol, heart rate, and blood pressure as early markers of PTSD risk: a systematic review and meta-analysis. *Clinical Psychology Review*, 49, 79–91.

Morrison, A.P., Turkington, D., Pyle, M., Spencer, H., Brabban, A., Dunn, G. et al. (2014). Cognitive therapy for people with schizophrenia spectrum disorders not taking antipsychotic drugs: a single-blind randomised controlled trial. *Lancet*, 383, 1395–1403.

Mowrer, O. H. (1939). A stimulus-response analysis of anxiety and its role as a reinforcement agent. *Psychological Review*, 46, 553–556.

Mubarik, A. & Tohid, H. (2016). Frontal lobe alterations in schizophrenia. *Trends in Psychiatry and Psychotherapy*, 38, 198–206.

Mühling, J. & Kröger, C.B. (2020). Tabakentwöhnung. In: Hoyer, J. & Knappe, S. (Hrsg.) *Klinische Psychologie & Psychotherapie*. 3. Auflage. Berlin: Springer, S. 917–931.

Mullen, S. (2018). Major depressive disorder in children and adolescents. *The Mental Health Clinician*, 8, 275–283.

Müller, M.J. & Benkert, O. (2023a). Antipsychotika. In: Benkert, O. & Hippius, H. (Hrsg.). *Kompendium der Psychiatrischen Pharmakotherapie*. 14. Auflage. Berlin: Springer, S. 283–488.

Müller, M.J. & Benkert, O. (2023b). Medikamente zur Behandlung von sexuellen Funktionsstörungen. In: Benkert, O. & Hippius, H. (Hrsg.). *Kompendium der Psychiatrischen Pharmakotherapie*. 14. Auflage. Berlin: Springer, S. 771–802.

Müller, M.J. & Benkert, O. (2023c). Medikamente zur Behandlung von Persönlichkeits- und Verhaltensstörungen. In: Benkert, O. & Hippius, H. (Hrsg.). *Kompendium der Psychiatrischen Pharmakotherapie*. 14. Auflage. Berlin: Springer, S. 865–884.

Mullins, N., Forstner, A.J., O'Connell, K.S., Coombes, B., Coleman, J.R. et al. (2021). Genome-wide association study of more than 40,000 bipolar disorder cases provides new insights into the underlying biology. *Nature Genetics*, 53, 817–829.

Neylan, K.D. & Miller, B.L. (2023). New approaches to the treatment of frontotemporal dementia. *Neurotherapeutics*, 20, 1055–1065.

Nguyen, T.D., Harder, A., Xiong, Y., Kowalec, K., Hägg, S., Cai, N. et al. (2022). Genetic heterogeneity and subtypes of major depression. *Molecular Psychiatry*, 27, 1667–1675.

Nieder, O., Briken, P. & Richter-Appelt, H. (2014). Transgender, Transsexualität und Geschlechtsdysphorie: Aktuelle Entwicklungen in Diagnostik und Therapie. *Psychotherapie – Psychosomatik – Medizinische Psychologie*, 64, 232–245.

Oshima, Y., Matsumoto, Y., Terada, S. & Yamada, N. (2022). Prevalence of gender dysphoria by gender and age in Japan: a population-based internet survey using the Utrecht Gender Dysphoria Scale. *Journal of Sexual Medicine*, 19, 1185–1195.

Paljärvi, T., Tiihonen, J., Lähteenvuo, M., Tanskanen, A., Fazel, S. & Taipale, A. (2023). Psychotic depression and deaths due to suicide. *Journal of Affective Disorders*, 321, 28–32.

Papachristou, Ch. & Bartolomei, J. (2022). Psychiatric manifestations of laughing gas. *Revue Médicale Suisse*, 18, 1419–1420.

Parker, G.B., Romano, M., Graham, R.K. & Ricciardi, T. (2018). Comparative familial aggregation of bipolar disorder in patients with bipolar I and bipolar II disorders. *Australasian Psychiatry*, 26, 414–416.

Paulzen, M., Gründer, G. & Benkert, O. (2023). Medikamente zur Behandlung bipolarer Störungen. In: Benkert, O. & Hippius, H. (Hrsg.). *Kompendium der Psychiatrischen Pharmakotherapie*. 14. Auflage. Berlin: Springer, S. 215–282.

Pérez-Olmos, I., Bustamante, D. & Ibáñez-Pinilla, M. (2016). Serotonin transporter gene (5-HTT) polymorphism and major depressive disorder in patients in Bogotá, Colombia. *Biomedica*, 36, 285–294.

Pompili, M., Gonda, X., Serafini, G., Innamorati, M., Sher, L., Amore, M. et al. (2013). Epidemiology of suicide in bipolar disorders: a systematic review of the literature. *Bipolar Disorders*, 15, 457–490.

Qin, X., Pan, H.Q., Huang, S.H., Zou, J.X., Zheng, Z.H., Liu, X.X. et al. (2022). $GABA_A(\delta)$ receptor hypofunction in the amygdala-hippocampal circuit underlies stress-induced anxiety. *Science Bulletin*, 67, 97–110.

Raine, A. (2018). Antisocial personality as a neurodevelopmental disorder. *Annual Review of Clinical Psychology*, 14, 259–289.

Regen, F. & Benkert, O. (2023). Antidepressiva. In: Benkert, O. & Hippius, H. (Hrsg.). *Kompendium der Psychiatrischen Pharmakotherapie*. 14. Auflage. Berlin: Springer, S. 1–213.

Reichborn-Kjennerud, T. (2010). The genetic epidemiology of personality disorders. *Dialogues in Clinical Neuroscience*, 12, 103–114.

Rief, W. & Hiller, W. (2011). *Somatisierungsstörung*. 2. Auflage. Göttingen: Hogrefe.

Rihmer, Z. (2007). Suicide risk in mood disorders. *Current Opinion in Psychiatry*, 20, 17–22.

Rosenberg, R., Citrome, L. & Drake, C.L. (2021). Advances in the treatment of chronic insomnia: a narrative review of new nonpharmacologic and pharmacologic therapies. *Neuropsychiatric Disease and Treatment*, 17, 2549–2566.

Rossman, J. (2019). Cognitive-behavioral therapy for insomnia: an effective and underutilized treatment for insomnia. *American Journal of Lifestyle Medicine*, 13, 544–547.

Saarinen, A.I., Huhtinska, S., Pudas, J., Björnholm, L., Jukuri, T., Tohka, J. et al. (2020). Structural and functional alterations in the brain gray matter among first-degree relatives of schizophrenia patients: a multimodal meta-analysis of fMRI and VBM studies. *Schizophrenia Research*, 216, 14–23.

Sachs, J., McGlade, E.D. & Yurgelun-Todd, D. (2015). Safety and toxicology of cannabinoids. *Neurotherapeutics*, 12, 735–746.

Sachse, R. (2019). *Persönlichkeitsstörungen: Leitfaden für die Psychologische Psychotherapie*. 3. Auflage. Göttingen: Hogrefe.

Sawtelle, L. & Holle, L.M. (2021). Use of cannabis and cannabinoids in patients with cancer. *Annals of Pharmacotherapy*, 55, 870–890.

Schaller, K & Mons, U. (2017). E-Shishas und E-Zigaretten. Debatte um Schaden und Nutzen. *Deutsches Ärzteblatt*, 114, 92–93.

Schein, J., Houle, C., Urganus, A., Cloutier, M., Patterson-Lomba, O., Wang, Y. et al. (2021). Prevalence of post-traumatic stress disorder in the United States: a systematic literature review. *Current Medical Research and Opinion*, 37, 2151–2161.

Scherbaum, N. (2017). *Das Drogentaschenbuch*. 5. Auflage. Stuttgart: Thieme.

Schumacher, S., Niemeyer, H., Engel, S., Cwik, J.C., Laufer, S., Klusman, H. et al. (2019). HPA axis in posttraumatic stress disorder: a meta-analysis focusing on potential moderators. *Neuroscience & Biobehavioral Reviews*, 100, 35–57.

Seligman, M.E. (1971). Phobias and preparedness. *Behavior Therapy*, 2, 307–320.

Seligman, M.E. (1979). *Erlernte Hilflosigkeit*. München: Urban & Schwarzenberg.

Shaer, O., Skakke, D., Giraldi, A., Shaer, E. & Shaer, K. (2020). Female orgasm and overall sexual function and habits: a descriptive study of a cohort of U.S. women. *Journal of Sexual Medicine*, 17, 1133–1143.

Shah, U.H. & González-Maeso, J. (2019). Serotonin and glutamate interactions in preclinical schizophrenia models. *ACS Chemical Neuroscience*, 10, 3068–3077.

Sharma, S. & Ressler, K.J. (2019). Genomic updates in understanding PTSD. *Progress in Neuropsychopharmacology and Biological Psychiatry*, 90, 197–203.

Sharp, B.M. & Chen, H. (2019). Neurogenetic determinants and mechanisms of addiction to nicotine and smoked tobacco. *European Journal of Neuroscience*, 50, 2164–2179.

Shih, P.A. & Woodside, D.B. (2016). Contemporary views on the genetics of anorexia nervosa. *European Neuropsychopharmacology*, 26, 663–673.

Siira, M., Getahun, D., Silverberg, M.J., Tangpricha, V., Goodman, M. & Yeung, H. (2023). Satisfaction with current hormone therapy and goals of additional gender-affirming care in transgender adults. *Journal of Sexual Medicine*, 20, 568–572.

Sikich, L., Kolevzon, A., King, B.H., McDougle, C.J., Sanders, K.B. & Kim, S.J. (2021). Intranasal oxytocin in children and adolescents with autism spectrum disorder. *New England Journal of Medicine*, 385, 1462–1473.

Sinopoli, V.M., Burton, C.L., Kronenberg, S. & Arnold, P.D. (2017). A review of the role of serotonin system genes in obsessive-compulsive disorder. *Neuroscience & Biobehavioral Reviews*, 80, 372–381.

Skoglund, C., Tiger, A., Rück, C., Petrovic C., Asherson, P. & Hellner, C. (2021). Familial risk and heritability of diagnosed personality disorder: a register study of the Swedish population. *Molecular Psychiatry*, 26, 999–1008.

Skordis, N., Kyriakou, A., Dror, C., Mushailov, A. & Nicolaides, N.C. (2020). Gender dysphoria in children and adolescents. *Hormones (Athens)*, 19, 267–276.

Spencer, S.D., Stiede, J.T., Wiese, A.D., Goodman, W.K., Guzick, A.G. & Storch, E.A. (2023). Cognitive-behavioral therapy for obsessive-compulsive disorder. *Psychiatric Clinics of North America*, 46, 167–180.

Starkweather, C.K., Bick, S.K., McHugh, J.M., Dougherty, D.D. & Williams, Z.M. (2021). Lesion location and outcome following cingulotomy for obsessive-compulsive disorder. *Journal of Neurosurgery*, 136, 221–230.

Szasz, Th. (1974). *Die Fabrikation des Wahnsinns.* Olten: Walter.

Szuhany, K. & Simon, N.M. (2022). Anxiety disorders: a review. *JAMA*, 238, 2431–2445.

Thibaut, F., Bradford, J.M., Briken, P., De La Barra, F., Häßler, F., Cosyns, P. et al. (2016). The World Federation of Societies of Biological Psychiatry (WFSBP) guidelines for the treatment of adolescent sexual offenders with paraphilic disorders. *World Journal of Biological Psychiatry*, 17, 2–38.

Tiihonen, J., Koskuvi, M., Lähteenvuo, M., Viratanen, P.L., Ojansuu, I., Vaurio, O. et al. (2020). Neurobiological roots of psychopathy. *Molecular Psychiatry*, 25, 3432–3441.

Tondo, L. & Baldessarini, R.J. (2018). Antisuicidal effects in mood disorders: are they unique to lithium? *Pharmacopsychiatry*, 51, 177–188.

Ullmann, L.P. & Krasner, L. (1975). *A psychological approach to abnormal behavior.* 2nd edition. Englewood Cliffs, NJ: Prentice Hall.

van den Broek, A.L. (2023). *ICD-11 für die Psychiatrie – Praxisleitfaden zur Anwendung und Interpretation.* (ohne Ort): Bookmundo.

van Eeden, A.E., van Hoeken, D. & Hoek, H.W. (2021). Incidence, prevalence and mortality of anorexia nervosa and bulimia nervosa. *Current Opinion in Psychiatry*, 34, 515–524.

van Enkhuizen, J., Janowsky, D.S., Olivier, B., Minassian, A., Perry, W., Young, J.W. et al. (2015). The catecholaminergic-cholinergic balance hypothesis of bipolar disorder revisited. *European Journal of Pharmacology*, 753, 114–126.

van Lankveld, J. (2016). Internet-based interventions for women's sexual dysfunction. *Current Sex Health Reports*, 8, 136–143.

von Auer, A.K. & Kaess, M. (2022). *Borderline-Persönlichkeitsstörung.* Göttingen: Hogrefe.

Vowels, L.M., Vowels, M.J. & Mark, K.P. (2021). Uncovering the most important factors for predicting sexual desire using explainable machine learning. *Journal of Sexual Medicine*, 18, 1198–1216.

Wang, L.Y., Chen, S.F., Chiang, J.H., Hsu, C.Y. & Shen, Y.C. (2019). Systemic autoimmune diseases are associated with an increased risk of obsessive-compulsive disorder: a nationwide population-based cohort study. *Social Psychiatry and Psychiatric Epidemiology*, 54, 507–516.

Wang, Z., Wei, X., Yang, J., Jinning, S., Jingyi, C., Liu, X. et al. (2016). Chronic exposure to aluminium and risk of Alzheimer's disease: a meta-analysis. *Neuroscience Letters*, 610, 200–206.

Watanabe, K., Jansen, P.R., Savage, J.E., Nandakumar, P., Wang, X., Hinds, D.A. et al. (2022). Genome-wide meta-analysis of insomnia genes associated with metabolic and psychiatric pathways. *Nature Genetics*, 54, 1125–1132.

Watson, J.B. & Rayner, R. (1920). Conditioned emotional reactions. *Journal of Experimental Psychology*, 3, 1–14.

Westmoreland, P., Krantz, M.J. & Mehler, P.S. (2016). Medical complications of anorexia nervosa and bulimia nervosa. *American Journal of Medicine*, 129, 30–37.

Wolf, A., Ueda, K. & Hirano, Y. (2021). Recent updates of eye movement abnormalities in patients with schizophrenia: a scoping review. *Psychiatry and Clinical Neurosciences*, 75, 82–100.

Yalamanoglu, A. & Schuurmans, M.M. (2018). [Foil smoking/heroin addiction]. *Praxis (Bern 1994)*, 107, 1393–1398.

Yao, S., Larsson, H., Norring, C., Birgegård, A., Lichtenstein, P., D'Onofrio, B.M. et al. (2021). Genetic and environmental contributions to diagnostic fluctuation in anorexia nervosa and bulimia nervosa. *Psychological Medicine*, 51, 62–69.

Young, A.H. & Juruena, M.F. (2021). The neurobiology of bipolar disorder. *Current Topics in Behavioral Neurosciences*, 48, 1–20.

Stichwortverzeichnis

0

(5-)HIAA (Hydroxyindolessigsäure) 137

5

5-HT (5-Hydroxy-Tryptamin), s. auch Serotonin 76, 105, 114, 138
5-hydroxyindoleacetic acid, s. auch HIAA 137

A

Abhängigkeit, Abhängigkeitssyndrom, s. auch einzelne psychotrope Substanzen 38, 39, 44–46, 56, 58, 59, 67, 119
Absetzpsychosen 113, 115
Abulie 89, 91
Abwehr, A.mechanismen 108, 119, 178, 179, 192, 224
Acetaldehyd 41, 46, 47
Acetylcholin, A.rezeptoren 29–31, 38, 76, 79–82, 140, 150, 151
Acetylcholinesterase, Acetylcholinesterasehemmer 31
ACTH (adrenocorticotropes Hormon) 126, 140, 238
Addison-Krankheit 126
ADH (Alkoholdehydrogenase) 41

ADHD (attention-deficit hyperactivity disorder), ADHS (Aufmerksamkeitsdefizit-Hyperaktivitäts-Störung), s. auch hyperkinetische Störungen 248, 257, 258, 260
adrenogenitales Syndrom 238
affektive Psychosen, s. auch affektive Störungen 16, 122, 133
affektive Störungen, s. auch Depression, Manie 11, 12, 16, 17, 25, 49, 53, 87, 119, 120, 123, 127–132, 134–136, 142, 203, 212, 222, 229, 231, 251
– bipolare a. St. 127, 130, 132–134
Affektverflachung 84, 89, 91, 93, 95, 112, 119
Aggressivität, aggressiv-impulsives Verhalten 27, 43, 68, 70, 80, 83, 157, 253
agitierte Depression 123
Agoraphobie, s. auch Phobien 161–164, 169, 170
Akathisie 113
Akinesie (Akinese) 101, 113
Aktivitäts- und Aufmerksamkeitsstörung 258
Aktualneurosen 159, 160, 186, 195
akute Belastungsreaktion 182–185
akzessorische Symptome (d. Schizophrenie) 90
Albträume 210
ALDH (Aldehyddehydrogenase) 41

275

Alexithymie 195
Alkaloide 54, 55, 65, 75, 79
Alkohol, alkoholisch 26, 31, 38–54, 56, 60, 61, 63, 65, 71, 72, 170, 209, 231
– A.abhängigkeit 44, 46, 58
– A.dehydrogenase (ADH) 41
– A.demenz 27, 52
– a. Eifersuchtswahn 52, 119
– A.embryopathie 53, 57, 66, 252
– A.halluzinose 53
– A.intoxikation 39, 44
– A.krankheit 44
– A.missbrauch 45, 46, 50–52, 214, 228, 252
– A.persönlichkeit 46
– A.toleranz 47, 48
– Entzugssymptomatik 45, 48, 50, 60, 64, 67, 69, 81, 82, 149
– fetales A.syndrom 53
– Wirkmechanismen 252
Alkoholismus, s. auch A.abhängigkeit, A.missbrauch 24, 40, 44–46, 72, 162, 260
Alogie 89, 91
Alprostadil 217
Alzheimer-Fibrillen 29, 36
Alzheimer-Krankheit (Morbus Alzheimer, DAT) 25, 27–31, 35, 36, 84, 188
Aminpräkursoren 139
Amnesie, amnestisches Syndrom 25, 27, 43, 52, 72, 80, 183, 187–190, 192
amotivationales Syndrom 71, 73
Amphetamine, A.derivate 58, 67–69, 74, 77, 102, 103, 141, 214
Amphetaminpsychosen 68, 102
Amygdala 63, 142, 164
Amyloid, Amyloid-Plaques 29, 30, 35
Amyloid-Prekursor-Protein (APP) 29, 30

anal-sadistische Fixierung u. Regression 178
analer Charakter 179, 222
Anandamid 71
Angstanfall, A.attacke, s. auch Panikattacke 169
Angsthysterie 160
Angstneurose 160, 164, 169, 171, 173
Angststörung, generalisierte, s. auch generalisierte Angststörung 159, 161, 163, 168–174
Anna O. 189, 191
Anorexia nervosa 199, 200, 202, 205, 206
Anti-Psychiatrie 13
anticholinerg, Anticholinergika 35, 74, 76, 113, 140
Antidementiva 31
Antidepressiva 22, 39, 61, 63, 120, 139–141, 149–152, 154, 173, 177, 181, 196, 198, 206, 225, 237
Antihistaminika 22, 61, 209
antikonvulsiv, Antikonvulsiva 49, 62, 153, 154
Antioxidantien 43
Antipsychotika, s. auch Neuroleptika 22, 32, 39, 49, 61, 63, 99, 102–104, 112, 113, 115, 119, 153, 214, 215, 225, 229, 230
antisoziale Persönlichkeitsstörung, s. auch Persönlichkeitsstörungen 46
Antrieb 66
Anxiolyse, anxiolytisch 173
Anxiolytika 230
APP, s. auch Amyloid-Prekursor-Protein 29, 30
Appetenzstörungen 211, 212
Appetitzügler 200
Arecolin 38
Asperger-Syndrom 247
Atemdepression 43, 56, 63
Äthanol, Äthylalkohol, s. auch Alkohol 40

Ätiologie 15, 24, 28, 33, 34, 86, 100, 107, 172, 185, 186, 191, 209, 256
Atropin 76
Attributionen 146
atypische Antipsychotika, s. auch atypische Neuroleptika, s. auch Antipsychotika 112–114, 152, 227, 256
atypische Neuroleptika, s. auch Neuroleptika 112
Autismus (Autismus-Spektrum-Störung), s. auch frühkindlicher Autismus, Kanner'sches Autismus-Syndrom 89, 94, 247, 253, 255–257
automatische Gedanken 147, 156
Autorezeptoren, s. auch präsynaptische A. 137, 140
Avanafil 217
Aversionstherapie 47, 246
Ayahuasca 75

B

Badesalze 38
Baldrian 209
Barbiturate 48, 61, 62
Basalganglien 35, 114, 178
- Basalganglienhypothese von Zwangsstörungen 23
Basisstörungen 110, 115
Beck-Depressions-Inventar 14
Beck'sche Kognitionstheorie 122
Behaviorismus 21
Belastungsreaktion, akute 182–185
Belastungsstörungen 159, 185, 186
Benzodiazepine, B.rezeptoren 32, 48, 49, 61–65, 164, 167, 171, 181
Beta-Rezeptoren, Betarezeptorenblocker 167
Betelnuss 38
Bewusstseinsstörungen 26, 48, 53
Beziehungswahn 88
Biomarker 90

Bipolar I-, Bipolar II-Störung 133, 135
bipolare Depressionen 152
bipolare Störungen, s. auch affektive Störungen 130, 133–136, 143, 148, 152
Bleuler, E. 85, 87, 90, 92, 95
Blutalkoholspiegel 41
Body-Mass-Index 201
Borderline-Persönlichkeitsstörung 221, 226, 230, 232, 235
Borderline-Schizophrenie 97
BSE (bovine spongioforme Enzephalopathie) 33
Bufotenin 75
Bulimia nervosa 200–203, 206
Buprenorphin 55, 59
Bupropion 82, 151, 217
Buspiron 171
Butyrophenone, s. auch Neuroleptika 112, 113

C

Cannabidiol 71
Cannabinoid(e), Cannabis 38, 69–72
Carbamazepin 153
Cathinone 74
CB1, CB2 (Cannabinoidrezeptoren), s. auch Cannabinoid(e), Cannabis 71
CBD (Cannabidiol) 71
Charakterneurose 220
Charcot, M. J. 245
chemische Kastration 245
Chloralhydrat 61–64
Chlorpromazin 22, 112
Cholinesterasehemmer, s. auch Acetylcholinesterasehemmer 31
Chorea Huntington 34
Chromosomenaberrationen, Chromosomenstörungen 251, 253

Cingulotomie 178
Clomethiazol 49, 61–63
Clomipramin 149, 150, 173, 177, 181
Cocablätter, Cocapflanze 65
Cocain, s. auch Kokain 65
Codein 54, 56
Computertomogramm, Computertomographie (CT) 14, 98
Corticoide, Cortisol, Cortison 126, 140, 238
Crack 66, 67
Craving 47, 58, 82
Creutzfeldt-Jakob-Krankheit 33, 37
Cri-du-chat-Syndrom 251
Crystal Meth 68
Cushing-Syndrom 140
Cyproteron 245

D

D-Serin 105
Debilität 250
Degenerationstheorien 19
Delir, delirantes Syndrom 24–27, 40, 48–50, 52, 53, 90, 189
Delirium tremens 47–49, 53, 61, 88
Dementia praecox 35, 37, 52, 84, 85, 108, 122, 212
dementielles Syndrom, Demenz
– AIDS, AIDS-Demenz 35
– Alzheimer, s. auch Alzheimer-Krankheit 34
– bei Parkinson-Krankheit 34
– bei Pick-Krankheit, s. auch Pick-Krankheit 36
– frontotemporale D., s. auch frontotemporale Demenz 34
– HIV-Demenz 35
– Lewy-Körperchen-D. 25
– vaskuläre D. 36
dementielles Syndrom, Demenzen
– Creutzfeldt-Jakob-Krankheit 33
Denkstörungen 87, 92
Depersonalisation 231
Depression (depressive Störung) 48, 121–124, 127, 128, 131–137, 139–141, 143, 144, 146–148, 157, 176, 177, 184, 196, 204, 216, 248
– agitierte D. 123
– endogene D. 128
– gehemmte D. 123
– postpartale D. 126
– psychotische D. 124
– reaktive D. 122
– rezidivierende depressive Störung 132
depressive Episode 18, 127–132, 146, 152, 155
depressiver Stupor 124, 130, 131
depressives Syndrom 16, 124, 126, 130, 133, 138
Dexamethason-Suppressionstest 140
Diacetylmorphin (Diamorphin), s. auch Heroin 55
Diagnostic and Statistical Manual of Mental Disorders (DSM) 15–17
diagnostisch-klassifikatorische Systeme 13, 15, 16, 222
dialektische Verhaltenstherapie 232
Disinhibition 42
dissoziale Persönlichkeitsstörung (antisoziale Persönlichkeitsstörung), s. auch Persönlichkeitsstörungen 221, 223–225, 228–230
Dissoziativa 74, 78
dissoziative Störungen 85, 161, 188–190, 195, 210
Disulfiram 47
DMT 75
DOM 77
Dopamin, dopaminerges System
– Dopaminagonisten 23
– Dopaminhypothese der Schizophrenie 46

– Dopaminrezeptoren 42
Doublebind-Hypothese 109
down-regulation 67, 150
Down-Syndrom 30, 53, 251, 252
Drift-down-Hypothese 96
Drogen, s. auch psychotrope Substanzen 26, 39, 58, 184, 186
Drogenabhängigkeit, D.missbrauch, s. auch einzelne psychotrope Substanzen 57, 231
DSM, s. auch Diagnostic and Statistical Manual of Mental Disorders 15–18, 238
Durchschlafstörungen 208
Dyspareunie 211, 213, 215, 216
Dyssomnien 207
Dysthymia 128, 132–134, 148, 154

E

Echolalie 89
Echopraxie 89
Ecstasy 38, 74, 77, 79
Eifersuchtswahn 52, 119
Einschlafstörungen 63, 208
Ejaculatio praecox 199, 213, 215, 217, 218
Elektrokrampftherapie 22, 114, 120, 154
emotional instabile Persönlichkeitsstörung vom Borderline-Typus, s. auch Borderline-Persönlichkeitsstörung 230
endogene Depression, s. auch Depression, endogene 121–124, 133
endogene Psychosen 85, 122
endogenomorphes Syndrom 124
Endometriose 215
Endorphine 55, 57
Engelsstaub, s. auch Phencyclidin 78
Engelstrompete 76, 77
Enkopresis 247

Entaktogene, entaktogen 77
Entspannungsverfahren 209
Entwicklungsstörungen 247, 248, 256
Entzug, Entzugssyndrom 26, 39, 40, 44, 48, 49, 59, 60, 64, 67, 68, 80
Enzephalopathie (hepatische) 33, 51, 52, 54
Epilepsie, epileptische Anfälle 48, 49, 60, 62, 64, 189, 210, 250, 255, 256
Erbkrankheiten 33, 251, 252
erektile Dysfunktion (e. Impotenz), Erektionsstörungen 211, 212
Essattacken 201, 202
Essstörungen, s. auch Anorexia nervosa u. Bulimia nervosa 149, 198–200, 204–206
Ethanol, s. auch Alkohol 40, 42, 43, 46, 49–51, 53
Euphorisierung 42, 56, 77
Exposition 168, 182, 187, 207
Expressed-emotion 109
eye tracking dysfunction 90

F

Familienanamnese 14, 34, 130
Familientherapie 116, 207, 246
Feingold-Diät 260
fetales Alkoholsyndrom (fötales A.), fetale Alkoholspektrumstörungen 252
Fetischismus 211, 216, 219, 242–245
fetischistischer Transvestitismus 239, 242
Fettleber 50
Fixierung 108, 178, 179, 223, 244
Flashbacks 76
flexibilitas cerea 254
Flibanserin 217
Floppy-Infant-Syndrom 64
flüchtige Lösungsmittel 82

Fluoxetin 151, 181, 206
folie à deux 86, 119
formale Denkstörungen 91, 92
fragiles X 252
Freud, S. 20, 66, 88, 107, 108, 143, 144, 155, 159, 160, 162, 164, 169, 171, 173, 179, 186, 188, 190–192, 195, 196, 205, 216, 222–224, 234, 240, 243–245
Frontalhirnsymptomatik 33
Frontallappen, s. auch präfrontaler Kortex, orbitofrontaler Kortex 36, 101
frontotemporale Demenz 28, 33, 34, 37
Frühdyskinesien 113
frühkindlicher Autismus 248, 250
Fugue 188–190
funktionelle Toleranz, s. auch Toleranz 48
Funktionsstörungen, sexuelle 198, 199, 211, 216

G

GABA (Gamma-Aminobuttersäure) 22, 49, 51, 63, 171, 173
GBH (Gamma-Hydroxy-Buttersäure) 38
Gedächtnis, G.störungen 25, 72, 84, 90, 189
Gedankenabreissen, -ausbreitung, -eingebung, -entzug 87, 90, 92, 120
Gegenkonditionierung 21
geistige Behinderung, s. auch Intelligenzminderung 17, 250–253
gelernte Hilflosigkeit 145
generalisierte Angststörung 159, 161, 168–174
Geschlechtsdysphorie 238, 242
Geschlechtsumwandlung 238, 239, 241

Gewöhnung, s. auch Toleranz 48, 59, 172
Ginkgo (biloba) 31
Glutamat, glutamaterges System 31, 42, 79, 105, 106
Glutamathypothese der Schizophrenie 79, 99, 105
GnRH-Analoga 245
Größenwahn 21, 88, 108, 125
Guanfacin 260
Gyrus cinguli 23, 142, 164, 178, 181

H

Halluzinationen 22, 26, 27, 48, 49, 53, 66, 68, 70, 75, 78, 84, 86, 88, 90–95, 101, 103, 108, 111, 112, 117, 119, 120, 124, 125, 129–131, 227
Halluzinogene 38, 74–76, 105
Haloperidol 112
Hamilton Depressionsskala 14
Hanf, Hanfpflanze 69
Hangover 208
Haschisch, s. auch Cannabinoide 38, 69
Hashimoto-Krankheit 126
Hebephrenie, hebephrene Schizophrenie, s. auch Schizophrenie 93
Hepatitis 54, 57, 100
Heroin, s. auch Opioide 39, 55, 56, 58, 59, 67
Hippocampus 27, 101, 142
Hippokrates 19
Hirnatrophie 25, 98, 104
hirnorganisches Psychosyndrom 27
Hirnstimulation (tiefe) 155
Histamin, H.rezeptoren 150
histrionische Persönlichkeitsstörung, s. auch Persönlichkeitsstörungen 221
HIV-Erkrankung, HIV-Demenz 35, 37

Homosexualität 13, 244
Homovanillinsäure (homovanillic acid, HVA) 99, 100, 103, 137
Hopfen 209
Huntington-Krankheit 25, 34, 37
Hyperaktivität 46
hyperkinetische Störungen 34, 113, 247, 248, 257, 259, 260
Hyperthyreose 126
Hyperventilation, H.tetanie 172, 174, 197
Hypnose 19, 190–192
Hypnotika, s. auch Sedativa, Benzodiazepine 38, 61
Hypochondrie, hypochondrische Störung 193–196
Hypofrontalitätshypothese der Schizophrenie 104
Hypomanie 125, 129
Hypophyse 126
Hypothalamus 140
Hypothyreose 126
Hysterie, s. auch dissoziative, somatoforme Störungen 19, 108, 160, 188, 190, 191, 233, 244
hysterische Persönlichkeitsstörung, s. auch Persönlichkeitsstörung, histrionische 233

I

ICD-10 13, 16–18, 24
ICD-11 16–18, 24
Ich-Psychologie 224
Ich-Störungen 88
Ideenflucht 125
Idiotie 255
Imbezillität 250
Imipramin 149
Immediatgedächtnis 26, 27

Impotenz, impotentia coeundi, s. auch erektile Dysfunktion 52, 171, 199, 212, 215, 216
induzierte wahnhafte Störung 87, 119
Informationsverarbeitung 99, 110
Inhalanzien 38
inhaltliche Denkstörungen 88
Inkohärenz 87
Insomnie 199
Intelligenzminderung 15, 26, 72, 247–252, 254, 255
Intelligenztests 14, 250, 255
International Classification of Diseases (ICD), s. auch ICD-10 16
International Classification of Diseases (ICD), s. auch ICD-10, ICD-11 15–18, 24
Interpersonelle Psychotherapie 157
Intersexualität 240
Intoxikation, s. auch einzelne psychotrope Substanzen 39, 41, 43, 70

J

Janet, P. 19

K

Kaffee, s. auch Koffein 69
Kanner-Syndrom (Kannersches Autismus-Syndrom) 248, 255, 256
Katalepsie 89
katatone Erregung 91–93
katatone Schizophrenie, s. auch Schizophrenie 95
katatoner Stupor 78, 84
Katatonie 92, 114
Katecholamine 136
Ketamin 78, 79, 105
Klassifikationssysteme 17, 122, 226

klassische Konditionierung, s. auch Konditionierung   164, 166, 180, 245
Koffein   38, 68
kognitive Triade   147
kognitive Umstrukturierung   47, 206, 217
kognitive Verhaltenstherapie   21, 115, 174, 232
Kokain   38, 39, 54, 65–69, 101, 103, 127, 139, 214, 253
Koma   51, 77, 83, 153
Kommunikationsmuster   111
Konditionierung   165, 166, 180, 245
Konfabulation   25
Kontrollverlust   47, 146
Kontrollzwang   175
Konversion   191, 195
Konversionshysterie   159, 160, 195
Korsakow-Syndrom   25, 27, 52, 54
Kraepelin, E.   19, 84, 85, 118, 122
Krampfanfälle   43, 48, 188, 189
Kratom   38
Kriegsneurose   183, 186
Krok   55

L

L-Dopa   35, 100, 102, 103
L-Tryptophan   140
Labeling-Theorie   14, 111
Lachgas   82, 83
Lavendelöl   209
legal highs   75
Lerntheorie, lerntheoretisch   166, 190
Levomethadon, s. auch Methadon   55, 56
Lewy-Körper-Demenz   35
Lewy-Körperchen   35, 37
Libidosteigerung   125
Libidoverlust   146
Lichttherapie   154

limbisches System   63, 99, 101, 114
Liquid Ecstasy   38
Lithium   120, 152
Lobotomie (transorbitale)   105
Locus caeruleus   49
Löschung, L.sresistenz   165
LSD (Lysergsäurediäthylamid)   75, 105

M

Magersucht (nervöse), s. auch Anorexia nervosa   200
Magnetfeldstimulation (transkranielle)   155
Major Depression, s. auch Depression   133
Major Histocompatibility Complex   97
Manie, s. auch affektive Störungen   122, 125, 129, 130, 140, 141, 143, 144, 148, 157, 160
Manieriertheit   89
manisch-depressives Irresein, s. auch affektive Störungen, bipolare Störungen   85, 122
manische Episode   122, 127–134, 214
manisches Syndrom   123, 126–128
MAO-Hemmer   22, 81, 139, 149, 151
MAO (Monoaminoxydase)   68, 81, 100, 137–139, 149, 151, 167
Marihuana, s. auch Cannabinoide   38, 69
Masochismus   243
MCD (minimale cerebrale Dysfunktion)   259
MDMA, s. auch Ecstasy   38, 74, 77
Medizinalhanf   72
Melancholie, s. auch Depression   108, 122, 143, 144, 155, 160, 235
Melatonin   141, 209
Mephedron   75

Meskalin 75
mesolimbische Bahnen 101, 107
metabolisches Syndrom 113
Methadon, M. substitution 55, 56, 58, 60
Methamphetamin, s. auch Psychostimulanzien 67, 68, 77
Methylphenidat 68, 260
MHPG (3-Methoxy-4-Hydroxy-Phenylglycol) 137–139, 141
Minussymptomatik, s. auch Negativsymptomatik 90, 113, 128
Missbrauch 20
Modell 21
Modelllernen 245
Modellpsychosen 101
Monoamine, Monoaminhypothesen 100, 136, 137, 139, 140, 150
Monoaminoxydase, s. auch MAO 68, 81, 100, 137, 138
Morgentief 122, 124, 133
Morphin (Morphium) 54
multiaxiale Klassifikation 17
Multiple Sklerose 189

N

Nachttherapie, s. auch Schlafentzug 154
Naloxon 55, 56, 59
Naltrexon 47, 55, 59
Narkolepsie 209
Narzissmus 108, 144, 234
narzisstische Neurosen 20, 108, 143, 155, 160, 235
narzisstische Persönlichkeitsstörung, s. auch Persönlichkeitsstörungen 108
Nebennierenrinde 126, 140, 142, 214
Negativsymptomatik 91, 93, 98, 104, 107, 108, 114, 115, 119
Nemexin 59

Neologismen 87
nervöse Magersucht, s. auch Anorexia nervosa 200
Neurasthenie 159–161, 189
Neuroleptika, s. auch Antipsychotika 22, 101, 114, 149
neuroleptische Potenz 112, 114
Neurosen (neurotische Störungen) 16, 20, 108, 160, 161, 186, 191, 192, 223, 245
neurotische Depression 147
Neurotransmission, Neurotransmitter 22, 137, 224
Nicht-Benzodiazepinhypnotika, Non-Benzodiazepinhypnotika 61, 62, 64, 209
nigrostriatale Bahnen, nigrostriatales System 101, 114
Nikotin 38, 39, 54, 79–82, 209
NMDA-Antagonisten 31
NMDA-Rezeptor 31, 42, 49, 79, 83, 105, 106
Non-Benzodiazepinhypnotika 61, 62, 64
Nootropika 31, 39
Noradrenalin, noradrenerges System, N.rezeptoren 66, 69, 76, 77, 102, 136–141, 145, 150, 151
Nucleus accumbens 42, 56, 67, 80
Nymphomanie 212

O

Objektbeziehungstheorie 224
obsessive-compulsive disorder (OCD), s. auch Zwangsstörung 174
Oligophrenie 250
operant, operante Konditionierung, s. auch Verstärkung 21, 46, 115, 166, 192
Opiatagonisten 59
Opiatantagonisten 60

Opiate, s. auch Opioide
- Opiatkonsumenten 56
Opioide 38, 54–58, 60
- endogene O. 57
Opium 54, 56
orale Fixierung. o. Regression 25
orbitofrontaler Kortex (Orbitofrontalregion) 23, 105
organisch begründbare (sekundäre) affektive Störungen 133
organisches Psychosyndrom 52
Orgasmusstörungen 199, 211, 213, 215, 217
Ösophagusvarizen 50
Östrogene 214

P

Pädophilie 211, 219, 243, 244
Panikanfall (Panikattacke) 163, 169
Panikstörung 161, 163, 168–170, 196
Paranoia 26, 88, 108, 119, 160, 235
paranoide Persönlichkeitsstörung, s. auch Persönlichkeitsstörungen 117, 226
paranoide Schizophrenie, s. auch Schizophrenie 86, 92, 94, 101, 108, 118
Paraphilien 242, 244, 246
Parasomnien 207
Parkinson-Krankheit (Morbus P., Parkinson'sche Erkrankung) 25, 34, 35, 37, 103, 126
Parkinson-Syndrom (Parkinsonoid) 34, 101, 103, 113
Pathogenese 15, 20, 28, 49, 51, 60, 100, 101, 104, 172, 209
pathologischer Rausch 22
Pavor nocturnus 199, 207, 210
PCP, s. auch Phencyclidin 78, 79
perniziöse Katatonie 93
Persönlichkeitsspaltung 85, 187, 189

Persönlichkeitsstörungen 18, 20, 86, 116–118, 134, 188, 189, 192, 210, 219–237
- abhängige P. 18
- ängstliche P. 20
- Borderline-P., emotional-instabile P., s. auch Borderline-Persönlichkeitsstörung 97
- dissoziale P. 134
- histrionische P. 219
- narzisstische P. 220
- paranoide P. 221
- schizoide P. 222
- zwanghafte P. 97
Perversionen, s. auch Paraphilien 244
PET (Positronen-Emissions-Tomographie) 98, 259
Peyote-Kaktus 75
Phencyclidin (PCP) 78, 105
Phenothiazine, s. auch Antipsychotika, Neuroleptika 112, 113
Phenylketonurie 252
Phobien, phobische Störungen 20, 21, 160–167, 169, 174, 179, 180, 182, 194, 195, 247
- Agoraphobie 162
- soziale Ph. 16
- spezifische Ph. 161, 163
Phosphodiesterase, P.hemmer 69, 217
Phytotherapeutika 209
Pick-Krankheit 28, 33, 37
Plussymptomatik, s. auch Positivsymptomatik 103, 107
Polyneuropathie (alkoholische) 52, 54, 215
Positivsymptomatik 90, 95, 99, 103, 104, 112
Positronenemissionstomographie, s. auch PET 14, 98
post-stroke-depression 126

posttraumatische Belastungsstörung 161, 182–185
präfrontaler Kortex 104, 105, 118, 142, 229
präsenile Demenz vom Alzheimer-Typ, s. auch Alzheimer-Krankheit 28
präsynaptische Autorezeptoren 139, 150
Pregabalin 173
preparedness 165, 166
prepulse inhibition 90
primärer Krankheitsgewinn 179
Prionen 34
Produktivsymptomatik, s. auch Positivsymptomatik 104
progressive Paralyse 19, 21
Prostaglandine 217
Pseudohalluzinationen 70
Pseudohermaphroditismus 70
Psilocin, Psilocybin, s. auch Halluzinogene 75, 105
Psychedelika, psychedelisch, s. auch Halluzinogene 74, 77
Psychoanalyse 20, 108, 109, 164, 173, 188, 190, 191, 196, 224, 244
Psychochirurgie 177, 181
psychodiagnostische Verfahren 14, 15
Psychomotorik, psychomotorische Störungen 84, 123
Psychoneurose 160
Psychopath, Psychopathie 220, 223, 229
Psychose, psychotisch 70, 86, 117, 122, 128, 132, 133, 230
psychosomatische Krankheiten 195, 198
Psychostimulanzien, s. auch Amphetamine 139, 259, 260
Psychosyndrom (hirnorganisches) 27
psychotische Depression, s. auch Depression (depressive Störung) 22

psychotische Symptome 35, 80, 94, 102, 103, 105, 112, 114, 129–131
psychotrope Substanzen 18, 24, 27, 38–40, 44, 54, 58, 60, 69, 74, 76, 82, 126, 134, 214, 229, 253
PTSD (posttraumatic stress disorder), s. auch posttraumatische Belastungsstörung 183
Pyromanie 219

R

rapid cyclers, rapid cycling 127
Rausch, s. auch unter den einzelnen Substanzen 39, 42, 43
Reaktionsbildung 178, 179
Reaktionsverhinderung 168, 182, 207
Rebound-Effekte 64, 67
Regression 108, 109, 119, 143, 178, 205, 233, 245
Reserpin, reserpininduzierte Depression 126, 138, 139
Residualsyndrom, Residuum, schizophrenes 85
Reuptake-Hemmung 67, 139, 140
Rezeptorbindungsstudien 99, 102
Rezeptoren 22, 55, 57, 59, 60, 63, 64, 67, 70, 71, 76, 100, 102, 104, 105, 114, 137, 150, 171, 245
rezidivierende depressive Störung 129, 131, 132, 134, 157
Rötelnembryopathie 252, 256

S

Sadismus, Sadomasochismus 211, 216, 219, 243, 245
Satyriasis 212
schädlicher Gebrauch 39, 44–46, 72, 198

Schilddrüse, S. hormone   126, 141, 201
schizoaffektive Störungen   87, 119, 120, 129
Schizophrenia simplex   94
Schizophrenie   20, 23, 71, 84–88, 90–96, 98, 99, 101, 102, 104–108, 110–112, 114–120, 125, 128, 129, 134–136, 142, 143, 160, 189, 225, 227, 228, 235, 238, 256, 257
- Dopaminhypothese der Schizophrenie, s. auch Dopoaminhypothese der Schizophrenie   20
- Glutamathypothese der Schizophrenie, s. auch Glutamathypothese der Schizophrenie   23
- Hypofrontalitätshypothese der Schizophrenie   104
- katatone S.   95
- schizophr. Residualsyndrom   70, 85
- Serotoninhypothese der Schizophrenie   105
Schizophrenie-Unterformen   238
Schizophreniespektrumsstörungen   228
schizotype Störung, Schizotypie, schizotype Persönlichkeitsstörung   86, 87, 97, 116–118, 227, 228, 230
Schlaf   42, 43, 48, 198, 199, 207, 209
- Schlafanfälle   209
- Schlafapnoe   209
- Schlafentzug   154
- Schlafmittel, s. auch Hypnotika, Sedativa   61, 62, 140, 209
- Schlafstörungen   14, 72, 81, 94, 122, 124, 131, 198, 199, 207, 208
- Schlafwandeln   199, 207, 209, 210
Schnüffelstoffe   38, 82
Schwachsinn, s. auch Intelligenzminderung   250
Scopolamin   76, 77
Second-Messenger-Prozesse   59

Sedativa   25, 38, 40, 61, 64, 167, 186
Sedierung   32, 61, 80, 150
Selbstbehauptungstraining   47
Selbstbeurteilungsverfahren   14
Selbstvorwürfe   143
selektive Serotonin-Wiederaufnahmehemmer (selektive Serotonin-Rückaufnahme-Inhibitoren; SSRI)   120, 149, 151, 167, 171, 173, 177, 186, 206, 214, 215, 217, 245
Serotonin, serotonerges System, S.rezeptoren   105, 114, 136, 137, 139, 140, 142, 149–151, 171, 177, 181, 204, 206, 208
Serotonintransporter(proteine)   146
Sexualhormone   51, 214
sexuelle Aversion   199, 211, 212, 216
sexuelle Funktionsstörungen   198, 199, 211, 216
sexuelle Orientierung   238
sexueller Missbrauch   20, 191, 224, 232
Sildenafil (Viagra)   217
somatisches Syndrom   18, 124, 130, 136
Somatisierungsstörung   193, 194, 196
somatoforme Störungen   159
Somnambulismus, s. auch Schlafwandeln   209, 210
soziale Phobien, s. auch Phobien   161, 163, 167
Spaltungsirresein   85
Spätdyskinesien   102, 113, 114
Speedball   67
Spektrumsstörungen, s. auch Schizophreniespektrumsstörungen   53
spezifische (isolierte) Phobien, s. auch Phobien   161, 163, 164
spice   70
SSRI, s. auch selektive Serotonin-Wiederaufnahmehemmer   120, 149, 151

SSRI (selektive Serotonin-Reuptake-Inhibitoren), s. auch selektive Serotonin-Wiederaufnahmehemmer 120, 149, 151, 167, 171, 173, 177, 186, 206, 214, 215, 217, 245
Stechapfel 76, 77
Stereotypien 89, 254
Steroide, Steroidhormone, s. auch Cortisol, Cortison, Glucocorticoide 126
Stimmenhören 90
Stimmungsstabilisierer, s. auch Phasenprophylaktika 153, 225, 230
Stimulantien, s. auch Psychostimulanzien 38
Stimuluskontrolle 47, 209, 224
Störung der Geschlechtsidentität 139
Störungen der Impulskontrolle 219
Störungen der Sexualpräferenz 219, 242, 246
Störungen des Sozialverhaltens 247, 248, 257–259
Stress 146
Striatum 34, 101, 104, 114, 142
strukturierte Interviews 14
Stupor 89, 92, 93, 183, 188
Sublimierung 223
Substantia nigra 34, 101, 114
Substitutionstherapien 56–58
Sucht, s. auch unter Abhängigkeitssyndrom sowie unter einzelnen psychotropen Substanzen 233, 234
Suggestibilität 49
Suizid 14
switchers 128
symbiontischer Wahn 119
sympathisches Nervensystem, Sympathikus 79
Synapsen, synaptische Übertragung 29, 42, 99–101, 103, 105, 114, 137, 141, 151
Synästhesien 75
synthetische Cannabinoide 38, 70

Syphilis 19, 21
systematische Desensibilisierung 167, 209

T

Tabak 38, 44, 79, 82
Tadalafil 217
Testosteron 214
Tetrahydrocannabinol, s. auch THC 69
THC (Tetrahydrocannabinol) 69, 71, 72, 107
therapeutische Breite 63
Thyreoiditis Hashimoto 126
tiefe Hirnstimulation 155
tiefgreifende Entwicklungsstörungen 247, 248, 250, 253
Tierphobien, s. auch Phobien 164
Token-Economy-Programme 115
Toleranz, s. auch psychotrope Substanzen 45, 47, 48, 59, 62, 64, 67, 72
Tollkirsche 76
Tranquilizer, s. auch Anxiolytika, Sedativa 22, 61
transkranielle Magnetfeldstimulation 155
Transmitter, s. auch Acetylcholin, Dopamin, GABA, Glutamat, Noradrenalin, Serotonin 57, 63, 69, 76, 100, 102, 137, 138, 140, 150, 171, 177, 204
Transsexualismus 211, 219, 237, 239, 240
Transvestitismus 237, 239, 242
Trauma, traumatische Neurose 159, 161, 184–187, 189, 191
Trisomie 21 30, 53, 252
trizyklische Antidepressiva, s. auch Antidepressiva 139, 149, 150
Tryptamine 75
Tryptophan 136

287

Tyramin 151
Tyrosin 100, 136, 252

U

Übertragung 29, 34, 36, 42, 56, 68, 100, 101, 103, 107, 108, 114, 143, 154, 155, 160, 224
Übertragungsneurosen 108, 159, 160, 224

V

Vaginismus 199, 213, 215, 218
Vagusnervstimulation 155
Valproinsäure (Valproat) 153
Vardenafil 217
vaskuläre Demenz 25, 27, 28, 30, 32, 33, 35, 36
Verdrängung 20, 55, 60, 159, 160, 164, 190, 191, 195, 196, 246
Verfolgungswahn 66, 120
Verführungstheorie 20, 178, 191
Verhaltensstörungen 18, 27, 73, 199, 211, 219, 253
Verhaltenstherapie 21, 174
Vermeidung 115, 156, 162, 163, 165, 184, 191, 209
Verschiebung 88, 164, 179
Verstärker, V.verlust, Verstärkung 21, 42, 48, 49, 63, 70, 76, 103, 115, 145, 153, 154, 156, 165, 180, 181, 192, 235, 257
verzögerte Ejakulation 215, 217
Viagra 217
vorzeitiger Samenerguss, s. auch Ejaculatio praecox 199, 213
Voyeurismus 243, 244
Vulnerabilitäts-Stress-Modell 110

W

Wachtherapie, s. auch Schlafentzug 154
Wahn 86, 88, 90, 92, 94, 95, 103, 111, 112, 118, 119, 125, 129, 162
wahnhafte Störungen 118, 119, 227
Waschzwänge 175, 179
Watson, J. 21
Wernicke'sche Enzephalopathie 52
Wiederaufnahmehemmung, s. auch Reuptake-Hemmung 150

X

XTC, s. auch Ecstasy 77

Z

Zerfahrenheit 84, 87, 90, 92, 93, 117
Zwangsgedanken 162, 174–176, 182
Zwangshandlungen 175, 176, 178–180, 182
Zwangsneurose 16, 20, 108, 159, 160, 178, 179, 181, 223
Zwangsstörungen 23, 88, 161, 174–178, 236, 237
Zwangsvorstellungen 175, 178–181
Zwei-Faktoren-Modell (d. Phobie) 165, 180
Zwitter 239
Zyklothymia, zyklothyme Störung 122, 128, 132, 133, 222
Zytokinin-Hypothese der Depression 141, 143